高等院校新闻传播学系列教材

经济新闻报道

吴玉兰　著

图书在版编目(CIP)数据

经济新闻报道/吴玉兰著.—武汉：武汉大学出版社,2009.11(2019.1重印)
高等院校新闻传播学系列教材
ISBN 978-7-307-07379-1

Ⅰ.经… Ⅱ.吴… Ⅲ.经济—新闻报道—高等学校—教材
Ⅳ.G212

中国版本图书馆 CIP 数据核字(2009)第 182835 号

责任编辑：高 璐　　责任校对：黄添生　　版式设计：詹锦玲

出版发行：武汉大学出版社　(430072　武昌　珞珈山)
　　　　　(电子邮件：cbs22@whu.edu.cn　网址：www.wdp.com.cn)
印刷：北京虎彩文化传播有限公司
开本：720×1000　1/16　印张：27　字数：494 千字
版次：2009 年 11 月第 1 版　2019 年 1 月第 3 次印刷
ISBN 978-7-307-07379-1/G・1464　　　　定价：38.00 元

版权所有，不得翻印；凡购我社的图书，如有质量问题，请与当地图书销售部门联系调换。

目　　录

序 ··· 1

第一章　经济新闻概述 ··· 1
第一节　经济新闻的定义 ·· 1
第二节　经济新闻的特点 ·· 10
第三节　我国经济新闻发展的历程 ·· 21
第四节　经济新闻和经济媒体的分类 ·· 23

第二章　经济新闻报道者的素质要求 ·· 29
第一节　良好的政策水平 ·· 32
第二节　完备的经济学专业知识 ·· 40
第三节　较强的新闻业务技能 ·· 46
第四节　较好的职业道德修养 ·· 56

第三章　经济新闻报道的价值取向 ·· 61
第一节　我国经济新闻价值取向的变迁 ·· 62
第二节　新时期我国经济新闻价值取向误区 ································ 78
第三节　经济新闻的价值取向实现的途径 ···································· 95

第四章　经济新闻报道策划 ·· 101
第一节　新闻策划概述 ·· 101
第二节　经济新闻报道策划的运作 ·· 109
第三节　经济新闻策划的类别 ·· 115
第四节　经济新闻策划要把握的原则 ·· 127

第五章　经济新闻采访的方法与原则 ·· 135
第一节　经济新闻采访的一般程序 ·· 135

第二节　经济新闻采访的方法 …………………………………… 149
　　第三节　经济新闻采访的要求 …………………………………… 169

第六章　经济新闻报道的原则 ……………………………………… 183
　　第一节　用经济规律解读经济现象 ……………………………… 183
　　第二节　以社会责任传播经济信息 ……………………………… 189
　　第三节　以人文关怀关注经济生活 ……………………………… 194
　　第四节　以全球视野审视经济行为 ……………………………… 203
　　第五节　以现代经济精神关注经济发展 ………………………… 209

第七章　经济消息写作 ……………………………………………… 214
　　第一节　经济消息的构成 ………………………………………… 214
　　第二节　经济消息的分类 ………………………………………… 231
　　第三节　经济消息写作的要求与原则 …………………………… 242

第八章　经济深度报道写作 ………………………………………… 259
　　第一节　经济深度报道概述 ……………………………………… 259
　　第二节　经济深度报道的特征 …………………………………… 267
　　第三节　经济深度报道的报道原则 ……………………………… 273
　　第四节　新财经媒体经济深度报道的报道要求 ………………… 285

第九章　经济调查性报道写作 ……………………………………… 295
　　第一节　经济调查性报道概述 …………………………………… 295
　　第二节　经济调查性报道的社会功能 …………………………… 302
　　第三节　经济调查性报道的报道要求 …………………………… 310

第十章　经济新闻评论写作 ………………………………………… 322
　　第一节　经济新闻评论概述 ……………………………………… 322
　　第二节　经济新闻评论的分类 …………………………………… 330
　　第三节　经济新闻评论的写作构成 ……………………………… 338
　　第四节　经济新闻评论写作要求 ………………………………… 349

第十一章　金融证券类报道写作 …………………………………… 360
　　第一节　金融证券新闻概述 ……………………………………… 360

第二节　我国证券新闻的发展历程……………………… 371
第三节　证券新闻报道的原则…………………………… 374
第四节　证券新闻报道的分类与要求…………………… 383

第十二章　房地产新闻报道写作……………………… 394
第一节　房地产新闻概述………………………………… 394
第二节　房地产新闻的特点……………………………… 398
第三节　房地产新闻报道的原则与要求………………… 405

参考书目…………………………………………………… 419

后　记……………………………………………………… 421

序

罗以澄

经济新闻报道历来是世界各国新闻媒体的"重头"产品。我国自20世纪70年代末始，随着社会的改革开放和转型——社会主义市场经济的建立与完善，资本市场的兴起与繁荣，国民对经济信息的需求不断高涨且呈现出多样化的趋势，经济新闻报道自然也就成了我国众多媒体中最受青睐的一种拳头产品。

实事求是地说，改革开放30年来，我国经济新闻报道在报道观念的转变、报道方式的创新、报道视野的开拓等方面都取得了突飞猛进的进步，但其间存在的问题还不少；而对经济新闻的研究尽管也取得了相当丰硕的成果，但总体状况仍不能令人满意，真正意义上的"创新"工作尚不多见。因此，进一步深入开展经济新闻报道研究，科学地回答经济报道实践中提出的各种新问题，理应是理论研究者和实务工作者必须担当的一项重要任务。

吴玉兰同志供职的中南财经政法大学以"经济新闻"为新闻学专业特色，她于1999年、2004年先后考入武汉大学攻读硕士、博士研究生。我作为她的导师，鉴于她的学术背景和工作环境，便鼓励她着力进行财经媒体和经济新闻报道的研究。为此，在攻读学位期间，她除了撰写、发表了多篇相关学术论文外，还先后为本科生和研究生开设了"经济新闻报道"和"经济新闻报道研究"等课程，并且顺理成章地开始了《经济新闻报道》这部书稿的写作。

作为这部书稿的第一读者，在粗粗翻阅之后，我有如下读后感：该书紧密结合我国经济新闻发展的现状和采写的经典案例，系统地探讨了经济新闻报道主体的素质要求、经济新闻的价值取向、经济新闻报道的策划、经济新闻采访的要求和经济新闻报道的原则等理论问题，又分章阐述了经济消息、经济深度报道、经济调查性报道、经济新闻评论等文体和报道方式的要求，尤其可贵的是对当前经济新闻报道中热点的金融证券类新闻和房地产新闻都用专章进行了探讨，可谓体系完备，论述严密、周全，且颇有新意。我相信该书的出版一定会对经济新闻的报道与研究带来良好的启发，也会为我国新闻传播学特别是经济新闻的教学和实践提供一个较为宽广的视野和学习的平台。

这部书稿的出版，凝聚了吴玉兰同志近10年来对经济新闻报道关注和研究所付出的辛劳。我为该书的出版感到高兴，同时也期待着吴玉兰同志在学术上不断努力、不断前行，为我们带来更多、更前沿的研究成果。

2009 年 6 月于武汉大学

第一章 经济新闻概述

第一节 经济新闻的定义

经济新闻与经济活动密切相关，经济新闻的含义也与"经济"一词密切相关。因此在探讨经济新闻的定义时，有必要先追溯经济及经济学的相关定义。

一、经济及经济学的相关定义

在我国古代典籍中，"经济"一词由"经世济民"缩写而成，意为治理国家、管理百姓。古人曾写过这样一副对联："文章西汉双司马，经济南阳一卧龙。"其意思是说：西汉的司马迁和司马相如文章写得好；南阳的诸葛亮会治理国家、管理国家。在古希腊经济学家色诺芬写的《经济论》一书中，"经济"一词的意思是"家庭管理术"；古希腊哲学家亚里士多德还赋予"经济"一词以"谋生手段"的含义。

对"经济"一词，上海辞书出版社出版的《辞海》是这样解释的："（1）经世济民，治理国家；（2）节约；（3）社会生产关系的总和；（4）经济活动；（5）一个国家国民经济的总称，或指国民经济的各部门。"商务印书馆出版的《现代汉语词典》解释为："（1）经济学上指社会物质生产和再生产的劳动；（2）对国民经济有利或有害的；（3）个人生活用度；（4）用较少的人力、物力、时间获得较大的成果；（5）治理国家。"可见，经济具有广泛的外延，涉及面很广，大到国民经济，小及家庭和个人的理财。

马克思主义政治经济学诞生以后，"经济"一词在科学上被赋予了精确的含义：经济是社会生产关系的总和，是上层建筑赖以建立的基础。恩格斯说："政治、法律、哲学、宗教、文学、艺术等的发展是以经济发展为基础的。"所以经济学研究的对象是生产关系以及与此相关联的社会生产全过程，即由生产、分配、交换、消费4个环节组成的统一体，在这4个环节中发生的全部人与人的关系都是生产关系，即经济关系。

经济学家曼昆指出："经济学研究社会如何管理自己的稀缺资源。"① 在萨缪尔森的《经济学》中，稀缺（Scarcity）被解释成为商品的一种特性，指无法免费获得但是可以自己生产的东西。费，指费用、耗费。既然自己生产属于免费，那么说明经济学所谓的"免费"之"费"仅仅是交换中的支付，而不包括生产费用即成本类支出。如果考虑生产费用，世界上包括消费过程在内的任何行为都是需要时间的，任何生物活动都是需要消化能量的，即便是最原始的生产如采摘和捕猎，都要耗费时间和能量。因此世界上没有免费可以获得的需求之物。排除了生产费用后，以"免费"定义的稀缺品其实就是多余而可以供出让的私有物品。经济学词典或者教科书中提到的"economic goods"和"scarcity"其实是互为定义的，即是一种循环定义的术语。因此，当我们把生产费用排除在外之后，我们就可以知道所谓稀缺就是被私人占有而对未占有者来说是稀缺，所谓经济品就是用于交换的商品。如果说"稀缺"是经济学的核心，由此可以推断出，经济学的核心是交换以及其背后的私有制度。

西方经济学研究人与社会如何使用稀缺的生产性资源，生产出有价值的商品，并把它们分配给社会的各个成员，最基本的思想资源是稀缺的社会必须以有效率的方式使用它，其研究的3个基本问题主要是：（1）生产什么以及生产多少。比如是生产电视还是生产电脑，生产大炮还是生产黄油（希特勒的选择是：宁要大炮不要黄油）；生产多少台电视机、多少台电脑，用多少资源生产大炮，用多少资源生产黄油。（2）怎样生产。用什么样的方法来生产这么多的产量与劳务，与生产方式、技术水平直接有关。（3）为谁生产。生产出来的产量和劳务用什么样的方式分配到社会的各个成员中，即怎样分配。除此之外，还研究以下三方面的内容：社会稀缺的资源是否得到充分使用；社会资源总量的变动；货币的稳定性。

美国经济学家萨缪尔森在《经济学》中在对"经济学"一词做定义归纳时，对他人的定义选择了几条：（1）研究社会的组织和技术如何影响价格和资源在不同的用途上进行配置；（2）考察金融市场的行为，包括利率和股票价格；（3）考察收入分配，以及如何在不损害经济运行的前提下对穷人给予帮助；（4）研究经济周期，考察如何利用货币政策调节失业和通货膨胀的波动；（5）研究各国贸易模式并分析贸易壁垒有何影响；（6）观察发展中国家的发展，并就资源的有效利用的激励方法提出建议；（7）提出并回答政府采用何种政策才能达到既定的重大目标等问题，如加快经济增长、有效利用资源、实现充分就业、稳定价格水平和公平地分配收入。萨缪尔森从以上这些观

---

① 格里高利·曼昆著：《经济学原理》，北京大学出版社1999年版，第4页。

点中归纳出自己对微观经济学的理解："经济学研究人和社会如何作出最终抉择，在使用或不使用货币的情况下，使用可以有其他用途的稀缺的生产性资源在现在或将来生产各种商品，并把商品分配给社会的各个成员或集团以供消费之用。它分析改善资源配置形式所需的代价和可能得到的利益。"由此可见，经济行为就是如何以最小的资源成本获得最大收益的选择和行为，即经济学研究的是一个社会如何利用稀缺的资源以生产有价值的物品和劳务，并将它们在不同的人中间进行分配。

有学者对萨缪尔森的这个"经济学"定义这样评述："我们可以看出，这个定义涉及了经济学中3个最基本、最重要，也是最要命的概念：一是所有者——社会，二是对象物——商品，三是商品所有权变更的方式——分配。这其中的矛盾显而易见。商品是私有制下的产物，如果资源为社会所拥有，就无须交换，也就无所谓商品了。同理，商品是不可以分配的，商品所有权的转移唯有通过'交换'。在这个定义中，'不同的人'是否对生产出来的物品拥有所有权或分配权？是否大家具有平等的权利？如果平等，所谓的分配无疑就是'按人头'平分而已。如果不平等，分配的原则是什么？什么人该多得一点？什么人该少得一点？这样一来，我们就完全搞不懂这位世界经济学教授的'经济学'是适用于什么所有制制度下的经济模式了。"[1]

随着世界经济的发展变化，经济学研究的范围也在不断扩展。大约在17、18世纪，经济学家的关注点主要集中在研究经济增长问题。到了马歇尔的《经济学原理》发表之后，经济学进入了所谓的新古典时代，研究的主流变为研究资源的配置问题，即研究由于起源的稀缺性而导致的资源的使用与财富的分配等行为或现象，通常称之为价格理论。进入20世纪中叶，凯恩斯开创的宏观经济学，又被称为货币理论，主要研究失业、通货膨胀、短期经济波动、长期经济增长等问题。20世纪50~60年代，发展经济学大行其道，研究落后国家如何发展经济。60~70年代，制度经济学兴起，研究制度的变迁。80年代，原本属于数学范畴的博弈论，作为一种研究工具，大量融入经济学研究中，使经济学研究的焦点扩展到机制设计上。总之，经济学几百年来逐渐兴旺发达，并不断侵入到社会学、历史学、法学、政治学等其他社会科学学科的领地，出现了所谓的经济学帝国主义现象，已成为当今社会科学中一颗最为璀璨的明珠。归结起来，经济学帝国主义时代的经济学家们已经把现代经济学扩展成为一门研究与人的行为有关的现象的科学。

今天经济活动已成为人类社会最基本的活动，每一个社会成员都生活在经

---

[1] 张建平：《西方经济学的终结》，中国经济出版社2005年版，第18页。

济之中。我国改革开放后随着社会主义市场经济体制的建立,为迎接面临的机遇与挑战,每一个社会成员都必须尽可能地掌握现代经济知识、了解经济规律,这样才能大胆地迎接挑战,适应时代的发展。而传播经济知识,帮助人们将零星个别的经济体验,整合提升为理性的经济判断,应数经济新闻最为有效。

二、经济新闻的概念

"经济新闻"这一概念中的"经济"一词,指的是经济学中所研究的"经济",即社会生产关系以及与此相关联的社会生产全过程,如经济关系、经济工作(物质资料的生产、分配、交换、消费)、经济生活等。《中国新闻实用大辞典》中为"经济新闻"作的定义是:"经济新闻是有关生产、流通、分配、消费等一切经济领域新闻的总称。"国内研究者对于什么是经济新闻,由于审视的角度不一样,目前主要有以下几种说法:

(1)经济新闻是对新近发生的经济事实的报道。[1]

(2)经济新闻是关于社会生产方式新近发生的事实的报道,是反映、服务、引导社会经济活动和人民群众经济生活的新闻。[2]

(3)经济新闻是报道人类一切经济活动的新闻,或以经济活动为主要内容的新闻。经济活动包括经济建设、经济改革、经济生活等。[3]

(4)经济新闻就是报道人类社会最新的经济关系、经济活动和最新的自然经济现象。[4]

(5)经济新闻是各种媒体所报道经济活动中发生具有一定价值的事实的信息。[5]

(6)经济新闻是经济现实综合作用于传播主体的产物,是对新近发生的经济新闻事实的报道,是来源于客观现实又反作用于客观现实的一种重要的传播手段。[6]

(7)经济新闻就是对受众欲知而未知的经济事实的最新状态和发展趋向及时、公开传播的非指令性经济信息。[7]

---

[1] 张颂甲:《经济新闻写作浅说》,经济日报出版社1991年版,第4页。
[2] 彭朝丞:《怎样写好经济新闻》,人民日报出版社1993年版,第10页。
[3] 徐人仲:《经济新闻学初探》,新华出版社1993年版,第5页。
[4] 董玉琴:《漫谈经济报道》,新华出版社1997年版,第7页。
[5] 余镇邦、黄其庄:《经济新闻写作》,新华出版社1997年版,第28页。
[6] 阎江、杨建国等:《经济新闻本体论纲》,河北人民出版社1997年版,第9页。
[7] 仇学英:《热点经济新闻采访技巧》,新华出版社1998年版,第29页。

（8）经济新闻就是人类社会最新经济关系、经济活动和最新自然、经济现象及其发展趋势信息的报道。①

（9）经济新闻就是报道人类社会最新的经济关系、经济活动和最新的自然经济现象的新闻。②

（10）经济新闻是关于人们如何进行经济选择和经济决策的报道。③

（11）经济新闻是关于人们如何进行经济选择的报道。④

（12）经济新闻是"通过大众媒介传播具有社会认知价值的新近事实信息"。⑤

以上12种表述是按照研究者的著述出版的时间顺序排列的。仔细辨析这12种表述，可以发现它们大致归为三类：第（1）、第（2）、第（3）、第（4）、第（6）、第（9）种的表述可以称为"经济事实"说；第（5）、第（7）、第（8）、第（12）种的表述可以称为"经济信息"说；第（10）、第（11）种的表述可以称为"经济选择"说。

从"事实"、"信息"角度出发所作的定义，沿袭了我国对一般新闻定义的传统，阐发了经济新闻的本原与本质属性和所包含的内容，强调了这些内容的新鲜性和知晓价值，因而对经济新闻的发现与传播起了积极的作用。这些定义虽然说清了经济新闻来源于"经济事实"，反映了"经济事实"，却只是"事实"的表面，但未能触及"事实"的本质，没有抓住经济运动的基本矛盾和人们从事经济运作的基本出发点，因而这样的报道只能是被动的，甚至还可能是机械的，还不能能动地反映经济活动的规律与从事经济活动的目的，不利于引导经济信息的传播者提高经济新闻的采写质量，因此经济新闻的定义中不能摒弃"经济选择"。

为了更充分地发挥经济新闻在经济活动中的作用，我们认为：经济新闻是传递人类社会最新经济关系、经济活动和经济现象及其发展趋势的信息，反映人们在经济活动中如何进行经济选择和经济决策的报道。换言之，(1) 经济新闻就是报道人类社会最新的经济关系、经济活动和最新的自然经济现象的新闻；(2) 它以报道经济关系、经济活动和经济现象为内容，反映了人们在经

---

① 李洪波、张泽萱、刘先凡：《优秀经济新闻赏析》，湖北科学技术出版社1999年版，第7页。

② 程道才、严三九：《经济新闻写作概说》，中国广播电视出版社2001年版，第2页。

③ 樊凡、时统宇：《经济新闻范文评析》，新华出版社2001年版，第7页。

④ 王华庆：《经济新闻采访与写作》，中国广播电视出版社2003年版，第4页。

⑤ 刘笑盈：《经济学与经济新闻报道》，中国传媒大学出版社2006年版，第18页。

济活动中所进行的经济选择和经济决策。

有研究者指出,弄清经济新闻的定义,不是玩无谓的文字游戏,对经济新闻的定义给予具体的、本质的规定,是研究经济新闻的逻辑起点,一旦这个逻辑起点得以准确地确立,其他有关经济新闻具体问题的研究就有了一个好的基础。比如说经济新闻报道的内容应包括哪些具体的方面,我们就可以从经济新闻的定义中加以展开和引申。我们知道经济新闻报道是人类社会的经济活动,那么,人们从事的物质生产活动、商品交易活动、金融活动、消费活动等都是经济新闻报道的对象。如果对这些经济活动的具体内容加以细分或引申,我们还可以对其中的某种经济活动的内容予以具体化,如在物质生产活动中所体现出来的生产力的种种要素的变化就应纳入经济新闻报道的视野,生产力包括劳动者、劳动对象、劳动工具、科技进步、科学管理、经济信息六要素,因而对在生产力中最活跃的因素——人的经济行为以及相关的思想感情活动的报道,对土地、原材料、厂房、机器的报道,对提高生产效率的科技活动、管理方式、信息利用的报道都是经济新闻应该注意的。经济新闻还报道经济关系的变化,经济关系包括生产资料所有制的形式、人们在生产中的地位和相互关系、产品的分配形式,那么,社会的经济结构、经济制度、经济政策、经济理论、生产的分工与合作、人们在生产生活中的地位以及相互关系、市场的供求状况、人们的收入水平与消费能力、社会的经济思想观念等无不是经济新闻报道的对象。经济新闻也报道与人的生产生活紧密相关的自然经济现象,如气候的变化、自然灾害、环境污染、矿产资源、植被资源等也是经济新闻报道应予以关注的。如果我们扩大视野,把经济新闻报道的对象纳入整个社会生产、分配、交换、消费的经济运行的循环中来考察,那么,不仅物质资料生产部门的经济活动是经济新闻报道的对象,而且非物质资料生产部门的经济活动或者渗透着经济因素的种种行为也是经济新闻报道的对象;不仅社会、部门、行业现实的经济运行状况经济新闻要给予报道,而且对社会、部门、行业经济运行的前景、趋势,经济新闻也要加以展望和预测。如果从整个人类社会的角度出发,经济新闻对全球范围内的经济活动、经济关系、自然经济现象就要给予高度关注。①

三、财经新闻的内涵

理清了经济新闻的概念,我们还有必要弄清楚财经新闻的内涵。

---

① 李道荣:《经济新闻的定义辨析》,《中南财经政法大学学报》2007年第1期。

"财经"一词,《现代汉语词典》将其解释为:"财政、经济的合称。"①财政、经济是两个不同的概念,是从属关系,不宜合称。经济是指社会物质生产和再生产的各种活动,包括生产、流通、分配等。经济的外延包括工业经济、农业经济、林业经济、商业经济、财政经济、金融经济、卫生经济、文化经济,等等。所以,经济与部门经济是从属关系;财经一词,应是作为部门经济的财政经济的简称。它的内涵是指在社会物质生产和再生产中的分配活动,外延一般包括预算、税收、财务、会计和财政信用等。

财经(Finance)与经济(Economic)两者的字面意思很容易区分。但两者内涵的区分并不仅仅在字面上,这一点从英文中可以看得更加清楚,应该说"Finance"的内涵更为贴近现代经济,它更多地涉及现代经济中核心的内容,如商贸、产经、金融等,以金融为例,再要细分起来还可深究到银行、保险、证券(包括股市、债市)等复杂、专业的业态和领域划分,等等。由这种划分不难看出,现代财经领域的各经济内核,无论在操作上还是理论认识上都更加细化,也更加需要专业知识。相比之下"Economic"这一与传统的经济类别、部门更加接近的整体经济概念,在内涵上则较财经"Finance"要宽泛得多,财经新闻所涉及、关注的经济内核更为复杂、专业;经济新闻更多的是停留在类似市场行情、消费领域或至多是商贸的报道层面。以著名的财经媒体《英国金融时报》为例,它的财经报道最为关注的领域其实主要是金融、投资理财、公司经营、资本、外汇等这些领域,是我们传统意义上的经济新闻所未能涵盖也未关注到的新内容。

要了解什么是财经新闻,它与传统的经济新闻有什么区别,首先要从财经新闻报道的核心受众说起。

受众同时作为一个经济人,分别有三重角色:生产者、消费者和投资者。生产者,通常可理解为一个人的职业,或其赖以谋生的手段、所担任的社会角色。传统的经济新闻报道以生产者为核心受众,常常按部门经济设置版面和职能部门,如工业经济、农业经济、商业经济等。与此相对应,综合性报纸内部一般都设置工交部、财贸部、农村部等。20世纪80年代,随着城市体制改革的蓬勃兴起,各部门权力下放,中央各部委和省市委均可办报,一度还出现过很多诸如冶金报、纺织报、工业经济报、农业经济报之类的行业报、部门报。马克思主义经济学告诉我们,人类的经济活动可以分为生产、流通、分配、消费4个环节。尽管生产是一切物质财富的源泉,但人们所从事的生产活动千差万别,门类繁复,将生产作为经济报道的主要内容,以生产者为核心受众,很

---

① 《现代汉语词典》,商务印书馆1983年版,第99页。

难找到共同兴趣,唯有生产结果(如产量、产值、利润等),对于处在社会较上层的、管理生产的那部分人还比较关心,大多数普通受众反而更加关心体育新闻、文娱新闻、社会新闻。20世纪80年代城市体制改革后,触发了亿万大众自主消费的欲望,生产者同时也成为了消费者。进入小康社会后,人们在满足衣食温饱后略有富余,因而人人又都成为了投资者。这就注定了传统的以生产者为核心受众的经济新闻报道必然向以消费者为核心的市场报道和以投资者为核心受众的财经报道演变。① 由此可见,财经新闻是以消费者和投资者为核心受众的。

目前对于财经新闻,从外延到内涵两方面并无准确的定义,学界一直存在着争议。一种意见认为财经新闻有特定的报道领域,专指对财税、金融、市场、贸易、证券、行情等各方面经济生活情况的报道。也有人认为财经新闻的含义更为广泛,除以上领域外,还应包括工业、农业、交通、基建等传统的方面。②《人民日报》前副总编辑周瑞金则认为,财经报道与新闻改革息息相关,从本质上说,它其实就是经济报道。"不能把财经报道仅仅狭义地理解为财政金融领域的报道,而一定要把财经报道看做是改革进入市场经济体制的历史新阶段的一种具有新特点的经济报道,它是以构建市场化经济制度为依据,以培育生产要素市场特别是资本市场为重点的经济报道。"③也有学者认为财经新闻与经济新闻有很高的重合度,认为财经新闻就是有关经济活动、经济现象、经济决策的最新事实和情况的报道。它具体指涉的对象十分广泛,在现代经济生活中扮演越来越重要角色的象征性资产,如货币、股票、期货等,有关这些领域的动态、政策、现象自然是财经新闻的报道范围;传统上关于社会物质再生产所牵涉的生产、分配、交换、消费四大环节的活动也是其报道对象;甚至经营管理领域,因为最终将影响到企业的市场表现,乃至整个市场格局,也落在财经新闻的视野里。④ 当然我们也知道,在使用中,经济新闻与财经新闻还是有细微差别的。一般情况下,经济新闻往往是指比较传统的经济活动领域(如工业、农业、商业等)的报道,这类报道往往是站在政府和管理者的立场,重点反映经济建设的成就、问题、经验、教训等,报道视野狭窄;财经

---

① 贺宛男、佟琳、唐俊:《财经专业报道概论》,复旦大学出版社2006年版,第1~2页。
② 张艳华、张贺泽:《财经新闻的实用价值取向》,《中华新闻报》2003年10月9日。
③ 周瑞金:《财经报道与新闻改革》,《中国记者》2002年第10期。
④ 李本乾、李彩英:《财经新闻》,东北财经大学出版社2006年版,第3页。

新闻概念是随着市场经济的发展而出现的，因此它着眼于市场经济中各种主体的行为以及它们彼此的关系和博弈，重视对新闻事件的深入剖析和趋势判断，力图为受众展示方方面面的联系。

由此可见，尽管财经新闻是指财政金融领域的新闻，然而在我国财经新闻发展的过程中，无论是从业者还是研究者对它的理解都远远超出了这一题材上的界定，财经新闻已经不是狭义的财政金融领域的新闻，其包括的范围更广，内涵更深。

我们可以说财经新闻是传统经济新闻的"升级版"：计划经济条件下是传统经济新闻，市场经济条件下是财经新闻。财经新闻与传统经济新闻在报道内容上没有差异，都是报道经济活动与现象。但两者的差异在于：报道的主体、客体和受众等要素发生了根本变化。①

主体——媒体：计划经济时期是国家财政拨款"养"起来的事业单位；市场经济时期是自负盈亏的企业。

客体——报道对象：计划经济时期是无所不包的全能型政府，即使不时也有其他客体，但也是为报道政府服务的；市场经济条件下，既包括作为市场主体之一的政府，也包括企业和个人，其中企业应是财经报道的主要对象。

受众——读者、观众、听众：计划经济条件下生产者是经济新闻的核心受众，其接受经济报道的主要目的是"学习精神"等；市场经济条件下受众有很强的市场意识，消费者和投资者是财经新闻的核心受众，其接受财经新闻的主要目的是获取信息，降低市场不确定性影响等，"利益"应成为财经报道的核心内涵。为满足受众的需求，财经新闻要从"利益"视角报道各种经济行为、事件、现象等，对不同市场主体利益产生的影响。

从以上分析中我们可以看到，财经新闻这个概念，是对传统经济新闻的一种否定、一种扬弃。财经新闻是指从"利益"角度报道、解剖经济事件与现象，为提升作为消费者和投资者的受众利益水平服务的一类报道。

财经新闻的概念从1998年起快速被新闻业界接受，并在业界取得相对独立的地位。此后国内经济新闻出现了一些新变化，归纳起来大致有6个方面：第一，新闻样式。新闻样式指新闻文体、版式设计、版面分类、图片使用等各类新闻文本的表现形式。财经新闻样式的改变并不只是技术性改变，也包含着理念、意识形态等深层的改变。第二，立场分野。对于经济自由主义的态度，出现了明显的立场分野，由此也直接影响其报道立场。第三，新闻价值观。传

---

① 王小波：《财经新闻与"利益"视角》，http://www.blogms.com/blog/CommList.aspx? BlogLogCode=1000895956，2006年1月2日。

统新闻价值标准虽然未变，但出现了新解释。传统经济新闻更倚重新闻所具有的社会动员价值，即"宣传价值"，而财经新闻力求还原新闻告知的"新闻价值"。第四，政治与经济术语。诸如"领导班子"等带有政治意识形态特征的术语减少，"基尼系数"等经济管理术语增加。所用术语的变化也是我国经济改革带动了社会结构与经济体制变革等社会后果之冰山一角。第五，报道对象。财经新闻通常以上市公司为报道主体，提供直接面对普通消费者的产品或服务的大型企业在财经媒体上的能见度要远高于其他企业。第六，与消息源的关系。以往经济新闻中很多是经验或典型报道，其消息源绝大多数是政府部门。而财经新闻的消息源包括政府部门，但从数量上说则主要是各类企业的营销部门以及服务于各类企业的公关公司。总体而言，广告投放量越大的行业，其行业里的企业在财经媒体上的可见度往往越高。① 由此可见，财经新闻一开始就是以构建市场化经济制度为目标，以培育市场要素特别是资本市场为重点，它重在对一切经济现象作财经化处理，即重在观察、分析宏观和微观经济领域发生的变化对资本市场制度及企业和个人投资理财等资本增值活动的影响。

第二节 经济新闻的特点

媒体要想为公众提供经济信息和经济选择服务，它的从业人员必须首先了解什么是经济新闻，只有这样才能深刻地认识自己的工作对象，才能在这个领域内作出成就。经济在人类生活中的重要性，决定了经济新闻有它独有的特点，经济新闻作为新闻的一个分支，它也是以传递信息为主，其所传递的信息除具备新闻的真实性、时新性等共性特征外，还具备鲜明的个性特征：经济新闻不仅包括经济活动本身的信息，而且还包括能够表征经济现象和经济关系的信息，这些特点使它区别于其他类别的新闻。

一、信息的实用性

传递信息是新闻的基本职能，传递经济信息则是经济新闻的基本职能。信息消除了人们认知上的不确定性，在市场经济日益发达的今天，信息是资源和财富已是不争的事实，信息的获得与利用成为企业、个人进行决策的依据。因此信息畅通的地区往往是经济发达的地区，信息闭塞的地区往往是经济落后的地区。

---

① 邓理峰：《从"经济新闻"到"财经新闻"》，《新闻与写作》2007年第10期。

我们所处的现代社会生活节奏快、信息"爆炸"。"你看到我的时候，我在报纸上；你看不到我的时候，我在路上。"因公殉职的《海南日报》记者甘远志这句话，道出了现代人像车轮一样的工作状态。作家余秋雨在博客上撰文指出，在网络阅读日趋流行的今天，周围已是信息"爆炸"，信息不是欠缺，而是成为灾难。因此在传媒十分发达的今天，无论置身何处，电视、广播、报纸、杂志、网络上的资讯每天都像潮水般向我们涌来。对于个人来说，接受什么信息、阅读什么报刊成了每天面对的一道难题。这就需要经济新闻报道的编辑、记者想读者之所想，忧读者之所忧，积极主动地对信息进行筛选、过滤，让读者分享到实用、有效的信息。

前面我们已经提到，萨缪尔森认为经济学研究的是社会如何利用稀缺的资源以生产有价值的商品，并将他们分配给不同的人。这个定义实际上也界定了经济活动的两大目标，即生产资源是有限的，经济活动必须追求合理地配置资源，使有限的资源发挥最大的效益；人类生产出来的产品，必须以合理的方式分配出去，最大程度地挖掘商品服务于人类生活的功能。在传统的不太发达的社会里，人类的经济活动偏于一方，生产出的产品也在本地狭小的圈子里交换。在简单的市场行为面前，生产者很容易摸清消费者的需要，从而减少了生产的盲目性。但在市场经济时代，资源、货币、商品和信息都在以前所未有的速度实现全球共享。在全球庞大的市场中，买卖双方相隔万里，生产要素的流动纵横交错，复杂的市场给人类经济生活带来了巨大的风险。全球市场的崛起向人们提出了新的挑战：谁能以最快的时间获得最有价值的市场信息，谁就能够适应日益增强的国际竞争。在这样的背景下，经济新闻报道必然要担负起神圣的任务，那就是提供大量实用的经济信息，给予人们的经济活动以更多的指导，减小经济活动的盲目性，以便创造出更高的经济效益。

所谓实用的信息，顾名思义是指能实现预期目的，对受众有用、有益、有效果、有兴趣的消息。市场经济条件下的生产经营活动是在对种种经济信息的获得与利用的基础上形成的，企业生产的有序性与社会生产的无序性使经济信息的传递显得尤为重要，市场经济实际上就是一种信息经济，市场调节就是信息调节，谁先掌握了信息，谁就掌握了市场的主动权，经济信息在为促进经济技术协作、沟通各供销渠道、指点致富门路、为决策提供资料信息等方面发挥着巨大的作用。例如，2006年3月26日，国家宣布汽油和柴油的零售价上涨，《楚天都市报》3月27日"经济生活"版刊出《油价上涨，牵动各方神经》的整版报道，分别解析了公交车"难"在一年多"烧"3000万元、的士"忧"在一天多花12元、买家"精"在目光转向小排量；同时针对柴油短缺的现状，还刊发了70家大型加油站将力保供应的信息。这组报道的成功就在于记者认识到了，经济领域的任何变化不管是商品价格还是经济政策，都是和每个公民的利益相关的。因此，它没有局限于单纯油价上涨的动态信息报道，而是积极地向读者提供全面的信息来帮助读者进行判断。又如，2007年5月30日凌晨，财政部公布上调证券交易印花税，由于对报道新闻突发事件提前有应对预案，中央电视台"天下财经"栏目当天早晨得知上调印花税这一重大新闻后，值班人员立即行动起来，调整节目内容，在编辑处理文字消息的同时，以最快的速度电话采访了经济专家，不仅在第一时间播报了消息，而且采制播出了经济专家对这条消息的分析解读。对这条重大新闻做出的及时、深入的组合报道，受到听众的充分肯定。"天下财经"正是以在经济报道方面及时、准确、权威、专业的特点彰显其实用性，一贯为听众所称道，同时获得第18届中国新闻奖新闻名专栏奖。

在市场经济条件下，政府、企业和个人都需要作经济决策，而复杂的经济决策需要有效信息的帮助。因此，受众对经济报道的基本诉求在于有用——能帮助受众进行经济决策。在现实经济环境下经济决策更为复杂：我国的经济体制处于转型期，经济改革正向宽领域、深层次推进；我国加入WTO后，全方位地参与经济全球化，国内经济与国际经济紧密关联，要在经济全球化的大背景下进行经济决策，难度、风险更大。因此人们需要通过经济新闻报道，增强决策的理性，把握经济形势和市场机会，从中获取与他们利益相关的经济信息，增加信息的确定性和对称性以调整、优化决策，从而增加福利、增加收益。经济学家格里高利·曼昆认为："学习经济学有助你了解你所生活的世界，可使你更精明地参与经济活动和经济决策。"[1] 阅读经济报道更应该如此。只有能够帮助受众进行经济决策的经济新闻，才是真正意义上的经济新闻。

二、信息的专业性

经济新闻报道是一种专业性很强的报道。在对经济领域发生的事实进行报道时，往往要涉及一些专业性的经济知识，因为在经济现象的前后，往往是一系列的经济政策问题和经济理论问题，因此有人把经济新闻的专业性这一特征概括为"浓郁的经济味"。

经济知识是人们在长期的经济活动中总结出来的认识和经验，是经济实践基础上的理论升华。在市场经济条件下，对经济知识的追逐、获取与利用已成为国家、企业、个人致富的金钥匙，传播经济专业知识是经济新闻报道义不容辞的责任，一个新闻记者经济专业知识的多少，直接影响到其经济新闻报道的

---

[1] 格里高利·曼昆：《经济学原理》，中信出版社2000年版，第11页。

真实、准确和科学性，可以说一个新闻记者不掌握经济专业知识和理论，就不具备分析掌握经济事实的思维武器。

随着改革开放的不断深入，经济新闻报道中涌现出了资本经营、资产重组、破产兼并、股份制、国有资产消失等令人眼花缭乱的名词术语。1997年《经济日报》刊发的、获第八届中国新闻奖系列报道类一等奖的《资本经营系列报道》，就对"资本运营"这一经济学术语的内涵及三大特性进行了具体的阐释。

当然经济新闻报道中如果不能将经济知识与新闻的特点有机地融合，只是机械地照搬名词和术语，势必空洞抽象、枯燥肤浅；或将新闻报道写成艰深难读的经济理论文章，必然会使外行看不懂，内行看不起。在《资本运营系列报道》中，记者艾丰除了运用严谨丰富的经济理论知识解释资本运营的内涵，揭示这种经济现象的发展趋势和意义外，更注重用通俗化的语言，将复杂的经济现象和经济学名词术语化解成普通读者也能读懂并乐于读的新闻报道。正因为如此，艾丰被誉为学者型记者，他总能以经济学家的丰富知识，新闻记者的敏锐目光来透视社会经济生活中正在发生的重大经济现象，预见经济建设的发展趋势，这也正是经济新闻报道的记者要追求和努力的方向。

三、信息的引导性

市场经济是信息经济。在瞬息万变的市场环境下，政府、企业和个人都需要作出经济决策，而复杂的经济决策需要有效信息的帮助，经济新闻通过对经济政策的解读和对经济活动中出现的经济问题的分析，来为受众提供这种有效信息，实际上就是经济新闻引导性的体现。

在市场经济逐步完善的今天，国家的经济政策不断出台。经济政策是人们从事经济活动的行为准则，是政府调控经济的有利手段，政策的变化与调整直接影响着市场的变化和人们的生产与生活。经济政策是一种资源，对其进行深刻的认识和合理的利用，成为个人、企业乃至一个地区赢得竞争优势的基本依据所在。

一项经济政策的出台，我们不仅要宣传、解释它的内涵，更重要的是引导受众去认识它、了解它的意义，对新的经济现象与经济问题，应多作深层的扫描，以满足新闻受众理性思考的新需求。经济新闻记者必须把视角从表层的报道生产进度、产品质量、产值利润的狭窄圈子里解脱出来，构建以深层次报道为主导的经济宣传新格局。2004年2月27日《民营经济报》A2版刊登的《贷款难度加大，融资成本提升》一文，告知读者2004年我国将实行比前几年"较紧"的金融政策，企业贷款将较前几年难，尤其是中央银行所列出的例如钢铁、公路、水泥、城建、汽车、房地产等行业，因此这些行业必然会作出相应的经济决策，以使其企业行为符合国家的金融政策，在新的形势下得以继续生存和发展。

经济新闻的引导性还体现为对经济活动中出现的经济问题的分析，提供一种建设性的意见和观点，从而推进制度的创新。1993年1月18日广东电视台播出的《教授下海》专题片，通过张小云教授夫妇在市场经济的大浪搏击中，将市场、竞争、效益的意识取代以前单纯做学问，在改革的历史方位中找到自己的最佳位置的现身说法，提出在市场经济体制下教授们的科研成果如何转化为现实生产力，将科研成果推向市场，这不仅是知识分子个人的事情，更是一个社会问题，使报道在冷静的分析和清醒的思考中实现追求社会进步的目标。

四、信息的服务性

经济新闻通过报道内容的实用性和贴近性，实现对经济生活政策性、观念性的指导与受众满足的"双赢政策"，这正是经济新闻服务性的体现。我国经济界知名人士阮荣观指出："市场经济是利益经济——讲究经济利益，讲究投入产出化。不管是国有企业还是集体企业、私营企业都要讲究经济效益、追求利润，这就要求我们的新闻报道要增强服务性、实用性。这种服务包括经济信息政策导向、思想理论、科学技术、文化生活等方面的内容。"[①] 可见强化服务意识，是时代让经济新闻作出的必然选择。

由于认识水平、信息来源和习惯视角的局限，人们在经济工作和经济活动中，有许多情况和问题往往不能及时发现，因而带来了工作上的被动和生活上的不便。强调经济新闻的服务性，实际上就是强调传媒应利用自身信息、人才方面的优势，从成为"生产者的助手、经济者的参谋、消费者的知音"这一报道视角出发，通过新闻报道提供及时有效和针对性强的信息，为经济活动的决策者提供有导向价值的教育信息，直接或间接地影响经济决策。

经济新闻的服务性，首先体现在收集和发布经济信息上。经济信息的内容非常广泛，人们的经济活动、经济关系、自然经济现象和与之相关的方面都属于经济信息或可能转变为经济信息。如市场行情、物资供求状况、生产状况属经济信息；政府的经济政策、经济法规、经济决策、经济学家的经济观点也属于经济信息；自然资源状况、科研成果、管理方法、竞争策略是经济信息；天气预报、交通状况、人口分布、山水特征乃至民族风情等也都是潜在的经济信息。经济新闻及时、准确、平衡地传递这些信息，可以帮助受众发现其中蕴藏

---

① 阮荣观：《市场经济与新闻改革》，人民日报出版社1999年版，第19页。

的巨大商机，或作出正确的经济决策。

2001年2月间，《随州日报》的3名记者深入曾都区调查发现，2000年秋，曾都区政府为达到农业增效、农民增收的目的，调整大田种经济作物菜豌豆达到15.2万亩。由于科学种植，菜豌豆长势良好，产量可达8万吨，成熟期和销售期在2001年4月中旬至5月上旬一个月内。这么多的菜豌豆要在短短一个月内销出，又没有保鲜技术，怎么办？农民心急如焚，区政府领导也十分担忧。信息迅速反馈到编辑部，引起了编采人员的思考：曾都区第一次大面积调整农业种植结构，这么多的农户参与，如果菜豌豆销不出去，不但会造成很大的经济损失，更重要的是会动摇农民对调整的信心。《随州日报》总编辑认为，作为地方党报应该贴近实际、贴近群众，急农民之所急，发挥服务功能，加强舆论宣传，为菜豌豆销售寻找市场，帮农民分忧解难，于是精心策划和部署了一组菜豌豆销售的系列报道，2001年4月7日到5月7日，8名记者、编辑参与，共采编稿件26篇（幅），如《菜豌豆销往哪里》、《曾都区开辟豌豆销售绿色通道》、《露水豌豆摘不得》、《12位农民作东16个城市应约万店召开曾都豌豆全国订货会》、《菜豌豆潇洒走上海》等，约2.8万余字。通过报道传递的信息，上海、北京、哈尔滨等全国近20个大城市的销售商先后来到曾都订购菜豌豆，使8万吨菜豌豆在一个月之内全部顺利销出。2001年5—8月，湖北随州市曾都区农民不断投书或电告《随州日报》："感谢党报牵线搭桥，传递信息，为农民解决了大难题。"曾都区政府领导也专门撰写文章，称赞《随州日报》刊登的菜豌豆系列报道动手早，问题抓得准，为秋季农业种植结构调整决策提供了重要依据。"这组报道还向政府决策者提出了一个值得深思的问题：在指导农民进行农业种植结构调整时，切勿盲目行事。在宏观上要科学把握，按市场经济规律办事；在微观上，要尊重农民的意愿，加强服务。

经济新闻的服务性，还体现为经济新闻以释疑解惑的姿态，积极参与经济生活，开启民智，关注中国改革开放的整体走向。1991年国家金融包袱越背越重，产业结构日趋畸形，广大国企职工生活水平也有所下降。国企为什么活不好，为什么国企竞争不过外企、乡镇企业，是当时公众普遍关心和议论的话题。1991年8月15日《经济日报》刊发的詹国抠撰写的经济述评《少数企业"死"不了，多数企业"活"不好》，准确地把握了这种社会情绪，向公众提供了大量可供参考的信息，且以自己对问题的解释和结论为公众开拓了思考的方向。

随着经济的发展、消费市场的成熟，过去被西方新闻学家认为不能登大雅之堂的"服务性新闻"在都市报大行其道，红红火火地迎来了其发展的春天。

通过服务性经济新闻贴近市民生活,具体回答市民关心的问题,让受众把阅读经济新闻作为一种享用。换句话说,服务性经济新闻对于读者来说具有实实在在的使用价值,可以适时地满足都市经济生活的需求。例如,《楚天都市报》自创刊起就把做好"服务性经济新闻报道"作为一个重心来抓,以服务为目的设置的专栏,为满足都市经济生活的需要树立了良好的典范。其早期的"经济生活"版"帮你打听"、"提个醒"、"市民备忘"等栏目提供的是静态的信息服务,"风雨同行"栏目则通过为市民跑腿、解难体现出动态的服务功能。改版后的《楚天都市报》经济新闻报道更是以服务为其宗旨,服务目的的强化、服务功能的实现,使其经济新闻报道赢得了社会的信赖和读者的认可。2006年第1期凭证式国债发售前,针对市民偏爱3年期国债的现状,推出《专家表示:投资5年期国债一样划算》(2006年2月23日),以购买1万元本期5年国债为例,如果购买1万元本期5年国债,到期后有利息1745元。如先买3年期国债,到期后再转存2年的定期存款,则共有收益1374元,前者比后者要多出371元。通过具体换算消除了购买者的认识误区。针对3G牌照发放的时间尚未确定,不少消费者购买手机迟疑的现象,《传闻称3G不来莫买手机?业内人士:没必要挂钩》(2006年3月13日)一文,通过对3G含义和功能的介绍,提醒消费者3G手机开发出的很多新功能对多数消费者来说,一时并不一定用得上,它只是给用户提供了更多选择,使消费者理性抉择。

用人性化的表达方式来写作,也是提高经济新闻服务性的一大表现。如《武汉晚报》的气象报道,没有一般机械地报道气温,而是立足老百姓对天气的全方位关注,着力于提醒市民多穿衣、防着凉、防高温、慎出行等。对于一些读者参与性较强的活动的报道,写稿时有意识地交代清楚活动所在地、交通乘车线路及时间等,突出服务功能。这些都是服务人性化的具体体现。

经济新闻报道要求服务性强首先是与经济新闻自身的特点相联系的。大量的经济新闻是抽象的,很难用直接的形象来表达。经济是社会大系统中一个系统化的整体,由变动着的一系列相互关联的进程、状态和指标构成。变动产生新闻,如人们无法实在地看到利息率下降、股市上升、国民经济状况,只能通过图表、曲线、比喻、举例说明等方式来报道。其次,各种经济新闻之间存在着密切而无形的联系。这种情况通常是以经济体系中的一个单一变量为基础,从而解释这一变量,并将其外延涵盖到可能受其影响的其他变量和进程上。这样经济新闻在判断方面就带有相当的冒险性,因为它要提供很多的变化关系,告诉受众将发生什么,由于什么而发生,或可能出现什么问题。所以,经济新闻在没有被经济实践证实之前,会有多种观点、倾向和表现形式,也有相当多的经济新闻在事后会被发现是不准确的。例如今天我们报道的几年甚至10年后的经济投入预算，或所带来的改变值时，会因社会经济的变化而变化，因而预测和预言在市场经济中显示出其重要性。这种趋势提醒我们，经济新闻承担的社会责任也会更大。再次，经济新闻带有较大的提示作用。这类新闻不同于其他方面的新闻，一旦受众接受了，就会带来一定的行动，特别是财经新闻，接受它们的目的就是为了确定自己采取何种行动。经济新闻的内容要求有严谨的关系结构，否则无法说服人。

五、信息的前瞻性

经济新闻不仅应告诉读者发生了什么经济事件或经济现象，还要让读者知道将要发生某些经济现象和变化，对经济事件或经济现象进行科学的预测，提出前瞻性建议，从而更好地引导经济活动；或者在采写经济事件和经济现象时，力求探索事物发展过程中带有规律性的东西，以帮助人们了解和认识事物发展的趋势和前景，这就是经济新闻前瞻性的体现。经济新闻的前瞻性实际上是其引导性和服务性的延伸。

所谓经济新闻的前瞻性，就是要求经济新闻从社会的经济发展变化现实出发，对正在萌芽、发展和将要萌芽、发展的经济事件进行实事求是、兴利除弊的超前性报道，能够对经济发展过程中所出现的尚未被人们普遍注意的新经验、新做法起到积极的、带有指导性的推广作用；对于一些消极的、违反客观规律的做法，起到引导人们去批判、借鉴、纠正、改进的作用。随着全球经济一体化趋势的发展及国际间经济竞争的不断加剧，社会经济生活呈现出了极其复杂的状况，一些新事物、新问题、新矛盾的不断出现需要我们去研究、去探索。因此，对经济发展有指导作用、有利于总结先进经验、避免经济失误的预测性经济新闻和超前性经济报道显得越来越重要。经济新闻的前瞻性具体表现为以下几个方面：

第一，记者面对新闻事实时能够基于现实世界的经验以及事物之间的必然联系，对事物发生、存在的可能性作出预测。

在我国改革开放的进程中，一些新的政策出台、一些新的事物的出现，都需要经过一段时间的考察，经过反复不断地社会实践才能有定论，如果等到有了结果才进行报道，则会失去事件本身的意义，也降低了新闻价值。当新生事物刚露出嫩绿的新芽，当某种有全局意义的动向刚露头，当改革的某些举措刚起步，并逐步形成趋势时，只有以记者的新闻敏感性和非凡的洞察力，紧紧地抓住这些新事物、新动向、新趋势，客观地进行预见性的超前性报道，才能引发人们对这些新事物、新问题的研究兴趣，达到兴利除弊的舆论导向作用。

第二，站在全局的高度去分析阐述新闻事实，揭示新闻事件蕴含的深远的理论意义。

古人有"登东山而小鲁，登泰山而小天下"之言。任何一个事物，就事论事往往不能深刻认识它，只有站在某个高度去鸟瞰，进行宏观分析，其理论意义才能显现出来。回顾改革开放30年来众多经济新闻报道名篇的采写经过不难发现，它们的突出特点就是，无论是对事实的选择，还是思想的提炼，或是对改革实践的合理性的论证，一切都充满了高度的理性思考。党的十五大召开前夕，《人民日报》在一版《展示新成就迎接十五大》专栏中推出了"学习篇"，连续刊登了6篇记者述评：《最大的国情》、《根本的任务》、《无悔的选择》、《基本的国策》、《多样的形式》、《跨世纪的时刻》。这组报道以邓小平理论和江泽民同志1997年5月29日在中央党校的讲话为指针，联系改革开放的新进展，有针对性地阐述了党关于社会主义初级阶段、社会主义的任务、建立社会主义市场经济体制、坚定不移地扩大对外开放、社会主义公有制实现形式的多样化、抓住跨世纪的历史机遇这些重大的、基本的理论观点，引起了强烈的社会反响。这组报道所阐述的理论观点，并不都是新的，但是面对当时社会上出现的对改革开放的非议，在党的十五大召开前夕，联系实际，旗帜鲜明、系统地重申党关于改革开放的基本理论、基本方针，帮助人们从理论上坚定深化改革的信心，明确改革的方向，为改革开放创造了良好的舆论环境。

《经济日报》1987年推出的《关广梅现象》的报道，尽管30多年过去了，但编辑、记者那种超前的思维、缜密的理论思考，仍然可以看到经济新闻报道信息的前瞻性其魅力所在。

党的十三大召开前夕，姓"资"姓"社"的争论正酣，凭借改革初期在本溪市蔬菜公司搞承包经营的突出事迹，1986年就被评为全国十大新闻人物的改革超前者——关广梅，由于争议很大没有当选十三大代表。"关广梅为什么选不上十三大代表？"这个问题成为群众关心和新闻界关注的热门话题。《经济日报》的领导对这个现象极为重视，立即派记者前往本溪深入采访。记者在调查中对各种问题进行了深层次的剖析，从中了解到关广梅只要认准的事，多大的压力都敢顶，什么样的钉子都敢碰，再大的困难也会想办法去克服。因此，她的一些做法引起强烈争议。拥护她的人哭着说："解放这么多年，我家里从来没吃饱过，但是从她租赁以后，富裕了。"反对的人给她提了10条意见，提得相当尖锐，说这些做法都是反党、反社会主义的。面对这样一个极有争议的人物和有争议的现象，《经济日报》记者以其扎实的理论根底、超乎寻常的胆略和预见力，采写了4篇3000字以上的综述，连续4天在《经济日报》头版头条刊登，后来又发了一系列反响性文章，将这一敏感问题的精神实质呈现给读者,澄清了理论上的误区。他们所具有的超前思维和为新事物鼓与呼的勇气,不仅读者称赞,新闻界也为其叫好,甚至在国际上都引起了很大震动,几天内就收到近2000封读者对报道进行赞扬的来信。在报道结束的最后一天,外电也出现了很多报道,如美联社发来通稿,美国的、东南亚的一些报纸,有的转载,有的发评论,有的发社论。这组报道正是因为信息的前瞻性至今让"新闻人"钦佩。

第三,面对全新的新闻事件,记者能通过多侧面、多角度,立体地分析、观察客观事物,写出具有指导性的新闻,给迷惑中的受众提供指导。

在改革的进程中,各种各样的经济现象扑朔迷离地展现。为了在复杂的经济环境中作好经济决策,受众渴望新闻媒体对这些繁杂的经济现象做出分析与解释,希望经济报道帮助他们释疑解惑,在把握经济形势和市场机会的基础上调整和优化自身的决策,获取应有的经济利益。这就要求经济新闻报道在报道最新的经济事实、经济关系、经济现象的基础上,必须对事件的未来发展、经济走势、市场趋向做出展望与预测,提出应对性的建议,以帮助人们在心理和行为上做出选择的准备。在新的形势下,如何改进经济新闻报道,满足受众的深层阅读需求,更好地帮助读者解读经济现象,已经成了国内众多经济类报纸努力探索的问题。

1997年党的十五大报告提出,把国有企业改革同改组、改造、加强管理结合起来。要着眼于搞好整个国有经济,抓好大的,放活小的,对国有企业实施战略性改组。以资本为纽带,通过市场形成具有较强竞争力的跨地区、跨行业、跨所有制和跨国经营的大企业集团。党的十五大刚闭幕,《经济日报》了解到青岛海尔集团就是走兼并扩张之路发展起来的,于是派出由4位部主任、1位驻当地记者站站长组成的调研小组去海尔集团做专题调研,在海尔集团各位老总如数家珍般地捧出他们的成功经验之后,调研小组领队高路很轻松地提出一个问题:"你们考虑过扩张的风险没有?"按照常理,在兼并扩张热、大集团热方兴未艾之际,谈论防范兼并扩张的风险问题,多少有点不合时宜。但记者研读过企业购并方面的经济学论著,对于市场经济成熟国家的企业来说,这几乎是个常识性问题。经过深入采访,记者了解到在海尔集团的扩张之路上,也曾遇到过两次不小的麻烦,它们的聪明在于,及时调整了策略,使教训转化成了经验。记者成功采写的《扩张风险的防范》("海尔扩张之路"深度报道),[1] 正是因为记者前瞻的意识,使这篇报道成为国内最先谈论企业兼并

---

[1] 高路:《经济报道专业与通俗融合才完美》,《新闻战线》2003年第2期。

扩张的风险，以及防范措施的新闻稿之一。

经济新闻作为关于经济领域新近发生的事实的报道，不仅反映人的经济活动、服务并指导人的经济生活，在经济生活中不仅担负着传输信息的职能，还肩负着为人民群众的生活提供咨询、解释的服务功能和监督、调控国家经济发展的指导功能。如果说常态的经济新闻报道主要是传递一般的经济信息的话，前瞻性的经济报道传递的则是一种观点性的信息，其前瞻性新闻价值的体现往往在于新闻写作者做出的价值判断以及这种价值判断对受众的直接影响。一个好的经济新闻记者应该运用其独特的新闻敏感及对新闻事实的价值判断，为受众提供事实性信息和分析性信息，发掘信息背后隐藏的更深层次的价值，从而帮助受众拓宽对信息的理解和把握。正是在此意义上，媒介经济学家才说"在记者能够直接或间接影响对经济看法的地方，他们更加成为经济的一部分，而且更加成为广泛的政治游戏中重要的、间接的游戏者。他们不只是观察员和记者，他们能够影响他们试图报道的经济"。

"横看成岭侧成峰，远近高低各不同"，任何事物都有多个角度、多个侧面，在采写经济报道时，应不断变换思考问题的角度，不懈地向新的方面、新的领域探索和挖掘，这样才会有独具匠心的发现。《经济日报》曾以较大篇幅在《开封何时能"开封"》的版头下，连续9次推出"开封"的报道，在全国引起强烈反响，这得益于它们敢于冲破思想禁区坚持实事求是的思想路线，敢于多侧面、多角度、立体地分析、观察客观事物，冲破思想禁区，坚持实事求是的思想路线。"开封"报道的目的，是呼唤所有还没"开封"的地方尽快"开封"，呼唤所有部分"开封"了但尚有一部分未"开封"的地方完全"开封"，尽快摆脱封闭状态，从各种束缚中挣脱出来。

《中国经济时报》提出了"对读者负责，对历史负责"的办报方针，将"努力为中国和世界读者提供前瞻性的权威信息"作为奋斗目标；《中国经济导报》提出要为"中外读者提供具有权威性、指导性、前瞻性、实用性的信息，力争成为联系国家宏观调控部门与微观经济主体之间的桥梁和纽带"。越来越多的经济媒体认识到，在纷繁复杂的经济现象面前，我们不仅需要像传统新闻从业人员那样，告诉读者新近发生的新闻事实，更多时候，我们还需要告诉读者为什么会发生这样的事件？它所带来或可能带来的影响是什么？在媒体竞争趋于白热化的今天，增强经济新闻的前瞻性，积极为读者提供对于新闻事实的价值判断和预测，已成为当前经济类媒体间竞争的核心竞争力所在，成为当今经济新闻在完成服务性转向过程中的必然选择。

第三节　我国经济新闻发展的历程

我国经济新闻发展的大致轨迹是从经济信息到经济新闻再到财经新闻。经济新闻是商品经济的产物，它与人类最早的"新闻"几乎同时出现。16世纪中叶，随着资本主义经济的萌芽和发展，地中海贸易中心威尼斯出现了手抄"新闻书"，有偿向订户提供商业信息和政治情况。可以说，这种手抄"新闻书"便是经济新闻的雏形。我国最早刊登经济新闻的报纸可以追溯到1857年10月创刊的《香港船头货价纸》（也是中国最早的中文报纸）。19世纪著名的经济类报纸，则是1893年在上海创刊的《新闻报》，刊载的新闻中经济新闻占60%以上，所有版面主要刊登银行等各类公司的公告及公司产品广告、商情动态、国际贸易以及市场报告与分析。《新闻报》在当时被称为"柜头报"，因为上海的众多店铺都订这份报纸，供自己也供顾客阅读。此外，像《上海新报》、《申报》、《字林沪报》、《商报》、《大众报》等一批商业性报纸，重视经济报道，十分关注货币汇兑、股市行情、期货交易以及内外贸易等内容。有学者指出，"从20世纪20年代末起，由于要躲避军阀统治时期险恶的政治环境和错综复杂的斗争，旧中国的一些资产阶级新闻传播业就采纳了西方客观主义新闻理念与运作方法，极力倡导新闻业的商业化道路。这便是当时商业兴旺、报纸盛行、财经报道受到传媒普遍重视的一大缘由。"[①]

一、中华人民共和国成立后我国的经济新闻报道

中华人民共和国成立后我国一度没有全国性的专门的经济类报纸。为配合党和国家的中心工作、配合恢复国民经济这一中心任务，《人民日报》于1956年7月1日改版，经济新闻占主要地位。以1956年7—8月两个月的头版头条新闻为例，总共61条，经济建设占31条，比例达50%，居各类新闻之首。有学者指出，从中华人民共和国成立后经济新闻报道的行进轨迹看，由于社会经济体制的束缚，加之"重生产、轻流通"的传统文化遗存和思维定势的影响，经济意识先天不足，经济文化以社会政治为理论归宿，致使经济报道偏离"本位"、"政治化"、"社会化"，不以经济论经济，而囿于从"政治"、"社会"的角度审视经济现象。从1958年"大跃进"开始，"左"的思想严重影响我国的经济、政治生活，从而也导致了经济新闻报道的扭曲。

---

① 罗以澄：《我国财经报道琐议》，《罗以澄自选集》，复旦大学出版社2004年版，第178页。

1956年10月,党中央决定天津《大公报》进京,作为专门的全国性经济类报纸。由于1957年以后在指导思想方面出现"左"的错误,加上计划经济体制本身的制约,因而《大公报》发挥经济类报纸的作用是很有限的。1966年5月爆发"文革",9月《大公报》停刊。"文革"结束,重新开始了经济建设的时期。①

中华人民共和国成立后我国经济报道的发展有学者概括为两点:一是经济报道紧密配合党和政府的中心工作;二是突出报道国家重点建设的成就,将介绍先进人物和先进经验看做是经济宣传密切联系群众的一个重要报道方针。②换言之,宣传是经济报道和其他主题新闻报道共同的核心要求。

二、1978—1992年我国的经济新闻报道

1978年12月18—22日,党的十一届三中全会在北京召开,全会毅然抛弃了"以阶级斗争为纲"的"左"的错误路线,否定了无产阶级专政下继续革命的"左"倾错误理论,确立了解放思想、实事求是的思想路线,提出了改革、开放、搞活的重大战略方针,实现了从封闭到开放、从墨守成规到进行各方面改革的转变,确定把工作重心转移到经济建设上来,这标志着我国改革开放方针的正式确定,中国社会进入一个经济发展的新时期,经济新闻发展也翻开了新的一页。

20世纪80年代开始,随着以《经济日报》为代表的一批专业经济媒体的出现,经济新闻报道的政治化倾向得以改观,但囿于时代的大背景和计划经济体制的局限,当时的经济新闻并未从根本上改变这种固有的报道风格。有论者将传统经济报道的内容特征概括为"五多五少":一是指令性报道多,来自社会的报道少;二是从政府指导工作角度的报道多,从人民群众需求的角度报道少;三是生产性的报道多,流通、分配、消费领域的报道少;四是封闭式的报道多,开放式的报道少;五是单向传输多,与传播对象双向交流少。③应当说,这"五多五少"很好地概括了当时经济报道的特征,这也与计划经济体制下重生产、轻流通和消费,以及经济活动高度程式化、机械性的特点有关。在报道体裁上,旧有经济新闻报道沿袭了传统的消息、通讯的写作方法,语言方面,除了"具体、简练、精确、通俗"之外,还要求"借用一点文学手法、向群众学习语言"。

---

① 陈力丹:《我国经济新闻的发展和变化》,《新闻实践》2000年第4期。
② 黄瑚:《中国新闻事业发展史》,复旦大学出版社2001年版。
③ 阮观荣:《市场经济与新闻改革》,人民日报出版社1999年版,第38页。

三、市场经济体制下我国的经济新闻报道

随着市场经济改革的深入，20世纪90年代初新兴经济媒体逐渐出现和成长，在这些"新经济媒体"上，经济新闻报道的手法、模式、体裁等方面开始发生有别于传统的显著变化。到90年代末，《财经》、《21世纪经济报道》、《经济观察报》、《中国经营报》等媒体的成功崛起，更是将这种变化发展为一种明确的经济报道发展趋势。许多论者都注意到了这种趋势并给以论述。陈力丹将其概括为四个方面的变化：第一，从以经济数字为依据，单纯报道成绩、宣扬大好形势的政治宣传，逐渐转变为主要以发现、预测问题和为群众解惑为主。第二，经济新闻对于舆论的引导，不再仅仅是灌输简单的政治意识，而往往表现为直接引发公众的经济行为。第三，知识将是新世纪经济的主要表现形态，因而经济新闻的科学技术和经济学的含量大大增强。第四，经济新闻已经开始从主要写给干部看，转变为主要写给消费者看。①

进入21世纪后，媒体对经济新闻报道的关注度发生了很大的变化，经济类新闻已成为新闻报道不可动摇的主体，发稿量占到总版面的60%以上。在我国目前公开发行的2200余种报纸中，经济类专业报纸约占40%。广播、电视开办的经济类栏目也日益群星闪烁，成为渗透性十分强劲的抢眼栏目。仅上海一地，每天出版的文字新闻即达130万字，加上广播、电视每天70万字，总计200万字的新闻报道主要是经济类，在各媒体的头版头条中，经济类新闻也已占到1/2强。② 经济新闻报道取得长足进步，报道的广度与深度都已今非昔比，社会关注和介入的力度越来越大。深度报道逐渐代替了平面化的纯经济报道，动态性、反馈性、服务性经济新闻成为了主体。经济新闻报道不但拓展延伸了报道的内容，而且交叉渗透到科技、法律、教育、思潮等各种社会意识形态之中。经济新闻报道逐渐担当起"传播经济新理念，强化人本意识"的重任，为整个中国社会的经济现代化起到了奠基作用。

第四节 经济新闻和经济媒体的分类

一、经济新闻的分类

经济新闻的分类是一个"仁者见仁，智者见智"的问题，不同的研究者

---

① 陈力丹：《我国经济新闻的发展和变化》，《新闻实践》2000年第4期。
② 裴毅然：《经济新闻学概论》，上海财经大学出版社2003年版，前言。

按照不同的标准，可分出不同的种类。

徐人仲《经济新闻学初探》（新华出版社1993年版）一书中把经济新闻分为三大类：

一是社会经济新闻。它是人类参与各种社会经济活动的事实的报道，主要反映人与人及人与自然之间的经济关系。

二是自然经济新闻。它是关于与自然紧密相联的经济现象以及将影响经济的自然现象的报道。

三是边缘经济新闻。这是既涉及经济问题，又涉及其他领域问题的复合型报道。

在这三大类之下，还可分出许许多多的小类，大致有：政策性经济新闻；分析性经济新闻；述评性经济新闻；解释性经济新闻；预测性经济新闻；信息性经济新闻；经验性经济新闻；经济珍闻趣闻；人物经济新闻。

严三九《经济新闻写作概说》（中国广播电视出版社2001年版）按报道内容，将经济新闻分为以下几种：

第一，政策型经济新闻。以反映党和国家经济工作和经济建设的路线、方针、政策的贯彻执行情况为内容的经济新闻，政策性和指导性强。又可细分出以下几种：

A. 党中央、国务院和各级政府部门对经济建设、经济工作的新部署、新决策，党和国家领导人关于经济工作的重要论述。

B. 各地干部群众在执行党和政府制定的各项经济政策中出现的新经验、新情况和涌现的新典型。

C. 各地、各单位在执行党和政府的经济政策过程中所取得的成绩、成果。

D. 各地在开展经济工作中出现的带政策倾向性的问题和现象。

第二，信息型经济新闻。以传递经济信息、提供经济发展动向为报道内容的新闻。特点是信息量大，实用性强。可细分为三种：

A. 预测性信息新闻。这类新闻主要报道经济发展的趋势、趋向、前景，其内容包括产值增减比例、发展速度、市场供求、成本利率、物价指数等。

B. 动态性信息新闻。这类新闻即报道经济活动、经济现象、现阶段发展状况的新闻。动态信息报道是"预测信息——动态信息——反馈信息"这一信息传播链条的中间环节。

C. 反馈性信息报道。即以报道经济政策的实施结果、经济活动的效果以及群众对经济活动的意见和要求为内容的新闻。

第三，服务型经济新闻。为企事业单位和社会大众提供多方面服务、为群众生活提供多方面指导，以引导和促进生产、流通、销售和消费。

第四，人物型经济新闻。以反映经济工作和经济活动中人物的事迹、活动为内容的新闻。又可分为人物活动型经济新闻、人物事迹型经济新闻和人物言论型经济新闻。

第五，自然现象型经济新闻。即报道与经济活动有关的自然界现象的新闻。包括天气与海洋情况报告、地震等自然灾害的报道、有价值的经济新闻。

一般认为，按报道内容经济新闻可以分为以下几种：

（1）政经新闻：主要包括时事政治性和政策性的经济新闻，政经新闻可算是时政新闻的一个分支。党和国家领导人的外事访问、党和国家的政治会议、政治活动、发布的政策等都属于政经新闻报道的范围。政治是经济的集中表现，社会主义市场经济体制的实行和新闻改革催生了一些有影响力的市场化的政经类杂志，如《南风窗》、《中国新闻周刊》、《小康》、《决策》等。它们大多以深度关注中国的政治经济进程，报道转型时期的重大政治和经济事件，深度解析和整合社会主流民意，提出合理性、建设性的意见为己任，在我国政治民主化和经济现代化进程中，形成了一道靓丽的风景。创刊于1985年4月的《南风窗》杂志，以"传播改革开放的新观念、新事物、新潮流、新趋势，做政治与经济、理论与实践、领导与群众、几代人之间的桥梁"为办刊宗旨，2001年改为半月刊后，更是向着"办中国最有影响力的政经新闻杂志"的目标迈出了坚实的一步。

（2）财经新闻：侧重于报道金融和财政领域，如股市、银行、保险、期货、汇率等。广义的财经新闻或称泛经济新闻，覆盖全部社会经济生活和与经济有关的领域，包括从生产到消费，从城市到农村，从宏观到微观，从安全生产到服务质量，从经济工作到政治、社会生活中的相关领域。狭义的财经新闻，则重点关注资本市场、金融市场以及与投资相关的要素市场，并用金融资本市场的视角关注中国经济生活。

（3）产经新闻：以产业为经济报道内容，主要集中在工业、农业、公司、贸易等第一、第二产业方面，从目前我国经济媒体的产经报道来看，主要集中在汽车、房产、IT等新兴行业。《中国产经新闻》是由共青团中央主管的一家综合性经济类报纸，其前身是创刊于1996年7月的《中国资产新闻报》，是一份有影响力的以产经新闻为主的青年经济报纸，它对当下正在改变中国和世界的产经业态深具远见。

借鉴经济学领域的划分，我们可将经济新闻划分为以下几种：

（1）宏观经济新闻："宏观经济学是把经济当做一个整体而对其行为所做

的研究。它考察一个国家的产出、就业、物价以及对外贸易的总体水平。"①宏观经济新闻就是把经济作为一个整体对其活动所作的报道。"由于凯恩斯及其现代追随者的努力，我们现在已经知道，通过选择不同的宏观经济政策（即那些影响货币供给、税收或政府支出的政策），一个国家能加快或减慢其经济增长的速度，点燃高速的通货膨胀或降低物价的上涨幅度，以及引起贸易逆差或产生顺差。"②由此可见，政府的宏观经济政策，是决定一个国家经济发展状况的根本。把握政策、传达政策、诠释政策，是宏观经济报道的首要任务；利率、通货膨胀率、汇率的变动及它们之间的关系，一个国家国民经济的建设成就，也是宏观经济的业绩，这些都属于宏观经济新闻报道的范畴。有调查显示，62.9%的公众希望经常获得有关国家宏观经济政策方面的信息。因此，宏观经济新闻应该包括宏观经济政策的报道，从总体上把握和报道经济建设的成就，并从宏观的角度关注可持续发展问题。

(2) 微观经济新闻：微观经济学研究经济中的个体或部门的行为。消费者行为和企业行为及其行为发生的场所——市场，是微观经济学关注的核心。在经济学研究中，人都是理性的人，都是以追逐利润最大化为己任。其实整个经济学研究的内容都是供给和需求平衡的问题，即在稀缺资源的供给中，如何能达到效用最大化。参考微观经济学提供的理论路径，抓住需求和供给这一基本矛盾，理解市场的资源配置功能，这是微观经济新闻的基本思路。相对于宏观经济报道对国民经济的整体把握和全景展示，微观经济新闻则是对于经济生活中的个体行为或部门行为的报道；更多关注消费者的消费行为、企业的生产决策以及市场机制的运行；有组织地发布市场信息，注重信息对消费者行为的导向作用，成为联系生产和消费的纽带；同时代表供需两端，以公众舆论的形式对市场机制的良性运作进行监督，以服务为主，为我国市场经济的发展创造一个良好的舆论环境。因此，微观经济新闻应该立足于生活，根据受众的心理和实际需求，引导企业的经营决策，做好联系生产和消费的桥梁，帮助企业根据市场行情调整自己的生产发展思路，并提高对消费者的服务意识。

(3) 中观经济新闻：中观经济是指介于整个国家和具体单位（家庭消费者、企业）之间的经济活动。从广义上讲，它是介于宏观经济与微观经济之间的所有经济形态的总和；从狭义上讲，它特指国家范围内的区域经济、产业经济和城市经济。近年来，中观经济的理论思路已经成为媒体经济报道的一条

---

①② 保罗·A.萨缪尔森等：《经济学》（第14版），首都经济贸易大学出版社1996年版，第733页。

重要组织原则。产业经济报道、区域经济报道和城市经济报道共同构成了我国媒体的中观经济新闻报道。

网络调查显示,人们喜欢的10种经济新闻分别是:对经济重大事件迅速而详尽的报道;介绍最新企业动态的报道;有深刻剖析的经济评论,既展示事情的来龙去脉,又准确评说是非曲直;敢于做前瞻性预测的报道;语言平实,老百姓能看得懂的报道;建设性、可操作性强的报道;能够帮助老百姓获得财富,避免损失的报道;投资理财的信息和个案剖析的报道;务实、为股民服务的股评;经济政策的深入解读。由此可见,经济新闻不管采用何种分类法,记者的报道目的应该是写出受众喜欢的经济新闻。

二、我国经济媒体的分类

经济媒体可以分为专业性经济媒体和综合性经济媒体,前者主要围绕特定的投资工具和投资市场做文章,如《证券报》、《房地产报》、《保险报》、《期货报》等,后者则基本涵盖所有投资市场和财经领域,如《财经》杂志、《中国经营报》、《21世纪经济报道》和《经济观察报》等。

按照新华社新闻研究所所长陆小华的观点,我国经济媒体可以分为以下五类:(1)泛经济型新经济类媒体,如《经济日报》、《市场报》等,其基本定位是权威的经济专业报纸;(2)证券型新经济类媒体,如《证券时报》等三大证券媒体,这些媒体更专注于资本市场领域;(3)经济专业型新经济类媒体,如《经济学消息报》等,这类报纸更像是具有一定学术性的大众媒体;(4)行业依托型新经济类媒体,如《中国经济时报》、《中国经济导报》、《中国产经新闻》等,这类媒体的产生和发展与某个特定的行业有天然联系,利用特定资源为立足之基;(5)新财经媒体,如《财经时报》、《21世纪经济报道》、《经济观察报》等。①

实际上经济媒体是从报道内容上划分的一种媒体类型,以刊载经济新闻报道为主的媒体。陆小华这里所说的五类经济媒体是指按照国际标准划分的综合经济媒体,它的外延包括以《中华工商时报》(1989)、《中国经营报》(1982)、《中国证券报》(1996)、《中国经济时报》、《投资导报》、《财经时报》(1999)、《粤港信息日报》、《21世纪经济报道》(2001)、《经济观察报》(2002)为代表的经济类报纸中的主流报群,这五类综合经济媒体都可算作经济类媒体。这

---

① 陆小华:《整合传媒——传媒竞争趋势与对策》,中信出版社2002年版,第182页。

一类媒体的内涵包括以下特征:①

在内容上,迅速、准确、全面地提供国际国内政经、产经、财经、商业信息;对国际国内经济现象、经济模式关注和分析。

在社会职能上,对社会经济秩序进行舆论监督;对市场环境敏感变化进行舆论引导;对经济活动参与者进行信息服务。

在形式上,包括事件追踪报道、经济人物报道以及新经济形态介绍;企业分析;政府行为、决策、法律法规对市场的影响分析;前瞻性、对策性分析等。以深度报道为主,大版面编排,多版面栏目化设置,市场化发行。

在机构上,编辑部与经营部独立运作,实行市场化经营模式;有经济研究机构;具有独立的经济自主权。

---

① 李胜:《从〈经济日报〉到〈经济观察报〉——对中国财经类报纸产生及发展问题的社会学探讨》,《报刊之友》2003年第4期。

第二章 经济新闻报道者的素质要求

传媒产业是知识密集型产业,高质量的传媒人才是经济类媒体赖以生存和发展的基础,因此,经济类媒体要取得较高的认同度、营造良好的生态环境,经济新闻报道者的素质要求是不可忽略的关键因素。几年前某位业内资深人士曾说过:"全国合格的财经记者全加起来,也不超过二三十个。"① 这句话虽有危言耸听之嫌,事实上尽管这些年经济新闻报道者的素养已有了一定的改观,但经济、财经新闻报道人才整体数量的不足,已成为制约经济新闻发展的瓶颈。

2002年9月,《国际金融报》副总编张豪在一次会议上坦言:"当今新闻从业人员之所以不适应经济新闻报道,其实从上到下没有人懂。产品介绍现象化,观点基本没有。货币经济几无涉及。新闻媒体无法与专家对话。"上海市委宣传部新闻出版处处长尹明华也指出:"新闻队伍虽然多为新闻专业出身,但无论从综合性到专业性,知识都太贫乏。我一直呼吁要吸引各方面专家进入新闻业。如今工业、农业方面的报道都很落后。百姓成为投资者,需要信息服务。发展规划中,我们感到记者过剩,但财经类记者仍然缺少。"②

格里高利·法弗里在担任美国报纸编辑协会主席时对协会成员说:记者是"一群热爱语言,一直精益求精、心怀敬畏地使用它的人,他们吃苦耐劳,并随时准备被闹钟叫醒"。诚然,记者付出的艰辛劳动远远要大于这个职业的魅力和荣耀,甚至那些名利双收的名记者也不例外。对一个记者来说,最重要的素质——除了写作的欲望和能力外,也许就是永不满足的好奇心(它在部分程度上是通过强烈的阅读习惯表现出来的)、灵活及随和的个性、善于总结经验的本领、在截稿期限压力下工作的气质和接受客观事实的宽容力。记者还必须胸怀大志、生气勃勃、意志坚定,而且首要的是约束自我。那么,作为经济新闻报道者又需要具备哪些素质呢?

经济(财经)媒体记者的素质要求并没有绝对的标尺,可谓"仁者见仁,

---

① 孙燕君:《报业中国》,中国三峡出版社2002年版,第259页。
② 裴毅然主编:《经济新闻学概论》,上海财经大学出版社2003年版,第22页。

智者见智"。《中国经济周刊》总编季晓磊在接受访谈时曾说:"作为一个财经媒体的记者,尤其是现在做一个财经媒体的记者,可能需要几方面:第一方面是社会责任感,作为一个财经类媒体记者,有没有崇高的使命感,有没有社会责任感,这是很重要的问题,这个问题这么说起来好像有点大道理,实际上需要这个,你知道财经记者区别于其他记者的很大特点就是他在经济领域里,他打交道的是企业、大款,作为一个记者,你能不能坚守这个职业非常重要,如果你没有职业荣誉感或者奉献精神、献身精神、社会责任感,坚持下来而且做得好是不容易的,所以我觉得首先是要具备责任感。第二方面要具备基本素养,就是财经媒体记者所需要的基本素养,具体地说,我平时跟我们记者聊天,要有四关:第一是语文关,就像中学写作文,书面表达要过关;第二是新闻关,毕竟我们财经记者也是记者,也是新闻记者,要报道新闻,新闻的基本手段、基本技巧你应该掌握;第三是经济常识关,财经媒体还有一个特殊要求,就是他有一定的专业性,这个跟报社会新闻、报其他新闻相比专业性可能更强一些,我们对经济学常识、对经济圈子里面的现状、背景要有一个基本了解;第四是法律关,尤其是现在的经济现状,同时也是法制经济,财经媒体很多记者缺乏这一点,我之所以提出来,在财经报道里面牵扯到的法律问题很多,很专业,如果我们记者没有法律常识,就会陷入被动。第三方面应该有务实的工作作风,我们采访也好,我们写作也好,我们能不能深入地了解新闻事实,能不能很严谨、很严格地反映事实,这一点也很重要,要把这个事搞清楚,因为只有我们的记者,我们采访深入了,我们理解透彻了,我们才能说得明白,财经记者应该具备这三方面。"[1]

《中国经营报》总编李佩钰认为:"优秀的财经记者除了要具备新闻专业人士所具有的所有素质,还要有对经济理论、经济知识的了解,专业知识很重要。因为财经新闻的报道往往有个深入浅出的过程,要做到经济新闻的社会化、通俗化,这种境界并非只是单纯的纪录就能做到的。"但她也强调:"过分神化财经记者也没有必要,要培养一个财经记者也不是很难的。我认为首要的是敬业精神,加之会写文章、聪明、勤快,对事物的接受能力与感知能力也很重要,要有学习精神,能随时学习。"[2]

《华尔街日报》驻中国分社社长高赋文(Jonathan Kaufman)在接受国内

---

[1] 季晓磊:《财经媒体竞争力何在?》http://liveinterview.cn.yahoo.com/051108/838/279en_9.html,2005-11-8。

[2] 《财经媒体的人才理念——访〈中国经营报〉总编辑李佩钰》,《中国记者》2005年第1期。

一家杂志的采访时，提到优秀的财经记者应该具备以下素质：首先这些人必须具有非常强的好奇心，他们在学校读书的时候要去选修各种各样的课程，而不仅仅是经济或金融。所学的课程覆盖面要很宽，比如说历史、全球化事物，包括科学等。"这是因为我们所报道的公司他们的业务涉及面很广。在这家公司是会计方面的丑闻，而在另一家可能是环境问题，假如你不具备这方面的知识，就会影响你做出更深层的报道。当然这些人还必须会写作，并且具备很好的与他人交流的能力。所以，我认为要想做一名合格的财经记者，就必须尽可能地好奇，尽可能地阅读更多的东西、选修更多的课程。"①

《国际金融报》的主编何刚认为，专业财经媒体首先是媒体，所以学新闻的人永远占优势，一个好的记者可以在短时间内用比较通俗的方式传递专业性资讯。但我们也必须要求财经媒体从业人员具有专业水准，一个人如果对财经常识都不清楚，就无法做好财经新闻，更无法在专业财经媒体里发展。因此，专业财经媒体对员工的要求是复合性的，有新闻的敏感和技巧，更要有财经专业水准。当然更重要的素质是学习能力，学多少知识都是不够用的，只有学习方法和知识更新能力比较强，才可能立于不败之地。媒体最有价值的资源是人，而不是办公室、电脑或者纸张，人是第一要素。媒体是一种精神产品，完全靠参与其中的人的创造力、智慧和活力。对于财经类媒体，何刚主编认为应该有几个基本素质必须强调：第一是专业精神，专业精神可以具体化为对于财经新闻的准确把握；第二是分析能力，能看到纷繁复杂的财经资讯背后的东西；第三是媒体技巧，如果是平面媒体主要指写作能力，如果是电视媒体主要是形象和口头表达能力；第四是沟通能力和沟通技巧，做媒体必须要跟人打交道，要对内对外协调很多人和机构，需要有相当高的交际能力。②

由上面不同专家的论述中，我们仍然可以发现经济、财经类媒体人才一些共性的要求，即经济、财经记者不仅需要具备新闻专业方面的素养，具有新闻敏感和表达能力，成为敬业精神的"声音传达者"；同时还需要具备一定的经济学知识，能与经济界和商界的不同人物沟通、打交道，成为有深度、力度、预见性及分析指导能力，能沟通理论与实践、政策与操作、宏观与微观的"桥梁专家"；还需要具备社会责任感及职业道德精神。

---

① 潘天翠：《世界在变 新闻规则不变——访美国〈华尔街日报〉驻中国分社社长高赋文（Jonathan Kaufman）》，《对外大传播》2005年第2期。

② 辛妍：《媒体的核心竞争力还是内容——访〈国际金融报〉总编辑何刚》，《传媒观察》2004年第4期。

第一节 良好的政策水平

一个国家经济的发展、社会的进步离不开国家发布的政策，一定程度上政策也成为指导工作的行为准则与规范，也规范着新闻工作者活动的方向和路径。对经济政策的正确理解和把握是经济新闻报道者理解、把握现实的经济形势、发展动态的基础和背景，也是促进媒体积极开展经济新闻报道的选题策划、事实选择、主题提炼、版面节目安排等业务活动的依据。

一、政策与经济政策

政策是作为国家、政党和团体为实现一定历史时期的路线与任务而制定的行为准则，已在阶级社会中留下了深深的烙印。我们传统的观点认为，经济政策是国家或政党为指导和影响经济活动所规定并付诸实施的行动准则和措施，是实现经济目标的重要手段，是国家宏观调控方式之一。西方经济学认为，经济政策是国家或政府为了达到充分就业、价格水平稳定、经济快速增长、国际收支平衡等宏观经济政策的目标，为增进经济福利而制定的解决经济问题的指导原则和措施。

经济专家对于经济政策的理解显然是站在更为客观的角度，具备了更加强烈的时代理性色彩："经济政策，也称为国民经济政策。它是国家或政府在一定时期所确定的经济目标、任务、行动和措施，是国家有意识地去解决各种经济问题的行动指南。"① 我国的经济政策主要有：财政政策、税收政策、贸易政策、产业政策、金融政策等。

"政策不应像'紧箍咒'一样禁锢着人们的逻辑思维，也不应像'脚镣'一样束缚着人们的社会行为，而应以理性的魅力去激励人们的创造性思维，以丰厚的权益去鼓舞人们的奋进行为。"② 一国颁布的经济政策，主要是为了号召、引导广大国民了解经济规则、积极投入到经济建设当中来，其中相当大的比例是需要公之于众的。经济政策的广泛传播离不开媒体的介入，需要广大媒体的配合宣传，因为任何一项经济政策如果不能在全社会中进行有效的传播，就不能实现其制定的最终目标。而要实现这一目标，经济新闻报道者必须具备较强的政策水平。

---

① 蔡荣生：《经济政策学》，经济日报出版社 2005 年版，第 2 页。
② 段林毅、王官仁：《政策传播论》，湖南人民出版社 2003 年版，第 5 页。

二、良好的政策水平的体现

一个国家对经济的战略规划、宏观调控、经济发展的指引，主要是通过经济政策与法令来实现的，因此传达国家的经济政策、方针和法规，运用多种形式解释国家发布经济政策、方针和法规的背景与作用，探讨经济政策、方针和法规贯彻中出现的新情况、新问题和新经验，就成为经济新闻的主要功能之一。一个具有较高的政策水平的经济新闻报道者，面对一项新政策的出台，应注意从以下三个方面进行解读报道：

第一，经济政策出台前，以前瞻性的眼光为相关政策的制定创造良好的舆论环境，推动相关经济政策的出台；

第二，经济政策出台时，以全方位、立体化、多角度的形式对相关政策进行准确、全面、及时的报道、阐释，为广大群众提供高质量的经济政策信息；

第三，经济政策出台后，通过连续的报道对相关政策出台后的实施情况做一总结，跟踪、监测相关政策的社会效果，做好信息反馈。

换言之，一个方针和政策的出台，具有良好的政策水平的报道者，不仅要通过对政策的宣传报道，在最短的时间里使最广大的受众获知方针、政策的相关信息，还要通过解释性报道为受众释疑解惑，促进政策的贯彻落实，同时要通过跟踪政策的实施、监督实施的状况，对政策加以研究和推动。

我国政府推出政策的方式大致有三种。第一种是重要的会议文件。如十六大报告，政府工作报告等。准确地说，文件尤其是党的重要会议文件，是各种不同利益和主张经过较量和平衡之后对于政策的一种"适中的表达"；文件表述比较地"原则"，因为实际情况和变化很复杂，它必须为政策的操作预留一定的空间。也就是说，文件本身包含着微言大义，这正是经济新闻发挥作用的空间。如报纸组织评论，就是为了梳理政策所依据的理论，挖掘文件未能明确阐述的大义，分析政策可能产生的影响，以使人们对于政策获得更加丰富、清晰和准确的理解，并对未来有所预见；第二种是不同职能部门出台的文件，如央行和银监会发布的《汽车贷款管理办法》；第三种则是主管领导在正式场合发表的讲话。后面这两种形式表达的政策针对性较强，含义亦较具体和清楚，但是这些政策可能产生的经济影响以及与之相关的利害得失和因素变化，却需要媒体通过报道予以及时地揭示和分析，帮助人们正确地决策。

党中央在十六届三中全会上首次明确提出关于科学发展观的概念："坚持以人为本，树立全面、协调、可持续的发展观，促进经济社会和人的全面发展。"胡锦涛总书记对科学发展观的实质内涵作了明确的阐述。胡锦涛总书记2004年3月10日在中央人口资源环境工作座谈会上的讲话指出："坚持以人为本，就是要以实现人的全面发展为目标，从人民群众的根本利益出发谋发展、促发展，不断满足人民群众日益增长的物质文化需要，切实保障人民群众的经济、政治和文化权益，让发展的成果惠及全体人民。全面发展，就是要以经济建设为中心，全面推进经济、政治、文化建设，实现经济发展和社会全面进步。协调发展，就是要统筹城乡发展、统筹区域发展、统筹经济社会发展、统筹人与自然和谐发展、统筹国内发展和对外开放，推进生产力和生产关系、经济基础和上层建筑相协调，推进经济、政治、文化建设的各个环节、各个方面相协调。可持续发展，就是要促进人与自然的和谐，实现经济发展和人口、资源、环境相协调，坚持走生产发展、生活富裕、生态良好的文明发展道路，保证一代接一代地永续发展。"十七大提出中国特色社会主义理论体系新概念，并将科学发展观与邓小平理论、"三个代表"重要思想一起，列入该理论体系，作为中国共产党指导思想，一并载入党章。

科学发展观是对经济社会发展一般规律认识的深化，是指导发展的世界观和方法论的集中体现，是指引我们既快又好地发展生产，实现共同富裕，推进社会主义经济建设、政治建设、文化建设、社会建设全面发展的指导方针，必须贯穿于全面建设小康社会和社会主义现代化建设的全过程。如果说以科学发展观统领经济社会发展全局，是时代所需，形势所迫，民意所盼，党心所向，那么以科学发展观创新经济新闻报道则是使经济新闻更好地实现传输信息的职能，提供咨询、解释的服务功能和监督、调控国家经济发展的指导功能；为优化经济结构和转变经济增长方式，促进经济增长质量和效益的提高，建设资源节约型、环境友好型社会的体制机制提供导向上的支持。

经济新闻报道者具有良好的政策水平，就要以科学发展观来创新经济新闻报道，就要在新闻报道中自觉贯彻科学发展观，更新经济报道观念，对市场经济生活中的经济现象、事件、人物等报道要摒弃旧有的观念与模式，代之以新的视角。这种全新视角就是以人为本，坚持经济社会全面、协调、可持续发展。比如说，在经济报道中，我们不应仅仅报道有多少高楼大厦平地而起，而要关注那些因此而被迫迁移的人；我们可以报道某地兴建了多少家企业，但要对兴办企业所占用的耕地对农民生活的影响，以及一些带有严重污染的企业对周边土地和居民生活质量带来的危害有所关注。经济新闻报道特别要注意以下几点：

1. 注重把握发展的整体性

麦奎尔在《大众传播理论》一书中认为，根据大多数发展中国家的共同特点，可概括出一种"国家发展优先理论"。其核心观点是：把经济的发展、国家的建设放在第一位；媒介的一切行为都应服从这一目标。而"以经济建设为中心",正是我国20多年来新闻报道的一个中心任务。但是,我们在发展观的宣传中存在片面性的一个突出表现,就是忽视发展的整体性,偏重经济发展,对经济、社会的联动发展与人和自然的和谐发展宣传力度不够。记者判断一个地区或部门工作好坏的主要标准,就是看经济是否上去了,尤其是GDP是否上升了。经济发展了,GDP上去了,表明领导干部政绩突出,这个地区和部门的工作就具备了新闻价值,就可以在报道上宣扬一番。以经济建设为中心,似乎成了以GDP为中心。但随着社会主义市场经济的整体确立,随着工业化时期向信息化时代的突进,随着第三产业的迅猛崛起,再片面追求GDP的发展就不能适应时代的要求,不符合全面建设小康社会的发展目标了。GDP的增长不等于经济的全面增长,不等于经济社会的同步发展,不等于人的全面发展。

科学发展观强调全面发展和协调发展,新闻报道不能以某一方面的成就为最终评定标准。对于经济报道而言,在报道GDP数据、增长数字之后,应该进而探究实际问题,以全局的眼光看待增长。真正的、科学的增长是一种统筹兼顾、全面协调、重在综合实力增强的发展过程。新闻媒体要以辩证思维看待发展,报道发展,要从偏重经济发展的思维惯性中走出来,尤其要摆脱对GDP宣传的绝对化。要把报道思路调整到经济社会的同步发展上,调整到经济、政治、文化各要素的全面发展上,调整到人与自然和谐发展上。科学发展观给媒体的新闻价值观"亮"出了新的标尺:当分析、判断一个地区、一个部门是否有报道价值时,不仅要看GDP是否上去了,更要看经济与社会是否整体发展、环境是否得到有力保护、资源是否得到合理开发、城乡二元结构是否改善、人和自然是否和谐发展。

《经济日报》2006年6月13—15日刊载的《跨越发展看聊城》系列报道中,记者对山东聊城发展的报道就不仅仅停留在GDP的增长上,而是更关注这类欠发达地区如何在追赶式发展中,深入贯彻落实科学发展观,建设资源节约型、环境友好型社会。记者写道:"但经济发展并不是科学发展的全部内涵,聊城人深谙此理。前两年,地质部门勘探探明,聊城地下埋藏着810米厚、热值6000大卡的优质煤炭资源,储量达240多亿吨。如果开采,财政一年增收二三十亿元不成问题,而且还会拉动相关产业的飞速发展,不用费多大气力便可使聊城'脱贫致富'。要'煤城'还是要'水城'?聊城的选择是让这片宝贵的煤炭资源继续'沉睡',因为兴建'煤城'会对'江北水城'的地质结构及周边的生态造成严重破坏。"

同时,记者以聊城的发展对类似欠发达地区的发展提出思考,评论员文章《聊城的启示》一文中,记者着重提到:"特别是身负一方发展之责的地方领导干部尤其要重视以下三方面工作：一要正确看待本地资源。许多戴了数年、数十年'欠发达'帽子的地区几乎都感到受限于'没钱没人没资源'，而聊城经验告诉我们，只要通过不断地解放思想，转变观念，就会发现：任何城市和地区都有自己的亮点，只要找准特色和定位，就找到了发展的突破口和切入点。二要正确看待机遇。从10年前随着京九铁路开通的'借路兴聊'，到10年后利用江北最大的城内湖泊和古运河'借水兴市'，聊城不断捕捉和创造发展新机遇所取得的显著成绩说明，欠发达地区要在新的历史条件下实现追赶型、跨越式发展，必须切实抢抓机遇，善抓机遇。三要正确看待政绩。'找出差距是一种境界，承认差距是一种胸怀，缩小差距是一种水平。'"

2. 注重把握发展的协调性

2003年我国人均国内生产总值首次突破1000美元，到2020年我国人均国内生产总值预计将达到3000美元。根据世界发展进程的规律，在人均GDP处于500~3000美元的发展阶段，意味着经济社会发展进入一个新的关键阶段，也往往对应着社会矛盾最为严重的时期。在这个阶段，城乡之间、区域之间、产业之间以及占有资源不同的人群之间的收入差距还会拉大，而随着收入提高及差距拉大，各种利益关系日益复杂，如果处理不当，就容易引发社会不稳定。拉丁美洲和东南亚一些国家都在这一阶段出现了经济停滞甚至社会动荡。

我国东西两地在自然地理条件、物质技术条件和经济增长惯性等方面的差距较大，发展不平衡。从经济总量来说，1990—2000年，东部地区在全国经济总量中的比重从51.5%增加到58.5%，上升7个百分点，而中西部地区所占比重相应下降。另一方面，我国的城乡二元结构也导致了二者之间的不协调发展。城乡不等价交换的"剪刀差"方式，限制了城乡之间资源的有效配置和合理流动。农民长时期处于低收入、低消费状态，农村经济与城市经济反差很大。在农村，经济发展与社会发展不协调，农村教育、卫生、文化、体育发展严重滞后。此外，农业生态环境遭到了巨大破坏。

针对我国经济和社会发展中的实际问题和突出矛盾，科学发展观提出了"五个统筹"的思想，丰富了马克思主义发展观。提出"五个统筹"，从根本上说，就是在发展中要充分协调各方面的关系，使经济和社会之间、人与自然之间以及社会系统内部各要素之间相互适应，相互促进，协调发展，从而形成速度较快、效益良好、结构合理、功能完备、兼顾公平的和谐社会形态。

《经济日报》从2006年6月到2006年9月在头版以专栏形式刊出"又快又好发展新看点"系列报道。这组报道从2006年6月1日《"引进来"与"跟上去"——山东省青岛市城阳区采访记》开始，到2006年8月31日《科技成就"镁都"经济——辽宁省大石桥市采访记》止,历经山东、河南、陕西、辽宁四省,共刊出 72 篇(以下数日为人员调派期,未刊登:6 月 3—5 号、7 月 4 号、7 月 6—8 号、8 月 1—7 号、8 月 9—10 号;另有 4 天未刊出)。它以一地一篇的报道形式,分别报道山东 2 个县市(加上 5 月份的报道,实则报道山东 26 个县市),河南 25 个县市,陕西 22 个县市,辽宁 20 个县市(加上 10 月份的报道,实则报道辽宁 23 个县市),另配发各省采访组评论 3 篇。集中反映全国相对不发达地区的县市一级经济建设和社会发展的新成就、新进展。采访组成员们深入各县(市、区)城乡,用鲜活的事例充分展现各省人民在经济建设和社会发展等方面的努力,特别是在贯彻落实科学发展观,坚持"四个优先",建设和谐社会等方面的成功做法和丰富实践,以及在建设社会主义新农村过程中的辛勤探索,全景式展示人民群众求真务实、埋头苦干的生动画面。

3. 注重把握人在发展中的主体地位

科学发展观是一个整体,主要包括两个方面:一是强调以人为本;二是强调全面、协调、可持续发展。只有把二者有机统一起来,并把以人为本作为核心,才能深刻把握科学发展观。以人为本,要求发展的目的不是为少数人利益,也不是为发展而发展,而是为了不断满足全体人民日益增长的物质文化生活、健康安全和全面发展的需要。

科学发展观的本质和核心是坚持以人为本。所谓"本",就是基础、原则,是考虑问题的根本出发点。这里的"人"不是指某个人、某些人,而是指广大人民群众。而所谓"以人为本",就是一切以人的身心健康为出发点,以人的全面发展为目的;就是要使人的生活方式得到优化,生活质量全面提高。以人为本,不仅要求发展是为了人,而且要求发展必须依靠人,要求通过发展不断提高人的思想道德素质、科学文化素质和健康素质,促进人的全面发展。

以人为本、构建新闻宣传新思维,胡锦涛同志要求新闻宣传要提高舆论引导能力,"既要教育人、引导人、鼓舞人、鞭策人,又要尊重人、理解人、关心人、帮助人,要多办得人心、暖人心、稳人心的好事实事,把党和政府的温暖送到群众心坎上"。① 新闻由"官本位"向"人本位"转移,是适应时代要求的能动反映,是人性化政治在新闻改革中的体现。

怎样在新闻报道中切实践行以人为本,有学者提出:(1)我们必须把新

---

① 胡锦涛:《坚持用"三个代表"重要思想统领宣传思想工作》,《人民日报》2003 年 12 月 8 日。

闻报道关注的中心扎扎实实地放在人的生存状态上；（2）新闻要正确地传达人的真实情感；（3）新闻报道还要特别注意尊重人的人格尊严、地位和价值。①

《经济日报》从 2006 年 8 月 3 日至 8 月 20 日，连续推出"城市河流，让我们重新认识你"系列报道，派出多组记者深入"长三角"、"珠三角"、环渤海、东北、中部和西部的 10 个城市，了解了我国在城市河流治理与开发中的重大进展，目睹了各地建设资源节约型和环境友好型社会的生动实践。从记者采写的报道中我们看到，各地对城市河流治理开发科学规律的把握正不断深化，并体现出鲜明的特点：一是以人为本。各地都把广大人民群众的根本利益作为城市河流治理与开发的出发点和落脚点，着力解决好与人民群众利益密切相关的水问题，确保饮水安全、防洪安全和用水安全；二是正确处理人与自然、人与水的关系。在城市河流治理与开发中注重恢复水生态，避免和减少人类活动对水与自然的侵害，维护河流的自然生态。在《北京：科学治理重开源》一文中，记者写道："为避免与生产生活争水，有人提议保生活弃景观，但北京市水务部门认为水资源的协调利用，不能以牺牲城市河流景观用水为代价。岳升阳说：'水对于人来说，不仅仅是个喝的问题。护城河是古都风貌不可或缺的重要组成部分，也凝聚了北京人的情感。'"

报道还配发了由环保总局官员、水利部官员、城市规划研究学者等专业人士针对不同城市的河流治理进行的点评。如点评南昌的《"节水减污"是治本之道》一文中，中国城市规划设计研究院副院长邵益生对南昌进行了深入的分析，既重视城市河流治理的宏观层面，又关心周边群众的切身利益："抓城市水环境治理可以说抓住了近期亟待解决的关键性问题，一切为市民的切身感受和切身利益着想，通过水系统的完善来联络城市，通过水环境的营造来获得效益，通过水文化的烘托来凝聚人气……南昌的水系工程涉及江、湖、渠、溪的全面治理与再建，特别是这一工程还同城市绿化、土地开发、市政系统、体育训练和游憩场所建设结合在一起……我们也要看到当前城市建设中需要引起关注的问题：首先，城市的开发建设要注意对低收入人群住房需求的满足……"

由解剖《经济日报》对科学发展观政策的相关报道，我们可以清楚地看到，经济新闻报道者政策水平的高低，直接决定了经济新闻报道质量的高低。因此，有研究者曾经提出：我国社会主义市场经济的改革，是一项前无古人的事业，没有现成的路径可走，因而又是一个不断试错又不断前行的过程。这就

---

① 王多：《科学发展观与新闻报道的以人为本》，《新闻导刊》2006 年第 5 期。

要求经济新闻从业者在报道现实经济改革中的热点、难点和焦点问题时，以超前的眼光提出应对性的策略建议，做好政府的参谋。若能如此，就能增强经济新闻报道的分量，扩大经济新闻报道的影响。

事实上，我国经济新闻从业者在促进我国经济体制的转型和新的经济政策的出台方面是做出了自己的贡献的。改革开放以来，我国的经济体制转型经历了4个阶段：计划经济为主，市场调节为辅——社会主义有计划的商品经济——社会主义商品经济——社会主义市场经济。在每次经济体制转型之前，我国的经济新闻从业者就在台前给予舆论上的呼吁；在中央新体制的提法确定之后，经济新闻从业者又在报道中给予深入解释和事实的引导。在具体的、新的经济理论观点和政策的酝酿形成中，经济新闻从业者也进行了理论的探讨和事实的宣传报道。①

近年来，随着全球经济一体化程度的不断深入，世界各国经济之间的关联度也进一步提高。这给致力于经济报道的记者提出了更高的要求，眼光不再局限于国内，还要放眼于世界。美国的次贷危机不仅会影响到其自身的经济，同样也会影响到中国和他国的经济。美国是中国商品出口的大国，美元的贬值或经济的衰退，都会直接影响到今后中国经济的发展，以及世界经济的走势。全球粮价上涨、石油价格上涨，同样会波及中国。我们的生产企业、出口企业如何应对？国家对于出口加工企业税收的调整、政策的改变等，这些问题经济记者都需要作出迅速反应。

2007年12月初，中央经济工作会议提出"防止经济增长由偏快转向过热、防止价格由结构性上涨演变为明显通货膨胀"的两防方针；2008年3月5日，国务院总理温家宝在《政府工作报告》中提出，当年的预期目标是国内生产总值增长8%左右，消费价格指数增幅控制在4.8%左右，并随之出台了一系列政策措施，影响到经济发展、经济生活的方方面面。这些不仅需要记者进一步消化、了解，更要紧跟形势变化，在经济动态发展过程中"吃透"国家方针、政策的主要精神，把握经济大势，报道相关新闻才能做到高屋建瓴。

政策水平的高低与理论水平的高低是密切相连的，因此理论指导对新闻报道特别是经济新闻报道的重要性是不言而喻的。首先，社会生活中每一次理论上的大突破都会给现实生活带来一系列新的变化。而作为反映生活最新信息的新闻也就有了丰富的信息源，改革开放以来的两次大的思想解放运动，都是以理论上的重大突破为先导的。其次，理论一旦被掌握、运用，就会变为巨大的

---

① 李道荣：《经济新闻的特点与从业者的素养》，《中南财经政法大学学报》2007年第1期。

物质力量。理论指导实践，当然也指导新闻实践，而且理论指导对于新闻报道来说还具有特别的意义。这是因为理论是确定方向的，正确的理论指导决定正确的舆论导向，反之就会导致舆论的误导。最后，从新闻所担负的历史重任而言，必须使理论融于新闻的写作之中。正如新华社社长郭超人在《新闻工作的历史重任》一文中所说，宣传邓小平理论，"要善于从新闻工作和客观规律出发，通过大量活生生的事实来进行宣传。也就是说，要把邓小平理论的宣传贯穿在我们的各项新闻报道之中"。无论是报纸还是广播电视，在追求短、平、快动态性强的大信息量的同时，也迫切需要大量观点明确、分析性强、对受众极具指导性和参考价值的深度报道的支撑，这也是各媒体其本质特点所决定的，而深度报道是离不开理论指导的。

经济新闻的认识和实践，离不开对经济理论的掌握。经济报道中的理论具有权威性，能够提高人们对经济现象、经济生活的认识，为改革和发展提供参考。理论的权威性是指理论符合马列主义、毛泽东思想、邓小平理论、"三个代表"重要思想，符合中央的经济政策，符合经济学的观点。记者在写经济报道过程中，一定要注意运用理论观察、判断经济现象，对于自己拿不准的问题应该向专家求教，不能想当然地写。理论是方向问题，若理论模糊不清，将会误导受众，产生不良影响，甚至影响社会、企业的稳定，给企业带来损失。具备了较好的政策、理论水平，才能从纷繁复杂的经济现象中开掘出较深的主题，使人们对经济领域的现象和问题感到释然。因此，经济记者应提高理论素养，了解当前的经济政策、经济发展思路；应学习现代经济、现代科技、现代管理等方面的知识，把握住企业与市场、管理与效益的关系；学习和企业生产经营相关的行业以及专业方面的理论知识，这样才能写出鲜活的新闻作品。

第二节　完备的经济学专业知识

我国著名新闻学者甘惜分主编的《新闻学大辞典》中，对经济记者的职业要求做了说明："专门报道经济新闻的记者为经济记者。经济记者须具备广博的经济知识，对经济形势、经济动态、经济前景应有深入的了解和准确的把握，并能较为准确地分析现状，解释趋势，预测未来。经济记者应善于把非事件性的经济新闻及枯燥的经济数字用生动通俗的形式反映出来。"[①] 台湾地区著名新闻学者郑贞铭在《新闻采访与编辑》中说："经济新闻的编辑工作与其他各版的编辑比较之下，应是属于最专门性的，因为经济新闻内的专门术语、

---

① 甘惜分主编：《新闻学大辞典》，河南人民出版社1993年版，第151页。

专门知识最多，若由一个不熟悉经济知识的人经手编经济新闻，他可能连记者的稿子都无法看懂，当然更谈不上把经济新闻编得很好，所以经济版的编辑要较其他各版编辑具备更多的专门知识，才能胜任编辑经济版的工作。"

经济生活是由一系列活动所组成的复杂的集合，包括购买、销售、讨价还价、预算、投资、决算、税收等。为了将这一系列的经济活动都能管理好，经济学形成了很多专业分支，不同的分支对某一类具体的经济活动进行思考，以便从理论上找到有序管理经济活动的办法。例如，微观经济学通过对单个经济主体的经济行为的研究来说明现代经济中市场机制的运行和作用以及改善这种运行的途径，其中心理论为"看不见的手"价格机制。微观经济学研究的主要内容有：（1）分析单个消费者如何作出最优的生产决策以取得最大效用，单个生产者如何以最优的经济决策取得最大利润；（2）分析单个市场的价格和产量的决定，这是作为某一市场中消费者和生产者（需求和供给双方）在追求自身的经济利益的条件下，共同作用的结果；（3）分析所有单个市场的价格和产量的决定，这又要取决于所有单个市场（如产品市场、劳动市场、资本市场）的共同作用。宏观经济学以整个经济的总体行为为研究对象，宏观经济学主要研究：（1）消费者和厂商如何选择供给、投入以决定整个经济的总供给；（2）经济中的总需求和总供给如何决定资源总量和价格总水平；（3）资源总量和价格总水平的长期变动趋势。这些知识作为经济新闻报道者都必须通晓。作为报道经济新闻的记者，必须具备一定的经济学专业知识，才能胜任经济新闻报道工作，才能不说外行话，为一线的从业人员提供现实的决策指导，同时经济活动的复杂性和专业性，也给经济新闻报道增加了难度。因此有学者提出，一般而言，作为一个经济记者要对经济学、财政学、市场学、银行学、货币学、国际贸易、企业管理等知识，有较高的造诣。作为一个经济新闻版的编辑，对这些知识更应下苦功，以深入研究其理论与实务。

不同于计划经济时代只需要了解生产、供应、收购、调拨、库存等概念，市场经济主要以经济的供求关系作为调节的杠杆，因此一个经济新闻记者必须掌握6种"比率"，即经济增长率、通货膨胀率、失业率、利息率、税率、汇率。[①] 当然这不是仅仅要求记者们背下关于6种"比率"的名词解释，而是要求熟悉6种"比率"间的相互关系。任何一"率"的变化，都会影响全局，因为经济是一个整体。这其中有些"率"之间关系可能更密切一些，例如经济增长率与其他各"率"之间的关系属于一动百动；通货膨胀率与失业率的

---

① 黄文夫：《记者编辑应掌握的经济学常识和思维方法》，《中国记者》1999年第8期。

关系通常呈负相关；利息率与汇率通常呈正相关；宏观税率是否适当，对整个国民经济的影响也是明显的。显然，这6种"比率"可以说是重要的新闻眼，抓住它们的变化做文章，经济新闻特别是金融新闻的丰富多彩就有了保障。

经济新闻报道属于专业性新闻报道的范畴。这里的"专业"，指的是经济学的专业知识。新闻也是一种专业，也有专业水平高低的问题。但是，在"经济报道"这个概念中，新闻报道已经是一种职业行为了，"经济"这个限定词是对专业性知识领域的界定。有学者已指出："毋庸置疑知识的缺乏会影响记者的报道，对经济、商业领域的记者，尤其如此。因为他们采写的领域有很强的技术性，需要诸多的知识。"① 彼得·肯尼迪的《新闻中的经济学：宏观经济学精要》指出，经济学有3种类型，即变动曲线经济学（专业经济学）、流行艺术经济学（畅销书经济学）和媒体经济学。而媒体经济学是"在报纸的商业版和电视上经常碰到的经济学，是商人和感兴趣的外行人想了解的经济学知识的经济学"。②

一个合格的经济新闻记者（编辑），不仅应具备扎实的新闻专业知识、语言才能，而且应具备足够的经济专业知识，能够比较准确地把握住经济概念的内涵、经济命题的要义，这样才能够从经济事件深层、经济现象背后，洞察、分析出本质性的东西，从而提升经济报道的深度与高度。否则不仅不能报道好经济新闻，甚至还会闹出笑话来。比如，"国民待遇"（national treatment）是指外国公司在所投资的国家可以享受与该国企业同等待遇，有人把它按字面翻译为"国家处理"，让人不知所云。如果报道中经常出现这样那样的漏洞的话，读者对报道的可信度就会产生疑问。前些年在新闻界，流传着"吴敬琏驳斥记者"、"吴敬琏给记者上课"的故事，说的都是记者因缺乏专业理论知识导致提问"外行"的问题："现在少数记者缺少经济学的基本常识。提问的时候抓不住问题的关键，甚至提些根本不是问题的问题，很难回答。而有时在我回答问题之后呢，由于记者和我的学科背景不同，又不能恰当地理解我的意思。"在谈到在建立现代企业制度过程中，媒体应起到什么作用时，吴敬琏说："媒体能起到'科普'作用，但首先要'普'的是记者自己，记者首先要明白什么是现代企业制度，否则当然是'以其昏昏，俾人昭昭'了。"③ 有位

---

① 安雅·谢芙琳、埃默·贝赛特：《全球化视界：财经传媒报道》，复旦大学出版社2004年版，第156页。

② 彼得·肯尼迪：《新闻中的经济学：宏观经济学精要》，中信出版社2005年版，第79页。

③ 辛培瑜：《听吴敬琏谈经济报道》，《中国记者》2001年第4期。

经济学家曾对要求采访他的记者不客气地说:"请先回去学点经济学,再来采访。不然你不可能理解我的观点。"曾经担任过美国总统经济顾问的加德纳·阿克莱说过,他希望看到采访经济新闻的记者具备两个条件:第一,他们学过一门经济学;第二,这门学科要考试及格。这种说法可能有些绝对,但说明做经济报道的记者更需要具有一定的专业知识。

经济学家格里高利·曼昆认为:"学习经济学有助于你了解你所生活的世界,可使你更精明地参与经济活动和经济决策。"① 经济报道要想取得理想的报道效果,就必须以满足受众的需求为宗旨,将经济学的知识融于报道之中,使经济报道帮助受众进行经济决策,提高经济新闻对受众的有用性。

的确如此,要搞好经济报道特别是经济深度报道,除了应具备较高的政策水平和政治的宏观理论之外,还必须掌握足够的经济专业理论,也只有这样才能对事实看得清楚,才能做到心中有数,对经济现象作出准确的判断。在这方面新闻界一些做经济报道的名记者已经为我们做出了表率。《经济日报》原副总编辑詹国枢曾谈到,经济记者掌握了一些经济理论再抓新闻,便有了举重若轻之感。20世纪80年代末,在杭州市,短短数年竟冒出66家电冰箱厂,经清理整顿,仍有20余家在顽强地抗争着。此事究竟如何评说,有的报纸只是发个消息,揭露一通,抨击一番,仅此而已。可詹国枢并未停留在表面现象,而是前往杭州市进行深入采访,通过采访,他平时脑中所积累的经济理论以及对改革的种种思考都被充分调动起来,从而通过"杭州电冰箱热"这个可以以小见大、由点及面的经济现象,对改革有了一个更深刻、更自觉的认识,写出了一组颇有理论深度的经济报道。

2001年2月25日,证监会迅速果断地发布具有里程碑意义的《亏损上市公司暂停上市和终止上市实施办法》,标志着我国股市"退出机制"正式诞生。这一政策的出现与媒体记者以专业的视角推出的报道是紧密相关的。从对众多PT、ST公司的追踪报道开始,到对只配股不分红的年报现象的分析,再到《一级市场更黑》的批评报道和以《奇怪的郑百文重组现象》(2001年2月6日,新华社新华视点)为代表的关于郑百文重组事件的系列报道,直至"基金黑幕"、"坐庄内幕"、"股市大辩论"等"爆炸性"声音的出现,对有进无出的股市状况的批评达到顶点之时,证监会果断地宣布了"退出令"。

利昂·纳尔逊·弗林特曾说:"对一个撰写科学和艺术报道的记者来说,无论多么勤奋用功也无法弥补教育欠缺带来的背景知识不足,更无法获得训练

---

① 格里高利·曼昆:《经济学原理》,中信出版社2000年版,第28页。

有素的思考方法。"① 这一结论对经济新闻报道者来说也同样适用。在知识经济的现时代，经济新闻可分为两大类，一类是涉及物质财富的生产和消费，另一类是象征性资产（货币、股票、期货等）的流通、专业性的预测、风险评估等。随着市场的扩大和市场力量的增强，"经济"已经很大程度上要同象征性的成分、交易打交道。经济中的金融部门首当其冲，这一领域的电子网络已经形成巨大的全球显示系统。一个微小的变动，甚至某些相关人士的口头表示，一经披露就会影响市场行为，影响预测。经济的象征性趋势，使得各种前景分析方面的报道，心理成分更加突出，通过报道给公众留下的"印象"或"感性认识"，已经成为国民经济的重要因素，影响着经济本身的正常运作和职能的发挥。翻开当今的经济新闻报道，我们可以看到金融证券新闻占的比例越来越高。因为证券市场的特殊性，证券新闻报道与一般的经济新闻报道相比具有更强的专业性。中国证券市场各种经济现象错综复杂，新问题层出不穷，对这些现象的报道仅凭经验和直觉是不能做好的，需要运用一定的专业知识才能正确地做出解释和监督。如监督上市公司信息披露的内容就要涉及金融、财务、会计、审计、法律等众多方面的知识，要规避各种信息陷阱，则要求编辑和记者具备一定的看盘经验、熟练的技术分析和深厚的经济理论功底，对政策走向、机构操盘手法等都要有一定的研究。

知识经济中的"知识"，包括4个方面：事实知识（know-what）、原理知识（know-why）、技能知识（know-how）、源头知识（know-who）。现在的经济新闻，特别是涉及金融证券的财经新闻，已经不能只停留在叙述事实方面了，需要更多地提供第二种知识，尽可能将只可意会的第三、四种知识，在记者笔下转化为可编纂的信息。这些知识能够提高受众的投资效益，但是经济新闻报道者不具备较高的经济学专业知识是无法完成这种转换的。正如有的业界人士所说："如果今天从事经济新闻的记者没有建立起新的价值观，缺少与之相配套的新的知识体系，就很难在纷繁复杂的经济现象中享受'透过现象看本质'的快乐。如果记者本人没有真正理解经济现象的来龙去脉，也就不可能用通俗的语言向读者传递新鲜有趣又可能是至关重要的经济信息。"②

体现国际竞争力的主要指标中，"金融体系"和"国民素质"这两项，我国在世界上的排名均很靠后。鉴于这种较为落后的状况，我国的金融新闻不仅

---

① 利昂·纳尔逊·弗林特：《报纸的良知——新闻事业的原则和问题案例讲义》，中国人民大学出版社2005年版，第16页。

② 于欣：《把专家的"经济"做成百姓的"经济"》，《青年记者》2008年4月号（上）。

本身要提高档次和开阔视野，还要帮助完善金融体系、提高国民素质。因为当今传媒报道的金融新闻不仅是公众的重要信息来源，而且提供了理解经济、金融问题的动力，这都有赖于经济新闻报道者自身专业素质的提高。

随着社会的进步和媒体的发展，社会对"专家型记者"的需要越来越迫切。所谓"专家型记者"，需要对某一领域，如金融证券、IT 电子、高新技术有自己独到的研究和见解。美国《纽约时报》的一位管理者曾说："《纽约时报》的力量所在，不在于它有多少高水平的新闻报道员，而在于每一个报道员都是他所从事的报道专项的专家。"作为美国的第一大报纸，《纽约时报》的编辑、记者有1100多人，分工很细，有的专门报道股票，有的专门报道汽车，有的专门报道公司。虽然他们的报道领域不广，但在他们所从事的专门报道领域中，却都是业务精通的专家。[1]《〈华尔街日报〉使用指南》仅介绍分析《华尔街日报》固定刊出的各类统计数据，就有80多种，正是这些无所不包的统计数据，扮演着美国经济的中枢神经角色，刺激并调整着美国企业与财经业的正常运转。[2] 只有具备经济背景的"专家型记者"，才能将这些数据与概念为我所用。

据了解，美国新闻界对从事财经类新闻报道的人员的一个基本要求是，必须具备二级经济师资格。由此可见，培养一个合格的财经新闻记者比培养出一个合格的社会新闻记者难得多。换言之，财经类媒体从业者的历练不仅仅是时间问题，还与从业者不断累积的专业学习密切相连。因此，财经类媒体应该建立起良好的培训机制，经常给财经记者、编辑创造学习和研究宏观经济形势、产业形势的机会；同时学习国内外优秀财经媒体的运作、考核机制，全力培养具有竞争力的"财经骑兵"。1999年，《财经》杂志与北京大学中国经济研究中心合作，推出《财经》杂志奖学金项目（CAIJING Fellowship），每年推出一届，旨在给目前正在一线工作的优秀青年财经新闻工作者提供机会，系统地重温经济学理论。10名入选者脱产在北京大学进行3个月的学习，接受中国一流经济学家多项专题的系统教育，《财经》杂志独家为每名学员提供总值近2万元人民币的奖学金，资助这批人完成学业，为中国财经新闻报道人才的培养作出了有益的探索。随后，《财经》杂志又与北京大学新闻与传播学院合作创办了北大财经新闻研究中心，与英国《金融时报》共同开发财经新闻国际培训项目，为国内财经记者提供到国外知名财经媒体学习和实践的机会。

---

[1] 刘世领：《媒体呼唤"专家型"记者》，《传媒观察》2005年第12期。
[2] 曹鹏：《〈华尔街日报〉使用指南：财经报刊的生理解剖图》，"我写传媒网"2004年4月5日发布。

《Fortune》(《财富》)中文版在专业性与可读性方面也是一直做得不错的,其执行总编辑黄翔曾经这样谈到:"我认为财经记者不是专家,也没有必要成为专家。但这并不表示财经记者不需要专业知识。相反,经济学、管理学以及一些商业常识应是财经记者的必备。当然,对这些相关知识的掌握不必如专家那样深奥,但必须有足够的了解,才能够面对复杂多样的财经新闻,做到成竹在胸。财经记者与专家的另一个区别在于,记者必须具备过人的沟通技巧,而专家潜心钻研学术问题,大多在理论研究中具有丰富经验,但是他们对问题的分析往往使用专业语言,以照顾他们的交流对象。财经记者应该能够用浅显而生动的语言,将专家高屋建瓴的评析和深奥的理论深入浅出'翻译'给读者,使各类经济问题比如股市行情、经济趋势、企业管理等变得浅显易懂,普通读者获取信息就会没有障碍。如果在新闻报道中总是充斥'平衡记分卡'、'竞合'等专业术语,无疑将会影响读者的阅读乐趣。其实,大多数读者接触各类财经问题的重要渠道,就是通过媒体这个桥梁,因此,优秀的财经记者往往会产生比专家更大的影响力。"[1]

早在 1845 年工业革命时期,马克思和恩格斯就指出:只有当交往成为世界交往,并以大工业为基础的时候,只有当一切民族都卷入竞争斗争的时候,保持已创造出来的生产力才有了保障。由于历史的原因,我国在一个较长的时期内与外部世界隔绝,当我们可以胸怀世界的时候,世界已经进入了知识经济时代。我国成为 WTO 的成员已经数年了,现在一些文章标题还是常出现"应对"这个词汇,多少反映了过去的思维心态,以这种心态指导 WTO 下的经济新闻报道,自己把自己放在被动地位,这对我国在国际上的地位和形象都是不利的。改变思维方式,习惯于从全球新闻发展角度、从世界交往角度选择和分析经济新闻,以世贸组织成员、主人的身份思考问题,我们的对外经济新闻才会大气、有深度、有吸引力。

第三节 较强的新闻业务技能

业务技能是一个新闻从业者开展新闻活动的前提和基础,是完成新闻报道所必须具备的专业能力,也是把理论与知识素养转化为米与新闻的能力。我们很难想象,一个连新闻价值构成要素、新闻敏感的内涵、获取新闻线索的途径、新闻采访的基本方法和要求、新闻写作的基本特点都不甚了解的人,能成

---

[1] 冯英因:《从国外财经报道谈专业性与可读性的统一》,《新闻传播》2007 年第 1 期。

为一个出色的新闻工作者。经济新闻首先是新闻，应具备新闻的构造元素和价值要素，符合新闻的采写要求，作为专业性要求较高的特殊新闻，更是对新闻业务技能有一些特殊的要求。

一、捕捉新闻的能力

所谓捕捉新闻的能力，就是要有较强的新闻敏感性和较强的发现新闻的能力。

新闻敏感，就是记者对新闻事实中新闻价值的发现和辨别的能力。对于新闻从业者来说，新闻敏感是一个记者最基本的素质之一。一个记者具有较强的新闻敏感，就能在他感知某一事实后，对这一事实所蕴含的新闻价值作出准确的判断，即清晰地认识到这一事实对于受众有无意义、有无实用性、有无趣味性。1997年亚洲经济金融风暴乍起，泰国货币泰铢连连贬值。一开始人们并没有十分重视。但有的记者敏锐地意识到它将酿成一场金融危机，其影响将波及全球，并对此及时作了报道。事实证明这场金融风暴不仅打击了亚洲经济，也波及俄罗斯、欧美和拉美国家，它的影响持续了好几年。记者的这种"先见之明"并非信手拈来，而是建立在大量的调研基础之上，绝非一日之功。西方通讯社和大报都有研究专门问题的经济记者，他们通常对经济的某一领域有非常深入的研究，可以称得上是这一行的专家。

成功的新闻作品首先在于记者独具慧眼的新闻敏感，给采访得来的新闻素材以不同于以往的质的规定性。无数事实证明，同样的新闻事实，同样的新闻现场，不同记者发现问题的能力大小不同，决定了新闻作品的高下之分，因此一位老新闻工作者深有体会地说："新闻记者的第一技能不是写作而是发现。"第9届"中国新闻奖"获奖作品《青岛14名下岗工人竞得道路保洁权》（《大众日报》1998年3月30日刊发）的采写记者正是凭着强烈的新闻敏感，嗅出了新闻价值所在，在偶得新闻线索后及时进行采访，当天就把稿件传回编辑部。拍卖道路保洁权不仅在青岛是首次，在全国也是首次，报道所反映的做好再就业工作，事关我国大局稳定，反映了各部门关心下岗职工、广开就业门路的新思路、新经验，对做好再就业工作具有较强的指导性。下岗工人竞争过去没人愿干的道路保洁员，也反映了下岗职工就业观念的变化。因此报道刊发后，起到了良好的舆论导向作用。据"中国新闻奖"参评作品推荐表上介绍：消息见报后，全国各省市区的环卫部门都纷纷派人到青岛取经，竞相拍卖道路保洁权。山东省130多个县市地区也都推广了青岛的做法。此事还引起了江泽民总书记的关注，1998年6月，江总书记到山东考察时，专门看望了这支由下岗工人组成的环卫队，对他们的做法给予了肯定。可想而知，如果没有记者较强的捕捉新闻的能力，就不会有对这一经济事实的准确把握，这一新闻精品也就与受众擦肩而过了。

对于经济新闻报道者来说，要有较强的捕捉新闻的能力，还要求记者在采访经济报道时保持头脑清醒，与采访对象保持一定的距离，不要让私人关系影响记者对问题的思考和判断，尤其在采访企业和企业界人士时，不要被一些表面现象所迷惑。在多数情况下，企业和企业家总是不愿意媒体报道对他们不利的新闻，有时甚至会利用媒体去传播一些为他们的特定利益服务的"新闻"。安然公司的财务问题被揭露出来之前，还曾被媒体称为最具创新精神的企业。因此，经济记者在采访中更需要多想几个为什么，从多个角度去思考，多请教专家和业内人士，而不是偏听一面之词。

善于发现数据背后的新闻也是经济新闻报道者新闻敏感性强的一种体现。"2007年，昆山市将农村最低生活保障标准，由每人每年2200元调至2880元"，从新闻报道的角度看，这是怎样的一个事实？又可以做成一则怎样的报道？《新华日报》资深记者嵇元采写的一则消息《每人每年由2200元调至2880元（肩题）昆山低保标准突破国际贫困线（主题）》，① 令人眼睛为之一亮：

> **本报讯** 昆山23日电 昆山市委、市政府确定今年年初起上调城乡最低生活保障标准，并在昨日召开的有关会议上获通过。根据新决定，昆山农村低保标准由原先的每人每年2200元上调至2880元。
>
> 该市民政局局长张平方介绍说，昆山城乡有8000多低保户，根据这一新的标准，昆山每年将为此支付1800多万元。新低保标准的实施，使昆山在全国县级市中，率先突破人均日生活费用不低于1美元的国际贫困线标准。
>
> 昆山市1998年建立农村低保制度，低保标准已连续上调5次。该市根据本地经济发展水平，按照国际贫困线标准，适时上调农村最低生活保障标准，使昆山减贫工作和国际减贫工作成功接轨，有利于进一步巩固全面小康社会的建设成果。

通常的情况下，对此次调整低保标准的报道，往往是"昆山调高农村低保标准"、"昆山新年给农村贫困家庭送'礼'，低保标准调高，增幅达多大"，或是更深一点，做出"昆山四年五调农村低保标准"报道等。诚然，"调整低

---

① 《新华日报》2007年1月25日。

保标准"是新闻,"大幅调整"是新闻,"四年五调"也是新闻,然而《新华日报》对"昆山低保标准突破国际贫困线"的事实的发现,不是纵向的比较,也不是在省内或国内进行横向比较,而是与"日生活费用1美元的国际贫困线标准"进行对比,从而发现了一个具有标志性的新闻事实。

此外还要做到对周围的事物和世界有独特的观察。清华大学新闻学院大学二年级学生李强的《乡村八记》被范敬宜院长推荐到了温家宝总理那里,感动了总理,总理在他的回信中指出,一个好记者"最重要的是要有责任心,而责任心之来源在于对国家和人民深切的了解和深深的爱。只有这样,才能做到用心观察、用心思考、用心讲话、用心做文章"。温总理的这段话是对清华大学新闻教育模式和办学方向的肯定,对清华大学新闻与传播学院的师生是巨大的鼓舞和鞭策,更是对记者能对周围世界有独特观察的要求。美国一位总统有句名言:"不要问你的国家为你做了什么,而是要问你为你的国家做了什么。"作为为国家培养栋梁之材和未来精英的大学,培养的是有创造力的人。一个人是否有创造力,能否超凡脱俗,表现在对世界的观察角度是否独特。

二、采访、调查与搜集材料的能力

采访、调查与搜集材料的能力,就是找到经济新闻报道中所需要的典型或细节性的材料。

2004年的西安彩票案虽已过去多年,中央电视台《社会记录》的记者徐婵娟和《新闻调查》的记者张鸿勋通过采访、调查发现侦破线索,并在案件中起到关键性的作用的报道还经常被人们提起,正是媒体从2004年3月25日案发到案件告破的60多天里,不满足于表面的现象,而是主动出击,通过新闻调查不断发现经济新闻报道中所需要的典型或细节性的材料,一步步揭开犯罪者的丑恶面目,把最本质的真实公之于众。为此西安宝马彩票案当事人刘亮曾感慨地说:"没有媒体对事件真相的揭露,我会背上诈骗者的恶名。"

2004年3月,新华社记者陈芳与分社记者参加新华社"三农"问题调研,无意中听专家说"江苏常州有个企业在长江边建钢厂"。凭着多年跑土地问题的经验,她感觉这虽然只是一句话,但却包含了很多信息:一是选在长江边占地规模大;二是易污染环境;三是建钢厂有可能是当前投资领域过热盲动行为的缩影。尽管从相关部委和网上没得到任何相关信息,但她始终坚信"有调查才有发言权",于是一路打听着"往长江边"怎么走,来到了铁本项目建设所在地魏村镇长江村一带。正是记者出色的调查能力,使她顺藤摸瓜,挖出了铁本在项目审批、土地审批、环保评审、银行贷款方面的"四大违规",揭示出其连闯国家法律政策"红线",导致6000亩良田被占、4000多农民流离失所的严重问题。轰动全国的江苏"铁本大案"受到了国务院的严肃处理，国家针对金融、土地、项目审批等进行了一系列重大宏观调控，控制投资过热。① 这组报道在中央加强宏观调控的关键时刻，反映了地方连闯法律政策"红线"强上钢厂的重大典型问题，发挥了重要作用和积极的舆论引导，受到总理办公室的高度评价，并获得了中国新闻奖。

与其他新闻的准备不同，采访、调查与搜集材料的能力还体现在报道者不是"临时抱佛脚"，更多的是平时积累的知识和材料。19世纪杰出的科学家、微生物学的奠基人巴斯特曾说："在观察的领域里，机遇只偏爱那种有准备的头脑。"爱因斯坦也曾说过："只有你的眼睛看见东西，那是不会发现什么的，还要你的心能思考才行。""能思考的心"和"有准备的头脑"是一切科学家成功的"诀窍"，也是经济新闻记者写出新闻精品的前提。第十届"中国新闻奖"获奖作品《中国地铁列车今天穿过天安门广场》② 就是记者用心思考、注重准备和深入采访结出的硕果。据介绍，为写这篇消息，记者进行了认真的采访前准备，搜集、积累了大量的相关信息，甚至购买了大部头的城市地铁专业理论著作，并对背景材料拟写了初稿。这篇背景资料占近一半篇幅的消息，正是由于作者准备充分，才使消息报道信息量大、内容丰富，成为同类报道中的佼佼者。

三、写作表达能力

经济新闻报道的写作表达能力，主要是指经济新闻报道者具有较强的"译制力"。经济报道的"译制力"指的是经济报道的采写者采用面对老百姓的"草根化"写作手法，把受众不容易弄明白的经济现象、术语等用生动活泼的形象语言来描述，使抽象思维在具体的语境中得到形象的落实。特别是通过财经故事等手法的演绎，让经济新闻的面目"可人"起来。③ 著名资深经济新闻记者艾丰曾经这样描述经济新闻的理想状态："一个人困了，躺在床上，看我们的经济报道，还愿意看，还看得明白。那样，我们的经济报道就可以算是写好了。"国务院发展研究中心市场经济研究所副所长、著名经济学家陈淮说过："经济报道经常涉及理论性很强的问题。特别是经济形势，很难避免一大堆枯燥的数字罗列。但无论怎么深奥，经济报道既然是一种以社会公众

---

① 陈芳：《追寻正义永远没有休止符》，《新闻与写作》2007年第4期。
② 原载《人民铁道报》1999年9月29日。
③ 何良璋、侯迎忠：《论经济报道的判断力、译制力和思辨力》，《新闻传播》2005年第1期。

为受众的信息，就要让老百姓听得懂。光听得懂还不行，还要简明、生动、一语中的，让人爱听。"① 英国的尼尔·T.加文在他主编的《经济、媒体与公众知识》一书中，阐述了经济报道的技巧："经济对大众性报纸来说是一个干巴巴而且困难的领域，需要繁复的解释和阐明相关的环境"，媒体"必须想方设法把人们普遍认为'困难'、枯燥并且需要复杂技术解释的事件处理得生动，而且对一般的和漫不经心的读者具有吸引力。"这段话其实道出了经济新闻报道表达通俗、贴近的特点。

曾经做过多年路透社记者的香港大学新闻与媒体研究中心副教授周乃菱说，在写作时要时刻记住一点：我是为读者而写的，不是为专家而写的。《华尔街日报》的一位总编曾经说过，二流的记者能把事情向专家说清楚，一流的记者则能同时把事情向一个小学生讲明白。对于经济新闻报道来说更是如此。比如金融报道，尤其要把专业术语、艰涩的道理用非常浅显的语言表达出来，让老百姓也能看懂，至少阅读起来不太吃力。互联网的出现，也使可读性比以前更为重要，要使读者注意到一条新闻，比以前难度更大了，因为能吸引眼球的信息太多了。美国的金融新闻中就有很多体育用语，因为美国是一个热爱体育的国家，体育文化无处不在，在金融新闻当中出现很多体育用语，就是为了便于读者理解。

2001年3月，新华社上海分社记者罗新宇采写了一篇解释性报道《5100亿元国债用在了哪》，这是一篇不好做的经济成就性报道。从一开始记者就锁定"以人为本"的指导思想。文章开头引用原国家统计局局长张塞的话点出主题："政府发行5100亿元国债，是中国经济持续发展必然要下的一步棋，老百姓是最终受益者！"然后，从各个方面展开分析，小中见大，数字解释，层层深入："新疆维吾尔自治区库尔勒的居民们深有体会：原来煤要440元一吨，南疆铁路修好以后，煤价几乎降低了一半，而这个铁路就是国债修的。""350亿公斤中央专储粮食仓库的建成，不但使中国这个人口大国多了一些面对大自然灾害的信心，也使敞开收购农民余粮成为现实。"文章最后谈到"继续发行5100亿元国债很有必要"时，进行了有理有据、有声有色的解释："据统计，3年来，我国国债投资项目总投资规模约2.4万亿元，牵涉到6000多个项目，到去年（2000年）年底已经完成近2/3，除已建成的项目外，目前大部分在建项目正处于竣工收尾阶段。如果这个时候撤火，都变成半拉子工程，不仅老百姓不能受益，国民经济也会出现问题。另外，实施西部大开发战

---

① 陈淮：《怎样认识经济形势及经济问题——兼谈经济报道中的预见性、深层次和大众语言》，《中国记者》2000年第9期。

略,建设西电东送、西气东输、青藏铁路等重大项目,也需要资金投入、支持。"文章最后顺理成章得出结论:5100亿元国债与老百姓的小康梦想紧密相连。由此可见,好的经济记者如同一名翻译,要把专家、市场、政府的东西翻译成新闻,传递给读者。

我们常说,大众性的新闻报道要尽量采用典型的群众语汇,经济报道也不例外。记者只有虚心向群众学习,深入生活才能采撷出既能说明事物的特点与本质,又富有生活气息的语言。例如,刊发于《经济日报》1990年12月8日的《从煮饺子说到规模经济》就是这类经济报道的典范。为了让受众理解为何要发展规模经济,让读者明白什么叫"规模经济"这样一个专业性很强的概念,作者詹国枢用了一个最有效的办法,从普通老百姓最熟悉的生活写起,先把"煮一个饺子与煮多个饺子的关系"讲清楚,这样什么叫规模经济、为什么要发展规模经济的道理一下子就变得浅显明了,这样的处理既有通俗易懂的形式,也有生活味十足的内容,娓娓道来,充满生活气息。

经济新闻的受众可粗略地划分为经济活动的参与者和对经济有兴趣的读者两大类。也有学者曾将经济新闻的受众群分为7层①:涉农产业者、普通市民、小投资者、大学生、城市中间阶层、大中企业领导者、政府管理者和经济学者。总的说来,受众是存在差异的,他们对经济新闻的需求也是有差异的。一个普通市民所关注的经济新闻是与他们的生活紧密相关的新闻,包括个人日常生活的消费和投资问题,他们往往要求媒体把专业性和技术性的词语和句式变得通俗;一个经济决策者所需要的经济新闻涉及面包括政经、财税、金融等方面,他们除了需要把握宏观长期的信息之外,同样需要体察微观动态的信息以指导实际操作,这样的报道也不是以抽象的概念、专业术语为标志的。

哈佛大学经济学教授曼昆的《经济学原理》被誉为最为成功的经济学教科书,在中文版第二版中,作者设置的《新闻摘录栏》共收入了50篇美国知名媒体发表的经济新闻,展示了美国经济新闻写作上通俗易懂、视角独特和接近性强等特点。《作为外部性的孩子——别出声:什么时候应该把孩子藏起来,并不出声》是国际新闻杂志《经济学家》刊登的经济评论,提醒人们对还没有得到充分评价的市场的外部性的注意,以及与此相关的公共政策选择。这篇评论可以说经济理论性很强,也很抽象,但作者却从"孩子哭对周围人的影响"这一生活小事入手,浅入深出地进行阐述,通俗易懂,又让人信服。《倒卖门票——你需要票吗?供给与需求在路边相遇》则从一名票贩子16年来与警察周旋的独特赚钱方式入手,从供给与需求的角度分析了票贩子的存在

---

① 邹举:《经济新闻的几个受众群》,《新闻记者》2005年第6期。

是否合法，写作角度十分独特。《中国全面地把资本送到美国》说的是国际资本流动的事，作者从中国资本对美国普通百姓购房的影响入手，说明中国人的投资如何帮助美国的购房者，如何增加美国住房市场的投资流动性。从新闻与百姓生活的交汇点上切入和分析问题，自然容易吸引受众。

一个记者的"译制力"的强弱往往意味着他写出来的经济、财经报道被普通百姓接受认可的程度的高低。著名记者穆青曾经说过，要在读者心目中立起一个形象，报道也必须是形象的。我们在新闻写作上需要有所突破，要善于把概念的表达诉诸充实具体的形象，使报道的内容可闻、可见、可触、可感。这对经济新闻写作的记者来说就是要求其有较强的"译制"能力，让经济报道充满浓郁的生活气息，因为受众往往喜欢阅读容易理解、接受的经济报道。如果经济报道写得生硬、高深、晦涩，受众会敬而远之或读后不能领悟。不愿看或者看不懂，那就更别谈有用了。因而经济报道应生动形象、通俗易懂，多使用大众化的语言，把复杂、深奥的经济问题、经济现象深入浅出、亲切自然地表述出来，做到"硬主题，软表达"。①

长期以来，我们对财政收支情况与成就的报道，大多类似统计公告，内容除数字外，就是政府和财政部门的工作，很少涉及群众生活，自然也引不起普通老百姓的兴趣。可是新华社编发的《取于民用于民，我国财力九年增加一倍半》的报道却让人耳目一新："当你走过北京三里河中央财政部门前，你很少会想到这个地方和你的生活好坏有着直接关系。"紧接着具体写了国家用财政收入对农民、对城镇居民的生活方面的补贴。然后笔锋一转再从群众的角度提出问题，对最重要的新闻事实展开叙述。这样既宣传了财政工作，增长了知识，又让人处处都感到与自己有关。

早在 2002 年，《经济日报》先后举办了 4 次大规模的"读者评报活动"，在对回收到的近 5000 份"读者评报"调查问卷统计分析后，"印象最深的经济报道"一栏（由读者手写出稿件的标题），获得读者提名数最多的 50 篇稿件，绝大部分是把经济专业知识与新闻化的通俗生动表达融为一体的经济报道作品，在附上了对"好在哪里"分析的近 400 封读者回函中，70%左右都有这类评价："既专业又通俗易懂"、"有深度也读得懂"。在"建议"栏中，也有一些读者明确提出，希望在这个方面继续努力。②

据"零点调查"读者调查结果发现，有相当多的人士反映经济新闻报道看不懂，"外行看不懂，内行不愿看"，已成为现在经济新闻报道的通病。虽

---

① 樊凡、时统宇：《经济新闻范文评析》，新华出版社 2001 年版，第 136 页。
② 高路：《经济报道：专业与通俗融合才完美》，《新闻战线》2003 年第 2 期。

然当前我国经济、财经类媒体的目标受众以关注经济事务、有一定文化层次的读者为主,但受众接受媒体毕竟不是进行学术研究,而是希望在轻松便利之中获取信息。《财经时报》总编杨大明曾说:"'让经济简单明了'是一份财经报纸的最高境界。"财经新闻确实具有相当的"专业特色",然而如何将"专业"转化成一般"大众"语言,从而避免曲高和寡的尴尬,是目前多数财经类媒体的采编人员面临的挑战之一。

从事经济报道的记者、编辑们,也要对自己的产品有个准确的定位:报道时必须明确经济报道的价值在于,用社会上普通读者能够听得懂的语言,把专家们、行业圈子、企业内部的信息传播给他们,把公开信息中蕴涵的动向揭示、解读出来。经济专业人士永远只是经济报道的读者群中的一小部分,他们阅读经济报道,更多的是收集信息、了解动向,有时是为了参考、借鉴经济记者们敏锐的观察、生动的表达。至于他们的纯学术交流,主要是读经济学的专业期刊、经济学专著。经济报道应当准确、生动、透彻、通俗易懂。对于经济学的新概念、新命题、新论断、新理论,用通俗易懂的语言解读出来,实际上也是一种"翻译"性质的工作。这种通俗化的"翻译",难度往往比不同语言之间的翻译更高。因为只能意译,而且还要信、达、雅。

由于经济新闻特别是财经新闻的背景资料多是统计数字、抽象图表、趋向预测,相比于其他类别的新闻,其本身就缺乏可读性。因此经济新闻报道的专业性对媒体及记者、编辑们提出了两个层次的挑战:一是如何准确、科学、完整地开展报道,二是如何以受众能够接受和理解的方式将这些专业性很强的内容传达给广大受众。概括起来说,就是媒体需要在经济新闻报道的专业性与可读性之间取得良好的平衡。

事实上,当前经济类媒体中大量经济新闻语言确实大多呈现出过于抽象、枯燥呆滞的"新闻语言(专业知识、技术术语、专用名词等)+财经专业语言+数字+图表"的整合模式;在实际报道中,有的记者在专业性方面走到了反面,他们常常把自己还没"吃透"的大量经济学术语堆砌在报道中,有时甚至造成由于专业术语运用不当导致报道失实的事件发生。毋庸置疑,艰深并不是经济新闻深度化和专业化的必然代价。如《经济观察报》注重宏观的言论,偏重于追求社会效益影响,实际运作则充满近乎浪漫的理想主义情怀,激进而空洞的文风、艰涩难懂的文字,使得很多读者不能轻松地阅读并从中获取想要的信息。正如有的读者所说:"时间久了,我却发现,每当我拿着新一期的《经济观察报》的时候,我的阅读欲在渐渐下降,已经没有了初读它时的那种快感。相反,每每看到她的时候,我愈发觉得原本让我觉得很时髦很过瘾的那些华丽文字却像是一场有钱人在消化不良情况下进行的一种节食运动,尽管节食之后有可能是更奢侈的摄取。"①对此有研究者毫不避讳地指出:"在当前的财经媒体报道中,我们似乎可以看到财经—资本—金融这样一个渐渐趋窄的指向,中国新兴的经济媒体愿意参与一场时尚的资本盛宴。在这里,财经媒体穿的西服越来越高级了,与经济精英、专家差不多在同一个话语的圈子里,犹如共谋。共谋显然更便于逐利,我们时常看到,《财经》的视野被资本所局限,财经报道的空间也被缩窄。"②

约翰·坎尼夫等优秀记者们早就意识到,记者们的责任不是为有限的专业人员做报告,而是向一个不断扩大的阅读群体传播过去被专家们垄断的信息。他们在科技、宗教、医学、金融等领域的报道可亲、有力、简洁、生机勃勃,且不失细节和深广度,从不使读者觉得自己像个文盲或外星人。正因为此,有几百家报纸每周5天刊载坎尼夫专栏中那些"无法用美元符号叙述"的经济报道。坎尼夫认为,从事经济报道的新闻写稿人应当这样工作:"他必须认识到,他的工作是把专家的工作解释得一般读者可以读懂。他必须用金融方面的知识教育自己,但又并不是要成为一个金融专家。他必须努力学习,必须保存资料,因为各个商业事件都有漫长的历史,而且没有哪个人的头脑能够记住所有的细节。他必须懂得政府各机构的工作情况,因为从华盛顿传出的商业新闻的数量及其重要程度正在不断增加。然而,当他坐下来写作时,他必须使用任何优秀记者使用的那种英语。"③ 经济报道则应当以明晰、生动、准确、迅速见长。经济活动是更富于生机的一种活动。"对于人们的希望、工作、生产、失败、成功以及推动国家前进的各种社会和文化的现象,难道不能采取较有想像力的处理方法吗?"坎尼夫说。我们相信,我们今天有一个迫切的任务:在信息时代,假如获得经济知识是一种特权,报纸的作用应当是使这种特权普及,而不是相反。像《福布斯》、《财富》和《国际先驱论坛》这样的出版物也许在经营理念上相去甚远,但是有一点是相同的:它们的经济报道十分重视适应普通读者的理解力。专门针对金融家的报道和为普通读者而写的报道在"严肃性"上并无分别,只有某些为了效率而进行的省略。优秀的经济报道是激动人心的故事:它的历史,它的背景,它偶然呈现的寓意;数据是故事的一部分,而不是三明治中夹杂的沙砾。这不是开头结尾讲几句闲话就可以办到的,它特别需要写作者针对时代特点的锐利的眼光。

美国著名记者威廉认为:"新闻作品必须做到两件事:它应能给读者提供

---

① 王波:《读〈经济观察报〉的困惑》,《青年记者》2003年第7期。
② 李强:《让财经报道回落大众》,《青年记者》2007年第5期。
③ 覃里雯:《经济新闻报道的嘴脸》,《经济观察报》2001年8月21日。

信息，并能使读者对之感兴趣。"① 经济新闻也不例外，而达到这个标准就必须依托于通俗化的表达。

第四节 较好的职业道德修养

一、新闻职业道德概述

所谓新闻职业道德，就是指新闻从业人员在新闻实践活动中与人、与社会相处时的行为规范，是长期实践活动形成的调整新闻从业人员与受众、采访对象和同业人员之间关系的共同行为准则。1991年1月，中国记协第四届理事会第一次全体会议通过了《中国新闻工作者职业道德准则》，这是我国第一个新闻职业道德准则，对于强化新闻从业人员的职业道德修养起了较好的促进作用。1997年1月，中国记协对《中国新闻工作者职业道德准则》进行了第二次修改。与此同时，中宣部、广电部、新闻出版署、中国记协4个部门于1997年1月共同制定了《关于禁止有偿新闻的若干规定》，其中指出：各新闻单位要分别向社会公布举报电话，接受社会监督。为搞好新闻从业人员职业道德建设，提供了重要的纲领性指南。

新闻道德信条，在国外早期系由个人提出，后来多由新闻机构、团体所制定。新闻职业道德的建设起步于19世纪70年代，以瑞典1874年成立的发行人俱乐部为最早。我国率先明确提出"提倡道德"是报纸职责之一的是徐宝璜，而最早将"品性"认定为"记者资格"第一要素的则属邵飘萍。坚持新闻真实性原则，从而对党的事业负责，对受众负责，是中国新闻职业道德的核心内容。

现代社会新闻传媒发展史表明，要对新闻传媒业实施有效管理，使其传播活动符合规范，不仅要靠对这一行业的他律，而且也要靠新闻传媒机构及其成员的自律，靠传媒业界对传媒机构及其从业人员的权利和社会使命、责任的正确认识，靠新闻传播工作者在这种正确认识的指导下，以职业道德规范约束自己的行为。

新闻工作者应进行自我约束的观点产生于19世纪末的美国。当时黄色新闻泛滥，广告与新闻不分，致使读者受骗，种种弊端使新闻人认识到，需要进行自我约束。纽约《太阳报》老板兼总编辑达纳为该报从业人员定出13条规

---

① 威廉·大卫·斯隆、瓦莱里·麦克拉里编：《普利策奖最佳作品集》，中国新闻出版社1987年版，第3页。

约。其中重要的有：（1）不准发表别人已发表过的文章。如需发表要注明来源。（2）不准发表未经被访人同意的访问记。（3）广告要登在广告栏，不能与新闻混在一处。

除普利策外，另一位在美国报业历史上对新闻职业道德建设做出重要贡献的是美国密苏里大学新闻学院创建人、首任院长沃尔特·威廉斯博士。西方各国所制定的新闻道德准则，都是在他 1911 年主持制定的《新闻工作者守则》基础上，变得更为详细、全面和条理分明。1921 年冬，威廉斯在北京大学所作的题为《世界的新闻学》专题演讲中，宣传自己的新闻职业道德观。

二、经济新闻报道者职业道德修养的特殊要求

"新闻职业道德是在一定经济与社会条件下，人们在长期的新闻传播活动中逐渐形成的规范自己传播行为的各种观念、习惯、信念的总称。"① 从一定意义上讲，媒体的报道权本来是作为公众权利的一种体现，它是由社会公众赋予媒体，由媒体代为行使的，媒体只是公众"代言人"。而媒体一旦拿这种公众权利与金钱交换，事实上就形成了"权钱交易"，是媒体对公众赋予权利的滥用，是一种严重的渎职行为，也是一种权利腐败现象，折射出来的是职业道德的沦丧。

以美国广播公司（NBC）为例，它们制定了许多具体的行为规范，对雇员的从业活动加以限制，绝不让记者牵扯进利益冲突中。NBC 对雇员提出的要求是："现金无论其数量有多少，也无论在什么样的场合都是不可以接受的。""如果工作人员直接或间接地向对方去索取、接受现金等有价之物，并以此作为将某些东西塞进节目或排除节目的交换条件"，那么"他不但有触犯联邦法律的犯罪可能，NBC 也会对这样的雇员加以惩罚"。为保持新闻工作者的社会形象，对在与新闻活动无关的场合，NBC 也要求其工作人员保持警觉，时刻记住自己的身份和尊严。它明确规定："应对利用这种（私人）关系达到一定的商业或政治目的的可能性有所警觉，以免收受那些可能导致损害 NBC 独立与清廉的礼物与恩惠。"②

证券市场是一个高风险、高收益、高流动性的市场，证券媒体的报道对证券市场的运作具有重要影响：证券媒体的记者所采写的对市场有影响的消息或分析市场走势的文章，往往在一定程度上直接影响股价，可以为他人或自己带来经济利益。因此，证券新闻采编者所担负的责任较一般的记者、编辑更加重

---

① 郑保卫：《当代新闻理论》，新华出版社 2003 年版，第 516 页。
② 赖燕平：《财经报道应扎紧道德樊篱》，《新闻实践》2004 年第 6 期。

大，其角色决定了他必须坚守新闻职业道德，贴近市场，服务市场，对市场负责，奉行客观、公正的准则，最大限度地保护市场参与者的利益。因此1912年《华尔街日报》的掌舵人克洛伦斯·巴尤这样告诉那些年轻编辑、记者们："你们不是一般报纸的记者，我们的读者是依据你们的报道而做（投资）决定的。因此你有责任访问任何人，每一个该访问的人。"新闻业务名家、清华大学新闻与传播学院院长范敬宜在谈及记者的职业道德素养时，讲过一个小故事："我在新华社有一个同学，到美国去工作了一个时期，她告诉我，一次《纽约时报》的记者到一家企业采访，回来交了一篇稿子，主编问他人家请你吃饭没有？回答是吃了，主编当场把稿子撕了，让他回去付清饭钱，然后重写一篇。这个例子说明，国外的主流媒体对记者的道德要求非常严格。而我们现在有的记者，一切以钱为中心，天天想的是票子、房子、车子等'好处'。"范老先生认为加入世贸组织以后，中国的社会生活要发生很大变化，但有些基本的东西不应该改变，那就是新闻职业道德。

梅尔文·门彻在《新闻报道与写作》中就提到经济新闻从业者特别容易受腐蚀。在国内，受经济利益的驱动，经济新闻报道中浮夸不实的广告新闻是比较普遍的，更有甚者，有的经济新闻从业者接受贿赂后便隐瞒事实，有闻不报，结果受到法律的严惩。为避免上述现象的发生，除了加强自身的修养和法律意识外，梅尔文·门彻提出了作为经济新闻从业者应遵守的一个工作原则："在接近金钱管理者和操纵者时，商业记者要保持客观性和一定的距离，这是一个记者的工作原则。"

2001年8月，《财经》杂志披露了"银广夏陷阱"，震惊了整个中国证券市场。媒体对"银广夏"事件的成因、影响和启示的讨论铺天盖地，一个非常突出的现象是，不少媒体几乎对所有关于上市公司的报道都带有批评性，有的媒体甚至有意强化上市公司的负面报道。但在"银广夏"事件披露之前，大多数媒体对上市公司的报道一向坚持以正面报道为主，以积极的态度，热情地宣传那些在生产经营、企业管理等方面做得比较好、取得了一定成绩的上市公司，甚至不惜笔墨打造"绩优股"的形象，倡导"长线是金"的投资理念，对有关上市公司的批评性报道，在稿件的编写和处理上都是非常谨慎的。财经类媒体的这种报道取向，引起了业内外的议论：媒体如何保持客观、公正、冷静的职业素质？这也正是当前财经类媒体发展中不可回避的一个问题。

媒体和记者的自律和职业道德水平，是赢得社会公信力最重要的因素。美国现代新闻之父普利策说过的一段话可以充分表明他的新闻自律思想："我们的国家与报业休戚相关，生存与共。报业必须有能力、大公无私、训练有素、深知公理并有维护公理的勇气，才能保障社会道德。否则，民选政府就会徒有虚名，成为一种赝品。报业的谩骂、煽动、虚伪、专横将使国家与报业一同堕落。塑造国家前途之权，掌握在未来新闻记者的手中。"

媒体的权利主要包括信息采集权和信息发布权，从信息的收集、筛选到信息的过滤、公开，其间每一个环节都体现着权利对它的主导作用，因而这种媒体权利就成了一种可供开发和利用的资源。媒介在拥有这些权利的同时也必须承担应有的责任。责任源于社会关系之间的相互承诺，任何人、任何行业都应当对自身的行为负责、对社会负责。新闻责任的主体涵盖了新闻业、新闻传媒以及新闻工作者这个由整体、局部直至个体的3个不同层次；新闻责任的客体则是社会，包括权力机构、社会组织与个人；新闻责任的内涵由此衍生而来：责任主体在新闻传播过程中作用于社会而必须承担的责任，即传播责任、安全责任、道德责任、监督责任、文化责任，由此构成了新闻责任的主要内涵。因此喻国明指出："造就一篇好新闻的，绝不仅仅是漂亮的文字、敏锐的嗅觉和机巧的处理，最重要的是一种俯仰天地的境界、一种悲天悯人的情怀、一种大彻大悟的智慧，当这种境界、情怀和智慧面对社会发展进程的基本问题单子时，一篇好文章就应运而生了。"

《中国青年报》的资深编辑李大同很久以前就提出：新闻的使命在于"影响"当代，而非单纯地"记录"当代。新闻传播的主要目的，并不在于满足受众对这个世界具有的一般兴趣，而是要使我们认为重要的事件和人物，由不显著到显著；使公众由不太有兴趣到有兴趣甚至到很有兴趣。同样，美国《维吉利亚导报》的编辑们认为，要让新闻报道揭示出这些带给公众的新闻事件的价值，要力图向观众们解释这个新闻事实为什么值得关注。近年来，国内媒体对南丹特大矿难、孙志刚案、非典、禽流感等内容的报道，都不同程度地介入甚至推进了中国的公共事务管理，这些努力重新恢复了媒体的公信力。

美国报纸主编协会1923年制定了《报业规则》，共有7条。前6条是责任、新闻自由、独立、诚信、公平、正直。第7条是"庄重"，这一条明确谴责"报纸假借道德之理由，对于社会伤风败俗、如奸淫、掳掠之犯罪事实着意描写，迎合低级趣味，煽动低级感情"的行为；并"严正宣布：诲淫诲盗之报纸，必因读者的反对和同行的谴责，而日趋于失败"。丹麦报业联盟1960年通过的一项道德规则规定，对于性犯罪、杀人及类似的罪案，应避免对犯罪行为作详尽的描述。意大利报纸发行人协会1960年9月通过决议，要求全体会员报纸"尽量减少犯罪新闻的报道，尤其关于性犯罪、自杀案件以及少年犯罪的新闻"。

媒介的商业属性和社会责任好比两个套在一起的圆，有时它们是一致的，有时却难免发生冲突。随着媒体竞争和媒体自律意识加强，大众传媒应更多地强调自己应尽的社会责任，接受媒介职业道德的约束和控制，在利益与责任的天平上做出选择。在市场化的今天，猎奇和低俗的新闻报道往往能够吸引更多的眼球。但是，当商业利益和社会主流价值理念在一定条件下发生冲突的时候，新闻媒体应该按照合理原则或者叫比例原则做出正确选择。

"记者是守护社会良心底线的崇高职业。身为记者应该具有比一般人更高的道德素养和精神追求，要对国家、对民族、对社会负起应有的责任。从事了记者这个职业，你就不是普通人，如果你想用社会上的最低标准来要求自己，那就不要做记者。"新华社新闻研究所所长陆小华在四川成都参加新闻界"三项学习教育活动"座谈会时的发言，引起了在座新闻工作者的共鸣，也应该成为经济新闻记者恪守新闻职业道德时谨记的良言。

第三章 经济新闻报道的价值取向

价值取向，通常是指评判价值的标准及其价值观念。观念，指的是一种看法、思想，是人的思维活动的结果，又是客观事物在人脑中留下的概括的形象。它虽然是抽象的思想意识，看不见、摸不着，但是，"富有强烈感情和充满热情的观念，已经不是枯燥的东西，而是一种'能量'，它像微生物那样具有繁殖力，像传染病那样具有感染力，它可以使人精神振奋，有时甚至使人陷入发狂的状态之中。一种观念，像切口或咒语那样在民众之中传播而使一帮人着迷的现象，在现代社会里是司空见惯的。"① 由此可见，价值取向所体现的观念是人们的认识活动，它来自于客观世界，又指导人们的实践，作用于客观世界。在不同的价值观念支配下，人们会在实践中作出不同的选择，以及对社会实践作出不同的评价，这也就表明其作出的是不同的价值取向。

新闻价值取向，是人们对构成新闻价值的新闻事实所持的见解和看法，是对新闻事实认定、取舍的评价标准。戈公振先生在20世纪20年代末所著的《中国报学史》一书中就指出：把新闻看做是"发生事件之报告"，这是正确的，"但于报学之处置上，有散漫而不明显之憾"。② 所谓"散漫而不明显"，意思是说，大千世界每日每时发生的事件实在太多，把新近发生的事件都报道，报纸不胜负担，而且也做不到。所以为了解决这一矛盾，新闻采集者要依据其所持新闻价值标准，对现实生活中发生的事实加以鉴别，选出新闻媒介传播的事实，这是新闻工作中具有决定性意义的一环，它反映的是一种新闻价值取向。被称为"报界怪杰"的普利策在主持《世界报》（1993—1911年）期间，反复告诫手下记者，去采集"与众不同的、有特色的、戏剧性的、浪漫的、动人心魄的、独一无二的、奇妙的、幽默的、别出心裁的，适于成为谈助而不致破坏高雅的审美观或降低格调的，尤其不能损害人们对报纸的信任……"的事实。③ 他的这种价值取向，使《世界报》别具一格，到1897年，

---

① [日] 浜田正秀：《文艺学概论》，中国戏剧出版社1985年版，第31页。
② 转引自李良荣著：《新闻学概论》，复旦大学出版社2001年版，第257页。
③ [美] 斯旺伯格：《普利策传》，新华出版社1989年版，第380页。

该报成为美国销售量最大的报纸。

新闻价值取向标准关涉到新闻的社会效果问题。从整个社会来看，新闻工作者是社会的把关人。新闻工作者通过新闻媒介，向受众提供什么样的新闻，这在很大程度上影响并决定着人们如何看待这个世界，影响并决定着人们思考什么、怎样思考以及思考的结果；影响并决定着人们的思想和情绪。美国作家西奥多·怀特把新闻媒介的这一效果称为"报纸……安排公众讨论的议程"；日本的新闻学者称之为"变事实为事件"。新闻的价值取向渗透在新闻的采集、写作、编辑各个环节之中。

新闻报道价值取向是新闻传播主体取舍新闻时所表现出来的价值观、价值立场和价值态度，是新闻价值取向在新闻报道操作中的实化和细化，具体表现为在新闻传播中报道什么、不报道什么和重点报道什么及其基本倾向。新闻报道价值取向有宏观和微观之分，宏观的新闻报道价值取向即整个传媒在一个时期、一个时代的新闻立场和此时的新闻文化图景。① 科学的新闻价值取向，来自于对新闻活动及其规律的正确认识。作为社会意识形态中的新闻价值取向，它能动地指导和支配着新闻传播实践；与此同时，注意反观新闻传播实践，又可以更好地引导人们作出正确的价值取向。

第一节 我国经济新闻价值取向的变迁

经济新闻是伴随着新闻事业的产生而产生的。但是在不同的社会形态中，经济新闻对社会生活的反映不尽相同，这里我们沿着时代发展的轨迹，来勾勒一下中华人民共和国成立以来我国经济新闻价值取向的变迁。

一、中华人民共和国成立后计划经济体制下经济新闻的价值取向

马克思说，判断一个时代的意识必须从特定生活的矛盾中，从社会生产力和生产关系的现存冲突中去解释。中华人民共和国成立后我国实行的是计划经济体制，社会资源实行计划配置，即由从中央到地方各级政府编制的这只"看得见的手"来调控经济运行（调节资源配置）。正是因为在计划经济体制下，社会经济活动是由国家（通过政府）来控制的，所有的经济实体不是作为参与市场运作的主体，而是作为国民经济的一个附属体，只需完成其分工即可（这种分工是否科学合理无须过问也不必过问）。正是在这种经济运行实行

---

① 彭菊华等：《论社会转型期的新闻价值取向》，《湖南大众传媒职业技术学院学报》2008年第1期。

计划经济体制、社会生活以政治为中心的背景下，经济新闻的价值取向自然表现为"服务于政治整合"的价值取向。所谓"服务于政治整合"，即指经济新闻传播以政治为本位（所谓本位，按照哲学的解释，就是人类思维及行动最根本的起始点、出发点和着眼点），即经济新闻是按"政治需要报道"、"按计划报道"、"按上级要求报道"。这种价值取向我们暂且撇开其社会目的及具体的内涵不说，仅就其形成而言，其重要特征之一便是呈现出单一性：经济新闻的价值取向评判只有一个标准，只有一个原则，只有一个参照系，即把政治上的功能性作为唯一的、最终的、绝对的取舍标准。

（一）1949—1956年中的经济新闻价值取向

中华人民共和国成立后我国的新闻事业进入了一个全面发展的时期，"在基本完成社会主义改造的7年中，经济宣传报道始终是新闻工作的一个重要内容"。① 这个时期的经济新闻价值取向表现为：紧密配合党和政府的中心工作，突出报道重点建设的成就，宣传人民群众中的先进人物与先进事迹，激励人们热爱祖国、投身建设的热情。

中华人民共和国成立初期，《人民日报》等新闻机构紧密配合恢复国民经济这一中心任务，重点宣传报道统一全国财政工作、调整工商业、精简节约等方面的情况。1953年后，经济宣传报道开始重视现实问题，宣传质量有了明显提高。农业合作化运动兴起后，《人民日报》、新华社等新闻机构抓住这条主线作了长期持续报道，通过新闻、评论及时宣传农业合作化运动发展的进程，阐明互助合作运动是土地改革后引导小农经济逐步向社会主义经济过渡的正确道路，同时还注意宣传"积极领导、稳步前进"的方针，反对盲目冒进。1953年第一个"五年计划"开始后，经济新闻担负起动员、组织人民投身国家经济建设，尤其是参加支援重点建设的重大任务。《人民日报》、新华社等新闻机构通过新闻、评论、通讯等方式，向国内外广大读者展示了一幅幅国家重点工程建设的壮丽景象，还注重让人民群众充当宣传报道的主角，把介绍先进人物和先进经验看做是经济宣传密切联系实际和群众的一个重要报道方针。大批先进人物、先进经验在读者心目中留下了深刻的印象，成为推动生产建设强大的精神力量。

但是由于缺乏区分政治报道和经济报道的自觉意识，这个时期的经济新闻以"政治新闻"的面貌出现，经济规律、经济新闻传播本身的特点退居其次，新闻媒介和记者局限于新闻就是宣传、报纸是单纯宣传工具的认识，按着超稳

---

① 黄瑚：《中国新闻事业发展史》，复旦大学出版社2001年版，第317页。

态的方式处理经济新闻，非理性地迎合政治需要，毫不在乎受众的需求和兴趣。我国新闻史学者指出："这个时期，新闻报道的不足之处在于：注重国家的利益多，注重生产者个人的利益少；介绍生产过程多，反映职工生活少；鼓励完成国家任务多，为职工的要求呼吁少。归根结底反映了一个问题：对于新闻报道的服务对象和作用问题不够明确，因而强调指导性、思想性，多从领导角度看问题，指导、教训的口吻多，而很少从群众的角度提问题，满足群众需要和兴趣的报道少。"① 可以说"单纯服务于政治"意味着经济新闻失去了自我价值的评判标准。

(二)"大跃进"时期的经济新闻价值取向

1958年，"大跃进"运动在全国范围内展开。在这场运动中，新闻媒介起了推波助澜的不良作用，经济新闻的价值取向完全违背新闻规律，脱离客观实际搞冒进、浮夸，助长了经济建设中的浮夸风。1957年11月13日，在《人民日报》刊发的《发动全民讨论四十条纲要，掀起农业生产的新高潮》社论中，提出要在生产建设上"来个大跃进"，"大跃进"这个口号由此诞生。1958年元旦，《人民日报》在题为《乘风破浪》的社论中，提出超英赶美和过渡到共产主义的战略思想。1958年2月2日，《人民日报》在社论《我们的行动口号——反对浪费，勤俭建国》中提出了国民经济"全面大跃进"的口号。1958年5月，中共八大二次会议提出"鼓足干劲，力争上游，多快好省地建设社会主义"的总路线后，"大跃进"迅速被推广为群众运动。1958年7月，农村人民公社诞生，并迅速成为一个群众运动。

各新闻媒体对"大跃进"运动的经济宣传报道，虚假掩盖真实，高调排斥真话，致使其价值取向因完全脱离客观实际而违背新闻规律，违背客观经济规律，用主观空想代替客观规律，大刮浮夸风。这个时期的经济新闻主要是大规模地宣传报道工农业生产的指标与成就。各行各业的新记录与新成果，都被大规模地宣传报道，全国各地竞相放"卫星"（凡出现新成绩叫放"卫星"）。1958年6月30日报道河北安固县南娄底乡卓头村农业社小麦亩产5103斤，接着各地不断报道农业生产放卫星，记录不断被改写，小麦亩产高达8586斤；稻谷的亩产记录，也从1000多斤增至130135斤！湖南红薯的亩产竟高达251822斤！某家省报1958年8月18日刊登一则新闻，报道湖北麻城县一亩早稻亩产36956斤的经过，该报还同时配发评论《再论卫星的重量》，指出"应

---

① 方汉奇、陈业劭主编：《中国当代经济新闻事业史（1949-1988）》，新华出版社1992年版，第37页。

该要求卫星飞得越高,重量越大"。某报1958年8月20日刊登的一则经济通讯《没有"母鸡"也能生"小鸡"》,把主观能动性夸大到了不应有的地步。

在报道放"卫星"的同时,经济新闻还大力渲染思想的威力,"一天等于20年"、"速度是总路线的灵魂"等口号在报纸、广播中此起彼伏。1958年6月21日《人民日报》发表的《力争高速度》社论竟写道:"当大家都想快、要快、力争快的时候,事情的进展果然就快了。"1958年8月27日《人民日报》还出现《人有多大胆,地有多高产》的标题。正是在这样一种一味为满足"计划"、迎合"上级"、配合"政治"的价值取向下,许多经济新闻报道(包括一些图片)存在着严重的浮夸和失实,有的纯属虚构,许多言论不是客观地分析社会现象,而是主观、武断,甚至命令式地指挥人民群众,并且动辄以保守、条件论、观潮派之类的帽子相加,诸如此类的"一手高标准,一手右倾帽"的经济新闻报道,使得其丧失了满足人民群众对经济生活的需要的社会功效。

(三)"文化大革命"时期的经济新闻价值取向

1966年5月16日,中共中央政治局会议通过了经毛泽东7次修改的《中国共产党中央委员会通知》(通称《五一六通知》),宣布撤消和批判《二月提纲》,要求全党"高举无产阶级文化大革命大旗,彻底揭露反党反社会主义的所谓'学术权威'的资产阶级反动立场,彻底批判学术界、教育界、新闻界、文艺界、出版界的资产阶级反动思想,夺取在这些文化领域中的领导权"。"文化大革命"由此全面展开。

这个时期的宣传报道,"文化大革命"成为唯一的主题,经济、文教、科技等各方面报道都必须与"文化大革命"挂上钩,许多生活服务类的专刊、专栏、专题节目一律被取消,经济新闻的价值取向则完全发展到"按长官意志办事",彻底丧失了自身的独立性。为数不多的经济新闻在遭到极力排斥、扼杀的同时,则被人为地改变报道角度,贴上政治标签而政治化、公式化。在这种形势下,经济新闻被弄得面目全非,不仅政治气味过浓,而且写法格式化、公式化,缺乏应有的可读(听)性。

改革开放前的中国社会,政治构造一切,计划经济体制一统天下。由于当时历史条件的限定,计划经济体制下的经济新闻要真正做到以经济为中心也只能是一厢情愿,高度集中统一的经济活动完全限定了任何"个体"运作的能动性,无论是工厂、农村还是劳动者个人,所能做的就是完成上级分配的任务(定额)。经济新闻报道事实上也只要求完成"上级"分配的任务。此种以满足"上级"需要为首位的经济报道表现为"服务于政治整合"的价值取向。正是在这样的价值取向下,新闻媒体有关经济活动的报道就只能大量地反映在

"经济发展纲要"、"工业（农业）超额完成指标"、"先进生产作业法"、"厉行节约、反对浪费"、"深入开展挖潜"等诸如此类的鼓动性宣传上，至多是从宣传需要的角度出发涉及一些工农业生产层面的活动。同时，在报道范围上，由于长期处于计划经济体制的环境中，也表现出与计划经济控制的范围有明显的相关性。它偏重于计划体制重点发展的部门或行业，如工业部门（像"一五"期间的156个大型项目、石油会战等）、农业部门（粮棉油的生产和丰收等）、基本建设行业（兴修水利等）等，而忽视与市场有关的部门。同时在报道重点的选择上明显地有国家控制的反映——当国家经济建设的重心从工业转向农业或从农业转向工业时，经济报道的重点也随之转移。虽然当时的经济报道中也有少量的商业流通部门的信息，但那往往是作为某项建设成就来报道的，并不在于它的市场意义或信息价值。

二、改革开放后有计划的商品经济体制下经济新闻的价值取向

随着党的十一届三中全会的召开，中国社会进入一个经济发展的新时期。首先我们来回顾一下改革开放后我国经济政策的发展历程。

1979年4月，李先念在中央工作会议讲话中根据陈云的意见提出了"计划调节和市场调节相结合，以计划调节为主，同时充分重视市场调节的作用"的经济发展思路。1980年9月国务院经济体制改革办公室提出的《关于经济体制改革的初步意见》中明确提出："我国现阶段的社会主义经济，是生产资料公有制占优势，各种经济成分并存的商品经济。"我国经济体制改革的原则和方向应当是"在坚持生产资料公有制占优势的条件下，按照发展商品经济和促进社会化大生产的要求，自觉地运用价值规律，把单一的计划调节，改为在计划指导下充分发挥市场调节的作用"。这一时期直到1984年，我国国企改革进入第一阶段，它突破了高度集中的计划体制束缚，通过放权让利、扩大企业经营自主权、增强企业活力，实行了利润留成、企业经济责任制和两步利改税等改革措施。期间由于国有企业放权让利改革的某些副作用和"洋跃进"的后遗症没得到克服，出现了财政赤字增加、通货膨胀上升和经济程序混乱等问题。有些人就把它们归因于对价值规律的市场调节作用的强调，并以此为根据，发动了对商品经济论的批判。1984年10月，党的十二届三中全会通过了《关于经济体制改革的决定》，明确指出社会主义经济是有计划的商品经济，从此国企改革进入第二阶段，它突破了原有的僵化管理模式，将所有权与经营权适当分离，明确企业是相对独立的商品生产者和经营者，实行了厂长（经理）负责制，大多数国有企业实行了经营承包责任制，少数企业进行了租赁制、股份制试点等。

在这样一个春潮涌动、万物更新的改革开放的背景下，社会的转型、经济的自主性的获得和传媒生存方式的转变，构成环环相扣的影响，新闻工作的中心随之转移到对经济建设的报道上，经济新闻传播发生了引人注目的变化。首先是经济报刊蓬勃发展，有关经济的报道成了新闻传播的主旋律。1979年10月以报道市场经济为主的《市场报》创刊；1981年7月《经济参考》创刊；1983年1月1日原《中国财贸报》改名为《经济日报》，成为以宣传我国经济建设为主要内容，以经济战线广大干部和职工为主要对象的全国性的报纸。到1985年，全国各种经济类报纸发展至近200家。1990年底，"以各经济部门（包括兼有行业管理职能的特大公司、全国性经济团体）为主管的产业报已达57家，基本上实现了一部、一委、一局各办一报的局面"。随着经济类报纸的快速繁衍，"经济新闻已经成了报纸这个赛马场上平等参赛的马，而不再是跟着跑的马"，更为重要的是经济新闻的价值取向也显示出焕然一新的变化。

（一）以"舆论开路"关注经济发展

以"舆论开路"关注经济生活发展的最新动态，吹响改革的号角，促进改革的突破。这是改革开放后经济新闻价值取向的一大标志。

毛泽东说过，任何一个新生事物的成长，总是要伴随着一场大喊大叫的。改革的"喊叫"要变成"大喊大叫"，没有新闻界的积极行动，是难以实现的。难能可贵的是，经济新闻的这种喊叫不是空洞的喊叫，而是结合实际，结合改革开放的冒尖物的宣传报道有声有色地进行的。因此在改革开放的初始启动中，经济新闻工作者出于职业的优势，自然成为20世纪80年代启蒙精英的一部分。

新闻媒介不能人为地制造舆论，但通过深思熟虑可以主动地引导舆论。当人们对家庭联产承包责任制众说纷纭的时候，1980年11月5日《人民日报》刊发的《阳光道和独木桥》，以安徽省"包产到户"的发展经验，勇敢地肯定了我国农民的这一伟大创举，并且尖锐地提出了"你走你的阳光道，我走我的独木桥"这一富有论战性的口号，以后又有一系列的持续报道。由于媒介舆论的推动，结果只经过三四年的时间，包产到户不仅在全国普遍实行开来，而且自身也获得了完善和提高。

城市改革也是如此。1979年7月3日，新华社报道了四川省在100家工交企业进行扩大自主权试点的消息，可以说这是夺城市改革特别是企业改革之先声。1983年以后在农村改革成功的带动下，城市改革热潮也被掀动起来，经济新闻正式吹响了城市经济改革的号角。1984年3月30日《人民日报》刊登了福建55位企业家要求松绑的报道，4月16日发表了让"包字进城"的报道，直指当时企业改革的要害，于是"松绑"、"包字进城"便成了今天大家仍然很熟悉的改革历史词汇。1984年3月4日，刚刚成立一年的《经济日报》刊登了《让王府井亮起来》的报道，从市场的角度触及了改革；7月26日更发表了《贡献大的要重奖，放权要放到企业》的报道，通过采访改革进展较快的四川省省委书纪杨汝岱，不仅涉及了企业领导体制，还触动了平均分配的机制，这和在此前后《人民日报》发表的《大锅饭养懒汉》的一组评论，形成了对旧的分配制度的猛烈冲击。1985年11月16日《经济日报》发表的长篇报道《企业家的歌》，为改革积极分子撑了腰，对一批改革者的崛起起了推动作用。

正确地触及难点、引导热点，也是经济新闻"舆论开路"价值取向的体现。1987年6月12日—7月23日一个月时间内，《经济日报》推出了"关广梅现象"的讨论：辽宁省本溪市关广梅通过租赁形式搞活了国有企业，却引发了租赁是姓"社"还是姓"资"的争论，甚至引申到关广梅是不是资本家，能不能当十三大代表的问题。这场大讨论，抓住社会生活中的具体问题，以群众讨论的自我教育方式来作立体透视；报道没有把她作为什么"先进典型"去大树特树，而是"围绕关广梅现象，发生着冲突、碰撞"，着意去揭示"新与旧、进与退、未来与以往、变化与僵化"的矛盾。这场讨论使人们对社会主义初级阶段性质的认识有了进一步加深。就在"关广梅现象"大讨论之后不久，中共十三大召开，在大会的报告中提出："是否有利于发展生产力，应当成为我们考虑一切问题的发展点和检验一切工作的根本标准。"

艾丰曾说，改革的突破，必然要受到旧观念的束缚；改革的进展，必然要克服旧体制的阻力。改革者自身面对权力和利益重新调整带来的种种矛盾，又缺少经验；改革措施也总会有一些负面效应，会带来一些新的矛盾。① 所以当改革进入到20世纪80年代中期的时候，经济新闻"舆论开路"的价值取向便直接表现为，为改革开放创造良好的舆论环境，保护改革和改革者。

当改革开放带来的不同的分配制度使一部分人先富起来时，什么"搞导弹的不如卖茶叶蛋的"、"拿手术刀的不如拿剃头刀的"、"不三不四发大财"等议论在全社会闹得沸沸扬扬。引导人们正确认识分配问题，正是为改革摇旗呐喊的需要。1987年7月11—12日《经济日报》连续两天在头版刊登一种特殊文体的报道《社会公平的辩论》，借用电视上的亚洲大专辩论赛的方式，直接进行了关于社会分配方面的辩论。报道不回避客观存在的矛盾，不回避社会上的不同议论，而是从两种不同意见的直接辩论中，帮助人们理解分配领域出现的新现象。文章引起了强烈的社会反响，其中关于"允许一部分人先富起

---

① 艾丰：《从经济报道看新闻界对改革开放的贡献》，《中国记者》1998年第8期。

来"的辩论，摆脱了"谁对社会贡献大谁先富"和"谁抓住富的机会谁先富"两种观点的"对立"，而是从新的高度，给人以新的启发。

（二）以解惑释疑的姿态积极参与经济生活

以解惑释疑的姿态，积极参与经济生活，开启民智，关注中国改革开放的整体走向。这是改革开放后经济新闻价值取向的又一变化。

1987年10月6日《人民日报》发表了《中国改革的历史方位》，这篇深度报道精心选择和集纳了一批中青年理论工作者的新思想、新观念，回答了社会关注的一系列热点和难点问题，从较高的位势和较深的层次上，宣传了中国改革的历史必然性、急迫性和艰巨性，其中最引人注目的是"对具有中国特色的改革路径的阐释"。[1] 这篇文章的精髓就在于，它实际上具体地阐释了邓小平的这样一个基本思想："把马克思主义的普遍真理同我国的具体实际结合起来，走自己的道路，建设有中国特色的社会主义，这就是我们总结长期历史经验得出的基本结论。"[2] 随后发表的《中国改革的阵痛》、《布鲁格冲击》等报道，仍是以高屋建瓴的气派和理性的思辨，为改革大潮解惑释疑。"这些报道跳出了所报道的事物本身，成了燥动不安的改革年代、历史转折关头，对国家、民族命运的思考；对中国新旧体制相互撞击所迸发出的火花的深层折射；对各种错综复杂、扑朔迷离的社会现象的'理性过滤'。它们已经不单纯是'信息'和'指令'的'传送带'，而担当起了社会认识与社会思辨的功能。"[3]

1991年8月15日《经济日报》刊发的詹国枢撰写的经济述评《少数企业"死"不了，多数企业"活"不好》，正是因为抓住了社会大众心理，解答了公众的疑惑，一举夺得中国新闻奖。当时国家金融包袱越背越重，产业结构日趋畸形，广大国企职工生活水平也有所下降。国企为什么活不好，为什么国企竞争不过外企、乡镇企业，是当时公众普遍关心和议论的话题。这篇述评准确地把握住了这种社会情绪，向公众提供了大量可资参考的信息，且以自己对问题的解释以及明确的结论为公众开拓了思考的方向。

（三）以前瞻意识直面经济生活

以前瞻意识，勇于直面经济生活的复杂变化。这是改革开放后经济新闻价值取向的又一个变化。

---

[1] 时统宇编著：《深度报道范文评析》，新华出版社2001年版，第176页。
[2] 《邓小平文选》第3卷，人民出版社1993年版，第3页。
[3] 樊云芳、丁炳昌：《新闻文体大趋势》，华夏出版社1989年版，第143页。

1991年8月24日《经济参考》刊发的通讯《金牌不是名牌》，通过对辽宁省由金牌大省变为"积压"大省、"亏损"大省的调查采访，揭示出金牌货并不是畅销货的原因：那些金牌是以往高度集中的计划经济体制下的产物，它的标准并不反映市场需求。"金牌现象"的实质是原有的产品观念与现有的社会主义市场观念格格不入。报道揭示了"金牌现象"不只是若干商品有无竞争力的问题，而是整个国营企业能否继续生存，会不会被市场排挤在外的问题。这篇有助于"换脑筋"的报道，采写于邓小平视察南方讲话之前，冷静思考、敢于直言的前瞻意识正是这篇报道独特的新闻价值所在。辽宁省省长曾对这篇报道作了高度评价："这篇文章太好了，对改变我们的思想观念很有说服力。"①《工人日报》1991年9月22日刊发的《斗鸡上海滩》，抢在"三资"企业抢占中国市场，而国内大多企业界人士尚在寻求对策时，及时而生动地报道了上海荣华鸡与美国肯德基展开激烈的市场竞争，传达了一个意义在胜负之外的竞争中全新的、有深刻启迪性的信息：我们的企业领导既要善于学习在中国市场上刚刚涌现并崭露头角的"三资"企业的长处和优势，又要勇于创新，敢于与之竞争，在竞争中发展自己。记者独特的新闻敏感，正透露出价值取向的前瞻性。

1990年针对"八五"计划期间企业是继续实行承包制还是改为利税分流的问题，国内经济理论界存在较大的分歧。《经济日报》每周经济观察专栏1990年10月31日刊发阎卡林撰写的《怎样把"蛋糕"做大》，这篇言论以政府官员的全局眼光、经济学家的专业素养和一个记者贴近现实的生活视角，对经济生活中的这一难点提出了自己的独到见解："八五"期间不宜推行利税分流，仍应继续实行承包制。这篇充满前瞻性的言论发表后，经济界以此为题展开了讨论，以致对中央决策都产生了重大的影响。

（四）以舆论监督守望经济生活

以冷静的眼光守望经济生活，敢于积极地开展舆论监督。这也是改革开放后经济新闻价值取向的一个新变化。

改革开放之后，新闻的舆论监督功能得以凸显，经济新闻更是首当其冲。1980年开始，率先揭露"文革"开始后漫及全国的"农业学大寨"的虚假性。1980年7月22日《工人日报》针对"渤海二号"钻井船沉没事件发表《渤海二号钻井船翻沉事故说明了什么？》的文章，直截了当地将矛头直指石油勘探局领导，挟思想解放之风，大胆犀利地直接指向普遍存在的官僚主义作

---

① 《中国新闻奖作品选》（1991年），新华出版社1993年版，第32页。

风。1985年7月12日新华社记者采写的《触目惊心、发人深省——晋江假药案初析》，通过记者扎实深入的采访，让受众了解到假药如何出现、如何扩大生产、如何在全国销售等各个环节的具体情况，作者的写作目的并不在于仅仅要捅破它、暴露它、揭开它，更重要的是希望通过媒介的声音督促有关部门去了解、去关注、去解决问题。作者通过对事实进行的初步剖析，还引出了一些令人深思的教训、思考。

1987年12月12日《中国青年报》刊发了张建伟的深度报道《命运备忘录》，通过38名MBA学员的境遇，展示了中国从计划经济向市场经济转型时期的阵痛。作者通过掷地有声的议论来体现他对经济生活的"守望"："政治体制不进行改革，官僚主义不会被彻底埋葬。MBA在中国的命运已提醒我们：中国人才的危机不是什么别的危机，恰恰是人治为特征的旧政治体制危机的投影。""我们终于醒悟，中国的人才浪费不是观念性浪费，而是结构性浪费，不打破旧的人才结构的森严壁垒，任何新的观念都难以发挥作用。MBA在中国的命运提醒我们：全方位、立体化的人才流动化市场不诞生，'让拔尖人才脱颖而出的环境'就不会最终形成。"

1988年下半年，基建规模再度膨胀，大大超过国家计划，特别是非建设性项目摊子太大。《人民日报》记者及时报道了国务院要求各地停建楼台馆所的新闻，并且连续报道各地执行国务院规定的情况，对执行情况较好的省份逐个点名表扬。接着又报道了中央决定审查中央各单位在北戴河的建设项目，并且削减了40%的建设计划，给那些执行国务院规定不力的省份以较大的舆论压力。《人民日报》对这一事件的报道，极好地体现了经济新闻以舆论监督守望经济生活的价值取向。

三、社会主义市场经济体制下经济新闻的价值取向

1990年中国报刊出现"社会主义热"，密集地宣传和灌输社会主义。一个名叫闻迪的人甚至写了4万字的理论长文《社会主义能够救中国》在《人民日报》上从1月15—19日连载5天，打破了几十年来报纸理论文章长度的记录。直至1991年初，一些报刊仍在起劲地鼓动问一问姓"社"姓"资"。就是在这一背景下，1991年2月15日（辛未年正月初一），《解放日报》头版发表一篇引人注目的评论文章《做改革开放的"带头羊"》，文章署名皇甫平（即黄浦江畔的评论），事后得知这是上海市委研究室的干部与《解放日报》负责评论的干部合作的成果。之后《解放日报》又先后于3月2日和3月22日发表了皇甫平的署名评论《改革开放要有新思路》、《扩大开放的意识要更强些》，4月22日《解放日报》发表皇甫平第4篇重要评论《改革开放需要大

批德才兼备的干部》。皇甫平的这4篇评论,从锐意推进改革开放,到破除新的思想僵化——姓"社"姓"资";从发展市场经济到如何选人用人,形成了掀起新一轮改革开放的完整系列。① 这些评论所表达的观点,实际上传达了邓小平在中国改革开放关键时刻的讲话内容。

正是在左倾思潮四处泛滥,人们心头充满疑云的关键时刻,1992年1—2月,88岁高龄的邓小平毅然视察南方,发表重要讲话,推动了改革开放的车轮重新启动,隆隆前进。在视察南方讲话中,邓小平以深刻的智慧和巨大的理论勇气冲破禁区,提出社会主义也可以搞市场经济,从而解决了困惑中国多年的难题,给中国经济体制改革确定了新的目标模式:"计划多一点还是市场多一点,不是社会主义与资本主义的本质区别。计划经济不等于社会主义,资本主义也有计划;市场经济不等于资本主义,社会主义也有市场。计划和市场都是经济手段。"邓小平进一步指出:"社会主义的本质,是解放生产力、发展生产力,消灭剥削、消除两极分化,最终达到共同富裕。"邓小平视察南方讲话使中国受到困扰和阻碍的改革开放犹如冲开了闸门的激流,顺流而下,有学者把这叫做改革开放的"第二次思想解放"。1992年10月12日,江泽民在党的十四大报告中,第一次郑重宣告:我国经济体制改革的目标,是建立社会主义市场经济体制。1997年9月12日中国共产党第十五次全国代表大会召开,江泽民的政治报告重申了10年以前十三大政治报告中阐述的社会主义初级阶段理论,并且进一步发扬,确立新的所有制理论,以推动经济体制改革进一步深入。

邓小平视察南方讲话揭开了我国确立社会主义市场经济体制的序幕,促使我国经济体制改革进一步深化、发展,经济新闻在价值取向上也有了新的突破和变化。

(一) 经济理性思考的凸显

经济新闻以经济理性的思考为价值取向,使经济新闻超越政治理性和道德理性的制约,从理论和实践结合的高度来揭示我国的经济发展。

20世纪80年代的深度经济报道,给人印象深刻的恰恰是非经济视角的东西,比如《关广梅现象》中触及的是姓"社"姓"资"的问题;《布鲁格冲击》中点击的是两种观念和体制的碰撞。造成这一现象的直接原因是"在建立社会主义市场经济的新体制的目标提出之前,我国经济生活中的一些深层次

---

① 参见马立诚、凌志军著:《交锋 当代中国三次思想解放实录》,今日中国出版社1998年版,第137页。

问题还没有完全浮出水面,在观念问题还没有解决之前,国民经济发展中的一些重大问题还缺乏操作层面的实践"。① 正是随着改革开放的不断深入,经济新闻报道中涌现出了资本经营、资产重组、破产兼并、股份制等令人眼花缭乱的名词术语和对策建议。中共十五届四中全会通过的《中共中央关于国企改革和发展若干重大问题的决定》中提出:"坚持'抓大放小'。要着力培育实力雄厚、竞争力强的大企业和企业集团,有的可以成为跨地区、跨行业、跨所有制和跨国经营的大企业集团。要发挥这些企业在资本营运、技术创新、市场开拓等方面优势,使之成为国民经济的支柱和参与国际竞争的重要力量。发展企业集团要遵循客观经济规律,以企业为主体,以资本为纽带,通过市场来形成,不能去靠行政手段勉强撮合,不能盲目求大求全。"1997年《经济日报》刊发的、获第八届中国新闻奖系列报道类一等奖的《资本运营系列报道》,就是在这一思想引领下,以经济理性思考为价值取向,从理论与实践相结合的高度揭示了资本运营的规律,说明了增本与增值、增值与流动的关系,使这组报道具有很强的理论威力。

"资本运营"这一经济学术语,指的是利用资本——包括有形资本和无形资本进行营运而取得增值的理论思想和运作方法,是市场经济条件下才可能进行的运作方式。在我国经济体制改革全面向市场经济转轨时期,在国有资产实行战略性重组成为突出任务时,运用这一理论指导实践,对于搞活国有大中型企业、促进经济持续增长,有很强的针对性和指导意义。资本有三大特性:增值性、流动性和风险性。其本质特性是追求最大限度的增值,流动性和风险性是由增值性决定和派生的,流动是为了增值,是为了寻求比已有的配置方式和运作领域更能获利的途径,风险性则表明资本为了获得最大的利润而必须承受一定的代价。经济学上的这种常识,在《资本运营系列报道》中得到了具体的阐释。

中国经济理论界普遍认为,战略重组是提高国有资本质量的关键措施和最有效的手段。伴随着国有企业改革的深化,资本重组的方式各种各样,归纳起来有公司制改组、国有企业资产合并重组、兼并收购、租赁、股份合作制、破产等。在《资本运营系列报道》中,"希岛风波"和此后出现的一系列"风波",都生动地说明了资产重组是资产运营的一种形式。正像报道中所写的那样:"重组的是资本,冲击的是观念。"这组报道正是站在全局的高度,及时总结、介绍了以资本为纽带的资产重组方式这一新的观念、新的作法,从而引起了各方面的重视,产生了很好的报道效果。据有关部门统计,到1997年底,

---

① 时统宇编著:《深度报道范文评析》,新华出版社2001年版,第281页。

我国共有经营性国有资产（国有资本）54074.5亿元，巨额的国有资本在我国的经济改革和经济建设中的作用功不可没——因为国有资本是国有经济赖以生存和继续发展的基础，国有资本质量的高低直接决定着国有经济的竞争力、控制力、置换力和增值力。

这种以凸显经济理性思考见长的经济新闻，使经济新闻记者开始向经济专家或分析评论员转变，他们不仅采集记录、传播其所见所闻，注重让事实说话，而且在尊重客观事实的基础上，像经济学家一样独立思考，按照经济学理论对经济现象和问题进行"技术"分析，在经济领域有着不容忽视的发言权。

（二）建设意识的确立

经济新闻以建设意识为价值取向，使经济新闻摆脱了"叱咤风云"式的大声疾呼，在冷静和清醒中实现着追求社会进步的报道目标。

改革开放以来，正像有的专家指出的那样，以舆论监督为代表，中国新闻工作者走过了"从解气式的情绪化宣泄到建设性的自觉参与，再到全方位的审视"的实践过程和心历路程。这与我国思想文化的发展脉络是相承的。20世纪80年代中国思想文化界关注的重点在"破"而不在"立"。这种"破"既要破除长期禁锢人们头脑的"左"的无形束缚，又要破除计划经济体制下形成的种种有形壁垒。在这样的客观环境和主观语境下，冲破思想禁区，必然带有较为激烈的色彩，这种壮怀激烈式的批判话语和理想，反映在经济新闻记者身上，表现出的是一种"破坏"性的批判和揭露。而20世纪90年代社会生活图景已大大改观，《东方时空》总主持人方宏进认为："在目前的社会环境中，找到政府和老百姓共同感兴趣的事情，把老百姓的意见和政府的解决办法联系起来，促进问题的解决，我认为是媒介理所当然应该做，而且完全做得到的事情。"[①] 方宏进所说的"促进问题的解决"正是对经济新闻的建设意识价值取向的形象诠释。因为只有本着不管是揭露阴暗、抨击时弊还是弘扬正义、树立典型，都是为了追求进步这样一种建设性的心态，才能真正体现出媒介的理智和成熟，实现经济新闻的超越和进步。

1993年1月18日广东电视台播出的《教授下海》正是以一种建设性的意识，来提醒市场经济形势下书斋里的教授，该如何与改革开放、与社会主义的市场经济融为一体。在市场经济体制下科研成果如何转化为现实生产力，也就是如何将科研成果推向市场，这不仅是知识分子个人的事情，而且更是一个社会问题，因为许多专家学者殚精竭虑研究出来的科研成果一旦通过鉴定，便万

---

① 孙克文主编：《焦点外的时空》，三联书店1997年版，第204页。

事大吉，束之高阁。正如《教授下海》中指出的那样："对于学术研究，高等学府的一些知识分子用'阳春白雪'来形容它，而对于应用产品的开发，则视为'下里巴人'，甚至是不屑一顾。"这种不屑于走向市场、不敢走向市场的社会心理，不仅使知识分子沦为相对贫困的一个阶层，而且也是社会进步的一种阻力。《教授下海》通过张小云教授夫妇在与市场经济的大浪搏击中，将市场、竞争、效益的意识取代了以前单纯做学问的观念，在"对商品敏感多了"的醒悟中，也在改革的历史方位中找到了自己的最佳位置的现身说法，显示了一代知识分子与社会主义市场经济环境接轨的光辉图景。显然正是这种建设意识，使报道跳出了"教授卖馅饼"的尴尬和慌乱。

首都新闻界联手于1992年开始进行的"中国质量万里行"活动中的经济新闻报道，采取以正面宣传为主的"打假治劣和择优扬名"两翼推进战略，有效地净化了市场。老一辈经济工作领导者张劲夫对"中国质量万里行"活动的评价是："中国质量万里行活动使我们找到了一种抓焦点工作的好方法。"[1] 这正是对经济新闻价值取向上表现出的建设意识的高度赞扬。

（三）服务意识的强化

以服务意识为价值取向，经济新闻强调报道内容的实用性和贴近性，实现了经济新闻对经济生活政策性、观念性的指导与受众满足的"双赢"策略。

"由于生产和经济活动在现代社会中所具有的极端重要地位，任何个人、组织与社会必然不断地获得可能对其经济生活产生影响的经济信息，并且根据这些信息调整相应的筹划与作为。""因此大众传媒对于社会经济的促进功能首先表现为收集与发布经济信息，引导生产和消费。从威尼斯手抄小报刊载商品行情开始。随着社会生产的发展，收集和发布经济信息已经成为现代大众传媒最重要的日常实践之一。"[2] 所以，经济新闻价值取向上的服务意识，最主要体现在收集与发布经济信息上。

信息是一个古老的概念，唐代诗人李中曾写过"梦断美人沉信息，目穿长路依楼台"，这里信息的含义基本上是音讯、消息的意思，这与《辞源》上的定义基本一致。《辞海》的定义是："信息是对消息接受者来说事先不知道的消息。"这就把信息定义划小了。随着实践的发展，信息的定义也不断得到丰富，且不同的学科有着不同的定义。系统论认为，"信息是系统传输和处理的对象"；控制论认为，"信息这个名称的内容就是我们对外界进行调节并使

---

[1] 艾丰：《从经济报道看新闻界对改革开放的贡献》，《中国记者》1998年第8期。
[2] 李良荣：《新闻学概论》，复旦大学出版社2001年版，第140页。

我们的调节为外界所了解时与外界交流的东西"；传播学认为，凡是在一种情况下能减少不确定性的任何事物都构成信息。① 显然这些概念都有局限性，崔书文认为："信息是物质的一种存在形式，它以物质的属性和运动状态为内容，并且总是借助于一定的物质载体传输或存储。"②

信息概念引入新闻界是从 1983 年开始的。③《经济日报》在 1983 年 1 月创刊时就设立信息部，负责传播经济信息、编辑"经济信息"专栏（后扩展为"经济信息"专版）。尽管经济新闻可分若干个领域，但传播经济信息作为经济新闻报道的一个独特领域，它区别于宣传型经济报道的主要方面就在于它的直接目的是讲求社会经济效益，因为企业家能运用它安排生产，商人能运用它做生意，普通读者能从行情变动中发现机会、找到机会，发展壮大自己，更好地报效社会。正因为纯信息的新闻逐渐在各新闻媒介占据重要地位，"信息之窗"、"各地动态"、"股市行情"、"期货交易"、"物价"、"理财"、"投资"等专版、专栏，已经成为省级以上媒介的必备内容，从而大大拓展了新闻报道面。

信息概念真正在经济新闻报道中生根开花则是从 1992 年开始的。党的十四大确定我国要建立社会主义市场经济体制后，新闻界面对改革开放以来经济、社会条件的深刻变化，要重新审视新闻事业的归属问题，并逐步形成一个共识："新闻事业就它生产带有强烈的意识形态的精神产品来说，属于上层建筑领域；但同时，就它为全社会提供经济活动和人们生活必不可少的信息、知识和娱乐来说，属于第三产业即信息产业。"这个理论上的突破不仅给新闻事业的发展打开了新思路，也使经济新闻的"信息服务"功能得到了升华：以大众为指归的经济新闻不再满足于对经济体系内一个单一变量变动的简单传递，不仅注重提供可信度高、有效性强又通俗易懂、有利于大众操作的分析，还力求以一个单个的核心新闻信息为基础，解释这一变动，并将这种解释"向外"加以扩大，使之涵盖那些可能受其影响的变量，从而实现信息广度和深度的内在统一。

1998 年《经济日报》发表的整版文章《北京出租车调价：谁受冲击谁受益》，从消费者、出租车司机、出租车公司、黑车、新车型出租车 5 个角度进行了采访分析。细加考察，整篇报道真正具有新闻价值的信息是"出租车调价"，可报道的真正核心却在于：调价的深层原因和延伸出来的后果。报道的

---

① 崔书文：《我的经济新闻观》，经济日报出版社 1995 年版，第 17 页。
② 崔书文：《我的经济新闻观》，经济日报出版社 1995 年版，第 7 页。
③ 李良荣：《新闻学概论》，复旦大学出版社 2001 年版，第 297 页。

多方位诠释围绕着价格变动，按照经济学的"供求法则"形成了一个牢固的关系框架，使整个报道不是信息单一型而是信息密集型，横向上表现为信息之广，纵向上表现为信息之深。这样的例子在经济新闻中俯拾皆是。

中国要发展市场经济，必须大幅度加强信息传播。人们只有充分了解国内外各种信息，才能作出正确的决策，才能及时调整和规范自己的行为，才能实现社会资源的合理配置。

以服务意识为价值取向，还体现在经济新闻报道中重视政策的导引，对于党的各项方针政策注重从受众观察问题的视点切入，以引起受众的关注。

社会主义市场经济条件下的农村经济改革、农业发展道路问题是关系到国家改革成败的大问题。正如新华社总编辑南振中所说："怎样帮助几亿农民改变计划经济体制下形成的种植习惯和经营习惯，逐步适应社会主义市场经济提出的新要求，这是全世界关注的一个重大问题。要回答这些问题，就可以从具体人、具体事入手，通过一个个小的侧面来反映中国农民在社会主义市场经济大潮下经风雨、见世面、学本领、长才干的过程。"① 由新华社著名记者穆青、冯建深入河南农村采写的《跨世纪的创业》，报道了河南农民为探索加快农业产业化的进程，努力学习科学技术、学习市场经济的事迹，从而反映出"推进农业产业化，加快农业两个根本转变，更广更深地激发农业活力"的政策内涵。《经济参考报》1995年底刊发的《国产洗衣粉难净国人衣》，也是从与老百姓日常生活息息相关的洗衣粉在商场中难觅芳影的事实入手，剖析了国有企业困境形成的深层原因以及民族工业的出路与振兴，提出企业改革的思路，使重大主题在"小题着眼"中引人深思，从而对受众起到很好的引领作用。

近年来中央电视台的经济新闻报道呈现出非常鲜明的服务观念，并呈现多样化的发展趋势。为满足不同阶层、不同行业的受众的信息需求，中央电视台的经济新闻报道基本上考虑到了不同受众所需服务的相同点和不同点，使自己的服务不仅满足所有受众趋同性的需求，还满足不同受众个性的需求。比如它既有为普通观众日常生活服务的《生活》专栏；又有为关注整个中国和世界经济的观众服务的《经济半小时》、《中国财经报道》、《世界经济报道》等专栏；还有为企业管理者服务的《经营有道》专栏；为营销人员、科技人员服务的《供求热线》专栏；为农民传达致富信息的《金土地》专栏；为投资者服务的《证券时间》专栏。这一系列栏目相互配合、相互补充，顺应经济信息服务趋同性和个性化两种趋势，在客观上实现"广播"和"窄播"的统一；

---

① 新华社新闻研究所编著：《舆论引导艺术》，新华社出版社1998年版，第137~138页。

同时也极好地显示了新的历史条件下，经济新闻价值取向上强化服务观念所作出的追求与努力。

第二节　新时期我国经济新闻价值取向误区

改革开放到今天已经经历了30年的风风雨雨。期间，我国经济体制改革日益深化。经济发展为世人刮目相看，经济新闻报道也发生了翻天覆地的变化。正如艾丰所说："我国新闻界紧紧围绕着经济建设这个中心，在党的领导下，高举邓小平理论伟大旗帜，讴歌改革，促进开放，尽了自己应尽的责任，发挥了不可替代的作用。"① 在这场变革中，经济新闻传播者以全新的视野来关注经济的变化和发展，在经济新闻价值取向上作出了与改革开放前迥然有异的适应社会发展的选择、判断，还原了经济新闻的本来面目。但是由于改革是一个系统化、渐进化的大工程，在经济体制改革大力推进的同时，我国的政治体制改革尚未同步跟上；加之由于市场经济在我国的首创性，我国经济新闻报道也同样带有"摸着石头过河"的探险性，于是经济新闻在价值取向上也难免出现了一些误区。

一、意识形态的直观约束

在高度集中的计划经济时代，新闻媒介作为一种社会意识形态的存在，其突出的功能是当好政治性话语的工具。这样新闻采集者对于经济新闻的经济取向自然不可避免地要打上时代的烙印，即经济新闻的价值取向定位囿于国家、上级指令的传递上，其报道的重心是宣传、贯彻上级的指令、决策和计划；衡量、决定一件事、一个单位或部门值不值得报道，便是看其是否符合决策层的精神，是否发挥了生产实体的功能，是否完成了上级领导规定的生产指标、产量、利润等，在这种意识形态直观约束的价值取向影响下，经济新闻一方面偏重于报道企业完成上级指令，另一方面则强调报道的"声势"，强调报道的"集中性"、"一致性"，以保证领导者指令传达的及时、畅达。

在现有的市场经济条件下，新闻事业横跨经济基础和上层建筑两个领域：就它生产带有强烈的意识形态的精神产品来说，属于上层建筑领域；但同时，就它为全社会提供经济活动和人们生活必不可少的信息、知识和娱乐来说，则属于第三产业即信息产业。这个理论上的突破为新闻事业的发展带来了新思路。但是，"20年来，中国新闻改革的基本特点是：新闻改革是由观念更新作

---

① 艾丰：《从经济报道看新闻界对改革开放的贡献》，《中国记者》1998年第8期。

为其直接推动力。而观念更新则源于经济体制改革以及经济体制改革所带来的中国经济、社会的巨大变化。中国的新闻改革是在现行的新闻体制内进行的；新闻改革促使新闻体制做了微调，但基本框架未动，新闻改革要深化，那么中国现行的新闻体制能在多大程度上承受新闻改革带来的压力和冲击波，这是新闻界悬而未决的课题。"①

新闻改革的这种不彻底性，表现在经济新闻价值取向上意识形态的直观约束的观念还未绝迹，甚至在某些方面更严重。

(一) 重宣传、轻解释

纵观新时期经济新闻报道，我们可以发现这样一种现象：一旦有关管理层或者某位高层人士倡导某一举措或推出某一决策时，我们的报道往往只顾一哄而上，齐唱赞歌；至于这一举措或决策出台的背景是什么，在实施过程中会遇到什么问题，是否真正具有生命力，等等，则很少有人去采集，去报道。这种价值取向上重宣传、轻解释的表现，在改革开放初期显得尤为突出。

从1987年开始到1992年达到高潮的"开发区"热中，被圈占的既有城市土地，也有大量耕地。当时"圈地"的手段十分复杂，而其进程在各地亦有快有慢，大体上说，"圈地运动"可分为两个阶段：第一阶段采用非市场化手段——行政划拨，第二阶段多是非市场化手段和市场手段的混合，即行政手段和有偿转让相结合，但以前者为主。面对"圈地运动"中，在权利这只严重变形的手的作用下，土地供给方式失调的局面，非既得利益者的各界人士啧有烦言，但新闻界因只顾宣传，一点也没有注意到这种"圈地热"后面潜藏着的巨大危机。就在中央宣布对这种"圈地运动"进行清理后的一个月，即1994年4月21日，新华社北京分社的一则通讯还将房地产业称为"市场经济的新宠儿"，并罗列了一大串数据证明房地产业发展之迅速。下列数据倒是可以用来证明当时房地产的虚热到了何种程度：1992年全国的房地产共完成开发投资732亿元，比1991年猛增117%；共有房地产开发公司12400余家。各类房地产经营、管理、修缮公司4700余家……在这种"大跃进"式的发展速度面前，经济新闻采集者只顾宣传，又一次热昏了头。在这次"圈地运动"中，中国现行的土地管理体制将它的种种弱点暴露无遗：几乎没有任何有效的措施来制约地方政府及部分领导者在土地开发中决策的随意性。1996年7月2日的《粤港信息日报》报道了一些不"同流合污"的国土管理干部，竟被某些领导人以"与当前经济发展形势不合拍"、"胆子不够大"、"阻碍地方经济

---

① 李良荣：《新闻学概论》，复旦大学出版社2001年版，第299页。

发展"为由，或调离领导岗位，或降职使用。"圈地运动"带来的社会经济后果令中央政府为之扼腕。

1998年，随着企业改制的提出，"一卖就灵"的经济新闻报道又塞满了新闻媒体，有的传媒竟提出要用"大干快上"的办法搞股份制，有的报纸甚至发表评论《搞活企业要突出一个"卖"字》。殊不知企业在接受了这种新闻的指导后，加快仿效的步伐，结果却并没有走出困境。诚然，股份制和股份合作制是一种企业改制的好形式，但实行股份制需要一定的条件，包括资本、产品、市场以及经营者和职工的素质等，就是已经具备了客观条件的企业，在实行股份制改造的过程中也需要做大量的审计、检查、剥离、接轨等工作，需要把企业改制与技术改造、加强管理等相结合。国企改革是一个渐进的过程，经济新闻报道决不应囿于"单一的因果律"来完成其宣传的使命，而应该遵循经济活动的规律，客观地、深入地分析解释种种复杂的经济现象，以作出合乎科学要求的报道。

这种重宣传、轻解释的价值取向在"入世"报道中仍然存在。众多有关加入WTO的报道，采用的形式都是利弊分析，这种报道表面上看非常客观、冷静，既看到入世带给我们的机遇，也认识到了我们即将面临的挑战，但正是由于忽视了中国入世对中国经济所带来的影响是一个渐进的过程，其中可能还存在许多变数，所以媒体上出现的那些仅凭关税、配额变动或中国入世谈判中承诺的各行业的开放步伐进行简单的数字分析，很可能给我们的企业带来错误的判断。

（二）信息传递热衷"跟风"

众所周知，市场经济区别于计划经济的一个主要特征是，在运行机制上，它以价值规律为轴心，通过市场对资源配置起到基础性作用。在市场经济中，企业是在商品的生产、交换中，自主决定经济行为并承担相应风险和后果的独立经营实体，因此，市场经济体现的是一种结构分化程度相当高的社会形态。国家和政府对各种经济活动的管理方式，主要是通过法律的、经济的手段，而不再靠行政手段来实施了。所以在市场经济条件下，资源配置的合理与否，企业或个人的经济行为、决策得当与否，一个重要的环节就是解决好各种各类信息的收集、清理、反馈与运用。可是我们的不少经济新闻热衷于"跟风"，其结果势必造成信息传递的不充分、不完整，给受众的经济行为和决策带来误导，这一点在金融报道中更为突出。

1999年11月，某地改革出台了《关于促进上市公司发展的若干政策意见》，其间颇有"创新"意义的是第6条规定："对控股股东向受让方实施'净壳'出让的，优先予以政策倾斜。"这里所指的"净壳"，就是指上市公司把自己原有的所有资产（包括债权、债务）统统剥离出去，而仅仅剩下"上市公司"这一"外壳。"从金融理论与规律上讲，这种"外壳"是毫无价值可言的；然而由于我国股票发行上市至今还带有计划经济的痕迹，形成了上市需求与上市指标间的极不协调的供求关系，这样便使得上市公司的"壳"不仅有了价值，而且奇货可居。地方政府提倡这种"净壳"出让方式，其用意是在于通过对股市的干预，为地方政府获取可观的经济利益。然而，当地的经济新闻报道却盲目颂扬地方政府决策层的英明，其结果势必导致传递给受众的信息是片面的，给股市也会带来灾难性的影响。

2001年我国正式加入世贸组织，对这一重大经济事件我们的媒体给予了空前关注。但是纵观我们的入世报道，由于对中国成功入世的内外部环境缺乏总体认识，在传导信息上就由于热衷于"跟风"导致信息传递带有片面性，在一定程度上误导了受众的判断，特别是给与"入世"关系密切的企业造成了较严重的错觉。一种报道带着恐慌心理坚持"狼来了"、"与狼共舞"的观点，而另一种报道则把着眼点放在回味过去，回味喜悦与快乐上，似乎加入WTO后我们的一切事情都会迎刃而解。其实WTO带给我们的是一种全新观念引导下的市场规则，是一种开放市场的运行方式。WTO不是"狼"，外国资本的进入也不是"狼"；同时世贸组织成员国中，也没有一个发展中国家因为加入WTO，一夜之间国家发展就走上一马平川。

（三）以政治社会文化视点审视经济现象

由于受计划经济的影响，20世纪90年代不少经济新闻报道仍未摆脱"泛政治化"的影响，这表现在经济新闻价值取向上不是从经济规律、市场规则出发，而是从政治的视点或社会文化的角度去审视经济现象，背离了经济规律。1997年由泰铢贬值进而取消其与美元的汇率引发了一场震惊全球的亚洲金融风暴。当时我们的媒体对此先是无动于衷，后是淡化处理，再则欣喜这场风暴"与我们擦肩而过"。以政治的视点审视经济现象从中可以一览无余。

2000年5月13日、23日《文汇报》分别在头版头条刊登了记者围绕所谓的"新上海货"而采写的新闻述评，力图向读者显示，一批"新上海货"的新面孔正在浮出水面。毫无疑问，在相当长的时间里，"上海货"在中国的寻常百姓家曾具有非常明确的含义，20世纪50年代以来，她一直是产品的质量、品种、先进、洋派的同义词和象征。在计划经济时代，没有市场和竞争，产品的"产地"比商品的品牌和商标更重要，因此上海作为新中国最大也是相对最发达的经济中心，自然成了消费者借以甄别产品品质的最可靠的信息。今天市场越来越规范，产品和信息越来越集中和细腻，"产地"开始逐步丧失其昔日的风光，对消费者来说，商品的品牌、商标和广告（甚至直销）正在向消费者传递着更多产品品质的信息,"产地"的信息功能下降了,而生产厂家的形象、信誉和产品的功能变得越来越重要。所以经济学家张军认为这两篇报道"是把产品'产地'作为传递产品品质的典型案例",① 折射出的是以社会文化的视点来审视经济现象。

近来媒介热衷于报道"超标违纪小汽车是如何处理的"之类的事件,总是从政治的视点作出报道整治腐败的成果,少有从经济学的角度作出的深层分析。乘用小汽车的公有制度是传统计划经济的产物,具有战时供给制的明显特征。在经济生活市场化的条件下,公车制度完全是一种落后的东西。"公车制度是一种实物分配方式,这种方式的无效率和非效率特征是一个不言自明的事实。市场经济是一种货币化和信用化经济,只能实行货币分配方式。在经济市场化的条件下,继续实行公车制度这种实物分配方式,只能造成制度的变形和行为的扭曲。"② 所以跳出政治或文化的视点来审视经济现象,才能真正发现问题的症结所在。

经济新闻价值取向上意识形态的直观约束与我国政治体制改革的滞后是紧密相关的。改革的真正优选之路,只能是邓小平提出的政治体制改革同经济体制改革相适应的道路。邓小平早就强调:我们所有的改革最终能不能成功,还取决于政治体制的改革。也可以这么说,经济新闻能否跳出意识形态的直观约束,一定程度上也依赖于政治体制改革的成功,只有这样,政企分开才能真正落实到打破政府直接管企业的局面,国有企业将走上自主经营、自我发展的良性轨道,经济新闻才能站在宏观角度沟通企业间的联系,客观报道企业的发展状况,而不以上级机关的身份指手画脚,也不以经营者的姿态为企业家当家理财。

二、经济评价的过分膨胀

人类的评价活动有多种方式,不同的评价方式产生不同的评价信息。人类的评价方式大体分为个体评价、社会评价和历史评价三大类。个体评价是单个人只就与己相关的事项做出的评价;社会评价是群体性评价,即众多的人对公共事务所进行的评价;历史评价简言之就是时间的检验。显然,舆论评价属于社会评价一类。③ 由此可见,经济新闻中经济评价就是指经济新闻舆论评价的

---

① 张军:《走近经济学》,生活·读书·新知三联书店2001年版,第171页。
② 张曙光:《经济学(家)如何讲道德》,生活·读书·新知三联书店2001年版,第175页。
③ 项德生著:《舆论与信息》,河南人民出版社1992年版,第21页。

指向，即以经济评价作为舆论评价和引导的判定标准。

众所周知，长期以来我国经济新闻传播中一个积重难返的弊病就是经济评价的缺失。改革开放后作为对这一弊端的矫正，我国经济新闻价值取向上表现出向经济评价回归，这反映了我国新闻传播专业理念的成熟。但是在向经济评价回归中，新时期经济新闻价值取向上又表现出一种非理性的趋势——向经济评价倾斜，这种经济评价的过分膨胀，导致经济新闻呈现出舆论引导上的急功近利、以经济效益论英雄等偏差，一度导致社会心理的失衡。

（一）新闻舆论引导上的急功近利

在高度集中的计划经济体制下，社会集团利益不很明显，无论是个人还是自为群体，几乎不存在追求利益的可能和机会。由于受到严厉的政治化道德规范的约束，人们不知逐利，也不敢逐利，以蔑视金钱作为一种社会时尚。市场经济需要调动人们追求利益的积极性，承认追求自我利益的合法性。然而令人遗憾的是，一些经济新闻报道为了迎合公众急于致富的心理，却忽视了市场经济需要规则的理性，在其价值取向上表现为一种急功近利的张扬。

20世纪80年代，随着"万元户"、"十万元户"的发家故事在经济新闻中昂首挺胸地进入读者的视野，"发财"这个名词自然而然地进入了人们的日常生活。在全民经商的热潮中，教授卖馅饼、县长利用业余时间练摊等新闻被炒得沸沸扬扬，以作为时代精神的一个典型。在这种急功近利的价值取向驱使下，"市场"这个词汇在经济新闻中变得流行，但其被赋予的内容却不得不令人担忧："首先是将市场经济等同于办个具体的市场、圈一块地皮，各个市场和开发区的剪彩报道随处可见，似乎这种十分狭义的市场一抓就灵。第二，市场经济成了政府部门办公司、国家垄断的服务机构额外搞'创收'的口实，这类官与商结合的'经验'竟一时成为众多媒介的重头新闻予以报道，诸如'社会主义的皮包公司是一种信息产业'，'文教卫部门搞创收可以增强事业单位后劲'等所谓社会主义市场经济的'新观念'也常见诸报端。第三，各种形式主义的'市场热'现象升温，即使落后的偏远地区也不惜集中仅有的财力去建高级商场、宾馆，这与媒介的渲染不无关系。"[①]

这种急功近利的价值取向在金融报道中则表现为一味满足投资者"一夜暴富"的不切实际的心理和"钱立刻生出钱"的求富心态。例如，不少金融报道中充斥着国外股市中早已淘汰的技术分析内容，而少见从中国的国情出

---

① 转引自陈力丹：《舆论学——舆论导向研究》，中国广播电视出版社1999年版，第223~224页。

发、从中国股市并不成熟的实际出发的属于我们自己的技术分析方法和技术分析理论。由于报道中所出现的技术分析侧重于分析证券价格的短期行情，因而更适合于谋取价差收入的短期投机行为，这样便无形中助长了市场的投机气氛。而短线炒作越频繁收益越低的事实，一旦成为由股民用血汗钱买来的教训，股民入市时的获利梦想化为乌有时，无疑会使股民对"庄股"画出的美妙的上升通道顿生憎恶之情，进而加剧对中国证券市场的怀疑，显然这不仅不能有效地实现金融报道的服务功能，而且还会对我国正在积极建设中的"投资为主、投机为辅"的证券市场造成负面影响。

（二）以经济效益论英雄

我国市场经济刚推出时，经济新闻在经济评价的价值取向上泛滥着以经济效益论英雄的思潮。经济新闻连篇累牍地报道洋行里的中方雇员、有别墅的女人、酒吧里的侃爷，以及对这些内容和形象一哄而起的评价、赞誉，今天报道某个大款花了30万元摆了一桌宴席以夸富斗胜；明天又报道另一大款一掷千金地住进总统套房，尽情风流。一家电视台还推出一个系列节目，邀请的嘉宾是20位下海后短期成为百万富翁的人，记者告诉受众：他们"拣了条捷径到罗马"，"他们的未来不是梦"，"朋友，你没有理由与频频闪耀的机遇女神擦肩而过"。这种取向的实质正如学者所言："他们被电视台和报纸归在一起当做成功者加以介绍，这表明这些传播媒介和相应的受众眼里有一种关于'成功'的实利主义概念，就是'发财'。"① 其实，就是资本主义的伦理，也仅把发财作为确证和完善自己的方式。显然这类报道的总体效果是不能令人乐观的："在使人们都错误地判定社会经济状况的同时，某一著名老学者就写过一篇《我们都成了大富翁了吗？》以指正这类错误和错误的舆论导向还加剧了社会心理的失衡，使处于社会另一极、生活水平中下的人们，或者投入对社会财富的疯狂追逐，红道黑道正道邪道一起走，或者陷入愤怒的绝望之中，酿成一种偏畸而危险的社会心态，潜在着极大的破坏性。"②

正是在这样的经济评价过分膨胀的价值取向下，经济新闻将一掷千金视为潇洒、派头，不爱花钱的人被斥为"守财奴"，下岗工人被解释为社会追求效率的必要代价，甚至鼓吹腐败是社会转型时期成本最小、效益最大的言论也见诸报端。这样的引导失误，必然引发受众产生无奈之感，从而造成人们心理上的失衡，正如北川隆吉所说，在过多遵从行为的现代大众社会里，电影、电

---

① 高小康：《世纪晚钟——当代文化与艺术趣味评述》，东方出版社1995年版，第10页。

② 知非：《中国幼稚病》，中国社会科学出版社1996年版，第310~311页。

视、大众通俗小说、流行歌曲的主题之一，也可谓"对非遵从的赞歌"，而且可以产生积极的非遵从行为。例如，自己把日常心理转换为非日常心理，逃避观念或幻想的束缚，超脱现实。①

（三）专家话语的过分依赖

在经济评价的价值取向上，一些经济新闻还表现在对经济学专家话语的单纯引述与过分依赖上。应该说，向专家话语的靠拢表明了经济新闻采集者视野的开阔和专业色彩的强化，但是过分地依赖专家的话语权，尤其是经济学家的一些探索性的话语，也使经济新闻脱离了客观、公正的运行轨迹。

在股市兴起之时，股市上的投机发财问题成为现实生活中迫切需要澄清的观念。一位颇有名气的经济学者对此提出了这样的意见："不必将投机当成坏事，投机是什么？就是投资于机会。商品经济就是投机的经济，就是倒把的经济。现在的投机倒把的经济是旧体制套用过来的。在商品经济中，如果有机会而不去投，就是傻瓜。中国人太缺乏投机意识。如果千千万万人都有投机意识，有千万人组成的投机队伍去投资，我们的经济就要起飞了……"② 这种意见作为学术探讨不无道理，但是在经济新闻报道中简单地传递这种意见，带来的只能是负面影响。

对于我们的经济学者，有人曾做过如下评价："应该说改革开放以来，中国经济学家有了不少进步。在改革开放中也做出了一些贡献，但是，中国经济学家的整体水平还不高，在探索中也有这样那样的错误，经济学家应当接受各界的批评，笔者不同意对中国经济学的进步和经济学者的贡献做过高的评价。在当代中国，经济学贵为显学，但却潜藏着很大的危机，经济学家虽是时代的宠儿，但却有被宠坏的危险，有人也许已经被宠坏了；经济学家应当谦虚谨慎，不应当有'经济学帝国主义'的态度行为，经济学家应当像布迪厄文反思社会学那样（1998）认真反思，即对经济学理论和经济学家的学术实践进行反思。"③

福柯在《规训与惩罚》中揭示了法制社会与现代社会权利运作上的一个重要区分，传统社会往往通过对权利大张旗鼓的恐吓性显示，来突出权利的显赫、威严、恐怖。而现代社会则通过全景敞视技术的有规律的扩展，建立起一套细密的网络，将窥视的目光、规训的注视布满社会的每一个角落。这使一切

---

① ［日］北川隆吉主编：《现代社会学》，中国人民大学出版社1994年版，第258页。
② 吴锦才著：《1979—1992中国沉思录》，四川人民出版社1992年版，第8页。
③ 张曙光：《批评规则·理性和自由精神》（之二），《读书》2000年第3期。

隐而不现的事物变得昭然若揭，并将人的身体的每一个部分和一举一动进行严格的细密切分，达到增强社会力量（增加生产、发展经济、传播教育、提高公共道德标准水平等）的目的。① 所以我们不能把专家话语作为权利的象征，而应该采取"全景敞视技术"来全面地关照我国经济的发展和变化。

评价暴露的是观念。可以说我们的经济生活中，每一项重大飞跃都与经济观念的重大变革、突破与升华有着千丝万缕的联系；而每一次挫折，也与脱离实际的经济理论的误导密不可分。从宏观角度上讲，经济观念的正确与否维系着国家的命运、社会的稳定；从微观来看，它又与千千万万企业的兴衰和百姓的生产、生活紧密关联。

三、舆论环境和经济环境的分离

舆论是十分古老的社会现象，自从有了人类社会，便有了舆论活动，18世纪西方资产阶级政治学认为，舆论就是公众的意见、群众的议论。这与早其2000多年的中国周朝《国语》一书中所说的"舆论之涌"没有太大差别。关于"舆论"的定义有各种表述，中国人民大学甘惜分教授提出："舆论是社会生活中经济政治地位基本相近的人们或社会集团对某一事态大体相近的看法。"刘建明在《基础舆论学》中从新的研究角度指出："舆论，是显示社会整体认识和集合意识，具有权威性的多数人共同意思。"项德生经过对一些研究者的定义的分析比较和综合概括认为："舆论，就是社会公众或集团对人们普遍关心的事态所做的公开评价。"并且在此基础上还指出舆论具有五大特征：时评性、倾向性、公开性、群众性、综合性。② 由此我们可以看出，舆论工作中传播的各种事实，包括事和人及内含的意见、倾向、思想，是对现实社会的反映，归根结底来自广大人民（包括不同层次的干部、专家和工农兵学商等普通老百姓）的社会实践。舆论的主体和源泉是广大人民，传播对象也是广大人民。

党的十四大确立的社会主义市场经济体制，是我党根据世界经济发展的一般经验和我国改革开放10多年丰富的实践，对中国经济运行形式的科学总结。党的十五大提出：从现在开始到2010年这个时期要解决的两大课题是建立比较完善的社会主义市场经济体制和保持国民经济持续快速健康发展。在这样一个经济环境下，物质文明和精神文明高度发展，信息需求与日俱增，舆论的传播范围愈加扩大，频率也在加快，作用愈来愈大，所以在这样一项建设有中国

---

① 转引自姚新勇：《纯学术何处寻》，《读书》2000年第3期。
② 项德生著：《舆论与信息》，河南人民出版社1992年版，第1页。

特色的社会主义市场经济的空前艰巨、复杂的伟大事业中，营造一个良好的舆论环境，使舆论环境与经济环境相适应，并促进经济朝着良好的环境发展，是摆在我们每一个传媒工作者，特别是经济新闻采集者面前的一项艰巨而重大的历史使命。

舆论导向的这种重要作用，江泽民同志1996年9月26日在视察人民日报社时就讲过："舆论导向正确，是党和人民之福；舆论导向错误，是党和人民之祸。党的新闻事业与党休戚与共，是党的生命的一部分。可以说，舆论工作就是思想政治工作，是党和国家的前途和命运所系的工作。"他指出："报社的同志要有大局意识、全局观念，坚持政治家办报，正确处理改革、发展、稳定的关系，登什么，不登什么，怎么登，都要从全局出发，从党和人民的整体利益出发。"江泽民总书记的讲话应该说是我们新闻工作者掌握舆论引导方向的准则。

在改革开放的经济环境中，社会发生重大转型：从计划经济向社会主义市场经济转型，从农业社会向工业社会转型，从乡村社会向城镇社会转型，从封闭半封闭社会向开放社会转型。这些不同角度的社会转型在总体上造成舆论的深刻变化，同时也增加了舆论引导的难度。对此，一些经济新闻由于整体把握上的失当，在新闻价值取向上导致了舆论环境和经济环境的不协调和分离。

（一）政策宣传力度与公众承受力不相适应

从计划经济向市场经济过渡，不仅是经济体制的转换，由于它同时触及人们生活的一些基本信念，所以说也是一种观念的转变。这种转换需要时间，绝对不是发动一两场宣传战就能够解决问题的。而我们的经济新闻在舆论引导上的失误就表现为政策宣传力度过猛形成的舆论环境，与现实经济环境中的公众承受力之间产生了相当大的反差。

1992年上半年，在学习邓小平视察南方讲话的背景下，人们热情地欢迎社会主义市场经济的到来，却忽略了转换经济体制是个渐进的过程。1992年在宣传企业转换经营体制的时候，经济新闻价值取向上一味追求轰动效应，而不注意舆论环境与经济环境的互动关系，对"砸三铁"进行持续数月的集中报道。所谓"三铁"指的是计划经济体制下形成的国有企业、事业单位职工和干部的铁饭碗、铁工资、铁交椅。砸掉"三铁"，就是实现工资能高能低，工人能进能出，干部能上能下，这是建立现代企业制度的重要举措。当时一家中央级经济报纸首先推出"砸三铁"的系列报道，接着其他中央媒体也纷纷推出自己的同类报道，于是"各地报刊掀起了一股宣传'砸三铁'的舆论浪潮，文章连篇累牍，声势十分浩大"，① 一时间举国震动，从地方官员到企业人员都在宣言要用"铁面孔"、"铁心肠"、"铁手腕"这样的"新三铁"来砸"旧三铁"，报刊、电视上经常出现诸如"本钢十万职工告别'铁饭碗'"，"北京百家企业'上船'"之类"砸三铁"的惊人消息。实际上从当时的经济环境来看，并没有哪家企业真正能够做到"砸三铁"，因为需要配套的各种社会改革不是几个月、几年就可以解决的。由于我们国家一直强调工人阶级是国有企业的主人，在人们对企业破产、工人下岗的思想准备还不充分，国家各种配套解决的办法（如社会保障系统等）还不够完善的条件下，这样集中宣传形成冲击力很大的舆论环境，造成"一步跨入市场经济"的逼人态势，显然超出了公众承受的能力，于是"流言也不胫而走，传遍全国各地，并且不断添油加醋，耸人听闻。……'砸三铁'触动了一些人的利益，利益受损，不满的舆论应运而生"。② 在中央制止了这种宣传之后，由于惯性，地方上的宣传还持续了一段时间，公众的流行词汇中这个特有名词存在的时间更长一些。这场出于宣传党的方针政策好意的宣传战，由于与经济环境相脱离、与公众的承受力不相适应，反而造成了公众的惶惑和浮躁。

改革的政策是对问题的长远考虑或带有具体的条件要求的，经济新闻采集者对此应有真切的理解。在营造舆论环境时要充分权衡与经济环境的协调，引导舆论时要采用浸润、渐进的方式，这样才能不致于引起公众因心理承受不起而造成对正确政策的误解。

塞缪尔·亨廷顿在《变革社会中的政治秩序》一书中详细地分析了不发达国家在社会转型时期普遍出现的政治不稳定现象，他认为：高度舆论的社会和高度现代化的社会都十分稳定，舆论社会向现代社会变革过程中最容易发生不稳定。因为现代化过程造成社会动员和经济发展，社会动员的速度一般都比经济发展的速度快，如果人们致富的期望不能满足，就会产生社会挫折感转向政治施加压力，成为社会和政治不稳定的因素。③ 塞缪尔—亨廷顿这里所说的社会动员就是指舆论环境的营造，足见舆论环境与经济环境相分离后果之严重。

"新经济"是美国《商业周刊》1996年12月30日发表的一组文章中提出

---

① 李良栋：《误区与超越——当代中国社会舆论》，中央党校出版社1995年版，第91页。

② 李良栋：《误区与超越——当代中国社会舆论》，中央党校出版社1995年版，第92~93页。

③ 参见塞缪尔·亨廷顿：《变革社会中的政治秩序》，华夏出版社1988年版。

的一个概念，实际上就是低通胀、高就业和高增长的经济，其核心是信息技术和网络化。"新经济"概念的提出，是以美国经济连续80多个月的持续增长为实践依托的。换句话说，"新经济"实际上是近年来的"美国经济"，它的核心就是经济的信息化。①

令人不解的是，当时我国传媒中也刮起了一股"新经济"旋风，言必称网络、伊妹儿，网络公司也一批批地演绎"网络暴富"的神话故事，电子商务如火如荼……甚至有人"乐观"地预测中国在"新经济"方面与美国只有两三年的差距。其实，"新经济"需要高资本投入、高素质人才、健全的市场体系，而截至目前中国经济仍然是一个处于工业化初级阶段向中级阶段迈进的"过渡期"，中国的农业人口仍占全国总人口的70%，农业基础仍然相当脆弱，靠天吃饭的落后状况仍未彻底改观，工业结构不合理，竞争力不高，高品质、高附加值、高成长前景和高市场占有率的产品很少，工业化水平较低，非农产值和非农业人口比重低于世界平均水平。可想而知，在这一背景下大力鼓吹"新经济"，其形成的舆论环境势必与现实的经济环境形成极大的反差。它的危害正如经济学家樊纲所说："西方国家的经济学家和企业家到中国来大谈特谈'新经济'，是因为那正是他们的'兴奋点'，他们正在为其在全球'开拓新疆场'，而如果我们盲目地跟着起哄，也要把中国的'经济结构'现在就提升到发达国家那样的水平……我们的经济就一定会在国际竞争中被挤垮，自己内部的矛盾也会激化。不能现实主义地冷静客观地分析本国的现象情况，在此基础上制定科学的发展战略，是发展中国家经常会犯的一个毛病。而这正是缺乏'本国立场'的一个表现。"②

（二）政策解释不及时引发舆论躁动

市场经济条件下的各种政策出台，大多与公众实际利益相关，舆论通常会活跃起来。人们议论纷纷，各种猜测蔓延，这时特别需要具有权威性的媒介及时提供关于政策的解释，否则，经济新闻的解释性信息传播不到位，其引发的舆论躁动则是骇人的。

1993年12月，国务院发布了从1994年1月1日起征收消费税的暂行条例。这项政策虽然提前公布了，但广大消费者对于市场经济毕竟还是陌生的，尽管媒介已经给予了适当的报道，财政部部长于1993年12月16日也对记者发表谈话做了一些解释，然而由于进一步的解释没有到位，加之各媒介的报道

---

① 田学斌：《谁的'新经济'》，《读书》2000年第10期。
② 樊纲：《经典经济学与今天的中国》，《读书》2000年第12期。

又时断时续，于是当时在一些地方出现抢购风潮，人们心急火燎地购置"大件"商品，个别商家乘机哄抬物价，许多人还误以为是这一政策规定向消费者征收消费税。由于经济新闻在解释政策的时效掌握方面考虑不周，解释力度不够而引发了舆论的躁动。这不得不提醒我们的经济新闻采集者，"在一些重要的改革措施将陆续出台的时候，群众的思想非常活跃，有各种各样的猜测和议论，迫切需要各部门、各地方的领导同志随时掌握群众的思想脉搏，为群众释疑，这是最及时最有力的思想政治工作。不要以为自己已经了解和掌握的东西，群众也都了解和掌握了"。①

（三）消费舆论引导的失衡

在我国进入社会主义市场经济这一新的发展阶段，一类新的舆论表现形态逐渐引起了人们的注意，这就是急速扩张的关于消费的舆论以及消费行为舆论。消费，即人们消耗物质资料以满足物质和文化生活需要的过程。

针对我国消费舆论的引导，新闻学者陈力丹曾一针见血地指出："我国当前消费舆论的特征表明，公众在消费中尚缺少与社会主义市场经济相适应的消费文化。"② 因为在经济新闻报道中，在价值取向上把消费仅仅视为一种经济现象。正是媒介这样的片面导引，极大地激发了公众的物欲追求，使其呈现出一种无限膨胀的趋势。

在经历了长时间的生活动荡、贫困和商品匮乏之后，当生活好转进入持续发展阶段的时候，人们容易形成这样的价值观念：用高档消费（购买越来越高档的耐用消费品，公开地大规模奢侈消费等）来象征地位和财富。此时经济新闻如果一味提高人们的消费期望，超量创造出人们的消费需求，消费舆论呈现为一种遏制不住的"欲购情结"，其结果势必使受众不顾实际的经济状况和所处的社会文化背景，无限追求新的刺激；与此同时还会造成受众的精神消费，特别是较高层次的精神消费意识严重滞后。

在社会主义市场经济初期，由于经济新闻采集者主观认识上的偏差，导致其价值取向上不能冷静地为受众提供丰富的消费选择，而是爆炒某名人弃文从商，某大款住总统套房享受良宵，某地百万元豪门宴等真真假假的新闻，无形中在观念上呼唤着对金钱的极度追求，其结果也势必引起大多数温饱型公众对生活前景的恐慌。

正是传媒在不断地制造着超前消费意识，与发展速度相对缓慢的现实生活

---

① 于宁：《及时为民消疑云》，《人民日报》1993年12月19日。
② 陈力丹：《舆论学——舆论导向研究》，中国广播电视出版社1999年版，第272页。

发生冲突，带来的负面影响是使生活的压抑扩散为贫与富、奢糜与饥饿对立的新冲击波，使不同消费阶层的差异和冲突明晰化，"使群体共同富裕的承诺在当下消费巨大反差中，演绎成一种钱就是权的世界人生分裂冲突对峙图景"。①

这种观念上对消费的激烈追求，造成舆论环境与经济环境相背离，与我国的现实形成一系列矛盾，自然可能造成舆论的震荡和社会秩序的混乱。这些矛盾是：（1）普遍的高消费热情与国民实际购买力之间的差距扩大；（2）维持高消费的资源和能量与实际可利用之间越发不平衡；（3）原有的民族文化认同与文化特征与这种普遍的消费主义潮流发生冲突，形成一定的不同群体间的观众紧张态势。②

所以经济新闻要善于利用人们对消费的关注，因势利导，营造对美和理性追求的舆论氛围。1996年5—7月《文汇报》组织的"当前我们应该倡导什么样的生活方式"的讨论，以一封读者来信为起点，连续发表了20封来信，接着组织了14位学者、官员座谈，结果"量入为出、结构均衡、理性选择、追求多样、健康向上"被大多数人认为是当前应持的生活方式。《人民日报》1996年初组织的"95回眸看消费"专版，既展现了市场经济条件下人民消费的多样化，也在7个消费领域向读者分别提出了未来适当而多彩的消费原则；同时帮助商家总结经验，忠告他们"商家，请你不要短视"。这种热情不减、冷静在胸的报道，正是经济新闻应取的价值取向策略。

四、社会责任意识的淡化

转型时期经济的一个重要特点，就是大量的新的经济现象泥沙俱下。因此面对市场经济体制这样一个全新的社会变革，经济新闻肩负着从思维层面上对社会实践进行思考的责任，以帮助受众认识和克服在前进过程中所遇到的盲点。况且，中国目前的市场经济刚刚起步，远不够完善，这就加重了经济新闻思考的社会责任。但20世纪90年代以来，在宣扬遵循经济新闻传播规律、回归客观、强化信息意识的背后，实际上隐蔽着经济新闻价值取向上社会责任意识的淡化：回避从思维层面对经济实践进行思考的责任，在信息传播中放弃思考，满足于分散的、单个信息扩散的"信息拼盘"的制造，导致经济新闻"炒作"有余而理性思索不足，这一点在金融新闻中显得尤为突出。

（一）盲目追求"独家新闻"

金融新闻为追求"独家新闻"，热衷传播小道消息或不实信息，有意无意

---

① 王岳川：《广告消费主义的文化意识》，《北京青年报》1995年7月3日。
② 黄平：《面对消费文化：要多一份清醒》，《人民日报》1995年4月3日。

地充当谣言的加工厂、信息污染的滋生地。最为典型的是"新中国股市第一桩全国性诈骗案"苏三山事件的报道。1993年11月5日，一个自称"北海正大置业公司"的机构向许多报刊发传真，称其已购得苏三山股票5.006%，并说同时电告中国证监会、深圳证券交易所和苏三山公司。海南的一家证券专业报为追求所谓的"独家新闻"，在未作任何核实的情况下即在次日头版头条予以全文发表，造成苏三山股票从开盘的8.30元猛涨至收盘的11.40元。后经中国证监会等监督机构近一个月的调查，所谓"收购苏三山"竟是一个大骗局。湖南某违法分子挪用公款100万元买了苏三山股票后高位套牢，故意编造出这一收购的假新闻借以"拔高出货"。按规定，类似收购、兼并这样的有关上市公司的重大信息，必须由交易所作出判断，并及时采取股票停牌等措施，让所有投资者都能公平获知并消化这一信息。然而由于个别传媒的这一虚假报道，很多股民信以为真，纷纷"跟进"，真相大白后股价急剧"跳水"，股民损失惨重。据查，此次事件受骗者直接经济损失约8000万元。而其所带来的隐性损失，即投民投资心态的负面影响则是无可估量的。

市场经济条件下经济新闻与公众的利益得失密切相关，更是相当敏感，为盲目追求"独家新闻"而匆忙报道的经济新闻，不仅因为报道失实影响公众的认识，而且是整体上造成舆论的误导、市场的震荡。1995年初华东某晚报头版赫然登出一条题为《桑塔纳今年出厂价：9万》，误将计划3年内达到的目标变成了当时的事实，结果引发全国各地汽车市场的舆论震荡，"上汽"公司无端遭受重大损失。"消息一出，市场为之哗然。……桑车市场陡起波澜，价格迅速下落，引起的连锁反应是，销量即刻下降。"①

（二）违规违法抢发新闻

大众媒介的新闻报道，有着很强的时效性特征，然而一味地求快，盲目抢发，势必如单三娅在《身为记者》中所说："使人浮光掠影，因为时间不足，就会习惯于匆忙地解决那些自己都知道还没有完全掌握的问题。"正确把握新闻的时效性，是新闻工作者强烈的社会责任感的体现。遗憾的是由于一些经济新闻采集者社会责任意识淡化，对职业本身的这种弱点缺少警觉，以至于在经济新闻报道中为追求新闻价值最大化只讲时间，不讲效果，甚至违规违法抢发新闻。

金融新闻的时效性有严格的法定时间限制，这就是法律规定的所有重大信息必须在第一时间报告证券交易所和证券监督机构后，再由证券传媒发布。所

---

① 荣兴：《失实报道引发桑车市场震荡》，《北京青年报》1995年3月15日。

以金融新闻既要快,同时重大信息又必须在证券监管机构获准后才能公之于众。违反信息披露原则抢发所谓内部消息,以求轰动效应,是金融报道的违规违法行为。比如1996年1月的"广华事件":四川省广信市国有资产管理局将所持的四川广华公司国家股5780万股中的3500万股,以协议方式转让给美国凌龙公司(中国工业集团),转让部分占该局所持国家股权的60%,占广华公司总股本的25%,凌龙公司由此一跃成为广华公司的最大股东。这一切应属上市公司的重大经营变动,照理说应该按信息披露层原则先在第一时间向中国证监会和证券交易所报告,后在有关传媒进行信息披露。可是一家证券大报却未经报告,抢先于1996年1月25日以独家新闻的方式把这一信息透露出来,结果造成股市大幅震动,市场一度非常混乱。针对这一事件,中国证监会在当晚发布的公开意见中指出:"此举违反了《公开发行股票公司信息披露实施细则》的第19条规定,造成了不良影响。"并决定1月25—26日两天停止该公司流通股交易。针对我国金融监管和报道中的这一混乱局面,著名经济学家吴敬琏严正指出:"证券立法和证券市场监管的一个基本出发点,就是保护投资者,特别是小投资者的利益,为了保护他们的利益,必须严明披露制度,确保信息透明,同时严厉惩罚内幕交易、操纵市场、造势做局等侵犯投资者利益的行为,如果做不到这一点,处于信息和权势的劣势地位的'股民',就会真的成为股官股霸可以任意鱼肉的百姓。"①

(三)轻信股评随意预测

有人曾说我国股市尚不成熟、不规范,但股评却异常发达,股评家汗牛充栋。这也是因为我国金融新闻热衷的"服务"手法是荐股和行情预测,而轻信股评随意预测正是金融新闻价值取向的又一误区。

令人疑惑不解的是,20世纪末我国金融新闻中荐股的理由往往简单到只有几个字,如"庄股"、"强庄入驻"、"主力筹码集中",至于行情预测,则大多是依据西方股市发展轨迹逐渐形成的"西式"分析理论和分析方法,诸如"KDJ指标低位金叉或高位死叉"、"突破强阻力位或跳空缺口"的纯技术分析理论,这样当然不可能真正描画出中国股市的涨跌规律。例如,国庆50周年前后的股情就走出了与多名股评家预测相反的走势。1999年9月11日,一位股评家在《股市面临深刻变革》一文的结尾说:"周四的放量长阳,一举突破8月份的盘整箱体,表明原先的多空平衡格局开始向各方转化。今后市场大涨小回,步步为营是主旋律。"另一位股评家在《跨世纪行情迈新步》一文

---

① 吴敬琏:《确立股市投资者主权》,《财经》1999年第4期。

中更为坚定地说："相信下周将反复放量上扬，挑战六月底的历史新高……投资者应满仓持股等待跨年度牛年的大丰收。"还有一位股评家在《节后行情可乐观》一文甚至这样断言："真正强势行情，或者突破1700点，可能在9月28日前后。"当9—10月份股市实际运行的轨迹与这些股评精粹大相径庭时，随着预测信息变成天方夜谭，金融新闻报道的服务功能也陷入令人尴尬的境地。

显然，这种轻信股评随意预测的价值取向，致使金融新闻报道中盛行技术分析的内容以及荐股、行情预测的信息，不利于引导投资者和社会公众形成理智的投资心态。

（四）忽视对投资者风险意识的指导和培养

随着金融新闻中盛行对证券市场的走势一味作跟风式的推测分析，带来的另一个后果便是金融新闻价值取向上忽视对投资者风险意识的指导和培养，表现在金融报道中缺乏对风险理论知识的系统阐述和风险案例的对比分析，导致股票交易中的过度投机。1997年夏季，国民经济运作状态处于近几年来的低谷，股市却相当火爆，大批股民盲目入市，造成极大的投资风险。这期间的金融新闻报道很少有提醒股民保持清醒头脑，注意投资风险的"告诫"；相反一些报道还竟相鼓噪，放言"1500点指日可待"，"1600点为时不远"，等等。直到《人民日报》发表评论，才改变了市场及舆论的狂热，使许多投资者避免了更大的损失。这种情况其实早在1996年《人民日报》评论员就曾发表评论指出："一部分报刊、电台、电视台、声讯台的股评节目和证券机构极少进行风险告诫，而是一味鼓噪，有的甚至传播谣言，误导股民。"

江泽民总书记曾说过："金融安全关系到国家经济的安全，如果金融不稳定，势必会影响经济和社会稳定，阻碍整个改革和发展的进程。因此必须高度重视金融安全工作。"① 所以要使金融新闻能担负起维护金融安全的使命，就要求金融新闻采集者强化社会责任感，从经济发展的全局审视、把握中央有关经济工作的重要指示，尤其是客观的调控思想，并以此作为报道的指导思想，引导投资者和社会公众认清经济规律，树立正确的投资理念，使我们的金融传媒及其报道力求做到成为"诚实的金融家和可敬的经纪商之友"，"不道德推销商和赌徒的敌人"，② 给投资者以真正意义上的服务。

---

① 转引自丁坚铭：《金融报道与金融安全》，《中国记者》1999年第7期。
② 周树春：《世纪经济潮流的瞭望塔——访英国〈金融时报〉》，《中国记者》1997年第7期。

第三节 经济新闻的价值取向实现的途径

新闻价值取向反映了现实存在的各种社会关系，在当前社会关系的复杂格局中，新闻价值取向必然呈现出多元化的特点。特别是随着我国媒介体制的改革，新闻媒体由完全的财政供养和行政命令控制下计划体制，转变为事业与产业既分离又关联并参与业内竞争的市场体制，使新闻生产同时具有公益性和商品性的特质，成为新闻价值取向的多元化的决定性因素。① 改革开放 30 年来，无论是我国的经济体制、运行方式，还是老百姓的消费方式和水准，都发生了巨大的变化。企业产权界定、股份制、社会保障体系、知识经济等崭新的经济事物和观念，也亟须经济新闻报道做出相应的解读。因此，经济新闻价值取向也发生了相应的转变，在力求准确传递经济信息的同时，还应该有着符合时代发展和满足受众需求的新追求。

一、经济新闻报道要彰显实用性

随着改革开放的进一步深入，政府、企业和个人都需要通过阅读经济报道来获取有针对性的信息，帮助受众更好地把握经济形势和市场机会，增强决策的理性与科学性，并最终从中获益。因此，经济新闻报道在重视、强调经济意识和塑造经济环境的基础上，要彰显实用性，更加注重发现经济问题、预测经济走势和为受众释惑解疑。

实用性其实是受众对经济新闻报道的最基本诉求。相比其他类型的报道，受众对经济报道的基本诉求和最高期望都在于"实用"，即帮助受众透视环境、决策经济。因此，在众多新闻价值要素中，了解外部环境的变化并相应调整经济决策以利于生存和发展，已成为体现经济新闻报道竞争力的关键。之后，随着我国加入 WTO 和金融体制的发展、金融改革的深化以及外资金融机构的陆续进入，金融业的竞争不断加剧，公众可支配财富的增多，使得如何进行投资理财并使之保值升值已成为人们非常关注的问题，个人投资理财业务由此成为金融业竞争的核心领域之一，理财新闻因此得到空前发展。要彰显经济新闻报道的实用性，投资理财新闻不仅要对投资市场中新近发生的事实进行及时的报道，还要为读者的经济行为提供科学的指导和有效的参考，即为读者提供廓清市场迷雾并进而获得赢利机会的信息服务。2008 年中国人民银行几次降息，媒体在每一次降息后的详细报道都能够在个人投资者在大量的降息可能

---

① 曹劲松：《现代媒介环境下新闻价值的嬗变》，《传媒观察》2009 年第 1 期。

引发的影响、如何更合理地理财等纷扰的信息面前莫衷一是时提供分析和引导，帮助受众更合理地进行投资理财，很大程度上满足了受众的要求。

经济新闻的题材一般侧重于两个方面：经济实践和运行的现实情况；经济政策、思路和思维方式的倾向性特征。在这样的"分区"里，要求记者在经济新闻报道价值取向上，应当善于发现"问题"。所谓问题，就是事物的矛盾。新闻前辈穆青说："许多问题当它真正形成一个问题的时候，往往就孕育着许多新的萌芽和推动事物的一些积极因素。新闻记者如果能抓住这些萌芽，把问题及时地提出来，他就能够站在新事物的前面，用新闻报道来推动工作，指导实际。"因此，经济新闻要密切关注社会经济生活的变迁，关注经济和社会矛盾的发展，尽快找到其规律性问题特征，给人以启迪和指导。另外，还要注意经济政策制定和运行过程中事物之间的联系，透过现象揭示本质，把成熟的新闻事实放在时代大背景下探究它的特点和价值，对事物间错综复杂的关系加以分析比较和阐释，跳出"就事论事"的框框。

首先，要把握经济转型的时代脉搏。在由传统计划经济体制向社会主义市场经济体制转型的关键历史时期，体制转换的时代特点应当成为经济新闻价值取向的重点。经济新闻要体现体制转型的时代特征，一是要求新闻工作者从体制转型和市场特征、经济增长规律以及结构调整、投资环境建设和发展等方面进行阐释、引导，从新的体制建立、发展和完善的政策、举措、运行特征去把握经济新闻，剖析经济现象；二是从不断涌现的各种新的经济现象必然代替和战胜旧的经济现象去把握，将层出不穷的经济现象中积极的、主流的或占主导地位的经济现象和因素作为关注的重点，进行符合新闻规律的探索和报道，以体现浓郁的时代特色，以对社会主义市场经济体制的发展和完善产生应有的作用。

其次，经济新闻报道要具有超前意识、预见性和独到视角。经济现象或事物的发展必然是一个积极因素不断增长、消极因素不断跌落的过程，所以经济新闻在关注"增长"和"跌落"的时候必须具有超前意识和预见性。经济新闻的超前意识和预见性是新闻工作者长期积累、把握和正确分析、判断的结果，它体现的是媒体对于经济现象或事物发展变化趋势的冷静思考。这个思考又是不断运动、调整的，这就要求新闻工作者要有一定的市场经济理论功底和相当的理解、融合能力，把经济现象、事物与经济新闻融合起来，筛选、提炼精当的主题，揭示事物的本质。

二、对经济工作和经济生活作出正确的舆论引导

把握正确的舆论导向，这是无产阶级新闻工作的党性原则决定的。胡锦涛

同志在全国宣传思想工作会议上指出,坚持正确导向,有效引导社会舆论,巩固积极健康向上的主流舆论,努力营造良好舆论环境,是宣传思想工作的重要任务。在大众传媒高度发达的时代背景下,必须着力提高新闻舆论的引导能力,促进社会主义和谐社会建设。经济新闻要坚持正确的价值取向,就必须对经济工作和经济生活作出正确的舆论引导。

马克思曾经指出,舆论在社会中是一种"普遍的、隐蔽的和强制的力量"。舆论可以渗透到社会的方方面面、各个角落。新闻舆论,是通过新闻媒介所传播的新闻信息而形成的舆论,是社会舆论中的一个极其重要的构成部分。

新闻舆论影响社会舆论大致可以分为两种情况。第一种情况,由媒介直接形成新闻舆论,然后直接影响社会舆论;第二种情况,自在形态的社会舆论反映于新闻媒介,从而形成新闻舆论,自在形态的社会舆论转化成自为形态的社会舆论。由此我们可以看出以下几点:一是新闻舆论是借助大众传媒的力量形成的;二是新闻舆论可以极大地影响社会舆论(推动、加强,抑或削弱、抵消);三是对新闻舆论进行科学的、合乎规律的引导,可以更为有效地作用于社会公众舆论,从而有利于造成良好的舆论环境。

20世纪90年代初期,随着改革开放和现代化建设进入一个新阶段,各地开发区如雨后春笋涌现出来,大量占用农业耕地,影响农业生产的发展,损害了农民的当前利益。针对这个在"开发区热"中出现的问题,《溧阳兴办开发区杜绝盲目乱圈地》(第3届"中国新闻奖"一等奖)从实际出发,及时地提出了解决问题的经验。它比那些听到精神就随风而动,立即就写出一般反映性的报道,或肤浅地只提出问题的稿件要深刻、高明得多,对现实经济工作的推动作用也要大得多。因而报道刊出后,在社会上引起了强烈反响,受到了上至有关决策部门,下到广大农民群众的好评和欢迎。①

三、平衡引用消息源,确保经济新闻的客观公正

加入世贸组织后,国内公司、民族企业广泛地参与了全球经济活动,但与跨国公司相比,国内公司的竞争力仍然不够强,在与跨国公司的经济话语权竞争中,坚持平衡地引用信源对媒体来说显得尤为重要。因为把国内公司与外国公司的报道放在同等重要的地位,给他们平等的说话机会,平衡地引用双方的观点,在文字数量上保证双方有基本相同的位置,这是保证经济新闻报道公正

---

① 丁柏铨:《新闻舆论引导与新闻规律》,《新闻记者》1997年第9期。

性的重要制度安排。① 2001年，国内报纸曾就国产手机是否能和"洋手机"平起平坐展开过讨论。当时，国内市场是洋手机的天下，手机价格居高不下；国产手机只有15%左右的市场，品牌也很少，主要在县一级城市和农村销售。因此，很多报纸在争论这一问题时，对国产手机的前景相当悲观，它们在报道这一问题时主要引用摩托罗拉、诺基亚、爱立信三大"洋手机商"的评论。它们认为手机不是家电，国产手机几年之内是不能与洋手机比肩的。而国产手机商的观点则很少被引用，即使引用也没有做到平衡引用，只是一种点缀。然而，到2002年，市场却扭转过来了，国产手机占据了半壁江山；2003年底，甚至已经占据了70%以上的市场份额。即使这样，仍有少数报纸在作手机业报道时，主要引用信源仍然集中在诺基亚、三星、索尼、爱立信等外国公司上，国产手机商在经济新闻报道中仍处于被边缘化的地位。

经济新闻特别是财经新闻报道中过多引用跨国公司的信源和国外研究机构的信源，轻视国内企业和研究机构的信源，使跨国公司的话语越来越中心化，而国内公司的话语越来越边缘化。清华大学国际传播研究中心教授李希光认为，在全球传播中，发展中国家的报纸往往从西方的商业集团那里获取信息，通过信源引用使其"合法化"；相反，那些不被引用的组织和个人，最终"边缘化"。尤其是一些专业财经报纸，言必称美国华尔街投资银行的报告和专家团的评论，引用高盛、摩根斯坦利、美林、瑞波等欧美投资银行的报告和专家信源成为财经新闻的时尚；相反，国内的投资银行和研究机构的信源被引用的很少。过分依赖投资银行的信源，有的记者因此不自觉地成了资本市场上那些大投资机构的信息"探子"和其开拓业务的"马前卒"。

四、从经济与人的关系中寻找新闻

曾因对"经济的、社会的和制度现象的内在依赖性"做出前所未有的精辟分析而获得诺贝尔经济学奖的瑞典经济学家冈纳·缪尔达尔认为："'经济学'并非'自然'的科学，归属于社会性而非技术性的范畴。"更有学者提出经济学是"社会启蒙和社会设计的科学"，②"是关于人的学说"，③ 人始终是社会的主体，是社会经济、政治、文化的载体，又是社会生活的开拓者、社会发展的推动者和社会关系的体现者。人的价值观念、思想意识、道德行为，都

---

① 张文波：《新形势下财经报道价值取向的观察与思考》，《新闻与写作》2004年第5期。
② 厉以宁：《经济学的伦理问题》，三联书店出版社1995年版，第257页。
③ 陈惠雄：《人本经济学原理》，上海财经大学出版社1999年版，第17页。

是各种经济行为的内在根由。从这些对经济的论述中可以看出：一切经济关系都是人和人之间的关系，物质的背后是人的因素在起关键作用，人是一切经济活动的主体。正因为如此，一切经济新闻报道的主体和目的就应该是"人"，换而言之，经济新闻报道的逻辑起点就是以"人"为报道的主体和目的。因此，以经济活动为报道内容的经济新闻就应该从经济与人的关系中寻找新闻。

首先，经济新闻报道要从经济与人的关系中寻找新闻，有意识地去贴近大众心理，探索经济行为、现象与社会时尚、风气之间的内在关系。如针对近年来十分红火的"健康空调"概念，某报曾刊登过一篇题为《健康空调真的健康吗》的报道，反映奥克斯"红皮书"的观点为"这是在玩概念"。我们姑且不论"红皮书"的观点是否正确，但在该报道中，论述了换新风、负离子、富氧空调等概念的内容和实质、功效的知识，为读者购买空调提供了相应的参考数据。又如某商报曾发布一则新闻，对"崭新皮鞋磨破脚"、"免烫衬衫皱褶多"等在《消费者权益法》中无法可依，但市民投诉较多的现象予以关注。的确，随着生活水平的提高，人们购物不仅要求耐用而且要求美观舒适，如皮鞋虽没有破，也无质量问题，但却不合脚；免烫衬衫可"免烫"到何种程度等问题，不属于质量投诉范围，却给消费者带来不便，因此对该报道呼吁的"要求有更多新的、详细的规则出台"的呼声，几乎所有的读者都拍手称好，因为报道说出了他们的心声。

人是社会生产中最活跃、最革命的要素，只有人才能够制造和改进生产工具，掌握和使用生产资料。因此，经济新闻报道要注意把人在经济活动中的这种特殊性作用反映出来，这样才能有效地突出人的主体地位，把经济报道写出深度来。著名记者艾丰采写《现代化的觉悟》，就是以人作为活动的主线。艾丰到湖北采访襄樊市工业发展情况，不到一周时间就写出稿件，但总觉得不够味道，用他自己的话来说，"就像希望生个大胖小子的母亲，拖着一个奄奄一息的早产儿一样"。后来，他放弃了原来的稿子，继续采访，召开各种座谈会，发现襄樊市面上工业生产之所以3年翻一番，靠的是科技进步，而科技进步又靠的是充分发挥了知识分子的作用，而之所以知识分子的作用发挥得好，关键是一大批党政领导干部认真贯彻党的知识分子政策，从而调动知识分子积极性的生动事迹。文章发表后，短短一周时间就收到了几百封来信，赞扬文章写得好，思想性强，问题谈得深。

在经济报道中适当地写出人的活动与感情，无疑会使报道更活泼、更具有人情味。事实上，随着经济活动中自动化程度的不断提高，人的素质对经济发展的影响越来越大，离开了人的作用，经济活动就根本无法有效地组织，从这个意义上说，写好写活经济报道中人的活动，在经济报道中突出"人文关怀"

99

不仅仅是可读性的问题,更是如何深入、全面、准确地报道好经济现象的问题,没有人的活动的经济报道,在很大程度上只是隔靴搔痒,当然就谈不上吸引受众了。有人说,只有把探索经济规律的科学理性与研究人生境界的人文理性结合起来,才能使经济新闻高屋建瓴,此言不谬。国内一家报纸2001年转载了美国记者克雷格·史密斯在《华尔街日报》的一篇报道:《中国利用扩大支出来避免蒙受它的邻国所遇到的麻烦》。这篇文章反映的是一个国家经济宏观政策,主题宏大,但文章截取一位73岁的安徽老农倪奶奶家致富的事例为线索,娓娓述说了近一年来在政府促进投资政策的带动下,许多城市都加快了基础设施建设,在这股投资热潮中,倪奶奶的儿子们为了脱贫致富纷纷奔赴大城市打工。通过辛勤劳动他们挣来了不少血汗钱,改变了家庭和家乡的面貌。记者在这篇报道中加进了不少背景知识,其中包括中国经济的市场规模、中国目前所采取的经济政策与曾经红极一时的凯恩斯经济学派的关系、中国目前的国内储蓄和外汇储备情况,等等,受众在真实的故事中了解了中国现行的扩大内需政策。这篇报道以小见大,运用了"华尔街写法",从单一的新闻事实中反映出中国经济改革的大趋势,人文视角在整个经济新闻报道中作为内在支撑点,运用得非常成功。

媒体对1996—1999年7次降息的报道也是把央行降息这一宏观的经济政策与普通百姓的生活联系在一起,努力从各个层面为读者解读经济政策背后所蕴含的经济规律,以此强化了报道的客观性和服务性。新华社播发的《连续降息,告诉百姓什么》报道说:"利率在当今社会已是一个十分敏感的投资杠杆,每一次的降息都牵动着百姓的心。那么,3年来连续7次降息,到底告诉了百姓什么呢?"它说明"个人金融资产通过存款方式增值的速度大大减缓;预示着百姓投资理财已进入'微利时代';已是考虑适当调整、分配手中储蓄的时候了"。此外,于宁、綦久宏《三年七降息利率作用能有多大》(《中国经营报》1999年6月14日)、高峰《减息,股市的"定盘星"》(1999年6月14日《证券时报》)、吕立新《降息如何影响证券市场》(1999年6月11日《生活时报》)等都是比较典型的报道,这些报道正是充分解释了"降息"这一经济现象对普通百姓的影响,才达到良好传播效果的。

第四章 经济新闻报道策划

第一节 新闻策划概述

在传统的新闻学理论中,并没有"新闻策划"这个术语,只是到了20世纪90年代中期,"策划"一词才从公关、广告、影视等领域逐渐引申到新闻传播活动中来,它与新闻嫁接,形成了我国新闻界比较流行的新闻策划概念。最早引用和推崇新闻策划的是国内第一份真正意义上的都市报《华西都市报》,以后的都市报在创办经营过程中,几乎不约而同地全部采用了新闻策划。事实上,对于究竟什么是新闻策划,学界和业界一直存在着争议。

一、新闻策划的内涵

《现代汉语词典》里"策划"的释义是"关于新闻报道的筹划和谋划"。从20世纪90年代新闻策划概念提出始,关于新闻策划的定义有很多争论,从新闻实践的角度论及新闻策划,有两点是大多数人基本认同的:其一,新闻策划是对已经或者将要发生的新闻事件的策划;其二,新闻策划是一个提升新闻事件价值的周密计划的过程。前者指明了新闻策划的对象是新闻事件;后者表明新闻策划是一个新闻行动过程。因此,对于新闻策划的概念可作以下简单概括:新闻策划是新闻媒介按照事物发展规律,对已经或者未来将要发生的新闻事件进行新闻计划,以充分发挥该事件的新闻价值并提升媒介形象的过程。新闻策划决不能违背事物发生发展的规律强行制造新闻,这样不仅不能提升新闻事件的价值,反而会因此对媒介的形象造成巨大的伤害,减弱媒介的公信力。

对"新闻策划"持反对意见的人认为:新闻根本就不能策划。这部分人认为,新闻策划是在新闻事件发生之前,由记者参与规划、设计促成事件发生并予以报道的一种行为,这是一种先有记者后有新闻事实报道的模式,与新闻传播观念背道而驰。对新闻记者来说,他的本职工作应该是发现线索、采集新闻、组织报道等。记者的职业道德和社会使命要求他严格自律,树立良好的社会形象。如果一味地参加策划活动,难免为名利所左右,记者本职工作中本应体现的客观性、公正性就难以保证。所以,新闻报道根本就不可能策划,凡是策划出来的也不能称为新闻。

与此同时,赞同新闻策划的人也不少。他们认为,新闻策划不是"制造新闻"或"信息策划";新闻策划也不是"大造舆论"或"宣传攻势"。新闻策划应该具有多层面的含义:关于某一重要事件或新闻热点组织专题报道或系列报道是新闻策划;确立某一时期的报道主题、报道思路也是新闻策划;组织各种形式的探讨和评论是新闻策划;设计媒体以何种特色来吸引受众的"形象包装"也是新闻策划;甚至有时新闻媒介自身或与其他企事业单位联手组织的一系列活动也可以列入新闻策划的范畴。在他们看来,新闻策划是提高新闻宣传水平的法宝,新闻策划是一种视角新、立意高、开拓深、介入及时,具有战役性、系列性、话题性,并能形成新闻强势的新闻报道的谋划和组织过程。经过匠心独运的新闻策划,新闻的报道质量明显提高,新闻竞争力大大增强。当今的新闻竞争实质上是新闻策划力的较量。新闻策划的产生、发展为新闻业注入了生机和活力,同时,也向传统的重采轻编的观念、做法和机制发起了挑战。

中国人民大学新闻学院博士生导师蔡雯教授认为,新闻策划这一概念不甚明确,应把研究对象确定为"新闻媒介策划"。由于新闻传播是各类新闻媒介运作的主体业务,研究媒介策划行为的一个重要课题就是研究媒介对于新闻传播活动的策划和组织。新闻策划就是新闻编辑在新闻传播过程中所从事的决策与设计性工作,以及对新闻传播活动的组织和管理工作。具体包括三方面的内容:(1)媒介定位与新闻编辑方针的确立;(2)媒介新闻单元(指媒介产品中以传播新闻信息为主要职能的那一部分)的设计与采编机构的设置和管理;(3)新闻报道的设计和组织。①

浙江大学吴飞教授认为,编辑策划指对出版内容、出版时机、出版形式等方面进行的设计、谋划和预想。它是新闻出版部门的编辑策划人员运用知识进行创新的智力活动,能促进新闻出版单位带动和整合其他优势资源。对于新闻报道而言,往往是指编辑根据新闻规律、宣传规律,从特定时期的社会需求出发,对报道运作的各个环节进行预先的谋划,即对报道什么和怎么报道所做的系统的筹划与安排。②

华中科技大学赵振宇教授认为新闻策划是"新闻传播主体,遵循事物发展和新闻传播的基本规律,围绕一定的目标,对已占有的信息进行科学的分析

---

① 蔡雯:《新闻传播的策划与组织》,新华出版社2001年版,第7页。
② 吴飞:《新闻编辑学》(第二版),浙江大学出版社2004年版,第13页。

和研究，着眼现实，发掘已知，预测未来，制定和实施相应的政策和策略，以求最佳效果的创造性的策划活动。"①

原《华西都市报》总编辑席文举给新闻策划下的定义是："新闻策划是对新闻的生产、加工和传播的全过程中的任一过程和任一活动，进行创造性的谋划和运筹，最大限度地挖掘新闻社会价值，获得最好的传播效果和传播效益。"②

从以上几种不同的阐述中，我们发现新闻策划有以下共同特点：

第一，新闻策划的前提必须是遵循事物发展的基本规律和新闻传播的基本规律，这是新闻策划与其他策划活动的根本区别。

第二，新闻策划是人的创造性的智力活动，是人的主观意识作用于客观现实的一种行为表现，必须充分发挥人的主观能动性，创造性地搞好新闻策划；同时，必须防止由于人的主观意识违背客观事物发展的过程和结果，干预客观现实，造出假新闻或使新闻失实。

第三，新闻策划必须建立在深谙党和国家重大方针政策基础上。只有报道内容、报道时机与当时的国家政策相统一，才能产生较好的社会效果。

第四，新闻策划是一个追求最佳效果的策划活动，以最小的投入去获得最大的社会效益和经济效益，应是策划者的行动起点和最终检验标准。

总而言之，新闻策划是新闻编辑通过对新闻资源的开发与配置，实现最佳传播效果的创造性活动。其目的就是发掘、确定新闻的价值，并用独特的方式展示给受众。新闻编辑根据媒介的宗旨与原则，对报道的内容与形式加以选择，并通过对新闻资源的最佳配置和对报道过程的组织控制，达到所期望的效果。换言之，新闻策划是新闻工作者在遵循事物发展规律和新闻基本规律前提下，认真研究党和国家的宣传政策方针，确立准确的媒介定位和编辑方针，选择恰当的报道时机、报道方式，以获得最佳传播效果的人的智慧性活动。新闻报道策划就是媒体主动介入生活或新闻事件从而挖掘出有一定影响力的深度报道，或对突发事件所进行的快速反应式的集中报道。它是对传统的"一事一报、一事一因"的报道模式的突破，其特点是由某一个事实或线索入手，主动挖掘各种背景材料，对报道的内容、形式进行有意识的谋划、设计和包装，其策划过程是对新闻价值再认识的过程。通过策划，可以使新闻报道的主题更明确、内容更集中、形式更活泼、角度更新颖，从而使新闻报道的可读性和影响力大大增强。

---

① 赵振宇：《新闻传播策划导论》，华中科技大学出版社2003年版，第6页。
② 席文举：《报纸策划艺术》，中国社会科学出版社2000年版，第235页。

大众传媒是以传播信息为主要职能的，受众每时每刻通过不同的传媒按照自己的兴趣和方式接收着新鲜的信息。然而，随着科学技术的飞速发展，信息的传播速度也越来越快。与此同时，大众媒介也在不断膨胀和相互渗透，报纸、广播、电视、互联网四大媒体形成了一个多层次的信息网络，可以说全世界所有的信息都难逃此网。然而与媒介迅速发展不同的是：信息传播速度的加快、媒介的空前发达并不是以信息的大量增加为前提的。在这种情况下，信息共享已是不争的事实。如何就有限的信息，报道出有效的内容，争取到更多的受众，已成为媒体日益关注的问题。因此，美国CNN的副总裁依森·乔丹说："现代新闻报道已经不在于对某一新闻资源的独家占有，而在于怎样去处理、去'烹调'它的内容。"这个怎样"去处理、去烹调"就是属于策划的内容了。

《人民日报》前总编辑范敬宜认为："总编辑的主要任务，其一是把关，其二是报道策划。"《解放日报》前总编辑秦绍德撰文指出："在新闻媒体内，报道策划已成为新闻报道宣传活动不可分割的一部分"，"是新闻报道宣传活动的第一步。"因此范敬宜总结《经济日报》几个重大战役报道的成功经验时归结为4个字："重在策划"，这个"策划"指的就是新闻策划。新闻策划多见于重大主题的报道，是由新闻媒体就报道主题安排多名记者就不同方面进行统一规划，从这一意义上说，编辑即策划，目的是增强报道的深度、广度，强化受众的印象。

二、新闻策划的特征

新闻策划作为一种适应于新闻采访报道领域的工作方法，它的模式一般采用系列报道、连续报道、组合报道和集中报道等形式，无论从运作方式上还是从思维方式上来看，新闻策划都具有许多鲜明的特征：

1. 创新性

创新是新闻策划的灵魂。新闻的本质是新，新闻策划是以新闻事实为基础的策划和运作活动，当然也要新。新闻策划最重要的是要有创意，没有新颖的构想，只是一种常规的、平庸的报道，谈不上新闻策划。创新性思维是新闻工作者在市场经济条件下进行新闻策划的最主要的思维方式，创新性常常表现为"人无我有，人有我新，人新我优"。策划的创新性就是发现客观事物的新联系、新属性、新规律，并运用这些新联系、新属性、新规律去把握事实和评价事实，看它是否有新颖性，前所未有；是否有独特性，不同凡响。[1]

---

[1] 赵芒姝：《关于新闻策划的几点理性思考》，河北大学硕士学位论文，2005年。

在选题上，应该以选择事件性较强的新闻进行策划为主，如中国加入世贸组织、中国载人飞船首航太空及高考经济、春节前夕为打工者讨工资等事件。对于此类事件性新闻的策划，必须通过报道来推进事件的递进和发展，最终揭示事件的本质，满足人们的期待感，而不能在平面上无休止地重复，让人失望。

非事件性新闻与事件性新闻相比，没有明确的时间要素，它的新闻事实往往都不是新近发生的，但通过策划，将它放在特定的时间坐标系内，它同样具有时新性。如抗日战争胜利60周年，全国各地的新闻媒体策划有关抗日战争史实的各类报道；在改革开放30周年前后，策划有关改革开放的成就报道……虽然这些大多数新闻事实不是新近发生的，但通过精心策划，把它们放在和平、稳定、发展的大背景下去挖掘探讨，都能成为大家感兴趣的新闻。因此，非事件性的新闻策划，与我们强调的时新性并不矛盾，关键在于要找到最佳的背景和特定的时间坐标系。

新闻策划的创新应与新闻媒体运作结合起来。新闻策划其实就是新闻资源的"高级虚拟"，根据策划的"点子"，将各类资源统统放在一个大盘子里，促进新闻生产力要素迅速以最佳组合状态展现在人们面前。在这种状态下，读者着迷依恋，广告商着迷依恋，形成"我知道→我喜欢→我关注→我参与→我获益→我离不开你"的良性循环。①《扬子晚报》既是"盱眙龙虾节"的始作俑者，又是两个效益的收获者。它们没有只满足于现场报道，没有只满足于写《你知不知道——南京没有盱眙龙虾》、《南京一天消耗20吨龙虾》、《街头龙虾不卫生》，没有只满足于出一批常规新闻，而是在美食、农展、经贸、旅游、艺术等领域也成为"操盘手"，成为"利益股东"，当采编部门把一个话题炒作得发烫的时候，发行、广告、经营部门必须拿出相应的后续策划来。现在"盱眙龙虾节"已经成了美食节、农展节、经贸节、旅游节、艺术节，显现出巨大的发展张力和发展后劲。"盱眙龙虾节"的策划启示就是它已超越传统意义上的新闻报道思维模式，超越了传统意义上的媒体运作模式。

2. 合理性

新闻策划的强大作用和意义在于它能将一些分散、无形的事实充分调动和集中起来，从而使潜新闻得到合理开发而成为显新闻，揭示事件的本质。因此新闻策划前需对策划的对象进行认真调查研究，进行可行性论证，然后才能设计方案；策划人必须了解读者喜欢什么，对新闻有什么期待和要求，在此基础

---

① 刘宇庆：《互动余动灵动能动——刍议新闻策划的"四动效应"》，《新闻导刊》2007年第5期。

上才可进行选题策划，绝不能我行我素，将一些读者根本不关心的选题搬进策划中来，自我"作秀"，最后要在几种策划方案中选择最佳的方案予以实施，使策划更具合理性。特别注意在调动、集中这些分散、无形的事实过程中，一方面要防止按策划人主观臆想来误导舆论，另一方面防止歪曲和改变事实的本质，出现虚假报道。

  2004年全国"两会"上，党中央根据科学发展观提出促进中部地区崛起的区域发展战略，给中部各省人民巨大鼓舞。为了实现舆论先行，《湖北日报》编辑部紧扣中部崛起这一主题进行策划，把中部崛起定位为超大型宣传战役，按照"三贴近"原则，创新报道内容、报道手段和报道形式，对这一时代主题进行了持续一年、浓墨重彩式的报道，做到了全年战役性报道不断，高潮迭起，共发稿50多万字，为促进中部崛起提供了舆论支持，在省内外引起强烈反响。2004年3月，《湖北日报》派驻全国"两会"的记者凭着强烈的职业敏感，在一版推出通讯《"崛起"二字动春雷》，用整版刊发《六省书记话崛起》，在全国省报中率先对中部崛起进行大规模报道；4—6月，《湖北日报》与《湖南日报》联合开展"记者换位看湘鄂"大型跨省采访，全部报道落脚于《中部崛起边界有责》；7月，接连推出"放眼看中部"一组特稿，"构筑武汉城市圈"3组系列报道，在理论版开辟专栏进行探讨；8月，在一版推出7篇长篇署名评论；9—10月，先后推出"投资环境江西行"、"振兴东北看辽宁"；11—12月，调集精兵强将参加"聚焦中部话崛起"大型采访活动，连续推出湖北篇、武汉篇、湖南篇、江西篇、河南篇、山西篇、思考篇共7组30多篇报道，近10万字；2005年2月又推出安徽省共5篇报道。各省报道全部配照片发一版，首篇发头版头条，并用一个彩色专版链接介绍省情。以这样的规模、声势推介邻省，在全国省报史上罕见。它将《湖北日报》关于中部崛起的报道推向新的高潮。这组报道正是本着见证、记录并推进这一进程以实现主流媒体的光荣使命的目的，通过这一议程设置来吸引全社会的注意力、舆论场，合理安排新闻资源和选择报道方式。一方面，借助外脑，在理论版开辟专栏，邀请专家学者联系实际撰写理论文章，如《"中部崛起"对湖北意味着什么》、《中部农业主产区崛起的战略选择》、《加快推进区域市场一体化》等；另一方面，推出由本报理论部主任胡思勇撰写的7篇长篇署名评论"论努力走在中西部地区发展前列"。这组评论运用经济学分析原理，深入浅出，每篇以设问方式入题，如《湖北在哪里》、《靠什么推动经济增长》、《怎样打造九省通衢》等进行理论联系实际的阐述。中宣部阅评组专发一期简报进行点评，认为"所涉及的问题，正是中部地区崛起这一战略背景下湖北发展中的'问题清单'。这组评论具有很强的时代性、针对性，能引起人们的关注,启发人们的思考","专业人士不觉其浅,一般读者不觉其深。文章不仅回答了人们关心的问题,还传播了一些新锐思想"。①

3. 典型性

新闻策划的目的是提高新闻报道的质量,扩大其影响,这就要求新闻策划必须具有典型性。越是具有典型性的东西其针对性越强,也就越具有指导意义。新闻策划要从典型的事实入手,才能产生巨大的宣传效果。

如何把握事件的典型性？简言之,就是将事物的典型性放在普遍性里去思考、去辨析,可以分两步走。首先把众多的同类事物或某个单一事物放在广阔的范围内观察和分析,从整体上、大局上把握和认识事物的基本状况；然后侧重于单一的事物或某个事物的局部、侧面和重点进行深入的分析和研究,从事物的个性上了解事物的特点。新闻工作者只有坚持两步走,新闻策划才能够从大局着眼,从小处着手,才能够在具有普遍性意义的事实中发现具有典型性意义的事实,才能够把握事物的广度和深度,才能凸显典型性特征。

从 2001 年开建至今,武汉已有 30 余所大学搬到了黄家湖、流芳、藏龙岛、汤逊湖、大花岭一带,包括七八所公办普通本科院校,10 余所独立学院或民办高校,近 10 所高职高专等,目前在校学生超过 30 万人。因地处偏远,远离主城区中心且公交线路少,新大学城的出行平时还好,可一到双休日和节假日,就变得非常困难。2009 年 3 月 16 日武汉《楚天都市报》策划了一组"关注新大学城出行难"的报道,以整版推出《武汉新大学城,30 万学子出行难》、《潮汐式客流该如何化解》的报道,对新大学城建设中面临的交通问题进行了报道,报道的结尾提议"化解潮汐式出行难请你来支招",留下本报热线,让市民发表意见；17 日刊发《相关单位今日会诊 30 万大学生出行难》；17 日上午,武汉市公交管理办、公交集团公司、院校师生代表、交通专家共 21 人齐聚该报社,就汤逊湖、黄家湖畔新大学城 30 万学生周末出行难问题共商对策；18 日推出报道《武汉公交昨端出"一揽子方案"》,提出了短期、中期和远期措施,以及彻底缓解新大学城出行难有三大问题仍待解决。这组报道以交通为切入口,非常典型地反映了新大学城建设中不得不正视的一些问题。

4. 动态性

新闻策划常常是围绕一个重大的主题,从调查研究到计划制订,有一个较长的过程。尤其是动态事件报道,要紧跟事件或问题的发展变化进行追踪,连续性发出报道,反映其全过程,形成及时、深入、扣人心弦的报道效果。这种

---

① 李迎涛、杨丹玫、任浩：《敏锐判断主题 浓墨重彩报道——〈湖北日报〉"聚焦中部话崛起"战役报道回眸》,《新闻前哨》2005 年第 4 期。

报道方式多用于突发性事件的报道，如南方水灾、海湾战争、飞机失事等，事件一旦发生，读者急于了解接下来的情况，只有追踪采访，及时通报第一个新变化、新进展，才能使报道善始善终，满足读者的要求。所以动态事件报道的最大特点是每篇稿件报道的对象一样，但反映的时间、过程不同，前一篇报道的内容往往构成下一篇报道的背景，再下一篇报道又从这篇报道上起步。各篇稿件环环相扣、步步紧跟，充分体现出新闻的动态性。读者是非常喜欢这类动态性报道方式的。因此，策划者应该随着时间的推移和事态的发展，重新调整报道的规模、程度和表现形式。新闻策划必须根据具体情况的变化显示出动态性。

2009年5月14日《楚天都市报》以《骗子"变号"冒充公安局、银行 几多市民受骗上当 "任意显"电话诈骗引发黑色警报》为题推出了记者经过两个多月的调查，"揭开'来电任意显'面纱"的系列报道，报道正是针对近期以来，一项名为"来电号码任意显示"的技术在全国各地泛滥，骗子利用这项技术，将自己的电话伪装成公安局、银行等重要单位的号码，显示在对方的手机或座机上，然后冒充民警、银行工作人员等频频行骗得手。这种所谓的新技术，让骗子在电话另一头轻易"变身"为你所信赖的人；有的冒充受害单位的上级单位领导，有的冒充权威部门负责人，有的冒充受害人的重要客户……同时提出了"变号技术"监管面临法律真空；5月16日通过采访武汉邮科院博士生导师毛谦详解"来电任意显"实际上是网络电话被非法使用；5月17日报道了众多读者提出网络监管更着力掐断"来电任意显"源头、通信企业应及时防堵避免骗子有机可乘、公安机关应提前介入与通信和网络部门携手出击等三大环节对治理"来电任意显"的意见和建议。这组系列报道的推出就是因时而动的策划佳作。

新闻策划是一项创造性的劳动，照搬模仿别人的做法或延续传统的做法都是行不通的，这就要求新闻工作者具有高度的新闻敏感，在进行新闻策划时，能够以一个目标或任何一个事物为中心，将思路向四面八方扩散，沿着不同的方向、不同的角度思考问题，并有独特的视角和创意，使思维沿着横向、纵向、顺向、逆向的各个方向发生互动，才能在认识上独辟蹊径。

从经济新闻报道的内容特点看，可分为三种形式：一是信息性报道，这种报道注重的是数据和事实本身，形式简洁单纯，重在传播信息。二是专业性报道，这种报道重在经济理论、经济分析手段和实践的结合，注重以专业眼光去陈述、分析经济运行的活动事实，力图反映经济发展的内在规律性，有一定深度。在财经类专业报刊中，这种报道居多。三是文化性报道，又可称为软性经济报道，这种报道不以经济活动本身内在规律的把握和专业性分析为目的，而是重在新闻的文化和心理价值发掘，具有突出的意识形态作用。这类报道在都市报和休闲、消费类媒体中居多。① 在上述后两种经济新闻报道中，新闻策划占有十分重要的地位。新闻策划可以使经济活动的事实成为一个媒介事件，是新闻生产的一种重要软力量。

第二节 经济新闻报道策划的运作

新闻报道策划是新闻编辑日常工作中大量地、频繁地运用的一项系统工程，而且这类新闻报道是以发布成组的稿件、持续较长时间的报道战役来实施的。经济新闻报道策划运作与一般的新闻报道策划基本一致，主要包括制定报道设计方案和报道方式。

一、经济新闻报道策划方案的设计

报道设计方案是对策划内容的全面表述，是策划的最终成果，主要包括以下方面：②

1. 报道的范围与重点

报道范围是全部报道客体的组合，规定了报道对象是哪些人和事，报道面有多大。报道重点是报道客体中最重要的部分，规定了报道的核心人物或核心事件、核心问题，需要报道者投入多大的力量，在媒体上也要予以突出表现。

2. 报道的规模与进程

报道规模是报道的时间、空间与人力三方面因素组合的概念，即报道在媒体上持续进行多长时间、占据多大空间、用多少栏目配置、动用多少采写力量。报道进程是指报道全过程中时段的分割和安排，规定报道分多少阶段进行、何时开头、何时推进与扩展、何时结束，以及各阶段之间如何转接。

3. 发稿计划

发稿计划是报道进程中各阶段刊播新闻稿件的统筹规划，包括确定每条稿件的题目、内容、体裁和篇幅，确定稿件刊播的先后次序与具体时间，稿件在版面上的位置，它是对报道规模与报道进程的具体落实。

4. 报道方式

报道方式是指将零散的新闻报道整合为报道整体的操作模式，即新闻编辑根据报道目标，运用某种手法组织若干相关报道，使之形成具有一定报道规模

---

① 蔡敏：《经济新闻的策划、报道和话语策略》，《新闻界》2006年第2期。
② 参阅许向东：《新闻报道的策划与组织》，《新闻与写作》2007年第3期。

或持续一定时间的报道整体。

5. 报道力量的配置和报道运行机制

报道力量配置是指参与报道的人力、资金和技术设备的配置。报道运行机制是指为实施报道而临时建立的组织机构、工作流程及其管理制度。报道力量配置与报道运行机制是根据报道内容、报道规模和报道方式确定的，报道越重要，报道规模越大，报道方式越多样化，报道需要投入的力量也就越大，运行机制也就越复杂。

二、经济新闻报道策划的报道方式

新闻报道方式是编辑将零散的新闻材料整合为报道整体的操作手法，这是一个微观的、具体的概念。它主要考察新闻稿件及其报道手法的整合。经济新闻报道方式根据编辑组织安排稿件的特点，分为集中式、系列式、连续式。根据编辑组织报道活动的行为特点，分为组合式、受众参与式、媒介介入式、媒介联动式。

（一）根据编辑组织安排稿件的特点划分

1. 集中式

所谓集中式，即编辑组织大规模、多篇幅的稿件，集中于一定的版面或时段，形成较大声势的报道方法。策划性报道在开篇的时候常常使用这种方式。

2. 系列式

所谓系列式，即着重于组织报道事物各个侧面的稿件，集不同角度的报道为一体，达到一定的深度和广度，具有启迪性。这种报道方式较多地用于对一些较复杂的事件或问题的报道。因为报道对象常常不是一两篇稿件就说得清的，需要用多篇稿件从多种角度来报道，使受众能了解事物的全貌和实质。系列式的最大特点是每篇稿件的角度不同、视野不同，但在总体上它们相互关联、相互依存、相互补充，共同组成一个报道整体。

3. 连续式

所谓连续式，即紧跟事件或问题的发展变化进行追踪，连续发出报道，反映全过程，取得及时、深入、扣人心弦的报道效果。这种报道方式多用于突发性事件（灾难和案件）的报道。事件发生后，受众急于了解下一步情况，只有进行追踪采访，及时通报每一个新变化、新进展，才能使报道善始善终，满足受众的要求。该类报道的最大特点是每篇稿件报道的对象一样，但反映的时间、过程不同，前一篇报道的内容往往构成下一篇报道的背景，环环相扣、步步紧跟，体现出连续性的外部特征。

（二）根据编辑组织报道活动的行为特点划分

1. 组合式

所谓组合式，即集中一组稿件反映同一时间、不同地点的同类情况，或同一主题、不同门类的情况，形成较大的报道规模。这种报道方式在外表上具有集中的特点，多用于报道面较宽、报道对象较多的事件，旨在全面、深刻地揭露问题，或通过众多报道对象的相互比较，说明问题和道理。组合式报道应该准确把握报道对象的新闻价值与社会影响力，所报道的事情是否关系百姓的切身利益、是否急需解决、是否非常严重。不能小题大做，浪费版面资源。在选择报道对象上也要注意代表性和说服力，不能流于形式。

2. 受众参与式

所谓受众参与式，即新闻媒体通过吸引或邀请受众参与新闻采写活动，发动受众对报道内容展开讨论等方式，使受众的活动与意见构成报道的主要客体之一。这种报道方式多用于社会发展中出现的新现象、新问题、新观念。

3. 媒介介入式

所谓媒介介入式，即新闻记者参与报道客体（一般是社会公益性活动），成为其中的重要角色，影响甚至改变事物发展轨迹，同时对这类新闻事件进行报道。这种报道方式是媒介公关策划与新闻报道相结合的产物。介入式报道容易导致社会公众对媒体报道意图的怀疑，是否存在商业炒作、自我宣传。介入也是一种体验，记者难以保持客观和冷静，由于投入了感情和时间，能否客观公正地进行报道值得注意。

媒介介入式报道中报道者对所报道的新闻事实表现出明显的主观参与意识，通过对某一新闻事件或问题进行报道，有意识地对事件的发展态势施以一定的影响，最终促进问题的解决，或达到某种效果。这种介入并不仅仅局限于过问这一手段，还应该积极参与推进新闻事实的凸显和发展，促进所报道事件的圆满解决。早在1898年，《纽约日报》的赫斯特对"戈登索普谋杀案"的报道就是一次颇具争议的介入式报道。因为媒体的介入加速了案件的侦破，甚至爆出许多不为人知的惊人内幕，极具新闻效果。但是为了追求新闻效应，赫斯特不断地渲染紧张气氛，追求更大的刺激效果，一步一步将案情推向高潮。虽然在当时取得了轰动效应，但却是对受众的极度不负责任，是在导演新闻、制造新闻。这种介入是我们今天的新闻策划中要摒弃的。

4. 媒介联动式

所谓媒介联动式，即多种媒体形成联动，对相关新闻事件、相关选题加以集中报道，实现资源共享、优势互补，扩大传播效果。目前，采用较多的是同类媒体异地联动，如两个地区的报纸合作。还有同地区的不同媒体之间的联动,如同地区的报纸和电视之间合作。联动式报道由于资源共享,容易内容一致、信息重复。如果报道方式相同,切入的角度等也一样,就使得媒介各自的优势与特点难以体现和发挥。

2008年2月16日,《楚天都市报》独家重点推出的"良心债"系列报道,以生动鲜活的事例,书写出一部彰显道德张力、净化心灵、明辨荣辱、促进和谐的优美篇章,在全国尤其是鄂、豫两地产生强烈的社会反响和心灵共振,同时也是一组通过媒介连动完成策划意图的报道。这组报道缘于一封署名"校正"的读者来信,道出了一个埋藏19年的秘密。《楚天都市报》编委会决定,不但要帮"校正"完成为母还债的心愿,还要通过报道打动更多的读者,触动更多的心灵。从2月16日至3月4日,《楚天都市报》以重要版面和充分的篇幅,以"19年前的良心债"为栏目标题,先后刊发了《被截留19年的汇款寻找主人》、《多方寻找,收款人乔云霞"现声"》、《市民热议"良心债"》、《一次良心、宽容和感恩的洗礼》等图文报道40余篇(幅),并配发湖北省文明办主任蒋南平、伦理学专家杨清荣、全国道德模范吴天祥、黄来女、赵传宇以及读者、网友对此事的评价,记者、编辑的感悟和言论等。2月18日起,河南《大河报》开始与《楚天都市报》进行联动报道,通过读者提供的线索找到了乔云霞。湖北、河南两省发行量最大的报纸携手,在鄂、豫两省掀起强大的道德冲击波,成为市场经济环境下一本鲜活生动的社会道德教材。

新闻策划是新闻媒体根据党的路线、方针和政策,以人民群众的根本利益为出发点,站在全局的高度,选择全新的角度,对新闻前瞻性的谋划和指导,确保新闻报道选材精、角度新、立意好、挖掘深,从而更好地引导社会舆论,更好地为党和人民鼓与呼。

2004年2月2日,《国务院关于推进资本市场改革开放和稳定发展的若干意见》公开发布,业内人士称之为"九条意见"。"九条意见"全方位地阐述了中央对资本市场改革发展的决策,是指导资本市场健康发展的纲领性文件,具有里程碑式的意义。这"九条意见"甫一问世,就被海内外各大媒体争相报道和解读。"九条意见"出台后,《人民日报》"视点新闻"版的编辑们迅速召开了选题策划会。他们一致认为,对于"九条意见"的报道,不应延续传统的经济述评或者从工作层面解读政策等方式,而应大胆创新,大胆开拓。有几位编辑提出,目前在沪深证券交易所开户的投资者已达600多万,最关心"九条意见"的是全国的股民;"九条意见"谈的问题,也与全国股民的利益息息相关。因此,应该从普通股民的角度切入,请他们提出一些他们最感兴趣的关于"九条意见"的问题,并就这些问题,邀请有关人士对"九条意见"进行解读。这样,新闻策划就有了大致的轮廓。"视点新闻"版的编辑并没有凭空杜撰股民的提问，而是用互动的方法，在人民网上向全国的股民征集他们最感兴趣的关于"九条意见"的问题。结果，征集上来的都是当前股市的热点问题，很有锐气，也很吸引人。比如，"国有股怎样减持才不会对股市造成强烈冲击？""我国的证券交易印花税在世界上都是比较高的，将来是否有可能降低印花税？""创业板是不是该尽快推出？"编辑们对这些问题作了归纳、梳理。最后，由采写的记者定下9个问题，形成"九问九条意见"的采访思路；同时开始选择答"九问"的合适人选：这个人应当在中国股市有相当的权威性。由于话题的高度敏感性，现任的证监会官员是不太方便来回答"九问"的，一般的专家学者能回答，但权威性不足。最后，决定采访全程见证了中国资本市场十几年的阳光和风雨，并一直与证券监管部门保持着密切联系的前任中国证监会主席周正庆。4月15日，作为党中央机关报的《人民日报》的"视点新闻"版以将近一个整版的篇幅刊登了政策解读报道《答股民九问》，这是《人民日报》针对股市，继1996年和1999年两次发表特约评论员文章之后刊发的篇幅最大的独家报道。这篇报道以独家专访中国证监会前任主席、现全国人大财经委副主任委员周正庆，请其回答全国股民最关心的9个问题的形式，来深入解读"九条意见"，新颖独特，引人入胜。报道获得了《人民日报》好新闻一等奖，也在社会上产生了强烈的反响。报道见报当天，新浪网、搜狐网、和讯网、千龙网、中国网、中新网、央视国际网等几乎所有的大网站都在主页显著位置作了全文转载。其中，人民网、新华网都在主页头条位置用突出、醒目的方式给予处理，并引发了热烈的网上讨论。有的网友说："这篇文章解渴、解疑，希望《人民日报》多发这类好文章。"还有网友说："《答股民九问》对股市发展无疑是一个正确的导向。"报道见报后，中国证监会负责人表示，这篇文章写得很好。文章对中国资本市场统一思想、历经两次跨越作了较为精辟的概括；对当前资本市场的热点问题，结合国务院的"九条意见"，作了较为深刻的解读，有利于资本市场参与各方更加完整、准确地理解国务院"九条意见"，有利于引导资本市场舆论，促进我国资本市场的改革开放和稳定发展。受访者周正庆也表示，这篇文章写得非常好，版面处理也非常好。主笔参与报道的记者表示：说起这篇报道的采写过程，除了"甘苦常从极处回"等感慨之外，更大的感悟莫过于其中的选题策划和采写思路。[①]由此可见好的策划就是一个金点子，是一篇成功报道的良好开端。

---

① 田俊荣：《让政策报道微笑起来——〈答股民九问〉采写感言》，《新闻战线》2004年第9期。

附： **家乐福踩踏事件新闻报道的策划方案**①

一、选题

2007年11月10日上午，重庆沙坪坝区家乐福商场在自行组织的店庆促销活动中，发生一起因争抢特价食用油造成的踩踏伤亡事故（注：本次事件是一个突发事件，属于非可预见性新闻策划；当时应该有编辑马上指挥策划报道活动），此次事件引起广泛的关注，背后的问题值得深思。

二、报道方案设计

1. 报道的重点和范围

报道重点：以此次家乐福踩踏的整个具体事件为重点，突出报道事件的原因以及深入调查报道，辅以事件发生后各方的连锁反应，包括家乐福自身负责人、各级政府部门、商务部和受害者以及顾客。加强事件的后续报道以及各种措施的实施情况。

报道范围：此次事件的具体经过、时间、地点、事发缘由以及各方反馈链接其他事件，揭发背后所隐藏的社会问题；链接以往历年是否有类似事件的发生，做一个系列报道，并加以整合集中；剖析现象、提出解决问题的对策方案。

2. 报道的规模和进程

第一阶段：立即赶往现场。进行现场取证，采访目击者、事故店及其工作人员和负责人、伤者及其家属的反应和周边事件者的反应，获取初步原因、结果、伤亡状况和急救情况，以此进行事件的初步报道，即事件本身的报道。收集现场图片配以报道。

第二阶段：追踪报道。继续跟进事件的发展进行报道，一方面要了解事故店的解决办法、赔偿情况和新出台的制度规章，以及事故店由此做出的反应（如是否公开道歉或者停业情况）；其次，与各个部门取得联系，获取它们对此作出的反应、看法以及公开言论等；再次，到医院了解伤者的救治和恢复情况，以及其家属的意见反应；最后是群众的看法和信息意见反应。

第三阶段：社会各界人士的评论分析或者由此出台的新制度等。

整个报道规模持续7~10天。

配以大量的记者进行各方面的系列采访调查。

---

① http://blog.sina.com.cn/s/blog_ 517c0e590100b4x6.html

3. 制定发稿计划

体裁以消息和评论为主，并配合反映社会舆论的言论。表现形式以文字稿件加大幅图片为主；还可向外约稿以收集更多信息。

版面设计，前2天（当天一定要头版头条）用头版头条进行报道，并配以大图片，以达到视觉冲击的效果和本报对此的重视程度。之后跟进报道的内容可排在二版或三版，视情况而定，也不排除将相关内容排在头版。

4. 报道结构与报道方式

报道结构可以是两种：单由此次事件为切入口对事件的发展进程进行报道并最终得出结果（连续式报道方式）；由此次事件再链接到其他类似事件（全国各地的）进行分析，揭示其最后的社会问题，深化主题（组合式报道方式）。

5. 报道力量配置

事件发生后马上组成报道小组进行链条式采访报道，协调工作责权分配，明确工作的工种、岗位和内容等。

三、新闻报道的实施与调控

由于本次事件是突发事件，所以在作初步决定后就应该马上实施报道，以获取时效性；并在中途收集各方面的反馈信息（报道者、报道对象、有关部门和受众），以便在实施过程中可以根据具体情况调整报道方案（如报道规模、方式、内容或机制等）。

第三节 经济新闻策划的类别

由于报道策划追求的是"你无我有，你有我新，你新我快，你快我深"的积极效应，从近几年新闻竞争的实践来看，一种全新的新闻理念也因此悄然流行，那就是策划制胜。《羊城晚报》用"策划"两字来概括新闻竞争策略的核心；《华西都市报》提出了策划是都市报制胜法宝，并把策划当做报纸发展的助推器；《新民晚报》则提出了"编辑策划本位论"，认为编辑在新闻策划中的本位职能必须强化，从过去的"重采轻编"逐步走向以编辑策划为中心、记者采写为依托的联合运作机制；自诩为中国最新锐的时事生活周刊的《新周刊》，就是靠策划起家的，它极富特色的专题策划令人耳目一新。《新周刊》推出的"年度大盘点"等，让看惯了传统杂志千篇一律面孔的读者眼前一亮。正是靠着这种超前的策划，《新周刊》出道不久就成为杂志中叫得响的品牌之一。在传媒竞争空前激烈的时代，占有优质新闻资源的重要性正日益凸显。但是不可否认的是，这种优势地位正在受到越来越多的挑战，如何从激烈的竞争中突围，确保资源优势，并把这种优势转化为传播的胜势，就要注重新闻报道策划。

经济新闻的策划方式日趋灵活和多样化。报道策划有阶段性策划和随机性策划、综合性策划和专题性策划、战役性策划和单题性策划。以策划的时间来划分，可分为新闻事件的事前、事中和事后策划。

（1）事前策划。指在不违背经济规律的前提下，对将要发生的新闻事实了解新闻背景、明确报道重点、理清采访思路。它强调预见性，但切忌不顾事物的发展规律，主题先行，生搬硬套，"策划"新闻事实来论证自己所谓的观点。同时，要判断一个新闻事件是否有值得进行策划的新闻价值和典型性，要在宏观经济背景下进行认真细致的考察，以便确定策划对象能否多方位、多层次、多角度地透视经济现象和经济问题。2008年年初即开始推出的"纪念改革开放30年"的策划就属事前策划。

（2）事中策划。这是在新闻事实已经发生但尚未结束时，在掌握已发生事实的基础上，依照经济运行的规律对将要发生的新闻事件进行新闻策划的一种方法。它既要对新闻事件的前一阶段进行总结、反思，所得出的研究成果又要为后一阶段进行的分析、预测提供事实和理论依据。由于这种策划与新闻事实同步发生，所以报道结果往往具有不确定性，而这种不确定性常常能激发起受众的参与热情。

（3）事后策划。即在某一新闻事实已发生后，对它进行总结、剖析，以引发思考、给人启迪。这种策划要求首先应全面、准确、深入地了解已发生新闻事件的来龙去脉；其次要对新闻事件的产生结合其背景作出准确的判断和清晰的分析。

早在1996年中国人民大学新闻学院组织的"96新闻业务编辑策划高级研讨班"上，范敬宜结合《人民日报》的报道思路提出，总编辑需要亲自参与策划的，主要是重大的、上规模的报道，它包括以下几种：一是体现中央某一个时期重大方针政策的报道，如1994年《人民日报》推出的"东西南北中"、"大江东去"系列报道。二是重大会议的报道，如"党代会"、每年的"两会"报道。三是重大纪念活动的报道，如"纪念红军长征胜利60周年"报道。四是重大典型的报道，包括典型集体、典型单位、典型个人，如关于"孔繁森"的报道。五是重大庆祝活动的报道。这其实也基本道出了经济新闻策划的类型。

一、政策解读的报道策划

政策解读的报道策划，是指围绕中央和各省的大政方针及重大决策部署的出台、当地党委政府的中心工作和社会普遍关注的热点难点等问题，对一段时期的报道要点作认真策划，在实际工作中发挥经济新闻报道的释疑解惑的功能。

政策解读的报道策划，既要求记者学会当政策"翻译"，从"传声筒"的角色转向"翻译"的角色，同时还要求媒体结合自身的特色，打破平面化和程式化的报道模式，采写出"人无我有"的独家新闻。

1999年，党中央从全国经济发展的大局出发，提出了西部大开发的战略。为配合西部大开发的政策大背景，《经济日报》认为极有必要策划一次连续报道，对西部大开发这个政策进行深层次的探究。为了更直观、更准确、更生动地反映东西部的经济差异、观念差异与合作商机，证明西部大开发的必要性、重要性和紧迫性，报社决定采取一种前所未有的报道方式，即让记者随东部的政府官员、企业家踏访西部，用东部人的眼光看西部，用东部人的嘴说西部，用东部人的思维扫描西部，于是推出了"东人西行记"系列报道。这次报道活动历时近20天，发稿16篇，主要报道包括《温州人眼中的大西北》、《兰州拉面到底怎么"拉"》、《假日西游引出的话题》、《西部招商难在哪里》、《眼皮底下的钱不赚了》等，"东人"和记者一起踏访了银川、西安、兰州、成都、贵阳5个西部城市，以及陕西高陵县、咸阳市，四川金堂县，贵州安顺市等地，空中陆地行程1万余公里。报道刊出后，立即在社会上产生了很大反响，读者反映热烈，且认为仅有"东人西行"还不够，建议采取同样的采访报道方式，组织"西人东行"。报社趁热打铁，又组织了"西人东行记"系列报道，同样历时近20天，发稿13篇，典范的报道有《大西北人眼里的温州》等。

在中央各大媒体铺天盖地推出的西部大开发的报道中，由时任《经济日报》副总编辑的冯并亲自策划指挥的这两组报道，由于其时间上的连续性和手法上的新颖性，出奇制胜地借"东人"、"西人"的不同视野来观照"西部"和"东部"，"东人"、"西人"由于东西部的强烈反差而生发的真情实感自然而然地流露出来，再通过记者貌似漫不经心、不拘一格的笔触记录下来，呈现在读者面前的是一篇篇可亲、可信、可读、可感的报道，交织其中的既有感性的印象，更有理性的思考，远离了经济报道中令人生厌的术语、数字和概念。读者的神经被"东人"、"西人"所牵动，目光随"东人"西行和"西人"东进的步伐而游移，不自觉地关注西部、体认西部、对话西部、思考西部。在某种程度上，这两组报道收到了引人入胜的连载小说式的功效，因为读者每天都有所期待，期待之后总有所收获。由此可见，即便是主题重大、内涵厚重、政策性和宣传性很强的新闻报道也可以举重若轻地进行。在西部大开发的宏大场景中，银川的行路难、西安的温州人、兰州的拉面、安顺的地名、深圳的假日旅游、浦东的世纪公园等司空见惯、习以为常的人和事，都令"东人"和"西人"颇费思量，并跃为报纸上鲜活的新闻素材，将这些素材整合起来就是当时西部和东部现实经济生活的"浮世绘"。最为难得之处体现在传者见微知著、由表及里的一片匠心，"东人"、"西人"以及记者所作的沉思和所发的感慨，无疑是点睛之笔，足以"点拨"和"触动"正在自强图变的西部人和到处捕捉商机的东部人，并能引起他们的共鸣和思考。正是借助这种散点透视式的意义开掘，这两组报道既见高度，又显深度，在不经意间收到了很好的新闻效果，并达到了良好的宣传效应。再加上记者能够和读者在多个维度上保持互动，甚至让部分读者介入到新闻报道中来，进一步加深了新闻报道的贴近性、可读性和指导性。[①] 此外让读者参与进来，这是两组报道成功的主要因素，给我们很大的启发。现在的报纸，基本上都是记者单独行动，如果时常采用记者与读者互动的方式，一定会增强报纸的亲和力和影响力。这两组报道在这方面进行了有益的探索。一是文章看上去都是"东人"和"西人"的经历，都是"东人"和"西人"在说、在做、在评，记者只是个"记"者，让人感触真实；二是采访结束，刊发了"东人"、"西人"的体会文章，他们通过这次长途、专注的参观，感触很多，再结合平时的地方工作实际，写出的体会很有深意。同时，他们的积极性也很高，所在地方、单位也很满意。

两组报道均引起中宣部重视，有关领导同志对报道作了重要批示。报道也引起地方上的极大关注。陕西将全部报道文章印成材料，作为解放思想的读本发给干部学习；甘肃永登县也编印成册印发给干部参考。这两组报道获得了中国新闻奖二等奖和该年度经济日报报社十大好新闻奖。

二、特定日的报道策划

节日、假日、纪念日等一些特定日是人们生活中不可缺少的组成部分。从时间上来说，特定日的报道每年都有；从空间上来看，每个媒体都会对特定日进行报道。这两个前提限制了对特定日报道必须在策划选题、报道形式上出新。

---

① 罗以澄、刘静慧：《一套出彩的自选动作》，载武春河主编：《深度影响——〈经济日报〉经典报道案例》，经济日报出版社2005年版，第256~257页。

策划时可以通过开设相关的栏目推出系列报道，扩大报道的影响。2004年全国学雷锋日到来之际，《武汉晚报》在"武汉新闻·百姓版"中开设了"寻找记忆中的雷锋"专栏，把学习雷锋的报道从当前的活动、事迹延伸开去，增加了报道内容，开阔了报道视野。《楚天金报》从2004年3月1日起，开设了"我们当年学雷锋"专栏，追述、展示了40年间人们学雷锋的心理变迁。《楚天都市报》开设了"永恒雷锋"专栏及"雷锋热线"，征集读者身边的活雷锋的事迹；另外，还开辟了"雷锋精神大家谈"栏目，就新时期的雷锋精神展开讨论。

策划时也可以通过选题和版面的策划相结合推出报道。2004年"三八妇女节"《武汉晨报》16个版的"武汉妇女白皮书"就很有特色，既有百年间武汉著名女性的介绍，又有独家制作的江城妇女家庭地位调查，包括"只有爱情够不够"、"生不生孩子谁说了算"、"补过的婚姻你要不要"等话题述说，还有以成功、另类、难堪、坚强、沉沦、幸运、完美等为题，从情感、生活、事业等角度，大容量、全景式地报道江城女性的生活现在时，报道全面、生动、有品位。

2008年是改革开放30周年，全国各大媒体均把它作为新闻宣传工作的一个重点、一件大事。如何把握这一宏大题材和重大主题，使做出的报道既在内容、形式上有与之相称的"重"和"大"，又能体现"见证历史，影响现实"的新闻特质，确实是一件难事。《楚天都市报》从"凝思"、"村变"、"攻坚"、"开放"、"民本"、"民富"、"城事"、"知本"、"文澜"、"法治"、"资本"、"影像"到"风流"，13个特刊的"年度巨献"，幕起幕落一年间从13个不同的层面成就了一部辉煌30年的湖北文本，可谓是"一次富有时代意义的系统盘点，一次彰显媒体品质的可贵探索"。它既是2008年都市报宣传报道的一个亮点，一个大手笔，也是都市报推进主流化转型战略的一项重要收获。这组系列特刊聘请重量级顾问团队，遴选精干采编人员组成专班，从组织架构上为报道成功提供了保证；在报道方式上突破老套的成就报道模式，力避史料、数据的堆砌，以"专家访谈"加"记者手记"和珍贵图片组版，使得特刊历史性、现实感兼具，报道既权威可信，又鲜活可读。其中"村变"选择了中国农村30年变迁中的若干关键性节点、若干重大事件和典型人物，以访谈、解析、言论、图片等综合手段，进行立体的报道和深层的解读，较清晰地勾勒出中国农村30年的改革脉络和巨变图景，写照了9亿农民的历史性贡献和自身命运的根本改变，揭示出农村变革对整个中国社会全面改革开放的"开启"意义和巨大推动作用。读此中国农村沧桑巨变的湖北印证文本——

"村变",给人以历史的感怀、前行的启示和希望的鼓舞。①

三、重大活动报道策划

重大活动,顾名思义,就是具有重要意义、容易生发广泛影响,超出一般规模、一般程度的活动,比如领导人的重要活动、大型会议、全局性的重大工作、大型军事训练和演习、重大成果展示、重要改革和试点、重大节庆以及重大突发事件等。从经济新闻报道实践来看,多数报道策划都是出自这些重大活动,一些组织得比较成功、影响比较大、受到广泛好评的报道策划,也多出自重大活动。实践表明,重大活动是媒体开展报道策划的重要载体和主要阵地。

(一)重大活动报道策划的意义与作用

由于报道策划是认识能动性的体现,一项报道如果经过思维、方法、手段的创新,其宣传作用是大不一样的。实践证明,搞好重大活动的报道策划,对增强重大活动的影响力、渗透力,具有十分积极的作用。

重大活动报道策划,首先有利于深化报道主题,强化舆论导向作用。重大活动,一般都有特殊的背景,蕴含着重大的主题,具有重要的意义。重大活动的开展,往往会涉及方方面面,环节非常多,程序纷繁复杂。进行报道策划,可以更好地认识重大活动的本质,把握其精神实质,使宣传主题进一步明确、宣传思想进一步深化,以便通过报道使读者充分认清重大活动的作用和意义,进而自觉地服从和实现重大活动所要达到的目的;其次有利于发掘新闻价值,满足受众需要。毋庸置疑,重大活动中蕴含着大量的有价值的新闻。如果不进行认真的策划和组织,媒体的报道就可能停留在对活动程序的反映上、停留在对领导人讲话的摘录上,从而埋没了有价值的新闻。如前所述,2008年纪念改革开放30年各大媒体都推出了大型的报道策划。《中国改革》杂志2008年第11期推出"改革开放30年"专刊,报道由5个专题组成:"30年,我们创造历史"、"30年,改革在路上"、"30年,改革人物"、"聚焦30年后的中国"、"改革开放30年大事记"。其策划目的与意义正如刊首语《致敬!中国改革开放30年》所说:"我们推出这期专刊,一方面试图解答诸如此类的问题难题;另一方面,我们期盼与我们的读者一道,在共同回望和记录过去30年的同时,更加大胆地探索和展望未来的30年。"

(二)重大活动报道策划的要求

重大活动报道策划,是一项复杂的系统工程,难度很大,要求很高。从策

---

① 柏健:《辉煌30年的湖北文本——〈楚天都市报〉改革开放30年特刊评析》,《新闻前哨》2009年第2期。

划的思想到报道的选题，从方案的拟定到目标的区分，从稿件的采写到版式的安排，每一个环节都必须严密设计、精心操作。否则，将难以收到预想的效果，甚至可能失去报道策划的意义。

第一，在总体把握上，要做到"三个结合"：创新性和科学性相结合、典型性和普遍性相结合、计划性和灵活性相结合。好的报道策划，必须要有好的创意，即要有新颖的构想、新颖的手法。然而，创新不是随意的，必须符合一定的规律，讲究一定的法则。对重大活动进行报道策划，应该是创新性和科学性的"综合体"。进行报道策划的目的，是提高新闻报道的质量，扩大宣传影响，这就要求报道策划具有普遍性。越是具有普遍性的东西，其针对性越强，也就越具有指导意义。

重大活动有的是全局性的中心工作，有的是阶段性的单项工作，在进行策划时，既要从全局的、普遍性的活动中，抓住具有典型意义的事件和现象，又要在单一的、局部的活动中，挑出具有普遍意义的事件和现象，使新闻报道既有典型性又有普遍性，这样才能产生较好的宣传效果。在对重大活动进行报道策划时，媒体往往考虑得非常全面细致，对报道的内容、方法、手段以及报道力量的使用、版面安排、完成的时限等，都有明确的要求和限定，这是一个系统的策划所必需的。但是，任何一项报道策划，在整个媒体的宣传中，都不是孤立存在的，它随时可能受到其他一些因素的影响而做出一些调整，所以这个策划又必须具有很强的应变性。

第二，在内容设置上，要抓住"三个点"：放大亮点、聚焦热点、解决难点。每项重大活动都有令人兴奋或感到耳目一新，能够产生重大影响的内容，这就是亮点。亮点也是重大活动的精髓，是最本质和最闪光的东西。只有把亮点放到最大，报道才能最大限度地吸引读者的目光；只有凸显中心，才能最大限度地引导读者围绕中心行动。每一项重大活动，都有它的热点，有的活动本身就是一个热点问题，容易引起领导和群众共同关注。热点问题有正面的，也有负面的。对于带负面性的热点，要积极引导，促其降温、转化；对正面热点，理应积极宣传报道。

在重大活动的推进过程中，因为客观和主观因素的影响，都可能出现短时间内难以解决的困难和矛盾，这就是我们所说的"难点"。媒体在报道策划中，首先要实话实说、不遮不掩，把真实情况传递给受众，以引起大家的共同关注。其次，要辩证分析困难的成因和事物发展的规律，树立战胜困难的信心。再次，要推介一些好的经验做法，引导大家积极出谋划策，共同解决困难。

第三，在具体操作中，要做到不脱离实际滥用策划、不虎头蛇尾。报道策划的基础是客观实际,重大活动报道策划的基础就是重大活动,策划的主题偏离了重大活动的目的,就失去了意义。不脱离实际,还包括不偏离有关政策精神,不偏离上级的指示要求,不偏离广大受众的共同关注点。新闻策划是否成功,取决于最终的实施效果。在报道策划的实践中有时设想非常周全又具有很强的创新性,由于实施的力度小,虎头蛇尾,草草收场。这也是报道策划的"大忌"之一。

为重大活动所进行的集中的、大规模的战役性报道又被称做是主题性报道。近年来,主题性报道在新闻宣传中出现的密度越来越高,各级媒体对其的组织实施也越来越重视,成为显示一家新闻媒体的组织策划和报道水平、提高媒体影响力的关键一环。主题性经济报道以一定时期党委、政府的中心工作为基础,以新的经济政策的出台和落实、新经济成就的展现和总结、大型经济活动的开展与实施等为报道内容,在弘扬主旋律、实现正确舆论导向方面发挥着积极而重要的作用。

2008年4月26—28日在武汉召开的第三届中部博览会(简称中博会),是我国在北京奥运会之前举办的最大规模的经贸盛会,更是一个中部与东西部、中部与全世界资本技术交流的平台。全国26个省(区、市)、6个副省级城市及香港、澳门特别行政区组团参会,因此湖北省委、省政府将其视为2008年的头等大事,省委书记罗清泉明确指示,要学习借鉴湖南、河南的成功经验,把第三届中博会办出水平、办出特色、办出实效。省长李鸿忠要求,要借助中博会平台,达到造势、蓄能、得益的效果。省委宣传部及有关各方高度重视对本届中博会的宣传,《湖北日报》精心策划,抽调精干采编力量,深入中部六省采访,连续推出"湖北开发区"、"世界五百强在湖北"、"打造中部崛起重要战略支点"等几个系列报道,结合中部论坛的主题配发了大量的言论,会前又专门制作了72个版的"中部崛起进行时"中博会特刊,对中博会和中部六省进行了全景式报道,会后刊发了综述和评述性文章。为时一个多月的报道,在重视新闻规律、受众需求的前提下,以情理交融、循序渐进的分析代替空泛乏味、高高在上的说教,以"细微之处见精神"的点化代替"大而全"的叙述,为中博会的召开营造了良好的舆论氛围,在主题性经济报道上进行的创新探索主要体现在以下几个方面:

1. 切实可行的策划挖掘出丰富的报道素材

前面已经提到,新闻报道策划是新闻编辑通过对新闻资源的开发与配置,实现最佳传播效果的创造性活动,其目的就是发掘丰富的新闻报道素材来体现新闻价值,并用独特的方式展示给受众。重大活动新闻报道是以发布成组的稿件,以持续较长时间的报道战役来实施,报道的范围与重点、报道的规模与进程、发稿计划等均为策划不可忽视的重要内容。作为非事件性新闻的重大主题报道，从新闻宣传角度而言，往往是秉承上级的宣传意图而开展的，具有主题先行的性质，都具有一定的政治背景、时代背景和政策背景，所要宣传的主题往往也具有政策性强、理论性强的特点，所以新闻策划就显得更为重要，一些新闻素材只有通过策划，将它放在特定的（即现在时的）坐标系内，才能具有时新性，旧闻变新闻。

《湖北日报》中博会报道可分为3个阶段：会前、会中和会后。作为新闻活动尚未开展的会前报道，承载着宣传中博会主题、为中博会造势的重任，《湖北日报》通过一系列专栏的策划，将中博会"承接产业转移，促进中部崛起"的主题和湖北省经济发展的现状及面临的机遇和盘托出：自2008年3月21日起"迎接中博会 承接转移促崛起"专栏推出开发区系列报道，拉开中博会宣传的序幕。《穿行在光电的波峰间》、《一座汽车新城的崛起》、《美味飘香东西湖》、《打造市域经济新引擎》、《潜江崛起化工走廊》、《巨龙腾飞出深山》等报道，分别将武汉东湖高新开发区、襄樊国家高新技术产业开发区、东西湖开发区、随州开发区、潜江开发区和恩施开发区经济发展的现状呈现在读者面前；4月1—20日，推出"世界500强在湖北"专栏，分别介绍了德尔福、新日铁、百事可乐、家乐福等世界500强先进的管理理念以及落户湖北的动因所在，从一个侧面告诉读者开放的湖北正与世界接轨；4月1—14日，推出中部六省中除湖北外的五省系列报道，每省刊出3篇通讯、1篇省长专访，扫描式地将中部五省经济发展的亮点——推介；4月14—18日，推出"打造中部崛起重要战略支点"的系列通讯，首篇《解放思想新举措》，从"复兴创业精神，点燃全民创业的火种"、"优化环境，承接产业转移"、"关注民生，落实以人为本的发展观"等几个层面展现了湖北在思想解放的号角声中，以前所未有的勇气和决心重新寻找历史方位的定位；4月21—25日，推出系列言论"四论承接产业转移促进中部崛起"，首篇《在对接中发挥湖北优势》就提出"只有认清优势，才能找准双方互补共赢的契合点，明确招商引资的着力点，从而在对接中发挥优势"，并进而指出湖北的优势在于农业优势的潜力巨大、科教优势世人公认，认识优势的目的是为了更好地发挥优势，使受众清晰地认识中部要如何在抢抓产业转移的机遇中崛起、如何在产业转移的机遇中受益。此外"中部崛起进行时"、"迎接中博会，当好东道主"等专栏都在传播湖北发展的机遇和传递中博会筹备的信息等方面交相辉映。正是通过这一个个专栏的策划，使会前报道挖掘出丰富的报道素材，为中博会召开营造了良好的舆论氛围。

2. 开放的视野使主题性经济报道站位高、开掘深

主题性经济报道要有开放的视野，就是在报道中要从单一的思维惯性中跳出来，变"近视眼"为"广角镜"，把一省一地的经济社会发展情况放在世界范围和全国大局中去分析、去比较，这样才能使主题性经济报道站位高、开掘深。

第三次中博会虽然是在湖北召开，但这毕竟是一个属于中部六省的盛会，中部六省是一个发展的共同体，为了实现开放的视野，中博会报道专门组织记者抽调精干采编力量跨越中部五省（不包括湖北省）采访，每省刊发3篇通讯、1篇省长专访。3篇通讯均较好地显示了各省的经济发展特点和产业优势所在，不仅显示出记者选择新闻事实的能力所在，同时也显示出《湖北日报》一种开放的选题视野和开阔的报道思路；而省长专访则较好地凸显了合作共进、互利共赢的发展思路，为搭建中部六省和谐发展的平台提供了思想上的引导。同样，"世界500强在湖北"专栏的推出，显示了湖北的发展与全球化发展的背景相关联，让受众看到崛起的湖北正与世界500强接轨。

3. 创新的手法为主题性经济报道添色加彩

主题性报道多年来形成了一套固定的表现模式，抽象的概念化说教让读者觉得没有新鲜感。中博会会中报道由于记者深入现场，用心聆听、用细节说话，现场感和故事性使报道变得血肉丰满、充满了灵动。2008年4月27日头版头条《第三届中部博览会在汉隆重开幕》，速写似的描摹，让一个花团锦簇、彩旗猎猎、气势磅礴的大会盛况跳入眼帘；《崛起的脉搏在这里跳动》开篇即以"笑意盈盈，步履匆匆；镁光闪闪，掌声阵阵"的散文化笔调定下了全文的基调，使读者宛若身临其境地感受到盛会的隆重与热烈。"偌大的厅堂静悄悄的。人们的目光一齐投向那张铺着红布的签字桌，屏住呼吸，听着那笔尖划过纸面的沙沙声。这细微的沙沙声，犹如一支美妙的进行曲。它动人心魄，又催人奋进。"传神的文笔，着实让"所有中部人民的血管都在激情点跳动"。《中部向世界宣示》（27日2版）、《科学发展的历史足音——第三届中博会展馆走笔》（27日6版）、《艺术再现中部山河　激情唱响六省豪情——中博会开幕式文艺晚会速写》、《四海宾朋出高招　八方志士献良策　12项专题研讨精彩纷呈》（28日头版）等报道运用富有情感的散文化的语言，以飞扬的文采带给读者美的享受，让重大主题报道具有感染力。

与妙笔生花文字稿件相媲美的还有一幅幅吸引读者眼球的照片，如27日头版中博会开幕式现场、4~5版的主打图片，以及28日4~5版《聚四海之智　论崛起之道》的9幅配图等，均可谓使版面赏心悦目，又与文字传达的信息相得益彰。

创新的表现形式还表现在版式的设计上，如"开发区系列报道"和"世界500强在湖北"等专栏文章在报道的开头设计一张小小的名片，将报道中涉及的关键信息一一列出，不仅带给读者阅读上的方便，同时也丰富了报道的编排形式；2008年4月29日推出的会后盘点的相关报道，除在头版刊登《中博会硕果累累——3600亿元为中部崛起提速》、《中博会上江城揽走千亿元大单》的主打消息外，还专门在2版充分发挥经济新闻用数据说话的特点，刊登了一组湖北宜昌、襄樊等地区在中博会上的收获；在3版、4版、5版分别以"承接转移新成果"、"合作共赢新境界"、"科学发展新蓝图"为主题，以"主持人语"加"记者手记"的形式刊登了一组中博会的盘点，以生动、细腻的文字将采访中感受最深的片段带来的思考与感悟呈现给读者，增强了报道的贴近性。

湖北日报中博会报道在组织策划、创新形式、开拓视野等方面作了非常有益的探索，为主题性经济报道的开展提供了可供借鉴的一个典范样本，当然也还有一些有待改进的地方：

第一，本次中博会报道主要在2008年4月21—25日，推出系列言论"四论承接产业转移促进中部崛起"，因此评论的分量还可加大。主题性报道就是为了表现和挖掘报道对象所包含的思想内容，固然需要通过"用事实说话"，更不可忽视通过评论，直接点明报道主题，并延展开去。新闻与评论实虚结合，是最全面、最深刻地表现和挖掘报道主题的有效手段。对于信息含量极其丰富的主题性经济报道来说，评论不应总是"跟"在新闻后面，而应积极介入，要敢于和善于发出自己的"声音"，充分发挥"建言献策"的作用，同时还应该密切关注读者对新闻报道的议论和评价，及时弥补和纠正新闻报道的一些不足和不当之处。

第二，问题意识还可加强。在一般人的意识里主题性报道就是正面宣传，以报道成就为主，因此要真正使主题性经济报道站位高、开掘深，不仅要报道经济活动中的成绩和经验，还要从现实中发现问题和困难。《湖北日报》中博会报道除了通过"网民热议"对中博会提出一些建议外，整个报道几乎没有关于问题和困难的报道，这不能不说是一大遗憾。

第三，以人为本的理念突出不够。中博会作为一次大型的经济活动，活动的大部分是关于发展、经验、模式等方面的内容，但不可否认，人始终是经济活动的主体，是构成新闻事件的主体，是最活跃的因素。因此，关于人的信息或新闻，往往最能吸引读者的注意力。《湖北日报》中博会报道中推出了不少人物专访，比如会前的五省省长的专访；会中也推出了与会者中一批著名人物的专访，如创意产业之父——约翰·霍金斯、菲亚特（中国）商务公司董事长孟菲特和各省在湖北商会会长的系列专访,但落实到经济活动主体的人,特别是诸如《江城的哥内外都很美》(4月29日)这样普通人的报道特别少,这也在一定程度上影响了报道对受众的吸引力。

四、品牌栏目策划

在媒介市场竞争日益加剧的情况下,品牌栏目成为各媒介长期关注的问题。

我国目前正处于由主要解决食物供需安全转向主要解决食品质量安全问题的时期,食品安全不仅关系到企业信誉、行业前途,更重要的是它关系到消费者的身体健康和生命安全,关系到人们对政府的信心和信任,因此食品安全在我国近年来受到广泛关注,加强食品安全建设是人民利益至上的体现,为了对食品安全建立一种长效的监督机制,使假冒伪劣食品无处藏身,中央电视台策划了"每周质量报告"栏目。该栏目秉承公正、权威、科学的理念,贯彻行动、警示的主旨,以"打造有质量的生活"为口号和宗旨,自2003年5月4日首播以来,揭露了一大批制假贩假的商家和企业,受到广大消费者的广泛关注,在监督食品安全方面有着十分突出的表现。"每周质量报告"节目时长共25分钟,包括记者调查、专家访谈、质量警示和专家解读4个版块。其中重头戏为记者调查,以曝光揭黑的暗访为主。正是这一版块,成为该节目最吸引人之处。因为节目的镜头所对准的,都是与人们的生活息息相关的内容:黑心汤圆、毒火腿、劣质瓜子、用工业染料染黄的腐竹、注水鸡……

《经济日报》的"每周导刊·导刊财富"版,以贴近社会、贴近时代、贴近百姓为新闻报道的出发点和立足点,策划了"走近财富人士"、"老板谈财富"、"走在财富边缘"、"财富七日"、"百姓投资风向标"、"创业故事"等专栏,各专栏相互配合,整个版面显得立体、丰满却又不失可读性,全方位、多层面地将财富、投资、理财观念展现给广大读者。其中报道的组织策划采用独特的平民视角、平民化的写作手法、平民化的报道方式、平民化的选题,既切实遵循党报的舆论宣传导向原则,又摆脱了以往党报"重理论、重说教"的报道方式,为百姓所喜爱,成为"每周导刊"中一道亮丽的风景。

与名牌栏目策划相关的还有名牌版面策划。以往我们的媒体对地区经济的报道往往局限在一县、一市、一省即一个行政区划内,突破行政区划、以经济区域为视角的报道不多。随着生产要素自由流动的力度加大,突破行政区划的区域经济一体化现象越来越活跃,长三角、珠三角、环渤海等经济圈迅速崛起,城市群现象日益引人关注,经济社会发展的趋势使人们对信息的需求不再局限于一个地区、一个行业,区域经济报道就凸显出独特的价值来,因此

《经济日报》在2008年设置了"区域经济"版。针对以往也设置过"区域经济"专版，但由于编辑力量薄弱，逐渐演化为地方的"关系稿"专版很快消亡的事实，"区域经济"版在选题策划操作、采编分离实践和内容、版式创新等方面进行了一些探索，提出区域经济报道，报道的主体虽然是区域，但视野必须超越区域，立意必须高于区域，也就是说，编辑、记者必须"跳"出来，有立意高度，有思考深度。要达到这个要求，编辑、记者就需要有更广阔的思维触角和更深入的采访作风，同时还需要有一定的理论功底和知识积累。按照这种认识，把区域经济报道作为能够体现本报"主流、权威、公信力"的独家深度报道精心打造。2008年"区域经济"版推出了"聚焦综合配套改革试验区"、"成长中的城市群"、"看海港如何拉动经济发展"、"聚焦灾后重建"、"成长中的产业集群"等5个系列报道，被中宣部《新闻阅评》单独阅评4次，5个系列报道全部获得经济日报社季度精品，其中1个系列报道获得经济日报社2008年年度精品新闻奖。在报社2008年进行的版面评价中，"区域经济"版名列前茅，获得了大家的高度评价。

第四节 经济新闻策划要把握的原则

经济新闻策划要把握一定的原则，实际上就是要注意从以下几个方面创新：一是思维要新。用新的思维、新的视角，对报道对象所涉及的各种关系和各个环节进行全方位的、全新的思考；二是选题要新。在选题上，应该以选择具有时新性的新闻事件进行策划为主，并通过报道来推进事件的递进和发展，最终揭示事件的本质，满足人们对经济事件欲知的期待感；三是点子要新。很多时候经济事件不是最近发生的，这时候新闻策划就显得更为重要，要通过策划，将它放在特定的（即现在时的）坐标系内，使之具有时新性；四是形式要新。无论是写稿还是组版，一切的表现手段都要围绕精心策划的选题服务，使选题更突出，新闻更突出，版面更好看。①

一、以事实为依据，坚持客观性原则

新闻"策划"的立足点应是新闻的真实性。离开了真实，为了达到某种宣传效果或者社会效果，在主观的预想和操作下人为地策划起可供报道的事件，就使"新闻策划"变成了"策划新闻"。在媒体上一时闹得沸沸扬扬的

---

① 郭美红：《胸有成竹文自工——试论经济报道的策划》，《新闻知识》2005年第9期。

"茶水发炎"事件就是两名记者暗访了10家医院，声称自己尿频尿急尿痛，在被医院要求尿检时，用一只崭新的玻璃杯泡了一杯绿茶，然后将茶水当做尿液的样本送检。结果"令人震惊"，有6家医院的尿检结果显示，茶水"发炎"了。"茶水发炎"事件引发了社会的广泛关注，事件的始作俑者也公开承认，这是他们精心打造的一个"新闻策划"，显然这样的"新闻策划"违背了科学。卫生部发言人援引有关专家的意见指出，此行为有悖记者职业道德，因为医疗机构的检验是针对有特定指向的检验品来测试，如果是设计为对尿液进行检验的仪器，而放进去的是茶水，这个仪器并没有首先鉴定是不是尿液的程序，它就会直接把样本作为尿液来化验。提供的检测样品里面，只要有与从尿液中可能检出的成分相似的物质，仪器就会自动诊断出来，如白细胞、红细胞、胆红素这些物质，都是由机器来自动识别的。现在，新闻记者将茶水冒名顶替为尿液，本身就是一种"做假"的行为——因为你盼望得到的结论正是"尿水有问题"，而不是茶水。两个不同质的物，本来就不可能得出符合逻辑规律的同质判断。

2007年3月重庆一个拒不搬迁的拆迁户被一些媒体相中作为策划对象，正是一些媒体未能很好地遵循客观性原则，"重庆钉子户"事件的主角被套上了"中国法律史上里程碑式的事件"、"勇于维权的百姓英雄"等光环。事实上在新闻策划中，媒介可以主动进行新闻事件的策划而使事件"被动"发生，但这是有条件的：第一，媒介策划新闻事件之前，该事件本身就有要发生的趋向；第二，一旦事件发生，媒介只是事件的观察者，不能干预事件的进程。换句话说，在媒介策划的事件中，事件发生前，事件的发生是被动的，媒介是主动的，但事件一旦开始发生，媒介就是被动的观察者，一般不宜直接介入事件。然而，有些媒介过度地运用策划新闻事件的手段，使策划新闻事件演变成了"创作"新闻事件，一些媒介无中生有或仅凭无法证实的线索进行新闻策划，这些都是我们新闻策划中要避免的。

毋庸置疑，媒体在坚持以正面宣传为主方针的同时，显然有责任揭露、批评社会生活中存在的不良现象。但是，媒体在舆论监督的过程中怎样才能真正做到"铁肩担道义"是值得思考的。"真实是新闻的生命"，因此，新闻策划的首要原则，应该坚持新闻真实性原则。

二、寻找最佳时机，坚持时宜性原则

时新性是新闻价值的要素之一，时宜性是宣传价值的要素之一。关于宣传价值的要素，目前学术界仍未达成一致观点，但都普遍认同宣传价值的时宜性要素。上海交通大学媒体与设计学院教授谢金文在谈及宣传价值的"五性"

时说:"时宜性,即合时宜,采写、发表的时机适当,可产生较大的宣传效果,能避免不良的副作用。"① 王益民教授认为:"所谓时宜性,简而言之,就是关于报道时机的选择。新闻报道的快是有条件的,当快的,尽可能快;不当快的,就要适当压一压。"② 总之,时宜性要求新闻报道考虑时机,不能一味求快,有时为了宣传价值的需要,必须把报道压一压,要顾及宣传政策,看时机是否成熟,是否有利于大局,要等到合适的时机再向受众发布,强调因时应势,以取得最好的社会效果或宣传效果。

屠格涅夫说过:"宣布得不合时宜的真理比谎言更坏。"同样,发布得不合时宜的新闻也会给社会秩序带来不良影响。因此,新闻策划应顾及宣传的时宜性,做到适时而发。二者在时间上是一致的,有时是长远利益的一致。比如,中央电视台《触目惊心的假发票》节目,策划了半年时间,但直到国务院召开电话会议、国家税务总局宣布启用新的防伪增值税发票时才播出。如果抢先播出,没有适当利用国家相关政策措施出台的契机,一方面不会取得较高的关注度,另一方面也不利于人民群众依据相关措施保护自身的合法权益。

新闻策划的内容一旦配合相关重要政策出台以及重大活动、重大会议、重要纪念日和节日播发刊出,可让人们在事先对相关政策、活动有所关注的情况下增强对媒体相关报道的了解与认识,使节目取得更大的社会效益。随着社会民主、法制的不断进步,二者的一致性会愈来愈明显。

2005年7月21日,中国人民银行宣布了人民币对美元升值2%的决定,国内媒体均报道了这一则消息。人民币升值对群众生活会带来多大影响?与地方经济发展有什么紧密联系?《宜昌日报》在报道人民币升值的消息后,便迅速组织都市部记者从银行金融工作、市民消费反映、企业经营行为以及商家市场回馈等不同方面,给予了相关市场调查和采访,以"人民币升值对市民生活的影响ABC"为题进行了集纳式报道。这组报道便是报社编采人员敏锐地寻找到了最佳时机,从我国货币政策数字的变化中,说出了老百姓最想知道、最为关心的话题。

2005年12月3日发布的《国务院关于落实科学发展观加强环境保护的决定》(以下简称《决定》)强调,必须用科学发展观统领环保工作,痛下决心解决环境问题。城市河流治理与开发作为环境建设和城市建设的重要内容之一,关系到千家万户的切身利益和可持续发展的百年大计,必须按《决定》的要求,把环境保护摆在更加重要的战略位置。要积极推进经济结构调整和经

---

① 谢金文:《新闻与传播通论》,复旦大学出版社2006年版,第274页。
② 王益民:《系统理论新闻学》,华中理工大学出版社1999年版,第314页。

济增长方式的根本性转变，切实改变"先污染后治理、边治理边破坏"的状况，依靠科技进步，发展循环经济，倡导生态文明，强化环境法治，完善监管体制，建立长效机制。同时，还要坚持协调发展、互惠共赢、不欠新账、多还旧账、创新机制、分类指导、突出重点等原则。记者清醒地认识到，在决议精神的指导下，我国城市河流治理虽然取得了积极的进展，但环境形势依然严峻。如何处理好经济建设和环境保护的关系，如何对城市河流资源进行集约式开发利用，仍是一个极大的挑战。正因为如此，《经济日报》特别策划了系列报道"城市河流，让我们重新认识你"，选取 10 个在河流治理与开发上有代表性的城市的做法予以集中介绍，以达到开阔视野、相互借鉴、共同发展的目的。用了近 1 个月的时间，记者深入"长三角"、"珠三角"、环渤海、东北、中部和西部的 10 个城市，了解到我国在城市河流治理与开发中的重大进展，目睹了各地建设资源节约型和环境友好型社会的生动实践。一条条重新变得清澈起来的河流，一座座与水相亲、活力迸发的城市表明：树立和落实科学发展观，实践可持续发展的治水思路，统筹开发城市河流的生态功能、经济功能和文化功能，已经成为人们的共识。2007 年 8 月 28 日《经济日报》推出了这组报道，正是因为报道时机选择得好，报道主题深刻等，获得了中国新闻奖。

三、视角独特，坚持前瞻性原则

前面我们已经提到，前瞻性报道就是根据事物的发展规律，抓住苗头性事物和问题进行预见性的报道，经济新闻从业者准确的判断力和良好的评估能力是前瞻性得以实现的前提基础，这就要求经济新闻报道在报道最新的经济事实、经济关系、经济现象的基础上，必须对事件的未来发展、经济走势、市场趋向作出展望与预测，提出应对性的建议，以帮助人们在心理和行为上作出选择。

2003 年，《今晚报》记者在采访中发现，联合国每年采购额高达 30 亿美元，但天津市只有两家企业进入了联合国的采购系统，其他众多的企业为什么放任这样好的商机而无动于衷呢？带着这些疑问，记者进行了深入细致的调查了解，既采访了大量未与联合国做生意的企业，又采访了正在与联合国做生意的企业，同时还采访了机关政府部门，在采写了《面对商机，为何无动于衷》的基础上，又相继在《今晚报》头版显著位置策划发表了《记者采访市外经贸委主任——如何与联合国做生意》、《与联合国做生意，不难》、《我们受到很大震动》、《市外经贸委建立专门网站帮您与联合国做生意》等多篇有分量的稿件，整组报道抓取问题角度新颖，报道手法独特细腻，在第一时间独家披露了这一尚未引起广泛关注，但对于我国企业又极为重要的一个社会问题，通过披露这一具有深刻社会意义和广泛代表性的问题，既给一些企业敲响了警钟，又通过层层深入的报道让更多的企业对联合国采购有了足够的认识和了解，经过报道的推动，促使政府部门建立起专门的网站帮助企业与联合国做生意。该报道有很强的思想性，推动解决问题有针对性，具有广泛的社会影响和深远的历史意义，是一组具有前瞻性的新闻报道。

产业集群在我国迅速发展和崛起，形成了强大的产业配套和生产制造能力，迅速提高了劳动生产率，为国民经济持续快速增长提供了巨大动力。实践表明，产业集群适应了全球经济竞争由单个企业竞争走向产业链竞争的新趋势，正在成为区域经济最有竞争力的组织形式之一。2008年11月《经济日报》推出的"成长中的产业集群"系列报道，选取了浙江诸暨珍珠产业集群、江苏建湖节能灯产业集群、重庆摩托车产业集群、广东东莞家具产业集群、云南斗南花卉产业集群等13个具有典型意义的产业集群，深入剖析其发展经验。在我国劳动力成本逐步上升、资源和环境瓶颈制约日益明显，全球贸易保护主义在国际金融危机的影响下再度抬头的形势下，深入研究产业集群的发展历程、现状和经验，对于各地加快转变发展方式，实现经济社会平稳、较快发展具有重要的意义。这一组系列报道的每一篇报道都具有相对独立性，通过大量的调查对于某个特定产业集群的发展路径、成功经验和存在的问题等进行了剖析；整个系列13篇报道之间又具有一定的逻辑性，即不同类型的产业集群，具有不同的发展路径，相应也存在不同的问题，13篇报道组成一个整体，就是对我国当前产业集群发展问题的整体透视。从单篇来看，每一篇报道都是对特定产业集群的案例解剖，对各地培育产业集群具有很强的借鉴意义。以开篇《这里，让淡水珍珠更加"闪亮"》为例，文章细致地描述了诸暨珍珠产业从养殖到加工、交易再到品牌化的历程，同时也指出诸暨珍珠产业集群在研发、设计方面的集群效应并不明显，品牌有待加强等问题。从整个系列报道来看，13个产业集群里既有依托本地资源发展起来的产业集群，如诸暨珍珠、斗南花卉，又有本地没有任何资源、依托市场和信息发展起来的产业集群，如东莞家具产业集群，还有依托本地的科教优势发展起来的高科技产业集群，如武汉光电子产业集群等。从区域分布来看，13个产业集群以东部地区为主，也涵盖中西部地区，具有广泛的代表性，它总结提炼出来的很多观点具有较强的理论指导意义。深入贯彻落实科学发展观，要求我们转变经济发展方式，通过培育产业集群降低交易成本，实现集约、节约发展和产业升级，是转变发展方式的一个重要途径，这一组系列报道提供了很好的借鉴。

四、全程跟进，坚持互动性原则

新闻策划本身是对新闻源的多角度开发，在开发中往往会牵引出众多的新闻线索与价值,在这一环节中去粗存精,才能进一步深化新闻策划主题,丰富新闻策划主体,最终实现新闻策划的现实价值。因此新闻策划必须全程跟进,坚持互动性原则。因为新闻策划是一种有目的的报道,但是随着采访的不断深入在对新闻线索的一番发掘后,特别是在发现另有"隐情"时,会产生新的策划创意,原来的策划构想与意图必然发生巨大改变,乃至舍旧立新,这就提醒策划者,务必要保持灵活多变的思维方式,真正把握住新闻本源,做出好的新闻策划品牌来。在经济新闻采访报道中,不应消极地等待终极结果,进行反映式的客观报道,而应利用新闻策划,积极参与,正确引导,揭露和化解矛盾,促使问题妥善解决,推动经济生活良性运行,这应该说是我国新闻界在新闻改革中的一种创造,这样的创造,在"中国质量万里行"、"百城万店无假货"等活动中,都有着良好的记录。

四川《华西都市报》曾强力推出《优选几十个品牌川菜组成联合舰队连锁全球"全力打造'川菜王国'》的报道,这一经济新闻策划有如下一些特点:(1)多元策划主体,这一新闻策划的实施是媒体、企业、政府等多方筹谋、协同的结果;(2)罕见的报道规模(数个整版报道以及数百条新闻)和持续时间(两个多月);(3)全方位报道和全球化语境,即以专家评论、政府表态、企业举措、中外受众群体反响等烘托成势;(4)媒体合作,一般来说,有竞争关系的媒体对策划性新闻报道不予反映和配合,这在一定程度上限制了报道的影响力和影响范围,而在《华西都市报》"打造'川菜王国'"的新闻首发后第三天,《重庆晨报》14版以《渝派川菜该奋起了》为题与之遥相呼应,从而加强了这一报道在重庆地区的传播影响;(5)时机选择,春节结束后不久与两会召开前这是展开"川菜王国"话题并导向两会"提案"的适时的机会,在之前的同一时期,成都媒体曾经作过"把成都打造成中国的西雅图(美国最佳人居城市)"的策划和报道,有较大的受众反响。① 除此之外,全程跟进、坚持互动也是不可忽略的一大特点。

五、导向正确,坚持价值最大化原则

当今媒介无时无刻不在经受着"同质化"竞争的考验,要避免同质化,追求新闻价值的最大化,媒介必须通过策划深度开发新闻源。中国人民大学新闻学院蔡雯教授认为,对新闻源的深度开发是"指新闻工作者不仅运用实践能力和新闻价值判断能力及时地发现、甄别和获取客观存在的新闻信息资源,而且还要根据受众需要和媒介自身的定位、功能和特点,循着事物发生、发展

---

① 蔡敏:《经济新闻的策划、报道和话语策略》,《新闻界》2006年第2期。

的自身规律进行更深层次的调查研究，以个性化的角度和方法揭示新闻事实的本质和内涵，从而赋予新闻信息更明确的针对性和更高的使用价值。"一般来说，新闻源的深度开发主要表现在背景性信息的挖掘、预测性信息的提供和相关性信息的拓展这几个方面，但不管如何，必须坚持导向正确，坚持价值最大化原则。

近年来，武汉公交司机屡屡被乘客殴打，武汉某电视台针对2008年9月12日武汉女司机被殴事件，策划并采制播出了一档关于公交司机被打的节目。对这样的热点社会问题进行策划本身没有问题，但是，节目却将这一事件的主要原因归结为一些市民不理解公交司机的工作，个别市民的素质不高等，甚至主持人在节目中对该事件中打人的乘客作了比较偏激的评价。殴打公交司机是违法行为，应受到法律的制裁，但这一节目对公交司机被打这一事件的解释却是片面的，节目回避了武汉有些公交司机经常对乘客冷若冰霜甚至挖苦、谩骂乘客等事实，甚至还要市民"理解"公交司机的"服务不周"，理由是他们工作强度大，生活负担重，等等。由此可见，曲解新闻事实、片面地挖掘事实的背景资料，导致了报道导向的不明确，报道价值的最大化也就无从谈起。

我们这里所说的新闻策划，是狭义上的新闻策划，即新闻业务中的"战役"策划，即新闻传播工作者在一定时期内，为了达到某种传播效果，对具体的新闻事实的报道所作的设计与规划。新闻采访的策划，就是指记者对将要采访的题材重大的新闻事实所作的事先谋划或筹划，这样可以使新闻资源配置、利用最优化，产生最好的新闻传播效果。

2000年7月《黑龙江日报》刊出的《治病？骗钱——发生在哈传染病医院的怪事》系列报道充分体现了在新闻策划中坚持价值最大化原则，当记者采到新闻线索和第一手材料后，责任编辑对整体事件的观察及对医疗行业的了解，与记者迅速联系、沟通，决定将此新闻做大、做重。报道刊发后在社会上引起了强烈反响。医院的有关负责人受到查处，省卫生厅专门召集各大医院专家学者展开了一次有关医德医风的大讨论，省内各医疗机构也以此为契机，相继提出整改措施。如果说经济新闻策划是门艺术，坚持价值最大化原则进行策划则是完成这门艺术的重要保证。

1999年1月4日，重庆市綦江县彩虹桥桥体和钢拱一起落入了江中，耗资400万元的大桥和40个无辜的生命瞬间消失了。消息传出，全国震惊。各种媒体运用消息、通讯、图片等体裁和形式迅速作了跟踪报道。1月25日出版的《长江日报》"人与社会"栏目以《"豆腐渣工程"惊回首》为题，对近年来工程质量问题作了一个全面的回顾。这期的版面是这样安排的：顶头安排了4幅照片和4个标题：九江堤倒，西客站破，昆禄路塌，彩虹桥断。文章从刚刚重修才两个来月、一遇洪水就决口的九江大堤，谈到投资3.8亿元通车仅18天就垮塌的云南昆禄公路，接着又介绍了号称规模亚洲第一、投资几十亿元的北京西站，从一开始运营就问题不断……正是在这样的背景下，文章谈到了重庆彩虹桥的坍塌。从而引出了我国当前工程建设中存在的问题，新颖、深刻，很好地发挥了报纸的舆论监督作用，同时也扩大了策划的价值所在。

当今信息时代，信息过量从而让读者无所适从或产生厌倦而丧失阅读耐心的现象时有发生。这就需要媒体设法使新闻报道更能吸引读者的眼球，让报纸成为读者生活中不可或缺的一部分。除了把握好报道要点策划和选择题材策划好深度报道外，还必须在报道形式的策划上狠下功夫。就目前的情况，尤其要突出把握好以下几个问题：

第一，灵活运用并不断创新报道方式。怎样灵活运用报道方式并在实践中不断创新，是新闻报道策划中孜孜以求的重要方面，有时一篇或一组内容平平的新闻稿件由于选择了合适或新颖的报道方式而起到了意想不到的效果。因此，要根据反映的主题和所选择的题材、角度、采访对象以及新闻稿件的体裁等实际情况，对版面、栏目、标题、文字、照片、图表、色彩等统筹安排，灵活运用单一式、集中式、系列式、连续式、组合式、受众参与式、媒介介入式、媒介联动式等方式，结合实际不断创新。

第二，以版面的栏目化和培植品牌栏目为重要手段。以版面栏目化和培植品牌栏目为指挥棒，就要充分发挥编辑人员的创造性，让编辑人员从被动的"加工型"人员变成主动服务、与读者双向互动的"策划型"人员。

第三，报网联动，形成整体优势。报网联动使传统纸质媒体和新兴网络媒体各自的优势得到重新整合，在提升舆论引导力方面发挥着更强大的作用。

新闻事件的发生是新闻节目取得较好收视率和阅读率的最佳时机，但是在传统媒体和新媒体的残酷竞争形势下，对新闻事件获得独家报道权的几率正趋向于零，同时由于新闻事件的难以预测，策划经常是被动而非主动，滞后而非前瞻，策划往往在新闻生产流程中难以发挥最大化的作用。而在同一主题下整合事件、人物、背景和有吸引力的故事，进行品牌包装，使之成为区别于其他媒体的差异性优势，却比前者更能实现媒体竞争的独家性。

随着媒体总量的不断增多以及新型媒体影响的不断增大，新闻媒体之间的竞争日趋激烈。而各媒体之间竞争最白热化的，就是如何保证自己的新闻能够出奇制胜，牢牢抓住受众的眼球，提高发行量和收视率，从而使自己在激烈的竞争中立于不败之地。在激烈的新闻竞争中，策划是经济新闻制胜的法宝。

第五章 经济新闻采访的方法与原则

采访的本义，就是人类搜集自然界和人类社会信息，以便协调个人和群体的关系、谋求个人和群体的发展。采访活动随着人类社会的产生而产生，并随着人类社会的发展而发展。艾丰认为，新闻采访是一种特殊的调查研究，其特殊性在于，其"传播对象是极其广泛的人们"，为此"要猎取政治上重要的、涉及最迫切问题的、大众关心的、有一定趣味的事实"，同时，采访中"人与人之间的关系是自由的"① 新闻采访，是新闻记者（包括职业和业余记者）为公开传播而进行的了解新闻事实的活动，表现为记者的观察、访问、调查等行为。邵飘萍在《实际应用新闻学》中认为报纸采访、编辑、经营三项任务中"采访最为重要"，因为报纸最主要的"原料"是新闻，"而新闻之取得乃在采访"。② 因此对于经济新闻报道来说，重视采访环节，了解采访的相关程序，掌握经济新闻采访的一般方法和特殊要求，是做好经济新闻报道的前提和关键。

第一节 经济新闻采访的一般程序

一次完整的新闻采访活动，是由明确报道思想、确立采访选题、作好采访准备、采集新闻素材等环节所组成的。只有扎扎实实做好这几个环节的工作，新闻采访活动才能取得理想的效果，当然经济新闻采访也不例外。但是面对纷繁芜杂的客观世界，每一次经济新闻的采访由于采访对象、任务、条件等的变化，采访活动实际上都是独特的、不可再现的，因此，我们不应拘泥于这些程序的限制。

一、明确报道思想

我们这里所说的报道思想，是指由新闻媒体制订的、在未来一定时期内或

---

① 艾丰：《新闻采访方法论》，人民日报出版社2004年版，第10~17页。
② 转引自郭振：《邵飘萍论新闻采访》，《新闻研究资料》1981年第5辑。

长期的报道规划。它是新闻媒体给予记者的工作指南，包括报道目的、报道内容、报道范围、报道重点等。报道目的，是指新闻媒体对记者报道活动所要达到结果的要求，它要求记者围绕这些要求，有意识、有组织地去搜集新闻材料；报道内容，是媒体对记者报道中要呈现的主要事实，以及想通过这些事实引起的某些思考，包括对题材、主题、事件、人物等方面的要求；报道范围，是新闻媒体对记者报道的地域、行业所提出的要求；报道重点，是新闻媒体对记者所报道内容和报道范围中的侧重点的要求。

报道思想的确立是一个复杂的过程，要受到社会政治、经济、文化等多方面因素的影响。我国新闻媒体是党和人民的喉舌，其报道思想是根据党和国家的方针政策、工作重心以及媒体的具体定位而制订的，贯穿于新闻传播实践的整个流程之中。经济新闻记者总是为特定的媒体服务的，只有明确所服务新闻媒体的报道思想，采访时才能有的放矢，写出的新闻报道才会更符合新闻媒体的要求。

（一）明确报道思想的作用

明确报道思想，记者在进行一项具体的经济新闻采访时，就能明白应该采访什么、不应该采访什么、应该怎样采访、不应该怎样采访等问题有一个清晰的认识。对于经济新闻采访来说，明确报道思想的作用在于：

1. 有利于记者把握当前宏观政策环境，为采访活动导航

现代新闻传媒在客观上大多是从属或依附于一定的阶级、政党或集团，要为其政治、经济利益服务的。我国的经济新闻传播活动是在党和政府的直接领导之下的社会性活动，其报道思想，一般都是根据党和政府在一定时期内制订的、与新闻传播活动有关的一系列宏观管理方针、政策来确立的，在一定程度上反映了一定时期内党和政府对国内新闻传播环境的总体而科学的认识。

1998年3月朱镕基当选总理后，向中外记者宣布"五大改革"，第一个就是粮食流通体制的改革。由于农业连年丰收，粮食供过于求，这却成了既"愉快"又"沉重"的负担。2000年4月中旬，为推进金融改革和整顿以及粮食流通体制改革、维护农村稳定和发展问题，国务院总理朱镕基到江苏考察，4月18日在扬州，他专门就落实和完善粮食流通体制改革问题作了讲话：现在一些地方国有粮食企业不能完全敞开收购农民的余粮，导致粮价下跌，农民增产不增收甚至减收，这种情况值得注意。在当前粮食供大于求的情况下，国有粮食企业按保护价敞开收购农民的余粮，是稳定粮价和增加农民收入的根本保证。他还说到，放开粮食收购市场的前提，是国有粮食企业真正做到敞开收购农民的余粮，只有"敞开"才能"放开"。他对扬州市坚持按保护价敞开收购农民余粮给予了热情褒奖："扬州的粮食工作做得是很好的……"朱总理

在扬州对粮食收购调查之深、评价之高，使《新华日报》意识到，坚持按保护价收购农民余粮，是"一头连着千家万户农民利益，一头牵着党中央国务院领导同志心"的重大政策，报道好扬州市的典型，对全省、全国都有重大指导意义，这无疑是一个"顶天立地"的重大新闻主题。① 正是因为明确了这样一个报道主题与思想，记者以朱镕基总理敞开收购农民余粮的讲话精神为指导，以扬州市坚持按保护价敞开收购农民余粮为基本事实，迅速采写出《农民卖粮不用愁 粮站一年收到头》这篇重头报道，最终获得了中国新闻奖二等奖。

2. 有利于记者按图索骥，发现采访线索

《新闻学大辞典》认为"新闻线索是新近发生的事实的简要信息"。一般而言，新闻线索可以称为采访线索或者报道线索，是指为新闻采访报道提供有待证实、扩展和深化的信息，或者说是将要成为新闻报道的事实所发出的信号，它给新闻记者提示新闻采访的方向。新闻线索大多是经过新闻热线、新闻报料人转述甚至道听途说的，因此新闻线索只是一种新闻报道的可能状态，它不等于新闻事实本身，但它却是记者进行采访活动的"引子"与"向导"，呈现出简约性、梗概性和不可靠性等特点。

新闻线索的特点还告诉我们，对待新闻线索，既要积极主动，决不轻易放过，同时又要认真仔细，决不可轻信上当。2003年6月初的一天，《中国证券报》的一位记者在浏览上海市第二中级人民法院开庭公告时得知这样一条线索：6月9日上午，这家法院将开庭审理安徽蚌埠建设物资有限公司起诉华鑫证券公司财产所有权纠纷一案。这位记者此刻联想起以前在浏览法院开庭公告时，蚌埠建设物资有限公司已在上海的法院多次起诉该证券公司。一家企业为什么在很短的时间内多次将一家证券公司告到法院？记者由此判断这起官司里面肯定隐藏有内幕的新闻事件，于是决定去上海市二中院旁听庭审。谁知这一去，经过认真旁听、阅读有关资料和采访相关人员，居然揭开了上市公司——啤酒花董事长艾克拉木失踪的秘密，更揭开了一个内部人操纵股票价格的惊天黑幕。由此可见，正是记者有了积极主动的报道思想，才不轻易放过任何一条可以成为新闻线索的信号，从而发现新闻线索；当然仅凭新闻线索是无法写出吸引受众的新闻来的，获得新闻线索后需要通过进一步的采访深入挖掘，才能得到更有价值的新闻事实。有些新闻线索所传递出来的信息是不确定的，还需

---

① 李大容、徐向明：《"顶天立地"：记者报道工作追求的目标——中国新闻奖二等奖作品〈农民卖粮不用愁 粮站一年收到头〉的采写体会》，《传媒观察》2001年第10期。

要记者作进一步的核实，否则就会炮制出虚假新闻，特别是经济新闻给社会和受众带来的损失不可估量。

新闻线索的来源，可以来自记者本人的观察、访问、思考，但只有明确了报道思想，才能以一种职业的新闻敏感对新闻线索做出自己的选择。改革开放30年的今天，农村要实现新的提升和发展，必然面临着从单一强调经济建设向注重农村社会建设的重大转变。2007年，山东诸城市重整农村组织资源，建立了以服务代替管理的农村社区。这一新事物一诞生，就引起了《大众日报》领导与采编人员的高度关注，认为诸城农村社区的出现，是中国农村发展到新阶段的必然产物，是新时期农村社会建设的一项重大突破，是统筹城乡发展、落实科学发展观、加强新农村建设的创新实践。因此在第一时间由报社领导带队，组织精干人员进行了采访报道。其后，又4次深入诸城，对该题材进行反复调研和总结提炼，《跟城里人一样享受政府公共服务 诸城农民迈进3公里社区服务圈》（《大众日报》2007年9月15日）敏锐地把握住这一全国首创之举，简明、清晰地提炼出新闻事实及其深远意义，将这一创新性工作推向全国，引起了党政机关、社科理论界的极大关注。

大部分采访线索源于他人的主动提供，或从其他新闻媒体的报道中引出新的线索等。报道思想对记者应该采访的范围作了大致的规定，采访就会有的放矢，记者会按照报道思想的规定去寻找或判断可以进行深入采访的新闻线索。2002年，人民网"强国论坛"和新华网"发展论坛"上都贴出了一篇1.8万字的帖子《深圳，你被谁抛弃》，该文在网民中引起强烈反应。《南方都市报》的编辑、记者也注意到这一网络话题是一条符合当时报道思想的可用的新闻线索。借着不久后深圳市市长在市委会议上正面回应《深圳，你被谁抛弃》的契机，《南方都市报》在统一刊发会议通稿的第二天，以7个版的篇幅刊登了题为《深圳，你被抛弃了吗?》的专题报道。接着，又根据读者来信反映的情况，推出了第二轮报道《深圳人诉说十大期盼》。随着报道的继续深入，时任《南方都市报》主编的程益中有了一个大胆的设想："设法促成帖子作者与于幼军市长见面，将讨论本身和文章作者追踪两条线索重新融合，达到高潮。"经过记者多次联系，2003年1月19日，深圳市市长于幼军终于与帖子的原创者"我为伊狂"正式对话。记者获得新闻线索的方式、途径还有很多，其中的关键在于记者自己要积极主动，在实际工作中逐渐培养起敏锐的新闻嗅觉，眼观四面，耳听八方，这样才能在辽阔的生活海洋里，源源不断地获得新闻线索。

3. 可以指导记者思考新闻主题，事半功倍

报道思想不等于新闻主题，报道思想是采访之前对将要采访的内容的设想、对将要采用的采访方式的策划；而新闻主题则是在通过采访掌握新闻事实

的真实情况的基础上,对报道切入点和报道角度等问题深入思考的结果。报道思想可以为新闻主题的提炼提供帮助。报道思想反映的是新闻媒体从宏观角度对当前社会发展变化的一些认识,而任何新闻主题的提炼,都应该与时代同步。记者在明确报道思想的同时,要对采访的内容有一个预先思考。这些预先思考对采访活动是极为有用的,记者带着思考去采访,其对采访内容的把握就会更加敏感,利于提炼更深刻、更有意义的新闻主题。

(二) 如何明确报道思想

记者在采访活动中报道思想的真正确立,是一个主观认识加上客观实践的能动过程。主观上,记者要仔细领会相关部门对报道内容和报道方式的政策和指示,结合自己对当前社会发展状况的一些判断,为自己的采访活动确立方向;客观上,记者也应在采访实践中深化对这些指示的认识,注入自己对所采访现象的独特思考,以深入理解报道思想,为自己的采访报道活动注入特色和深度。

长三角一体化是中央继西部大开发、振兴东北老工业基地之后实施的我国振兴区域经济的又一重大战略决策。过去,由于管理体制的弊病,长三角地区的市场并未实现真正意义上的一体化,无形的市场壁垒仍然横亘在三地之间,相当程度上制约着两省一市的经济又好又快地发展。2007年12月5日,江苏、浙江、上海三省市工商部门宣布建立联席会议制度,并公布了在长三角地区统一实施的市场准入政策。此举标志着三地工商部门率先打破了行政区划的限制,推动了区域大市场的形成。三省市工商部门在长三角地区建立和实行统一的工商行政管理制度,意味着长三角区域内的经营者都将得到同等的待遇,真正意义上的长三角地区统一大市场开始逐步形成。《经济日报》记者黄平、叶建华长期身处长三角地区,对两省一市的经济发展状况及遇到的现实困境有着较多的了解,对报道思想了然于心,紧紧抓住三地实行统一的市场准入制度这一主题,进行深入采访,待三方在会上达成最终协议,即以《长三角市场一体化工程正式启动》为题,在第一时间发出消息。稿件在当天发回编辑部之后,编辑处理及时,迅速安排版面,于次日在《经济日报》企业版的头条位置刊出。消息发表后,在多达200万户的长三角地区的企业群中产生了较大反响,早就盼望拆掉行政区划"篱笆墙"的企业纷纷表示受到很大鼓舞。据工商部门反映,稿件刊发后,全国有30多家纸质媒体及网络媒体予以转载,被评为经济日报社社级"星稿奖"。

明确报道思想要避免"单侧面报道思想"。这一提法最先见于著名记者艾丰的《新闻采访方法论》,"所谓'单侧面的报道思想',虽然找不到代表性的理论观点、理论著作,但它确实'约定俗成'地起着作用,甚至是支配作用。

这种报道思想，简言之，即只取我需的那个侧面，不顾及事物本身的多侧面。"按照有关部门制定的宣传重点和当前的宣传政策要求去采写新闻，这对于新闻记者来说，无疑是正确的。有人因此称之为"规定动作"。如何完成好规定动作，做到和"自选动作"（媒体根据需要自己确定的报道重点）的有机结合，要求记者在采访中不能单纯地和片面地理解"宣传重点"，要对"宣传重点"进行深刻的、全面的理解和立体化的思考，更要"因地制宜"，结合当地的实际情况，进行适合于本地实际的报道和报道策划。要在采访中增强政治意识、责任意识、大局意识和服务意识，面对复杂的事物多问几个为什么，下笔写作时多想想新闻见报后受众的看法。

二、确定采访选题

所谓采访选题，简单而言就是指新闻采访的"题目"，即新闻采访活动的具体对象，它涉及采访什么以及从哪个角度进行采访的问题。①世界万物每天都发生着变化，可能被发现和报道的新闻事件同样层出不穷，而我们每次具体的采访活动只能就新闻事件或者人物的有限部分进行采访，不可能穷尽新闻事实的方方面面。众所周知，经济新闻事实极其复杂，每个新闻事实都与其他新闻事实乃至形形色色的社会、生活或文化存在着错综复杂的关系，它们之间相互交织、彼此作用，每个记者在进行采访活动时，总是只能从一个特定的角度去采访新闻事件的一个或者几个相关的侧面。因此确定好采访选题，就是帮助记者明确具体的采访对象，正确把握具体的采访活动的特定角度。

在经济新闻的实际采访工作中，采访选题的确定要遵循以下三大原则：

（一）讲究客观事实和主观认识的统一性

记者确立采访选题在理论上应该树立唯物辩证法的概念，这是新闻采访认知路径的正确起点。采访选题应该来自于客观、真实的现实生活，来自于客观存在的新闻事实。也就是说必须尊重客观事实，从事实的本来面目去认识和采访新闻事件。先有客观存在的新闻事实，然后才可以确定采访选题。现在随着新闻媒体逐渐市场化，新闻竞争的同质化现象越来越严重，媒体为了推出独家新闻，就必须通过精心策划报道选题，毋庸置疑，精心策划、确定的采访选题及其报道所产生的传播效果，是那些仅仅涉及一个部门的工作或者某些政策性的解释、领导有关指示解读之类的"应景性新闻"所不可同日而语的。但是如果记者不讲究客观事实与主观认识的统一性，一味闭门造车，为制造轰动效

---

① 罗以澄：《新闻采访学新论》，武汉大学出版社2000年版，第139页。

应而编造选题，就会陷入假新闻之困，使媒体丧失公信力，受众蒙受损失。

2007年10月14日，《中国经营报》发表《整体上市狂飙 30家央企整体起跑》的报道，开篇即提到"在刚刚过去的9月份，国有资产监督管理委员会（下称国资委）秘密出炉了早在其计划内的30家'整体上市'的央企名单，并随即召集了这些企业的高级财务人员，为之进行有关'整体上市'的系统培训"。报道中多次提及"一位接近国资委的内部人士告诉记者"，并在报道中点出了一些企业的名称，多家媒体转载了这篇报道。"30家央企整体上市"的消息一度成为证券市场的头号新闻，消息一经蔓延，央企整体上市的题材在股市被热炒到了一个新的高潮，大盘蓝筹股成为推高股指的重要动力。10月15日，央企上市公司再度领涨，长江电力（600900.SH）、中国联通（600050.SH）、宝钢股份（600010.SH）、中石化（600028.SH）、中核科技（000777.SZ）纷纷涨停。10月16日，文章中提及的五矿集团旗下上市公司五矿发展（600058.SH）发布公告，澄清媒体对其整体上市的报道，明确表示公司2007年内无整体上市计划。10月17日，国务院国资委新闻发言人的一纸名为《国资委发言人谈中央企业整体上市工作的有关情况》的说明，将30家中央企业整体上市名单的传言击碎。同日中证网等多家媒体刊发《国资委否认"2010年前30家央企整体上市名单"》的报道，国资委改革局副局长贾小梁向记者证实：市场上流传的名单中的内容与国资委掌握的实际情况并不符合，"名单中所说到的企业也并不是我们所确定的企业，这很可能是某些机构的炒作行为。国资委内部正在严查此事"。10月18日，《第一财经日报》刊发的《30家央企整体上市名单谣传始末》提到，自2006年始国资委一直在推动央企整体上市，但是确实从来没有拿出过具体名单，申银万国策略分析师安昀告诉本报记者，市场很有可能是根据此前公布的34户A级央企作出的推测。由此可见，作为对投资人发布信息、对证券市场起监控作用的专业财经媒体据此发表报道，传播不实信息实属不应该，这也在一定程度上严重影响了媒体的公信力。新闻媒体的卖点是新闻真实，媒体出售的商品应该是真实，而与此同时媒体的竞争点是速度和时效，要求记者在第一时间报道，媒体对记者、编辑投入减少，意味着很多新闻没有经过认真的核实程序，真实性成了新闻时效的第一个牺牲品。《媒体伦理学》一书中说："报纸刊登事实是其文章获得众所公认的一个标准。事实上，无论什么道德准则，对于报人，在任何条件下都要陈述事实。品格高尚的编辑特别将此作为自己的座右铭或墓志铭。"①

---

① 陈边、新龙：《媒体公信力的阴影——对近年假新闻的一些分析》，《新闻前哨》2005年第4期。

(二) 注意新闻价值和新闻政策的统一性

确定采访选题的时候，还应该讲究新闻价值。新闻价值也是识别新闻事实的主要依据。美国的新闻学者梅尔文·门彻认为新闻价值主要是以下7个因素构成：及时性、冲击性、显赫性、接近性、冲突性、异常性、当下性。① 这种代表西方新闻学的观点，与我国的新闻传播实践有些出入。我国新闻学界对新闻价值的构成说法虽不统一，但大部分学者认为新闻价值主要由时新性、重要性、显著性、接近性和趣味性等因素构成。选题的质量和新闻价值的大小是互为关联的，因此记者应该根据构成新闻价值的几大要素，尽可能选择那些新闻价值相对突出的新闻事实作为自己的采访选题；或者在相对而言新闻价值比较小的新闻事实中，另外寻找角度，从中挖掘出蕴涵着新闻"富矿资源"的采访选题。

新闻价值是确定采访选题的一个主要标准，记者及其所服务的媒体在注重事实所包含的新闻价值的基础上，还必须注意研究新闻政策，使选题实现新闻价值和新闻政策的统一。无论中国还是其他国家，新闻传媒机构都是和一定的阶级、集团或政党相互联系着的，其传播行为相应体现着一定的阶级、集团或政党的意志，并且为实现其政治目的和经济利益服务。尽管世界许多国家的政治体制不同，但在对新闻媒体的管理、控制上都会通过制订新闻政策，对新闻传播内容作出相关的规定、措施。虽然我国至今尚未正式颁布《新闻法》，但相关新闻的政策规定、原则条文还是不少。例如，《出版管理条例》、《报纸管理暂行规定》、《中国广播电视编辑记者职业道德准则》、《印刷业管理条例》、《关于禁止有偿新闻的若干规定》、《期刊管理暂行规定》、《新闻出版保密规定》、《中共中央关于加强社会主义精神文明建设若干重要问题的决议》中相关新闻的规定等，以及1996年《江泽民同志视察人民日报的讲话》等，均可以划为我国目前的新闻政策范围。

对于经济新闻采访来说，还应关注信息公开的相关政策。2007年1月17日国务院第165次常务会议通过《政府信息公开条例》，自2008年5月1日起施行。另外，从中央到地方政府已建立的新闻发言人制度，也是落实公民知情权、保证信息公开的一大举措。

(三) 把握社会需求与传媒定位的统一性

新闻传播机构的服务对象是广大受众。满足社会各个不同层面受众的信息需求，自然是新闻传播首要功能的实际体现，也是新闻采访选题确定的关键依

---

① 梅尔文·门彻：《新闻报道与写作》，华夏出版社2003年版，第79页。

据。但是受众对信息的渴求是无止境的,特别是市场经济条件下,受众对经济信息的需求更为迫切,新闻媒体的服务相对而言却是有限的,即便技术发展到今天的网络时代,谁也不敢保证所有的新闻传媒能够满足各个层次社会大众对信息方方面面的需求。所以,记者在确定采访选题时,不仅要考虑社会大众的需求,还应该注意把握好自身服务的新闻传媒机构的性质、定位。进入分众传播时代后,这个观念也是经济新闻记者必须确立的。新闻传媒的传播定位,主要关系到传媒为谁服务、从哪方面服务的问题,也就是关系到传媒受众群界定的问题。这直接影响着传媒的宗旨、编辑方针、内容选择、表现手法等一系列如何办好传媒的根本性问题。正是因为拥有着相对明确却又不尽相同(或构成上、或分布上、或需求上)的主要受众群,都市报的经济新闻选题与新财经媒体的选题显示出彼此间的差异和各自的个性,从而在激烈竞争的传播市场上求得自身生存与发展的空间。因此,满足社会各个层次受众的需求和注重媒体自身的传播定位,是当前记者和传媒确定采访选题必须把握好的两个方面,两者相辅相成、辩证统一。

记者在采访中要发现和判别新闻事实,以此找到新闻选题,记者要以新闻价值为依据,必须具备新闻敏感,否则就会对新闻事实视而不见,听而不闻。新闻敏感,又叫"新闻嗅觉"("新闻鼻")、"新闻眼光"("新闻眼")、"第六感官"。美国《芝加哥论坛报》的伯顿·拉斯科在20世纪20年代曾给新闻敏感作过一个界定:"新闻敏感实际上是一种判断什么重要、什么关键、什么充满活力和生机、人们对什么感兴趣的感觉。"[①] 伯顿·拉斯科这个定义很生动贴切,但不够严谨。换一个比较严谨的说法就是:新闻敏感是指新闻工作者发现、判断新近发生的事实是否具有新闻价值的能力。

新闻敏感来源于记者高度的责任感,对形势、政策的透彻了解,知识和经验的积累。2001年5月下旬,《人民日报》驻安徽记者站的记者蔡小伟在安徽凤阳县采访时听说凤阳县正在开展刹官僚风、吃喝风、走读风的活动。因为蔡小伟对国内形势十分了解,也认真掌握了党的方针和政策:江泽民在十五届五中全会上作了关于党的作风建设的重要讲话。2001年是建党80周年。加强党的建设,实践"三个代表"是党的一项重要工作。正是由于对形势和政策的透彻了解,蔡小伟马上意识到这是一则反映党的基层干部贯彻实践"三个代表"重要思想,狠抓作风建设的好新闻。于是,蔡小伟写了一篇消息《县委书记刹"三风"》,在《人民日报》2001年6月7日一版头条刊登,引起了

---

① 梅尔文·门彻:《新闻报道与写作》,华夏出版社2003年版,第78页。

较大的反响。①

总之,确定新闻采访选题的过程也就是发现、提炼新闻线索的过程。在新闻界有"新闻发现比新闻写作更重要"之说,说明了确定新闻采访选题的重要性。如何确定采访选题,不同的记者,不同的媒体,有不同的做法。尽管现在有新闻热线、新闻报料等途径可以帮助采访选题的确定,但编辑、记者在选题确定时还是应该注意掌握一定的原则和方法。

三、做好采访准备

采访准备是记者为更好地采集新闻材料而进行的前期活动,是新闻采访活动的一个基础环节。著名经济学家吴敬琏在2003年"两会"期间与一位冒失的年轻记者的简单对话,给没做好采访准备的记者上了一课。"吴老,您怎么看待去年的证券市场?去年一直处于下跌,您认为这是正常的吗?""我有一本关于这方面的书,如果你看了以后,觉得对这本书有什么意见,可以再讨论,好不好?"从这个活生生的例子中,我们可以看到,对于专业性较强的经济新闻,做好采访准备对完成采访显得多么重要。

新闻记者的采访活动可以分为一般新闻事件采访和突发新闻事件采访。经济新闻采访中以一般新闻事件的采访如会议、活动、人物专访等居多,通常时效性要求不像突发性事件那样强,常常是可以预先知晓的,记者在采访之前对将要采访的内容有一个透彻的了解,有助于记者熟悉要采访的领域,找出采访重点,形成独特的采访思路;新闻采访总离不开和形形色色的采访对象打交道,经济新闻采访更是常常需要采访经济职能部门的领导、专家和学者,记者在采访准备中通过各种途径熟悉采访对象,不仅要对其兴趣、爱好、生活有一个大致的了解,更重要的是要对其工作管理、研究的领域相当熟悉,这是记者和采访对象之间形成有效交流的前提,因为很少有哪个工作繁忙的管理者或学者愿意把宝贵的时间花在对记者进行"ABC"的知识扫盲上,美国记者威廉·曼彻斯特曾讲过采访之前充分了解采访对象的重要性:"对美国总统这样的人提出一个他早已回答过多次的问题,这是莫大的侮辱……你的问话应该是他前所未闻的,应该显示出你对他的生涯了如指掌,这样他就可能尊敬你,有兴趣跟你交换意见,举行会谈。"② 因此做好采访准备,有助于记者熟悉采访对象、取得交谈资格。

按我国新闻界的通常说法,采访准备一般可分为平时准备和临时准备两

---

① 蔡小伟:《学会打好主动仗》,《新闻战线》2001年第8期。
② 杜荣进等:《中外新闻采写借鉴集成》,浙江教育出版社1999年版,第131页。

种。平时准备，即记者在日常生活中的积累；临时准备，即记者为具体的采访任务所作的准备。

经济新闻采访的平时准备主要包括经济政策、经济理论和经济知识的准备。从这个意义上讲，记者每天的生活中无时无刻不在为自己的采访作准备。记者要对党和政府的经济政策有相当的了解，保持较高的理论觉悟和政策敏感。

在确定了具体的采访选题后，记者就要围绕选题作准备，这被称作是采访前的临时准备。这种准备主要从以下几个方面进行：首先要搞清与采访内容相关的政策法规，其次要熟悉采访对象。在采访具体的某事、某地、某机构或某人时，记者可以通过上图书馆或上网，事先查找、翻阅相关资料或报道，摸清该地的历史地理和政治、经济概况，该机构的组织架构和各下属部门的具体职能，某人的业务专长、得意之作、社会评价等，这在实际采访中常常会成为打开被访者话匣子的敲门砖。名记者郭梅尼在1986年采访九十岁高龄的茅以升时，事先看了5本他写的和写他的书以及有关资料，又先找他的秘书、家属等作外围采访，再根据这些材料，进行了认真思考，提出了采访时的重点问题。因为她事先作了充分准备，在短短的一个半小时的限定采访时间内便抓住了要害，最终写出了新闻名篇《人生当架几座桥》。此外经济新闻的深度报道在采访时还要特别注意找到并分析以往新闻媒体的相关报道。即在采访之前，最好抽时间翻翻从前的报刊，利用Google、百度等网络搜索引擎，寻找一下以往是否有过类似的或是关于同一选题或被访者的报道。如果已有相似报道了，就要注意查漏补缺，分析已报道的新闻事件和报道的技巧，寻找报道的不足及可挖掘的主题，在已有报道的基础上进行突破与创新。

最后要制订出可行的采访计划。在制订计划之前，记者最好先问自己两个问题：一是采访究竟要达到什么结果，你想从采访对象那里得到什么：是某个新闻事件发生与否的确切答案，还是他对该事件的描述或是他对该事件的看法？这个问题解决采访的针对性，你想要的东西应该是只有该采访对象才能提供。二是如何才能达到这个结果，你怎样才能获得所需的东西：如何接近采访对象、该向采访对象提什么问题等。这个问题解决采访的可行性。考虑清楚这两个问题之后，就可以着手制订采访计划了。典型的采访计划包括以下一些内容：采访对象（采访地点和人物、采访的重点、采访顺序等）、采访方式（个别访问或是开座谈会、电话采访或是现场采访）、问题纲要（要提哪些问题、哪些是重点问题、提问顺序）、应对措施（如果采访对象临时不能接受采访，有无其他采访对象可替换）。提问纲要是采访计划中最重要的部分，要准备尽可能多的问题，以应不时之需；同时也要把问题作适当分类，如引导性问题或关键性问题、开放性问题或闭合性问题等，它们在采访中的作用都是不同的。提问顺序也很关键，通常来说，要先问采访对象愿意回答的问题（如成就），再问他不想说的内容。不要一开始就抓着敏感问题不放，否则会引起采访对象的不快，拒绝回答任何问题。

四、采集新闻材料

新闻采访的根本任务是了解新闻事实，新闻事实的形态、性质、来源、要素等内容都可以在新闻材料中得到反映。因此，采集反映新闻事实的各种材料，就成了新闻采访的直接任务，也是新闻采访活动中的核心环节。

如果按新闻材料来源粗略划分，新闻材料可以被分为直接材料和间接材料两大类。直接材料来源于记者本人，是指记者不经任何中间环节和他人转述，直接从新闻事件的发生现场采集而来的材料。若是记者未能直接进入新闻事件发生现场，而是搜集了他人对新闻事件的转述和其他相关材料，这些材料就是间接材料。所以记者应尽量采集直接材料，这是对采集新闻材料来源上的要求。在对新闻材料的处理上，应注意对材料的理性加工。首先应注意核实材料的真实性，即找到材料的源头。直接材料应找到新闻事件的当事人或发生现场；间接材料要注意查找原著原文，或找到持有直接材料的权威人士。否则就可能出炉假新闻。从多方寻求证实、访问不同的人、根据不同的采访对象的说法来核实同一材料，也是核实材料真实性的一个好方法。此外还应注意鉴别材料的全面性。事物是多侧面的，也是广泛联系的。仅注意从一个方面搜集材料，就可能以偏概全，难以反映新闻事实的全貌；也可能犯单因论的错误，将事件的发生归结于某一原因，而忽视了其他原因甚至真正原因。

记者在采集新闻材料的过程中，应根据不同采访任务的要求、采访对象的实际情况，灵活应用各种方法。经济新闻采访中，记者常用的采集新闻材料的方法主要有观察法、访问法、文献法、网络采访法、目标调查法、问卷法等几种，观察法和访问法本书中有专节论述，这里着重介绍文献法、网络采访法、目标调查法和问卷法等几种方法。

1. 文献法

文献法可以突破访问法、观察法的时空限制，通过查找文献获得超越时空障碍的新闻材料。互联网时代的来临，大大便利了记者利用文献法采集新闻材料的条件。记者可以在由超文本（Hyper Text）、超媒体（Hyper Media）、技术结合超链接（Hyper Link）等链接技术构建的网络文献中漫游；同时，记者通过 HTML 符号的描述，就可以实现文字、表格、声音、图像、动画等多媒体文献的检索。

阅读并整理文献，是采集经济新闻材料的一种重要方法。经济新闻采访要想获得全面丰富的新闻材料，除了现时态的材料，还有历时性的背景材料；除了点上的材料，还有整体的全局的材料，因此就有必要采用文献法，帮助记者获得具有一定时空障碍的事实材料。经济新闻采访中涉及比较多需要考察经济发展历史演变的选题，也需要文献法来获取新闻素材进行对比研究；同时，那些涉及现实经济问题、事实的报道，也需要借助文献法来了解那些记者无法亲自接触但又非常有用的重要材料和数据，以弥补同时态采访的不足。1999年9月29日《人民铁道报》刊发的《中国地铁列车通过天安门广场》，记者充分利用文献采访的方法从而获取大量的背景材料。为写这篇消息，记者采访前进行了认真的准备，通过查找文献，甚至专门购买并阅读了大部头的城市地铁专业理论著作，积累了大量的相关信息，正因为有背景材料与现场材料的巧妙组合，不仅增加了报道的知识性和趣味性，而且实现了信息的增值。

当然记者在应用文献法的时候，要时刻注意用怀疑的眼光审视所看到的相关文献。文献法固然重要，但是决不能代替实地采访和观察，而只能作为后两者的补充。

2. 网络采访法

因特网以信息海量、传播的即时性和交互性等特点而被誉为是第四大媒体。网络采访法就是利用因特网这一特殊工具进行采访或为采访服务。

对于新闻记者来说，利用因特网可以了解最新信息；而对于经济新闻记者来说，利用因特网，可以拓展信息来源，获取非常多的新闻线索。网络空间中的电子公告牌系统是"民间记者"发布信息的场所，传统新闻业的新闻是自上而下地向受众传播；网络里的新闻都是自上而下传播的。在新闻组里，任何人都可以报道任何事情，虽然不排除有的报道是虚假的，甚至错误的，但记者可以凭自己的新闻敏感和理论水平去伪存真，找到自己所需要的新闻线索。更为重要的是因特网中的各个新闻组、讨论组，涵盖了各个层面的话题，参与讨论的人来自社会的各个阶层，从而使新闻组、讨论组体现出一种平等的交流关系，成为民众畅所欲言、表达舆论的阵地。经济新闻记者通过访问新闻组、讨论组这样特殊的空间，可以倾听到受众的呼声，把握时代的脉搏，从而确定采访选题，与其他的采访方法相结合，写出有时代特色的经济新闻报道来。

另外，经济新闻记者可以通过电子邮件进行采访，对于记者来说，网络最大的贡献就是提供了电子邮件这个采访工具。经济新闻在评判经济问题、分析经济走势时，经常需要访问一些知名学者、经济专家，有时由于地域和时间的限制，或采访者不愿意接受面对面的讨论等原因，这时记者就可以通过电子邮件采访来获取信息或观点。当然用电子邮件访问也有许多局限性，例如，缺乏面对面主客体交流的互动性，由于电子邮件是一种非同期传播，因而记者无法控制采访者回答的速度，同时还不排除得不到对方回答的可能性。

记者毕竟不是经济学家，即使是经济学家，也是学有专长，而记者必须在很短的时间内完成采写，而且涉及的领域广泛，又经常变化，因此，作为一名好的经济记者，知道去哪里找自己需要的资料，知道上哪里找合适的人采访，是采集新闻材料时最重要的能力。伯克利新闻学院的经济新闻报道课程非常重视这一能力的培养。针对经济新闻很少有突发性新闻的"现场"，经济新闻记者需要依靠网络去搜寻信息，得到新闻线索，撰写新闻稿件。但是一个记者如果只知道通过 Google.com 查找信息，无疑已经先输一筹，因此应学会查找网站的窍门。如同华尔街的投资人和经济分析师每天都要阅读上市公司的各种文件掌握投资信息一样，阅读这些文件也应该是经济新闻记者查找新闻材料的必备工作，阅读和评判公司的财务报告和文件同时也是经济新闻记者报道的基本技能。证交会要求上市公司提交的各种文件被经济新闻记者当作最好的"报道伙伴"，因此记者要熟悉哪些网站可以获取上市公司提交证交会的所有文件。

互联网是一个巨大的信息体，也是记者收集相关背景材料和同一选题相关报道的理想工具，记者需要找到一种有效的方法，进入一个庞大的文献资料库，由此可以获得自己想要的有用的材料，为丰富报道内容、确定报道角度提供方便。

3. 目标调查法

经济新闻报道与一般的新闻报道的区别在于它不以报道时效性强的动态消息为主，而是以深度报道、调查性报道见长。调查性报道，作为现代新闻的一种特色、有效的报道形式与方法，一般调查目标明确，致力于揭示对受众有重要意义的事实真相，调查行动由媒体和记者独立完成，调查与收集材料是记者的原创行为，一般通过对一系列个案的详细调查、深入挖掘，力求找出一个完整的事实链，将个案作为"点"扩大到"面"上，进一步展示"面"的状态。深度报道的前身是解释性新闻，它起源于 20 世纪 30 年代的美国。它是一种运用背景材料来分析一个新闻事件发生的原因、意义、影响或显示其发展方向的新闻报道方式，顺应我国改革开放的形式。深度报道从 20 世纪 50 年代在中国新闻界迅速崛起，一度成为经济新闻的主要报道方式。这些报道立足于用记者调查所得的事实来构建报道，即经过记者现场核实、取证的材料。因此经济新闻采访常常采用目标调查法。

1998 年 9 月 22 日《中国乡镇企业报》刊登的《农村市场：农民富裕是前提》就是记者深入调查后为农村市场把脉开方的新闻精品，我国有 9 亿农村人口，农村市场蕴藏着巨大的消费潜力，开发培养农村市场，将会成为我国经济新的增长点。近几年，城市市场在"过剩经济"的压力下，学者、商界与厂家越来越多地把目光转向农村市场，加快了开拓农村市场的步子，但尚未见到令人鼓舞的成绩。记者通过深入到农村调查发现农村市场流通不畅，流通结构不完善，一盘散沙，该进的进不来，该出的出不去；农村市场结构单一，服务体系虚缺，从而提出必须在方便农民买东西的同时，帮助农民把小生产与大市场沟通起来，盘活农村经济，帮助农民致富，这样才能算是真正抓住了农村的商机，使农村市场活跃起来、成熟起来，同时提出农村市场的开拓是我们走向现代化的社会主义市场经济体制不可分割的重要组成部分。如果没有深入的调查采访，记者是不可能获取如此丰富的感性材料的，也就不可能得出这个深刻的思考。

4. 问卷法

所谓问卷法（Questionnaire），即记者利用设计好的书面问卷来统计调查数据的方法，用来调查采访对象对某新闻事实的认知或态度，在经济新闻采访中用得特别多。采访活动中的问卷发放，可通过个别发送、电话调查、邮寄问卷、网络问卷调查等方式进行。这四种方式各有优缺点：个别发送问卷时，记者和采访对象之间可以互动，记者还可访问到不识字的采访对象，但是，这种方法成本比邮寄问卷和电话调查高，记者的谈话技巧也会对问卷结果有影响；电话调查较为经济方便，其匿名性也使采访对象易于回答敏感问题，但对谈话时间和问题都有限制，时间不宜太长，问题选项不可太多；邮寄问卷覆盖面广，经济方便，采访对象也很少受调查者的影响，但邮寄问卷的回复率通常较低，采访对象也可能随意填写；网络问卷是现在常见的一种问卷形式，成本相对最低，而且可超越国境进行调查，但采访对象的群体有限，只适合调查有条件上网的网民。

问卷法最重要的一步是设计合适的问卷，问卷用语的歧义和问题顺序的排列都可能影响问卷调查的结果。一般而言，记者在问卷设计中需注意以下几点：一是使用明确的词句，不要问"今年过得怎么样"，而要问"今年的可支配收入有多少"；二是设用中立性问题，避免引导式问题，尽量避免在问题中暗示采访对象回答的方向；三是对敏感性问题要谨慎处理，如涉及个人隐私的问题，在问卷中最好不要出现。

第二节 经济新闻采访的方法

前面已经提到经济新闻采访中，记者常用的采集新闻材料的方法主要有观察法、访问法、文献法、问卷法等几种，下面重点介绍观察法和访问法两种常用的采访方法。

一、观察法

新闻观察作为一种新闻采访方式，是指新闻记者运用自己的眼睛，对客观事实或报道对象进行由表及里的察看与思考，借以印证与收集新闻素材或新闻线索的活动。新闻观察是记者的视觉活动和思维活动的有机结合和辩证统一。观察法也是经济新闻常用的一种采访方法。

新闻观察是以眼看为主的视觉活动。新闻观察用记者的行话来说又叫用眼睛采访。对于新闻记者来说，要通过采访认识事物，要对事物有所"发现"，很大程度上是依靠观察。科学实验证明，在一个人的大脑储存的全部信息中，大约80%以上的信息来自视觉，在人的各种感觉器官中，视觉是最灵敏又最主要的器官，所以美国新闻学家麦尔文·曼切尔说："记者必须学会用孩童般的眼睛观察世界，他把每一件事都看作是新鲜的、各具特点的；同时，他必须用聪明长者的眼光洞察世界，能够区分出有意义的东西和无意义的东西。"①

新闻观察是眼睛与大脑并用的过程。在新闻观察中，记者看到什么是首要的，但是更为重要的还在于感知之后有所思考和联想。正如爱因斯坦所说的："只有你的眼睛看见东西，那是不会发现什么的，还要你的心能思考才行。"从心理学来看，新闻观察是一种有目的、有计划的知觉活动，是和积极的思维紧密相联的；从信息论来看，新闻观察既包括信息的输入，也包含信息的初步加工过程，所以新闻观察是眼睛与大脑并用的过程。正如南振中在他的《记者的发现力》中所写："年轻记者要想有所发现就必须使自己的眼睛同自己的大脑紧密地联系起来，如果不同大脑联系起来，即使能够看见一些东西，也看不到事物的本质属性，跟'假眼'也差不了多少。"② 当代著名记者张建伟在他的《深呼吸》一书中也写道："据说眼睛是最客观的，最不容易受到欺骗的。但当主体'伪装'起来时（这种情况经常发生），需要在眼睛上装个脑袋。""请用带着脑袋的眼睛去观察，请让眼光四射，别被一个'真实'的假象所蒙蔽。"③

1997年5月29日上午，陕西省农机局组织了一场"别开生面"的现场

---

① 麦尔文·曼切尔：《新闻报道与写作》，中国广播电视出版社1981年版，第197页。
② 南振中：《记者的发现力》，新华出版社1999年版，第113页。
③ 周克冰：《中外经典采访个案解读》，北京广播学院出版社2003年版，第272页。

会——"小麦机械化东进西征收获活动开机仪式",新华社记者张伯达、韩晓晖被邀请到仪式现场进行采访报道。来到渭南市大荔县朝邑农场,记者看到,在一片上万亩的麦田里,有12台大型联合收割机前来参加这一颇具规模的开机仪式。应邀到场的各级领导剪彩、讲话后,一台台收割机开进麦田,开始收割。这时参加剪彩仪式的领导和来宾开始陆续离开,有3台还没进地的收割机也调头离去,4台正在田中收割的收割机也掉转车头,准备打道回府,另5台收割机也做出了准备结束的样子。见此情景两位记者脑海中升起了一个疑问:正是"龙口夺粮的三夏",为何不一鼓作气持续收割呢?带着这一疑问记者开始了深入采访。经访问了解到这里的小麦还要三四天才完全成熟,今天割的五六十亩麦子因未完全成熟和湿度太大导致脱粒不净。记者走进收割现场,果然看到在隆隆的机声中收割机向卡车"吐"出的是"一口口"泛青的麦粒。正是观察与思考相结合,记者写出了《夏收为何搞仪式,小麦未熟遭'剃头'》的消息。由此我们可以认识到:事物内部的联系,事件的曲折原委,用眼睛是看不见的,它需要一个由表及里、由此及彼的透析过程,而这种透析必须要通过大脑的思考才能实现。

(一)新闻观察的方式

由于新闻采访活动的丰富性、繁杂性,新闻观察的方式自然也就具有了多样化的特点。每个记者,每次采访都可能采用不同的观察方式,但是从整体上看,各种各样的观察方式一般可分为以下三种:

1. 参与性观察

这是指记者以自己的职业身份介入、参与到采访对象的活动中,成为该活动的一员,同时又随时随地进行现场观察的一种新闻观察方式。体验式采访一般就是运用这种参与性观察方式。这种观察方式,可使记者较快地和采访对象打成一片,进一步缩短双方的心理距离;记者置于被观察的事物之中,参与现场的活动,也容易获得真情实感。

《江西日报》1996年9月6日刊发的由程鹃采写的《我能摸摸火车吗——首趟"庐山号"随车目击记》就是一篇用参与性观察方式采写成的报道。记者登上首趟被江西省政府命名为"庐山号"的九江—深圳首趟列车,作为第一趟乘客记录下了自己的一路所见所闻:找省委书记签名、局长的泪水、会不会摸脏火车、最老的乘客等,下面我们摘录"会不会摸脏火车"片断:

> 沿途一路锣鼓一路鞭炮。夜已深沉,热闹的车站、热闹的车厢都进入梦中。忙碌的除了列车工作人员外,当属这帮跟车的老记们了。
> 9月2日1点12分,一阵鞭炮声打破了夜空的宁静,峡江站到了。

黑乎乎的大地立着几十个等了不知多长时间的少男少女,有的跑了10多里路,就为了看看这趟车。2点50分,吉安站。车还未停稳,正在建设吉安站的10几名从未看过客运列车的妇女一拥而上,好奇地问火车多长,能不能上去看看,能不能摸一摸。当她们把手伸向梦寐以求的长龙时,还在喃喃自语:我的手很脏呢,会不会弄脏火车?

只眯了3个来小时,醒来已是将军县兴国站。就是为了兴国,京九铁路在这儿拐了一个弯,在吉安到泰和60公里地段上两跨赣江。兴国县五里亭乡一带20多个绝大部分没坐过火车的村民涌进12号车厢,他们是到惠州当建筑工的。

就在他们上车的同时,省党史资料征集委员会的胡敏找到在车上的铁路宣传部同事,她特地坐这趟车到赣州给今天过86岁生日的父亲做寿。南昌铁路局书记郑明理特别在她的纪念封上写道:京九幸福路,老人青松福。胡敏说她父亲在建铁路时就天天跑到工地和京九建设者聊天,通车了,未坐过火车的老人打算沿铁路到泰和、兴国、南昌几个儿女处住上个把月。

万安县涧田乡的王早明夫妻特别开心,一家三口头一回坐火车,他们从万安赶往赣州,踏上了首趟车到广东资金县打工,没想到两个月的儿子头回乘车就成了首趟车的最小旅客。

这天最难忘的是中午在京九线上江西境内南端最后一个站——定南站的那一刻:锣鼓声中,我和几个抱着小孩的老人聊天,得知从8月31日起,她们天天来看火车,多时站台附近有几千人呢。谈得正起劲。一回首,糟了!火车正徐徐启动,我赶紧跑起来,亏得车上同志拉一把我才没误车。上了车心还怦怦直跳,大家都来教训我:别光顾采访,要注意信号!

2. 非参与式观察

这是指记者表明身份,但"超然"于被观察的事物之外,以旁观者、目击者的身份直接在新闻现场进行采访,从旁观者的角度来审视现场情景和事物的发展,它又叫旁观性观察。在这种观察中,记者与被观察的对象纯属采访与被采访的关系,这是最经常、最常用的观察方式。在这种观察中,记者一般不参与现场的活动,只是双眼像摄像机那样,灵活而客观地"摄取"现场的各种情景。由于采访对象常常知道记者正在采访,很容易产生紧张心理,所以容易出现一些异常表现,以至造成做作、不自然等现象。因此记者在进行非参与性观察时,要特别注意不要干扰现场人物自身的活动,使采访对象保持心理上的平衡，以便观察到采访对象的"真面目"。

1997年7月1日香港回归。在众多关于香港回归的报道中，《别了，"不列颠尼亚"》是最别致的一篇，作者没有写交接仪式现场多么庄严，也没有写欢庆回归的人们多么激动，而是选择了英方撤离这样一个角度，并且把末代港督乘英国皇家游艇"不列颠尼亚"号撤离香港这一事件放在一个历史的背景中，更加突出了这一事件的历史意义。通过对末任港督的降旗仪式、彭定康离开港督府、英国告别仪式、降旗仪式、香港交接仪式上的易帜、"不列颠尼亚"号离开香港等几个场景的观察，通过背景材料的添加，使得每一个仪式都显示出历史的跨度，报道有着历史的意义。

3. 隐匿性观察

这是指记者不公开自己的职业身份，用隐蔽的方式"混入"事件现场进行观察的一种新闻观察方式。美国白人记者约翰·格里芬，为了采访报道美国南方的种族歧视，了解黑人生活的状况，他用药物和化装术改变自己的肤色，把自己装扮成黑人。然后他到美国南部几个种族歧视最严重的州同黑人一起在大街上摆摊擦皮鞋，乘公共汽车到处旅行，亲自观察体验到了美国种族主义对黑人的侮辱、歧视，采写了名噪一时的《你我一样黑》的畅销书。格里芬的这种观察，就是隐匿性观察。

经济记者也常常运用这种方式，采写了不少有影响的报道。2001年9月3日中央电视台播出的《南京冠生园：年年出炉新月饼，周而复始陈馅料》，拍摄历时整整一年，为取得确凿证据，即两大环节——当年回收，来年再加工，2000年8月—2001年7月近一年中，记者以其对新闻高度的敏感性和责任心，七下南京，在关键的2001年7月，更是在酷暑中连续蹲守一个月，采用隐匿式观察方式，克服重重困难拍摄到素材多达100多盘，累计700多分钟，报道播出后观众反应强烈，卫生、质检部门紧急采取措施对各地月饼市场进行检查、整顿，同时此事也引起了中央有关领导的高度重视，在相当长的一段时间里，由此事引发的商业诚信话题成为全社会关注的焦点，该报道获得第12届中国新闻奖二等奖。

（二）新闻观察的内容与方法

新闻观察活动中，记者所进行的观察，主要是对新闻事件发生的现场观察和所采访对象的人物观察。这里主要谈谈经济新闻采访中现场观察的相关要点。

现场是新闻事实存在的依托和表现形态，任何新闻事件的发生、发展和变化都离不开现场。经济新闻现场观察的内容与方法主要有以下几点：

第一，注意观察新闻事件发生现场的基本情况和现场的情景、气氛。现场观察时，记者一定要注意对现场进行宏观的观察，即对在写作中用作表现轮廓和梗概的材料，或者在分析问题、综合情况时用作参考的事实要尽量看得广一些，全面一些，这样才能准确、全面、形象地认识和把握新闻事物。

第二，注意观察事物的动态和细节。现场观察既要宏观地概览，又要微观地细察。记者在了解现场总体面貌的基础上，还应当把观察的重点放到现场的某一局部、某一个点上，留心观察现场某一个活动的镜头，这样能敏锐地抓住现场的典型细节，捕捉到这个现场与其他现场的不同之处，把所观察的事物看活，看出特色来，这样写出的报道才会生动、感人。

第三，要注意边看边想边感受，学会透视。观察离不开眼睛，更离不开大脑，观察是眼睛和大脑同时发挥作用的社会活动，观察时一定要用眼睛看，有意识地思考和感受，这样才能取得应有的成效。在认识和理解事物时，如果只靠感觉、凭印象，对事物的认识就只能是个别的、偶然的、非本质的，它只能回答"是什么"这类表层问题，而不能回答"为什么"这类深层问题。因此记者在仔细察看的同时要开动脑筋，从事物的现象中察出其本质，从局部的事物中察出其全局所在，在事物的现状中察出其未来发展，从一些"不起眼"的小事中察出蕴涵的重大意义，这样的观察才能深透，不至于让有价值的新闻线索或素材从身边溜走。

2002年10月《湖北日报》记者乘客车采访，途经郧西县店子镇时，发现窗外半山腰上有巨幅大字。同车的农民告诉记者，这是乡镇干部搞的"形象工程"。记者之后租了一辆小货车在另外一些乡镇跑了3天，对"造字"现象进行了深入的观察和访问，写出了《郧西县"石头标语"劳民伤财》的报道（《湖北日报》2002年12月9日刊出），严厉批评了严重的形式主义和浮躁作风，报道正是记者发挥"透视"魅力的体现。

获第六届"中国新闻奖"二等奖的《"周易应用研究所"值得研究》也是记者边看边想边感受的杰作。1995年武汉和许多大城市一样出现了打着"研究周易"旗号的伪科学活动，这种现象或当成正面的东西被鼓励，或虽有争议却允许其"研究"，总之没有引起媒体的关注。《长江日报》记者李利民在一个很不显眼的地方发现了一块"研究所"的招牌，进到屋里发现墙上挂着"营业执照"，表面看来这是一个被工商机关合法化的研究所，但可贵的是记者没有停留在表面看到的层面上，他接着又目睹了"研究人员"进行"研究"的全过程：为蒋小姐预测前途，收了80元，给一女工算八卦、运气、婚姻等收了230元。边看边想之后，记者发现了把非法活动合法化正是这一新闻事实的价值所在，于是穷追不舍，又采访了给非法单位发照的当事人，最后促成了这篇新闻报道的诞生。因此只有学会了透视，记者才能锻炼出像钻头一样的眼睛，深深地钻入事物的内部，发现新闻事实的本质价值所在。

经济新闻采访中的现场观察不能仅仅停留在捕捉现场的细节上，一定要使观察和思考相结合，要力求做到在观察中发现新闻线索，触发新闻敏感；在观察中比较，在比较中研究，继而获得一种全新的报道角度，写出对经济生活真正有报道意义的新闻作品。浙江电视台1990年10月25日播出的《粪桶畅销的启示》就是记者在一次地方工业品看样订货会上的观察发现，被认为"不能登大雅之堂"的一种塑料粪桶第一天就有360万元的订单，而许多高档次的产品如录音机、沐浴器、烘干机等，几天下来，却是一分钱的合同也没签下。记者进而对这一反差强烈的现象进行分析：一方面是农村市场的疲软，一方面是有效供给不足，关键的原因在于作为商品生产者和供应者的企业尚未形成有效的供给机制，在对市场作必要的了解之前，往往一哄而上盲目生产，其次是工业部门只把眼睛盯在城市市场上，忽视了需求层次较低但潜力巨大的农村市场。农村是个潜力巨大的市场，过去是这样，现在是这样，将来也是这样。农民是最讲究实用的一个群体，农村大概是最大可能产生超前消费的地方，因此我们的生产者和经营者绝不能对这一基本情况视而不见，应当不断为农村市场开发和生产更多适销对路的产品。由此可见，如果没有记者在产品订货会上的细心观察，就不可能触发如此深刻的认识，提炼出有现实指导意义的新闻精品。

此外经济新闻采访中的现场观察一定要和调查访问相结合。2002年4月25日记者从一份热线电话记录中得知沙市农场奶农倒奶事件后，迅速赶往农场。现场弥漫着一股刺鼻的酸味，记者看到奶农们正把一桶桶豆腐脑似的变质牛奶倒进农田，记者与奶农促膝谈心，掌握了事件的来龙去脉。在基本了解事实后，记者又先后对收购牛奶的力能达公司、宜昌喜旺公司以及湖北农学院的专家和政府官员进行采访，同时对荆州市的奶制品市场进行了调查，以查找倒奶的深层次社会经济原因，提出帮助农民走有效供给之路的建议。2005年4月26日《湖北日报》刊发的《5万公斤鲜牛奶倒进农田》获得第十三届中国新闻奖。

二、访问法

新闻访问活动是记者进行新闻采访中最基本、最常用的一种采访活动方式，它是记者职业生涯中一项最主要、最经常的业务活动。"大约有百分之九十的新闻是部分或全部的访问——也就是向别人提问题——为基础写成的。"[①]

---

① 杰克·海敦：《怎样当好新闻记者》，新华出版社1980年版，第23页。

为此美国《塔尔萨论坛报》的鲍勃·福尔斯曼曾经感叹道："笔下的功夫不强照样能当一名出色的记者，但不善于进行访问是绝对当不好记者的。"① 这句话的前半句虽然有些片面，但后半句强调访问活动在新闻采访活动中的重要性是有道理的。中国台湾学者郑贞铭也认为："访问在新闻工作中是一项艰巨的任务，也是一项很高的艺术。新闻的采集必须经过访问的步骤。如不从事访问，便不能使新闻线索尽量发展，则采访工作无法完成……访问是获得新闻材料和写作新闻稿的主要必经过程。"② 由此可见，访问是采访的必经过程，访问有利于记者对新闻事实进行深层的挖掘；访问中记者不但可以从采访对象口中得到一般性的材料，而且还可以窥探采访对象丰富多彩的内心世界，获得来自内心世界的材料。因此掌握新闻访问活动的要求与方法，是每个经济新闻记者必须具备的业务技能。

（一）访问的类型

新闻访问活动的形式各种各样，按不同的角度可以划分出不同的类别。按访问的主攻方向是否以采访对象为目标，可分为详式（正式）和略式（非正式）访问；按访问的目的是以采集事实为主还是以获取某种观点、意见为主，可分为事实访问和意见访问；按访问前是否有明确的意图，可分为专题性访问和非专题性访问；按访问对象人数的多少，可分为个别访问（对象仅一人或二人）和集体访问（对象为3人以上，是一个集体），等等。当然，不同形式的访问活动，其要求与方法不尽相同。

1. 事实访问与意见访问

事实访问又称信息访问，侧重于提供新的情况、新的动态、新的趋向，披露事件的原委，透露新的具体计划、措施、打算、设想。事实采访要围绕事件本身及产生的连带反应进行提问，以求采访对象透露更多的信息。

事实访问属于为公众提供信息的一种访问类型，访问中记者主要是从采访对象口中获取信息，这种信息可以由事件的当事人、目击者和能够对事件发表看法的人提供，这类事件往往是正在进行之中，信息同事件发展密切相关；也可以由某一领域的权威、政界要人来发布，这类信息往往是比较主要的，外界欲知而未知的。采访对象既可以直接提供所要发布的信息，也可以依据某一事件或目的发布信息。

意见访问又称观点访问，是指记者向采访对象提出某种实质性问题，由访

---

① 杰克·海敦：《怎样当好新闻记者》，新华出版社1980年版，第81~82页。
② 郑贞铭：《新闻采访的理论与实际》，台湾商务出版社1987年版，第78页。

问对象表明态度，阐述自己或所代表机构的观点、立场、态度、主张。观点访问侧重于思想观点的揭示，对社会问题的看法、主张，透露重大事件实质性内容。所以一般情况下，观点访问的对象大多是知名人士，他们往往又是各自领域的权威、专家或有一定职务的官员，他们发表的意见不仅代表某一领域、某一流派、某一阶层的观点，而且还有一定的社会影响。

经济新闻访问中的观点访问涉及范围广，除了各种经济问题的争论，还包括政治、宗教、道德、社会问题赞同或反对观点的验证。要揭示这些观点与思想，不仅要求记者要有哲学头脑、学者风度、思想家的气质，同时还要求记者要广泛深入地研究整个事件或某一人物的背景材料，只有这样才能找出采访对象与其他人的观点不同之处，以确切了解采访对象对某一问题的真正看法，许多经济学家往往不轻易透露自己的观点，这时就要凭记者的经验、学识、机智来应付这种场面，即真正做到在思想上与访问对象进行交流，迫使他们道出自己的观点与思想。

2. 个别访问和集体访问

个别访问是指记者与采访对象单独交流，这是新闻记者在采访中常用的访问形式。

由于采访对象各自的个性、生活习惯、文化素养、立场、观点等的不同，以及采访对象与事实关系的不同，所以个别访问中面对的采访对象是复杂而多样的，个别访问要因人而异。记者为了获得有关的事实材料，就必须用各种方法和采访对象交谈，以达到采访目的。当然个别访问常常是指记者和采访对象一对一地面对面交谈，但也不排除必要时有几个人在场。比如遇到突发性事件，记者赶到突发现场，现场人不少，采访时记者虽是向一人发问，其他人也会关注、补充、介绍，有时甚至争相发言，这应该仍属个别访问，因为这并非是记者有意组织一些人进行交谈，而主要是对某一个采访对象的访问。此外在采访中，记者为了访问某一采访对象，要请人引荐，这时虽然有两个人在场，但采访对象仍属一个人，所以还是属于个别访问。

集体访问是指记者有意组织或邀请多个采访对象的访问。集体访问一般有访问座谈会和记者招待会两种形式。

访问座谈会，又称调查会。这种常见的集体访问形式，在面对情况错综复杂、矛盾众多的问题，需要广泛地进行调查了解时经常采用。各方人士可以介绍有关情况和材料，从不同角度、不同层次发表看法和意见，有利于较快把握全局，并可以通过讨论来弄清事实真相。座谈会又通常有两种情况，一种情况是记者约请一些人本着对同一主题而开的座谈会，这种座谈会听取对某些问题的意见，本身就构成新闻；另一种情况是记者为了全面了解有关情况而召开的座谈会，因座谈会发言时间有限、与会者对问题谈论心存顾虑等原因，所以座谈会后还要进行个别访问，使访问逐步深入。

记者招待会，又称新闻发布会，通常由政府部门或社会团体、企业事业单位举行，有时也可由个人出面举行，这种访问形式近年来在我国被逐渐广泛使用。在新闻发布会上记者共同访问的采访对象是新闻发布人，记者招待会一般先听取新闻发布人发布新闻或介绍情况（包括书面材料），然后记者提出问题要求新闻发布人解答，记者招待会上的新闻发布人一般为一人，有时因问题的多面性与事物的复杂性，也可由几个人组成，各自回答有关方面的问题。

（二）提问的技巧

提问是衡量新闻记者的判断能力、逻辑思维、口头表达和应变能力的重要尺度，而提问的技巧，则体现了记者、访问对象、受众和社会环境之间的辩证统一。因此一次成功的访问，记者不但提问的方式方法要多种多样，而且还要善于提问，要掌握问得自然巧妙、问得合适、问得有策略、问得简单等提问技巧，在访问中使采访对象和记者关系融洽地交谈，这种交谈应该是谈心式、聊天式或讨论式的，这样记者与采访对象之间就能形成一个相互传播信息、传递情感的通道，即双方达到情感上和认知上的双向交流，记者不仅能了解事实的真相，获得所需要的新闻材料，同时还会获得一些意想不到的细节。

2008年2月5日，春节放假的前一天，世界银行行长佐利克宣布，任命北京大学教授林毅夫为世行首席经济学家，兼任负责发展经济学的高级副行长。在提出采访申请的数十家中外媒体中，林毅夫唯独接受了《国际先驱导报》的专访。该报记者一篇《世界银行需要中国智慧》的报道新鲜出炉，立即让人有一睹为快的欲望。

世行首席经济学家：世界银行需要中国智慧

2008年2月5日，春节放假的前一天，世界银行行长佐利克正式宣布，任命北京大学教授林毅夫为世行首席经济学家，兼任负责发展经济学的高级副行长。正式任命公布后，林毅夫接受了记者的电话采访。他披露了世行决策的过程，剖析了世行在反贫困行动中的困境，也勾勒了履新后的打算。他将此次任命视为世行对中国改革开放成就的肯定。

佐利克当面邀请，四位经济学家推荐

问：世行已正式宣布任命您为世行首席经济学家，向您表示热烈祝贺。能否请您简要介绍一下遴选过程？

林毅夫：谢谢。据我所知，前任世行首席经济学家去年10月卸任后，

世行专门成立了遴选委员会。传统上，这一职位由欧美发达国家大学中的著名经济学家担任，但去年夏天上任的世行行长佐利克希望这次能从发展中国家选任，因此遴选委员会把我作为候选人之一。

去年11月底，遴选委员会跟我进行了接触，向我要了一份简历，12月佐利克首次访华期间，又与我在北京中国大饭店晤谈了1个半小时。他当面问我是否对这一职位感兴趣，我表示这是很高的荣誉，可称是经济学家在世界上最高的公共职务，如果有机会我会认真考虑。之后，他向我要了一份推荐人的名单，我建议请加里·贝克尔、罗伯特·福格尔、道格拉斯·诺斯、贾格迪什·巴格沃蒂四位著名经济学家作为推荐人，遴选委员会向此四人要了推荐信。

佐利克1月16日电话通知我，他将提名我为世行常务副行长兼首席经济学家，在获得世行执董会的批准后，将公布正式任命的消息。

世行的任命是一个历史性的决策

问：您决定接受这一新职位的主要考虑是什么？

林毅夫：我1979年来到祖国大陆，后来到美国求学，1987年返国，至今已经二十年有余。现在要再度赴美工作，对我来说是不容易的决定。经过一番认真考虑，我认为这对个人、对北大中国经济研究中心、对中国、对世行，都是一件好事，因此决定接受这一职位。

到世行工作后，我虽然难以经常直接参与国内重大政策问题的讨论，但可以从更高、更具全球化的视角来观察中国发展的问题。在世行期间，我将推动世行与中国的合作，比如推动中国和世行在解决非洲发展问题上携手发挥更大作用。中共十七大报告提出，"推动我国哲学社会科学优秀成果和优秀人才走向世界"，我到世行任职，也是这样一个实践吧。

问：您是世行历史上首位担任首席经济学家的非欧美学者，这是否有助于弥补世行管理层缺少发展中国家人士的不足？

林毅夫：现有的经济学理论大部分是由发达国家学者提出的，不可避免地是以发达国家的发展阶段、社会经济条件和文化为理论前提，用以解决发达国家的问题。如果把在发达国家形成的理论简单应用到发展中国家，就可能出现"南桔北枳"的效果。世行作为全球最大的发展机构，非常需要深入了解发展中国家真正的需求是什么，面对的限制条件是什么，在这种限制条件下的机遇和挑战又是什么。我个人认为，这是世行首次任命发展中国家的学者担任首席经济学家的最重要意义，是一个具有历史性的决策。

促进中华民族复兴是非常大的幸福

问：您将在何时履新？

林毅夫：我准备5月底上任，一方面是因为北大中国经济研究中心春季学期的课程已有安排，总要教完再去；一方面是在教书之外，补上世行的课，关注国际特别是非洲、南亚、中亚、拉美这些地方的事务，尽量多吸收、多了解、多向人家请教。

问：您曾引用卢卡斯的名言："一个经济学家只要开始思考这些（发达国家和发展中国家差距不断扩大的）问题，就再也不会思考其他问题。"为什么国富、国穷的问题这样令您着迷？

林毅夫："国富、国穷"，是自亚当·斯密《国富论》以来，经济学家一直研究的重要问题，目前人们已经有很多认识，也还有很多问题没有解决。如果能在这个问题的认识上做出分毫的改进，就会带来人类财富的巨大增加。对一个经济学家来说，这是一个回报非常高的研究题目，也极具挑战性。

中国的知识分子一向以天下为己任，"国家兴亡，匹夫有责"，如果能够以自己的研究促进中华民族的复兴，那也是非常大的幸福。（《国际先驱导报》2008年2月16日）

在这篇专访中，诸如"能否请您简要介绍一下遴选过程？""您是世行历史上首位担任首席经济学家的非欧美学者，这是否有助于弥补世行管理层缺少发展中国家人士的不足？""您对自己的新职位有何设想？"等问题都是世人普遍关注的问题，好的问题为记者访问提供了准确的切入点，也为记者发现新闻事实和思想提供了前提。由此可见，好的记者不但是一个思想者、分析者、整合者，更是一个出色的发现者，总能看到别人看不到的东西，正所谓"一叶知秋"，因此提问能紧紧抓住受访者。总的来说，经济新闻记者提问要把握以下技巧：

一是要问得自然。这是指记者提问的态度。记者的提问，应该是态度诚恳、亲切的发问，同时提问要在交谈过程中自然而然地提出，不要以生硬的、直通通的"单向"方式，"高人一等"地发问。有的记者访问前喜欢列一个单子，把要问的问题列出来，这是可以的。但如果当着采访对象的面对着单子照本宣科地问，无疑使提问显得不自然，影响采访对象的谈话兴趣。此外访问时事先准备的问题与实际情况不相符时，记者要随机应变，根据实际情况来提出问题，这样才能在自然的交流中获得采访对象拥有的事实和观点。

二是要问得合适。这是指提问的目标指向。记者的提问，应该是向采访对象提出只有他本人回答才最合适的问题。记者提的问题，由对方回答不合适，就是无用的问题；提的问题，由谁来回答都合适，那也没问出水平来。

著名的新闻专家爱泼斯坦说过："要问的是只有他本人才能告诉你的问题，或者他能陈述他的观点的问题。这样你就进行了一次丰富多彩的采访，充分利用了时间，给了人家一个好的印象。"记者要问得合适，就要注意合理地"分配"问题，该问甲的，不必问乙，该问乙的，不必问丙。千万不要随便抓住一个人，不看对象地把所有的问题一古脑儿地向对方提出，这是很难奏效的，所以有特点的提问，应该符合采访对象的实际，是只有由"这一个"采访对象来回答才最为合适的问题，是对方最想回答也是最有资格回答的。

三是要问得关键。这是指提问的内容。要问得关键，首先要做到提问要具体，访问的目的是要得到具体的事实及其材料和观点，问题问得太"空"、太"大"，对方无法回答，就无法达到访问所预期达到的目的。

郭沫若早在1938年就曾对访问他的记者说过："要随便一点，最重要的是不要把问题挑得太大。"1979年美国新闻学教授阿伦森在中国社会科学院研究生班讲学，有一次讲完后让大家提问题，当时有人问："你认为如何解决美国当前存在的许多问题？"因为问题问得太大，他只好幽默地说："啊，要是我知道解决的办法，我想我应马上回国，参加总统竞选了。可惜我不知道。当然，我很可能提出社会主义作为解决问题的办法。"可见，问题太空、太大是任何人都难以回答的。因此新闻记者要善于把大问题化成一系列的小问题，变成一个"问题串"，由看得见的具体问题问起，一步步深入。有经验的记者不仅善于把大问题化成小问题，还善于把大小问题结合起来问，一般先提出大一点的问题，让对方明确谈话的范围，然后注意凝练问题，把问题化大为小，化抽象为具体，从对方容易回答的问题问起，了解具体的素材。中央电视台节目主持人敬一丹，自觉地给自己立了一个采访约束：不许提"您有什么感想"之类大而化之的一般化问题。她说："这实际上是在逼自己，激发自己的想象，开发自己的思维空间。"这样，她"终于把自己逼得思路宽了，问话多了"，"每每逼出了我的多种问法"。正是因为敬一丹把"请问您有什么感想"等一般化的提问列为"采访忌语"，看作采访取得成功的"一大天敌"来对待，所以她的提问技巧也一步步娴熟起来。

任何事物的发展变化，其中必有某一部分是特别关键，起着顶梁柱式的作用。作为了解事情发展变化的提问也必定有些问题是最紧要的，起着决定性作用的，因此成功的提问，必须问到最紧要的，起决定性作用的问题。

要问得关键，还应该把提问问到点子上，问到事物的关键之处、要害之处，这可以是涉及新闻事实的重要问题，或者说是中心问题，也可以是受众最关心的问题。2002年3月6日,财政部部长项怀城在北京宣布2002年中央预算草案,2002年中央财政赤字达3098亿元这一创纪录的预算赤字问题立刻成为受众关心的热点问题,政府为什么要花这么多钱?3098亿元的财政赤字会不会影响我们的经济安全?这个问题在一些人大代表和政协委员中也有不同看法。2002年3月15日,在九届全国人大五次会议闭幕后举行的记者招待会上,新华社记者翟伟向朱镕基总理就此提了一个关键的问题:"今年我国财政赤字3098亿元,占国内生产总值比重达3%。请问总理,如何看待我国的财政风险,这对下届政府有没有影响?"这个敏感的话题立刻引起了朱总理的谈兴,他用较长时间回答这个问题,对受众起到了解疑释惑的作用。①

由此可见,记者只有明确了什么是访问中实质性的、要害性的问题,什么是最紧要的、起决定作用的问题,才能问到点子上。为了问到点子上,记者要善于选择突破点,抓准疑问点。突破点也叫切入点,就是指提问从哪里开头,一般来说,要选择从"小处"着眼,抓住一个具体的"点",把采访对象的思路集中到他很容易回答的某一个小问题上,然后再顺着疑问点,由小到大,由浅入深,逐步展开,逐步深入。所谓疑问点,则是记者与受众最想知道、最感兴趣,而又最疑惑不解的问题,是事物本质,并体现访问的中心思想的问题,抓准疑问点,也就抓住了关键性的问题。

要问得关键,还应该使提问能点击采访对象的兴奋点,拨动对方的心弦,这样不仅让采访对象有兴趣、乐意回答,同时还令其有所感触,甚至产生一种抑制不住的感情冲动,说出情不自禁的肺腑之言。美国记者马克斯·冈瑟有一次去采访一个曾在税务局工作的官员,希望这位前税务官告诉他经历的一切有趣的事,他可以提一个含混的问题:"你在国内税务局任职时有过什么有意思的事情吗?"但他觉得这个问题太宽泛,于是就问了这样一个具体的问题:"在你检查人们的纳税申报单时,有人向你行过贿吗?"这个问题不仅引起了他的兴致,简直有点让他兴奋过度了,冈瑟几乎没有提第二个问题,他们谈了4个小时,冈瑟带着税务局内幕的大量材料满载而归。②问题拨动了对方的心弦,采访效果就出奇的好。

四是要问得有策略。这是指提问的战略战术。首先是指记者要围绕访问目标,尽量按照事先准备好的问题,依逻辑先后顺序先后提问,其次是指记者要注意从实际出发,随机应变,因人因事而异提问。

要问得有策略,还要注意一些敏感、棘手的问题,提问时必须掌握原则、

---

① 翟伟:《我向总理提问》,《中国记者》2002年第4期。
② 白庆祥等:《新闻采访写作编辑案例教程》,新华出版社2003年版,第186页。

注意分寸，既要比较自然地引导对方谈出真实情境和想法，不回避问题，又要不伤害对方的自尊心。

20世纪90年代著名表演艺术家李默然为"三九胃泰"做广告后，观众认为他为30万元广告费损害了他曾扮演的邓世昌的形象。为了帮观众解开心中的疑惑，中央电视台记者白岩松采访他时有策略地提了这样一个问题："您在观众中有两个形象，一个是邓世昌，一个是'三九胃泰'，对这两个形象您是如何看待的？"听到这个敏感的问题，李默然开始有点意外，随后详细地给予了回答。

五是要问得简明。这是指提问的表达形式。记者的提问，既要明白无误，让人容易理解，又要注意简练，切忌啰嗦，即使是专业性很强的内容，也要注意用生动、形象的语言深入浅出地表达出来，这样不仅使采访对象明白怎样回答，还能娓娓道来。否则不仅违背了新闻采访快速性的共性特征，还常常会使采访对象不耐烦。

（三）经济新闻访问活动成功的一般要求

作为一个记者了解新闻访问的基本内涵，掌握新闻访问中提问的方式方法，只是经济新闻访问活动成功的基础，掌握经济新闻访问活动的要求，访问才能事半功倍，采集到丰富的材料。

1. 选择好采访对象

新闻访问活动的开展必须依赖于访问对象。艾丰曾说理想的采访对象应该是"有情况、愿意谈、善表达"的人。在这三个条件中"有情况"是首要条件，因为访问对象是否掌握材料、了解情况对访问起决定性的作用。当然，根据新闻传播目的的不同，选择的标准也不一样，有的被访问者是唯一的被采访对象，是无可选择的，如某组织的新闻发言人，新闻事件中唯一的新闻人物、唯一当事人、唯一现场目击者等，由于他们掌握着核心新闻信息，因而是不可替代的，然而多数情况下被采访者还是可以选择的，选择的对象应该是新闻事件的当事人、新闻信息的知情人，掌握着与信息相关的丰富知识的权威学者，乐于合作、表达能力强又方言口音化较轻的人，与新闻事件有相似经历等相关性的人物等，这样的访问对象谈出的材料具体真实，感情真挚，可以反映出事物的本来面目。

有的当事人，记者采访的时候已经离开人世。这时记者一方面要尽量从他们的遗物中去挖掘材料，同时还要把他们的家人、同事作为重点采访对象，甚至还要从他们接触过的反对者中去广泛搜集材料；对于重大的典型报道，要尽可能多采访一些人。只要是了解有关情况的人，都应当争取全部访问到。这样既可以得到丰富的材料，又可以保证材料的真实可靠，因为有时候即使是事件的目击者，也有可能提供错误的材料，这既有视力、听觉或个人理解力等客观原因，也有心理学上的选择性知觉和选择性回忆的主观原因，造成目击者在回忆事件的经过时，往往倾向于保留和重复那些本人感兴趣的事实，所以不容易客观和全面。2002年5月山西富源煤矿发生矿难，新华社记者朱玉来到救援现场，经多方努力首先采访了救援现场的韩城矿山救护大队的有关人员，接着采访了遇难者家属、矿难幸存者、矿方人员，几十人次的采访，形成了一个完整的、从不同角度互相印证、互相咬合的证据链，每一个细节都有不同的人从旁证明，最大限度地还原了矿难的全景。

在有的采访中，到底谁是最理想的访问对象并不明显，可能会出现各种选择，这时记者就要善于分析比较，在典型新闻环境中选择典型的新闻人物作为访问对象。

2. 选择适当的访问场所和时机

记者访问时选准了访问对象，还要考虑访问的场所和时机。人的活动离不开环境场所，访问也必须在一定的场所中进行，访问场所选择的好坏，直接影响到访问对象的情绪和访问的效果。适当的访问场所，首先应该是一个相对比较安静的场所，这样可使访问对象与记者顺畅地进行交流，进而形成融洽的谈话气氛，促使访问对象触景生情，打开心灵的大门。访问场所的选择应根据不同的内容和节目形态来决定。对现场报道而言，新闻场所是展现新闻发生的地点、条件和报道时实际状态的重要信息源，让采访对象在现场环境的特定情境、氛围中接受采访，也是体现现场报道的现场性的基本途径，因为现场环境赋予了被采访者谈话的权威性和真实性的事实根据，也是证实其特定身份的重要信息。如果访问者就是人物专访、现场访问的报道对象，还要考虑现场的场景是否符合人物的身份和特点，是否对人物报道起烘托作用，即通过特定的环境信息来增强访问内容的信息量及传播效果，比如在训练场或比赛场地访问运动员，在田间地头访问农民，在书房或实验室访问学者等。如果访问中有技术性、技巧性的内容，还应该到能展示这种技术或技巧的现场去，让对方一边讲述，一边操作、表演，这样既能得到清晰的语音资料，还能得到生动形象的画面资料；如果是做话筒前访问、出境访问，记者要注意选择能采录到清晰、自然的声音或画面资料的场所，力求使其是能显示访问对象的身份或工作特点的音响、画面。总之，合适的访问场所，要根据具体的访问对象、访问的内容和实际条件来决定，当然还要和访问对象商量，争取得到对方的支持。

访问时机的选择也是访问中不可忽略的。访问时机选择不好，采访就会变成"打扰"、"纠缠"，记者在采访对象心情不佳的时候去访问，要想取得好的效果是相当难的。有经验的记者在访问某个采访对象之前，往往要考虑对方的工作时间、思想情绪、身体状况，考虑到事物的发展和新闻事件的进展程度。记者选择理想的访问时机，能使采访对象心理注意集中，思想专注，回答问题清楚、流畅，若是正好抓住采访对象精神愉快或放松的时候去访问，访问对象会思路开阔、谈话兴趣浓厚。

每年"两会"期间记者最容易采访的地点是人民大会堂外和大会堂休息大厅。代表委员开全体会议时，开会前和散会后代表们都要从天安门广场到人民大会堂徒步来回，记者有足够的时间认出并堵截采访目标，这类采访最容易写花絮；大会堂休息大厅代表委员比较集中，代表三三两两围着喝茶，气氛轻松自在，再腼腆或寡言的人也会被这热烈的气氛感染，因此这也是记者采访的集中地。

3. 访问中问题设计要恰当

访问能否取得成功，很大程度上取决于记者所提的问题是否恰当，因此记者的提问应该是"一把钥匙开一把锁"。

首先提问要有针对性，问题设计要恰当。在不同的新闻形式中，访问的特点和形式是有区别的。中央电视台资深记者庞啸对此曾作过一个非常形象的比喻："如果说消息类新闻的提问是一种'遭遇战'的话，专题类新闻的提问即是'运动战'，而专访则是'阵地战'。"由此可见，容量较小的消息类新闻要针对新闻报道主题的范围提出问题，使被采访者的回答能三言两语讲清事实；容量相对比较大的专题类新闻，提问的方式可以更加多样化，问答也可以具有更大的自由度和活动空间；对于由记者与被采访者的对话构成的人物访谈，记者提问方式多样化的同时，还要善于控制访谈的节奏，驾驭访谈局面，做到随机应变，应势利导。

其次记者设计问题要讲求逻辑，切忌思路混乱，因为如果记者提问逻辑上没有联系，采访对象的回答一定会支离破碎，甚至连事件的来龙去脉都难以把握。经验不足使记者提问往往缺少逻辑联系，老练的记者在偶然情况下也难免一时语塞。针对这两种情况，美国内华达新闻学教授拉鲁·吉尔兰德推出了设计问题的辅助公式——GOSS。GOSS 公式基于这样一种理论：大凡制造新闻事件的个人和组织总是出于某种目的和目标（Goal），并且总是面临或即将面临实现其目标的障碍（Obstacle），新闻制造者已经找到或者正在寻找某种避开障碍的解决办法（Solution），然后再返回目标，追问这一目标是在什么时候由什么人的意见而开始的（Start）。

GOSS 公式可以提醒记者设计下列一些具体问题：

目标——"你们要实现的目标是什么？"

"要组织的目的是什么？"

……
　障碍——"你们遇到过什么难题吗？"
　　　　"目前的阻力是什么？"
　　……
　解决——"你们是怎样对付这些难题的？"
　　　　"你们有解决矛盾的计划没有？"
　　……
　开始——"这一设想什么时候开始的？"
　　　　"是根据谁的意见？"
　　……

　　根据这个公式的提示，记者可以在访问中设计出比较具体的问题，而且问题之间逻辑性强，不但能把新闻事件的来龙去脉搞清，而且还能抓住关键性的实质内容。当然"GOSS"公式毕竟只是设计问题的辅助公式，记者每次采访的题目、对象、情形都是千差万别的，记者不可以此作为万能公式，以不变来应万变。

　　此外设计问题还要注意研究采访对象的风俗习惯和性格特征，这样才能表现出对采访对象的尊重，采访对象才会愿意合作，否则采访对象就会特别不高兴。同时不同性格的采访对象要设计不同的提问方式，这样才能显示出记者的功力。

4. 研究采访心理

　　"心理是个人在现实生活活动中对客观事物的主观反映活动，是人脑的一种特殊的反映机能"，"人的任何外观活动都离不开心理活动的参与与调节"。新闻访问活动能否成功，关键取决于访问对象是否愿意向记者提出真实且又有价值的事实性材料或观念性材料。访问对象的构成是十分复杂且各有差异的。不同的对象有不同的经历、不同的性格、不同的文化背景，因而访问中会呈现出不同的心理表现；记者访问的任务、目的及其与访问对象的利害关系也是各不相同的，因而访问对象的心理活动也大不相同，记者在同采访对象接触的过程中，会有一系列的心理活动起作用。布赖恩·布鲁克斯曾说："采访是一个不能完全控制的过程，我们或许还可以掌握某些变化的因素，但有两个最关键的因素是我们无法掌握的，这就是采访者和被采访者。"因此在访问活动中，记者一定要注意研究采访对象的心理，注意对采访对象的心理活动进行有效的调节，使采访对象形成某种特定的情绪、情感，以利于访问活动的顺利进行。

　　首先要研究采访对象，做好访前心理准备。采访对象和记者初次见面，或者得知记者要来访问，一般都会出现相应的心理反应。这种最初的心理反应称为原始心理反应。从采访对象对待记者访问的态度来看，其原始心理反应一般可分为三种类型：一是积极提供新闻事实，有问必答，热情主动的积极协作型；二是公事公办，不冷不热，以礼相待，谈话平静无高潮的一般配合型；三是态度冷淡生硬，很少回答或拒不回答的消极对抗型。采访对象呈现的不同原始心理反应，与他们个人不同的经历、职业、性格密切相关。因此对记者来说，要在充分了解、研究采访对象的背景资料的基础上，充分分析与估计在采访中可能出现的原始心理反应，并作好充分的心理准备，采取有效的措施来应对。

以硬性采访著称的美国资深记者华莱士对尼克松总理任内期间的白宫办公厅主任霍尔德曼的访问就是心理准备不足导致失败的例证。霍尔德曼以管理白宫井井有条而获"铁首相"的绰号，又以参与推卸"水门事件"而得"柏林墙"的绰号。华莱士在访问前花了大量时间在旁征博引的证据材料上作准备，并且进行了预演，华莱士信心十足地认为霍尔德曼这道"柏林墙"不是推不倒的，当他胸有成竹地开始访问时，没想到霍尔德曼在屏幕前表现出温和的态度，无论华莱士提多么尖锐的问题，他都以笑嘻嘻的方式避重就轻地巧妙应付，迫使华莱士处于被动难堪的境地。华莱士的失误，不是对采访对象的背景材料研究不透彻，也不是提问技巧不高超，而是对采访对象的原始心理反应估计不足，忽视了采访对象不予合作的情况出现时的心理准备。由此可见，无论是经验丰富的老记者还是初出茅庐的新手，一定要重视研究采访对象可能出现的原始心理反应，并作出充分的心理准备。

其次要充分了解新闻采访中的心理感应规律。新闻采访这一特殊的调查研究活动，充满着复杂微妙的心理感应活动。当记者与采访对象之间的心理感应出现正迁移时，采访能顺利进行；当记者与采访对象之间的心理感应出现负迁移时，采访就会出现冷场、僵持的局面。所以记者要充分了解新闻采访中的心理感应规律，力求使记者与采访对象之间的感应变成"正迁移"。新闻采访中的心理感应规律主要有：

（1）记者采访满足采访对象社会需要的程度，制约着访问局面。

新闻学的激励理论认为，激发人的动机的心理过程的模式可以表示为：需要引起动机，动机引起行为，行为又指向一定的目标。在新闻采访活动中，记者的动机是为了采集和传播新闻信息，而采访对象接受采访的动机却是经常变化的，或者是由其需要决定的，当他感到接受采访是处于社交、尊重、自我实现等需要时，他会乐意接受记者的采访；当他感到接受采访对他不能产生什么需要甚至对自己的利益有损害时，就会不愿意接受记者的采访。所以记者要仔细分析其接受采访的动机，通过创造友好、信任的采访氛围，用建议、劝告等形式说服其接受采访，必要时可以采取情绪激励的方式对采访对象的情绪进行刺激，从而诱导其认识到接受采访的意义之所在。中央电视台评论部的记者在1994年采访来华访问的基辛格博士时就用了这一招。基辛格的固执世界闻名，一般很难接受采访，可记者在预约采访时的一句话打动了基辛格："博士是中国人民的老朋友，许多中国观众都非常希望了解博士的近况。"结果基辛格同意接受采访，虽然只给了5分钟的采访时间。

（2）"先入为主"的"第一印象"，给采访的氛围染上一层"晕轮"。

记者与采访对象双方见面时的"第一印象"，对于采访的顺利开展和进行至关重要。采访对象往往是从记者的提问与谈吐等感知记者的思想水平和人格人品，因此高明的记者大多重视与采访对象见面时的第一印象，比如态度和蔼、谦逊，第一个问题的设计要身手不凡又直入采访对象心底，换言之记者如果从外表到眼神和神态上都能以真诚赢得采访对象的信任，采访对象就会感到记者是自己人，双方也就有了融洽的情感氛围，采访对象看到记者，看到话筒、摄像机，就会觉得和呼吸空气一样自然了。

（3）"自己人效应"与"异己人效应"诱导着采访的成败。

"酒逢知己千杯少，话不投机半句多。"这是"自己人效应"与"异己人效应"的通俗化解释。所谓"自己人效应"，是指采访对象与记者有某种意义上的相似性和亲近性，这样采访对象就会将记者视为知己，与记者息息相通，反之则会产生"异己人效应"。所以在新闻采访中，记者要尽力与采访对象建立起"自己人效应"，在采访中努力寻找与采访对象的相近处，寻找与采访对象的共同语言、共同爱好等，使采访对象心理上产生"共鸣"，这样就能大大缩短了采访对象与记者的关系。

1989年9月27日，在人民大会堂举行的中外记者招待会上，来自台湾地区《中国时报》的记者深信"自己人效应"之道，当他作为最后一位提问的记者站起来提问时，对着江泽民主席说："谢谢给我最后一个机会。我是台湾《中国时报》的记者江素惠，我也姓'江'，所以请问本家一个问题……"（这时会场发出一串串的笑声）江泽民主席听到提问，马上满面笑容地说："我很高兴回答台湾《中国时报》我们这位本家的问题。"（会场上又发出一片笑声）接着，江泽民主席充分地回答了这位记者提出的两个问题，并且还说："我们的本家就坐在我的对面，我看到她好几次举手提问。她现在是最后一个提的问题，所以我就用比较多的时间来回答你的问题。"这位记者正是利用同姓同宗来寻找共同点，并且在现场产生了特有的交流效应，给观众留下了深刻的印象。

（4）采访需要稳定的情绪。

情绪是一种随感觉而来的心理状态。在新闻采访中，记者和采访对象交谈需要稳定的情绪，即愉快的、安静的、放松的情绪，狂躁、紧张、沮丧的情绪不利于采访的开展和进行。

因此为了使采访对象形成稳定的情绪，首先要注意选择采访的场合，让采访对象在熟悉、亲切的环境中接受采访；其次在访谈中应注意使用非语言符号与采访对象进行交谈，如适时的点头、微笑，都可以对稳定采访对象的情绪起到良好的作用。

心理学家说过：人很难与机器沟通，但可以同操作机器的人沟通；人很难与楼房沟通，但可以同住楼房的人沟通。由此可知，人际交往中的任何人，都有进行情感交流、心灵沟通的可能性。因此记者只要注意研究采访心理，就可以架起与采访对象心灵沟通的桥，从而使采访活动顺利完成。

第三节 经济新闻采访的要求

随着社会主义市场经济体制的确立，经济新闻报道内容日益丰富，报道形式也不断更新，对经济新闻记者采访也提出了一些新的要求。

一、经济新闻记者要建立全新的思维方式

一定的思维方式总是同一定的时代息息相关，密切联系的，它是历史的产物，必然随着时代的前进而发展、变革。市场经济对新闻报道的要求，与计划经济时代相比已经有了很大的差异。市场经济的自主性，要求我们的经济报道必须从过去单纯的生产性报道转向经济活动的全过程、全方位的报道；市场经济的开放性，要求我们的经济报道更要强调客观公正性和开放度。长期计划经济体制影响下形成的传统信息思维方式由于思维空间狭小，思维运行线路单一，容易陷入片面性、概念化和绝对化，显然已不能适应复杂多变、丰富多彩的市场经济的要求，因此建立全新的思维方式是市场经济的时代要求。

1. 动态思维

这是一种运动的、调整性的不断选择优化的思维。它要求经济新闻记者着眼于事物发展的趋势，根据报道对象和报道环境的变化而不断调整自己的思维程序和思维方向，以实现报道目标优化的思维过程。市场经济既是一种竞争的经济，又是一种活力经济，激烈的社会变革、活跃的社会竞争，使整个社会经济充满生机和活力，生活节奏大大加快，新信息、新事物、新情况、新问题、新矛盾层出不穷，作为经济新闻记者，应响应市场经济的呼唤，用动态思维方式，去捕捉市场上的"活鱼"，能从市场经济的热点，开展动态化、进行式、

追踪式的采访报道，向受众提供新鲜活泼的经济新闻。2002年7月11日《河北日报》刊发的《我省交通图五年七变》，正是因为抓住了交通图变化的事实，用变动的思维来理清交通发展的脉络，表现了交通事业发展的成就，此稿被评为2002年河北省新闻奖一等奖，获第13届中国新闻一等奖。

动态思维也是与前瞻思维相联系的，就是要求记者能对客观事物率先做出认识与预测，对未来可能发生的变化及其走势进行洞察，它包含了对事物细致的观察、透辟的分析以及用发展的眼光正确估量一系列繁杂的思维活动。一些有深度、有见解的分析性报道，一些"风起于青萍之末"就能敏锐抓住的"先知先觉"的报道，一些展示事物发展趋向的预测性报道，都离不开前瞻性思维。第12届中国新闻奖消息二等奖作品《义乌外来务工人员首次当选人大代表》，所报道的浙江省"义乌外来务工人员首次当选人大代表"的内容，无疑是新颖的，是独家所有的，是超前性的。浙江是民工流动大省，每年都有数十万人进出。如何使他们能参加基层人大的换届选举，依法享有民主权利，是我国基层民主法制建设的新问题。记者敏感地抓住了这个带有普遍性的问题，将外来民工依法当选为人大代表这件事写成消息，具有很强的针对性和指导意义，因此该消息见报后，获得了浙江省人大常委会领导的表扬。

2. 发散性思维

这是指在创造和解决问题的过程中，从已有的信息出发，尽可能地向各个方向扩展，不受已知或现存方式、方法、规则的约束，并且从这种扩散、辐射和求异式的思考中，求得多种不同的解决办法，衍生出多种不同的结果。发散性、独创性是它最显著的特点。作为人类思维发展的一种成果，发散性思维包括多种思维方式，它的各种思维方式都可以运用于新闻采访实践，常见的有以下几种类型：

一是求异思维。美国新闻学家吉尔福特根据人的思维方式不同，把思维分为求同思维和求异思维两种。求同思维是运用已有的知识经验，沿着一个方向去思考，寻求唯一的答案；而求异思维则不依常规，沿着不同方向思考，以探求新的多样性结论，是对定势思维的一种突破。"新"和"异"是一对天然的孪生姐妹，创新离不开求异，求异是为了创新，给人以新鲜感，使人惊喜，让人喜闻乐见。求异思维就其本质来说是一种创造性思维方式，它通过对已有经验的奇妙综合，产生某种与众不同的崭新结论。有意识地运用求异思维，记者在采写经济新闻时就能独具慧眼，发现平常的事实中蕴藏的新闻价值，从而达到见人之所未见，思人之所未思的境界。

刊发于1991年6月2日《南京日报》的《全国药交会开幕式成了闭幕式》报道，在采访过程中，记者马焕新发现开幕式会场来宾稀稀落落，一些主要交易场所和前几天爆满的宾馆饭店冷清下来，职业的敏感驱使他顺藤摸瓜进行深入细致的采访，从而了解到由于市场竞争的加剧，人们不再按部就班地等到大会的安排，而是纷纷提前到会做起了生意，到大会开幕时，成交额已达10亿元，大部分代表已打道回府。正是思维的变通性使得记者没有来到现场后就掉头离开，而是捕捉到了体现时代特色的新闻事实。独特性是指思维朝着全新的角度发展，形成与众不同的见解，用前所未有的新角度、新观点来反映事物。获第二届"中国新闻奖"一等奖的《金牌不是名牌》（《经济参考报》1991年8月24日）就是运用求异思维来认识采访所得事实写出的佳作，对事物的认识判断是以思维的突破作为前提的。

二是多向思维。多向思维是发散性思维最主要的一种形式，它是指在思考问题时，尽可能从多个方面，沿着多种不同的方向去考虑，使思维呈辐射状，多渠道思考中摆脱经验造成的心理定势，从而寻找出新的结论，它是对线性的、单一因果关系的突破，看到既定的新闻事实，在思维过程中不依赖由因到果的常规，打破模式化，按一因多果、多因一果或多因多果、复合因果进行思考，从多方面寻找答案，从而引出更多的信息，得出多样性的结论。2007年，受国际原油市场影响，我国的成品油供应出现了相对紧张的局面，一些媒体就报道了出租车排队等候而加不上油的新闻。可中央级媒体不仅报道了供应紧张的情况，还指出国家成品油储备充足，出现紧张情况是由于调拨渠道不畅，国际油价影响和一些加油站囤积居奇、故意限时加油所致，并及时报道了国家加紧成品油调拨和查处违规加油站的情况。这里就运用了多向思维，从成品油供应紧张这一事实出发，分析了造成这种现象的多种原因，展现了事态进一步的发展趋势，并显示了国家在这一问题上的负责态度，使受众对这一新闻事实的认识变得立体、多元，成品油紧张的尴尬也变得"柳暗花明"。

舟山海域是海洋负责鱼类的集中产地，是我国最大的渔场，有鱼、虾300多种，年捕捞量数十万吨，占全国十分之一，舟山制定发展规划时曾有过一种意见"以渔立市"，《经济日报》记者来到舟山采访，发现"以渔为市"的事实并没有发生，没有决定，照理舟山的采访可以打道回府了，但记者来到舟山后，观察了舟山的"渔、港、景"，查阅了解了舟山的历史与自然地理情况——为什么鸦片战争中中英双方在这里发生了"伤亡最为惨重的一战"？舟山在古代对外商贸与航运上的作用，它的地理位置也是经济地理情况，从地理的优势发现其优越的建港条件。记者通过发散性思维，把收集到的信息与研究问题结合起来，预见到舟山尽管目前落后了，但只要以运促港，让货流带动人流，诱发新的经济增长因素，提高开放度，"舟山前景不可限量"，再造一个"香港"是完全可能的。

随着开放的扩大，现代社会的信息、技术、知识正广泛交流，打破了地区、城市、国家之间的疆域。通过城乡经济体制改革，我们正在建立充满生机与活力的新的经济运行机制，生产、分配、流通、消费之间，工业、农业、科技、贸易、金融之间，正在按内在的规律建立新的联系。中国加入世贸组织后，我国经济融入全球经济的步伐进一步加快。在这种形势下，记者只有具有开放的思维方式才能接受各种信息。大量地接受知识和信息是开放性思维的基础。有人说，大部分的好点子，都是由平凡的事物或观念组合而成的。"组合"，就需要大量的素材，而获得素材最便捷、最经济的方法，就是大量接受知识和信息。没有足够的知识积累，开放性思维便无法启动。从这一点来说，丰富知识储备，拓宽知识面是造就开放性思维的关键。开放性思维的另一方面，是指思路的开阔。记者在思考问题的时候，不是沿着单一线索进行，而是纵横交错，四面开花，要广伸"触角"，思维要像"雷达"一样，在360°的空间"扫描"：本地和外地的、本行业及其他行业的、中央和基层的、国内和国外的进行全方位、多角度的比较、观察和思考。只有这样，才能发现新问题，接受新事物，得出与常人不同的看法，写出有新意的报道。"范长江新闻奖"获得者朱海燕采写的《今天火车登陆海南》一稿获得第14届"中国新闻奖"消息二等奖正是得益于开放性思维的运用。在新闻事件发生的当天，全国150多家新闻媒体的200多名记者在现场采访，唯独朱海燕写的这一条消息一枝独秀成为获奖的新闻精品。在一条800字的消息中，为读者提供的与新闻主题相关的信息竟然多达70多个。除生动、细致的现场情景描写外，还运用回顾历史法、比较对照法、来龙去脉法，从苏东坡、海瑞写起，又写到张之洞、孙中山曾提出"筑铁路至海南"的设想；还写了日本侵略者为掠夺财富，在八所一带用4万中国人的生命筑了200公里的铁路；最后写到现在因交通不畅，使海南的物流不顺，引进外资逐年下降，瓜果蔬菜因为运力不足烂在地里，旅游本来有接待2000万人的能力也只能接待1200万人，等等。如果记者的思维不是开放性的，不是全方位、多角度、多侧面的，而是沿着单一线索进行，就不可能涉及如此众多的信息，报道也就没有现在的深度和高度，也就很难成为独树一帜的新闻精品。

三是变形思维。变形思维是指在思维过程中，抓住事物富有特征的局部进行放大或缩小，用变形的方式来展现事物的本质。它的实质是把个别变成一般或把一般变成个别，其基本特征是"放大"或"缩小"。为了报道社会主义新农村建设的成就，一位记者认真观察了农民群众的"电视天线"：20世纪80年代是室外天线，90年代是"铝锅"天线，进入21世纪天线越来越少，闭路电视进入农家。他以《天线的变迁》为题，以小小的天线为切入点，通过农村电视天线从无到有、从少到多,再从有到无的变化折射出农村经济的迅速发展和农民生活水平的迅速提高。

3. 统摄思维

统摄思维又称收敛思维,是一种驾驭、吸收并凝聚各种信息的思维形式。对记者来说,运用这些思维就意味着在采访中要学会对所获得的众多事实进行集中、过滤、分析、归纳,并在此基础上作出准确的概括。记者对发生在自己身边的社会现象善于运用统摄思维来加以概括和提炼,就有助于把那些牵动全局、带有方向性的倾向性问题和人民群众还在探索中的有生命力的事物所蕴含的信息"激活",使其活化成"含金量"很高的新闻报道,实现超越地域或行业的传播价值。1998年国庆,我国迎来了第一个七天长假,这不仅乐了百姓,也乐了商家。长期平淡的消费市场出现了红红火火的热闹场面,新华社了解到这一事实后,又走访了旅游、交通等权威部门和众多商家,就如何启动消费这一经济生活中的重大主题进行探讨,认定"假日消费"必将给消费市场带来无限商机,只要各方面多动脑筋,早作准备,携手开发适应节假日市场需求的产品和服务,"假日消费"会给启动消费带来更为精彩的一幕。正是因为记者运用了统摄思维来分析、过滤、归纳所采访到的新闻事实,使这篇《国庆放长假 消费掀热浪》的报道比众多媒体的假日消费报道,棋高一着,技高一筹,成为一篇"人无我有"的独家新闻。

二、建立宏观意识和全球意识

在市场经济社会中,经济活动和经济生活的现象纷繁复杂、多姿多彩且变化多端,受众需要通过新闻传媒及时、全面地了解和把握这一现象及其变化,以随时调整、规范自身的经济行为,适应市场经济的要求。经济新闻报道要承担起这一职责,记者在进行采访的时候必须具备宏观意识和全球意识。

宏观意识,就是指新闻工作者面对新事物时,要把它放在更广阔的范围里来观察分析,从总体联系上把握事物,认清事物发展的趋势。记者站在一个制高点上,鸟瞰林林总总的大千世界,从纵览全局中去考察报道对象及其与外部世界的联系,从在全局的地位和作用中去判断事物的分量及其新闻价值。具有宏观意识写出的报道,既能剖析新闻事实的内涵,充分揭示其蕴含的意义和价值,又能说明新闻的来龙去脉、前因后果和发展趋势,使新闻成为有事实、有背景、有分析的深度报道。

作为江苏的一个县级市,昆山外向型经济的发展使其近年来在苏南地区处于领跑地位,成为长三角地区重要的高新技术制造业基地之一,其迅速崛起引起了国内乃至国际上的广泛关注。昆山经济之所以能够飞速发展,主要得益于潮涌而来的国际资本，是全球产业梯次转移造就了这个新兴城市的强大增长动力。究其实质，昆山的发展正是经济全球化浪潮催生的结果。第 13 届"中国新闻奖"消息三等奖作品《昆山：全球催"金蛋"》的作者运用宏观性思维，站在全球的制高点上，意识到对这一经济现象进行具体表现的时机已经成熟，在该市半年度统计数字出来之后当即采访了有关部门，选取"每天三个一千万"（每天外资合同 1000 万美元，出口 1000 万美元，财政收入 1000 万元）为新闻主体，从具体的数字来源入手，并将其置于经济全球化背景下加以观照，从中提炼出"全球化催生'金蛋'"的主题，见微知著地揭示了昆山经济与经济全球化之间的紧密联系，向人们揭示了经济全球化已经成为一股时代发展的潮流，在中国加入世贸组织之后，如何抓住经济全球化带来的机遇、积极谋求自身发展成为很多地方不懈探索的重大课题，有着重要的现实启示意义。

现代市场经济既是自主性、盈利性的经济，又是有政府宏观调控的经济，记者要想从总体上把握它，就必须自觉地运用宏观思维，既要跑市场，研究价值规律这只"看不见的手"的作用，又不能忽视跑政府、研究政府宏观调控这只"看得见的手"的作用，这样才能高屋建瓴，全局在胸，把握时代脉搏，捕捉到那些影响全局、带动全局的重大新闻事实，写出时空跨度大、有历史纵深感的报道。当然，强调宏观意识并不意味着忽视微观意识，而是在采访中要把宏观意识和微观意识结合起来，从微观体现宏观，避免就事论事或以点带面，以偏概全。

系统论认为，任何事物都是一个系统。"系统是相互关联并组成一个整体的一组事物"，系统具有整体性和互相依存性，一个变量发生变化，另一个变量也相应发生变化。经济系统是社会系统的一个子系统，其他社会子系统的变化都会对它产生影响。社会发生的一切问题，都有可能与正在报道的经济新闻相关，因此，只报告一个给定的变化事实，是难以让受众全面理解和把握新闻事实的。好的经济报道，不仅要切中经济生活中矛盾的结合点，而且要将经济矛盾热点背后的关联性找到，透过经济现象看本质。"从过去看现在，从现在看未来，这是人们的普遍思维。新闻报道不应当停留在客观报道上，而应当根据事物发展的规律，对相关事件和史实进行综合分析，对事件的前景进行预测，引导人们的思维不断延伸。这是前瞻探索的一个重要方面。"① 一些因素对经济新闻的影响是长期的、历史的，因此经济新闻记者还要注意从历史的演进中看清事物的发展变化和本质特征，推测未来的发展趋势，从而增加新闻的深度，为百姓决断、政府决策提供未雨绸缪的前瞻性建议和决断依据。经济新

---

① 张西望：《论新闻的前瞻性》，《新闻知识》2001 年第 12 期。

闻前瞻性正是在与历史的对比、与未来的对接中做出分析、判断和提炼。进行经济新闻的深度报道，需要学会以宏观的视野关注经济现象，用联系的方法找出看似风马牛不相及事件背后的关联性。许多前瞻性的新闻是在对大局的把握和深层次思考中提炼出来的，没有超前分析和科学思考，不可能取得驾驭新闻报道的主动权。1998年7月，在浙江知名度颇高的私营企业金义集团正悄悄地进行着集团领导成员的调整。一批陈氏亲属从集团的领导层剥离出来，而替代的，正是从竞争中脱颖而出的非陈氏亲属的经营骨干。记者正是通过这样一个普通的地方私营企业的人事变动事件挖掘出了其中所蕴藏的一个重大主题：私营企业如何打破家族制这一落后的管理模式。

2004年4月21日《长江日报》刊发的通讯《清仓·抢购——龙年大游戏》，通过一家国营大百货商场"清仓甩卖"所掀起的惊心动魄、令人生畏的抢购风潮，站在建立城市商业文化的宏观大局上，提醒我们多年来致力建设的商业化工程似乎是一个"豆腐渣工程"，经营者的不理性、消费者的不理性、管理部门的监控不完备、引导消费的传媒欠成熟等诸多因素导致我们的消费市场还很不成熟、很不理性，牵引着市场健康发展的商业体制和商业文化体系的建设不是一蹴而就，毫无反复的。

1997年7月30日《长江日报》刊发的《140万双袜子的命运》的成功也得力于记者在采访到武汉袜厂140双袜子在仓库里沉睡的事实材料后，没有把认识焦点放在这批袜子该不该卖上，而是通过访问经济学家，从袜子的命运入手，把报道的重心提高到国企改革的难点——体制上来，由袜子拓展到我们的国企管理体制，政府对企业法人的监督、控制和考核体制，正是由于宏观意识统领了新闻事实，报道通过解剖武汉袜厂这只麻雀，使我们对国企就有了一个感性的认识，从而更加关注经济体制的改革。

20世纪60年代，加拿大学者麦克卢汉提出了地球村的概念。经济学家吴晓求在第四届FSI中国资本市场论坛上概括和预见了21世纪经济最显著的三个特征：经济全球化、市场一体化、资产证券化。经济全球化，意味着经济体系之间的分工越来越专业化，产业越来越精细化，意味着竞争基础上的合作比任何时候都重要，经济体系在相互竞争、相互合作的基础上各自获得比较优势和比较利益。[1] 2001年12月1日，我国正式加入WTO，就意味着中国经济将与世界经济全面接轨，并将参与经济全球化过程，同时中国经济也要接受WTO规则的矫正。今天"全球化"绝对不再是概念和口号，已变成影响甚至

---

[1] 田心：《21世纪经济最显著的三个特征——中国人民大学财金学院副院长吴晓求访谈录》，《中国民营科技与经济》2000年第3期。

左右经济发展和企业兴旺的重要因素。

要提升经济报道价值,就意味着经济新闻采访要建立全球意识,要把经济活动放到全球背景下来考察和评判,同时还要树立把中国纳入国际分工体系的观念,关注国际产经、财经包括政治方面的最新动态,并将其和国内经济状况联系起来,分析其可能对国内经济产生的影响。当今社会的经济生活正在迅速地打破国内与国外的界限,国内问题国际化、国际问题国内化,越来越司空见惯。经济全球化浪潮之下,不仅大国经济的变化在影响着其他国家的经济发展,而且周边国家和本地区的经济变化也可能影响着一个国家的经济走向。例如,"如果不了解耐克(NIKE)在美国、欧洲遭抵制的情况,就写不出雅加达、河内的劳工情况"。① 美国、欧盟对农产品实施补贴政策,意味着发展中国家出口农产品更加困难;而发展中国家也会影响发达国家,越南决定扩大咖啡出口并取得极大成功后,世界咖啡价格大跌,导致巴西、哥伦比亚以及中美洲一些国家的经济陷入困境。因此,站在全球角度进行分析十分重要。今后,随着国家向外来者开放,发展中国家失业问题乃至贫困问题都不再是一国内部的问题,而是成了国际问题。因此,没有全球视野就无法认识到事实背后的深层次问题。

经济新闻采访要拥有开放的视野,善于把经济现象、经济形势、经济事件、经济活动放到全球化的背景下去比较、对照,在与世界的比较、与全国的比较中寻找、发现、挖掘和策划新闻。这样做出来的报道才更有高度、深度和厚度。这就要求经济新闻记者必须有强烈的国际市场意识,不仅要全面了解地方经济发展的现状和趋势,还要学会把地方经济发展放在经济全球化、市场国际化的大背景下思考,从而增强经济报道的决策魅力和对区域经济发展的指导性。

1997 年 7 月 24 日《深圳特区报》刊发的《波音兼并麦道告诉深圳什么》,作者以经济新闻特有的新闻敏感,站在全球经济发展的高度,从波音兼并麦道,发现了世界经济发展正出现新的变化,"以大做强,以强制胜"的时代已经来临,提醒万里之外的深圳要密切关注世界经济发生的这种变化,并恰当地采取对策,眼下形势,深圳企业小而散的经济结构必须尽快改变,抓住历史契机组建国际化的主力舰队,靠机帆船、小舢板打不赢现代海战。正是因为记者具有全球意识,用全球眼光考察经济形式,而不是局限于本地区的眼前事实,这篇报道对全国都有了普遍意义。

---

① 安雅·谢芙琳、埃默·贝赛特:《全球化视界:财经传媒报道》,复旦大学出版社 2004 年版,第 3 页。

2001年3月7日,聊城市农村工作会议召开,记者前去采访。会上,副市长即席讲的几句话引起了记者的注意:"自从去年年底英国再次出现疯牛病以来,欧盟、中东、拉美和亚非等地的主要牛肉进口国家纷纷转向中国寻找牛肉货源,高唐县的蓝山集团今年1月就收到订单500吨,而去年全年出口仅为1400吨。为组织牛肉出口,它们在周围300公里的范围内收购活牛仍感到困难。这是一个非常好的机会,聊城发展养牛大有可为。"① 听到这里,记者顿觉眼前一亮:这里面有"活鱼"——学会用"联系"的观点看待经济生活中的"异常"现象,并揭示其中的本质。作出这样的判断,得益于记者平时对这方面情况的关注。据了解,由于中国的牛多是食用牧草,牛肉中纤维较多、口感差,在国际市场上竞争力一直不强。欧洲"疯牛病"爆发后,许多人拒食欧洲牛肉,这无疑给我国牛肉抢占国际市场带来了机遇。但是,资料显示,自"疯牛病"在欧洲流行以来,中国牛肉在国际市场上的占有率并没有上升。在这种情况下,蓝山集团取得如此成绩在国内是少见的,单就这一点来说,就有新闻价值。于是记者第二天来到蓝山集团采访,了解到为保证订单的完成,蓝山集团请到了中国农科院的专家为集团起草鲁西黄牛繁育销售加工体系可行性报告,为确保鲁西黄牛繁育销售加工体系早日见到成效,县政府已经研究制定了以"农民贷款、政府与企业担保、财政贴息"为主要内容的政策措施,号召在全县大力发展养牛业。高唐县政府正与企业紧紧抓住机遇,通力合作,大做"牛"文章的做法在中国即将加入WTO的背景下具有重要的指导意义。基于此,记者采写了《欧洲肉牛"疯"了 鲁西黄牛"牛"了》,2001年3月19日在《聊城日报·北方晨刊》一版头条刊登,同日,山东省委机关报《大众日报》在一版显著位置也将此稿刊发。随后,《经济日报》、中央电视台等将此稿分别转发或摘播;不久,《大众日报》、《齐鲁晚报》又分别刊发了有关这一问题的专稿和专版,从各方面探讨这一现象的意义及影响。"牛"起来的"鲁西黄牛"使聊城名声大振。

经济新闻记者要有全球意识,还必须树立把中国纳入国际分工体系的观念,把采集到的新闻事实与国家前途、世界形势联系起来,因事论理,充分发挥新闻的舆论引导作用。黄河小浪底截流工程这样一个举世瞩目的雄伟工程采取的是国际投标的运营方式,3个主要工程分别由意、德、法的3家公司承包,它们又以工程分包和劳务分包的形式将部分工程转包给其他外国公司与中国公司,51个国家共同参与,构成了复杂的生产关系,没有谁说了算的领导,也没有绝对权威,一切按合同——国际通用的菲迪克条款办事。开工以来,数

---

① 高文举、吴文立:《在经济全球化视野中发现新闻》,《新闻战线》2002年第3期。

以百计的记者做了连篇累牍的报道：讲意义、颂精神、述艰苦、状攻坚、析时效、列战果、报记录，读后让人兴奋又似有遗憾，1997年10月29日《人民日报》刊发的《筑起的，不仅仅是一座大坝——写在小浪底之际》，其过人之处就在于记者在采访中具有全球意识，把小浪底化作一个国际大舞台，通过采集到在工程管理上与国际管理接轨过程中我们经历的痛苦、付出的代价、得到的警醒等生动的新闻事实材料，大声告诫国人："经济建设必须面向世界，与国际接轨，跟上时代！"同时告诫国人：要同国际接轨，改革现行的经济管理体制和与之相配套的法制建设刻不容缓！

《深圳商报》记者刘洪恩2003年春节期间，面对美伊关系紧张不断升级，整个春节一直在思索：美伊开战对深圳出口将会带来哪些影响？深圳企业如何尽可能规避战争带来的不利影响？是积极扩大出口？他每天都要上网查看境内外报纸对美伊局势的最新报道，收集与深圳经济有关的数据资料。随后又赶到深圳海关采访，深圳海关方面称，如果战争真的开打，对深圳经济影响还是很大的，并建议刘洪恩提醒出口企业，抓紧办理出口保险规避风险。随后，他又拨通市外经贸局等单位的电话，请相关人士和专家从不同的角度来分析深圳出口面临的挑战，以及由于战争加快全球第三次产业转移的进程、深圳良好的投资环境对境外企业移入深圳的吸引力、深圳应当如何抓住机遇接纳境外企业迁入等。由于准备很充分、采访也很扎实，《美伊开战将影响深圳出口》的新闻报道头版头条见报后，受到深圳海关、出口企业、市政府有关部门和广大读者的好评。①

三、谨慎运用隐性采访

（一）隐性采访的内涵与特点

《新闻学大辞典》将隐性采访定义为："记者隐瞒记者身份或采访目的而进行的采访。隐性采访一般用于一些特殊情况，如在敌方或犯罪分子中采访，对那些拒绝采访的人进行采访，或用于检验一些单位或个人的工作情况等。目前隐性采访也已成为记者经常采用的方式之一，运用得好，会采访到显性采访得不到的较有价值的新闻。隐性采访要求记者具备一些特殊本领，如察言观色、随机应变、不怕辛苦等。常见诸报端的'暗访'即'隐性采访'。"② 有学者提出："隐性采访是指新闻记者隐去记者身份而秘密地采获新闻事实的采

---

① 刘洪恩：《创新经济新闻的深度报道》，《中国记者》2006年第3期。
② 甘惜分主编：《新闻学大辞典》，河南人民出版社1993年版，第145页。

访方法。"① 并指出，隐性采访作为一种十分重要的采访方式，与公开采访相比较有自己较为显著的特征。②

第一，记者主动出击。隐性采访是记者主动出击进行采访的行为，记者采访时一定始终在新闻发生的现场，隐性采访进行之前有一系列的准备工作，从采访计划的设定到采访设备安排，都应精心计划，可谓有备而来，否则隐性采访就无法完整地进行。在某些特定情况下，记者也有可能出现在突发新闻的现场进行采访，有时记者还有可能直接成为新闻事件的当事人，但这种不期而遇的目击新闻不能算真正意义上的隐性采访，因为记者是被动地介入了新闻事件。

第二，新闻事实周详。隐性采访通常用于抨击社会不良行为，进行舆论监督，效果远比公开采访为好，这已经被无数新闻采访的事实所反复证明。通过隐性采访获得的新闻事实比较周详，舆论监督的力度也比较大；同时周详的新闻事实也能有效地防止新闻侵权行为的发生。

第三，社会参与程度较高。隐性采访的线索大多来自社会成员的举报，缺少社会成员的举报，隐性采访将失去最为重要的新闻源。另一方面，隐性采访也是受众欢迎的一种采访方式，通过这种采访手段采获的新闻，受众有较高的接收兴趣。

第四，隐瞒身份。面对新闻记者的采访，有人愿意侃侃而谈，有人却表示"无可奉告"，新闻工作的职业要求就是获取和核对新闻事实，使记者们不仅要从"侃侃而谈者"那里采获新闻，还要从"无可奉告者"那里采获新闻。面对"无可奉告者"隐去记者身份无疑是最好的办法。因此隐性采访中记者只有隐瞒身份，才可能更方便地采获到有价值的新闻。

第五，隐藏目的。记者以某种社会角色（不是记者角色）面对不愿接受采访的对象，他们必须隐藏自己报道新闻的目的；否则，既达不到隐瞒身份的目的，也无法实现自己报道新闻的目的。在具体的采访实践中，记者会针对不同的人物和事件，以不同的身份进行实际的采访。但不管身份如何千差万别，隐藏目的的做法始终如一，不会改变。

第六，隐蔽手段。不言而喻，隐瞒身份和隐藏目的最终是依靠手段实现的。隐蔽手段首先需要借助技术设备的精良来保证，早期的隐性采访由于缺少精良的技术手段，因而每每显得捉襟见肘，有时甚至险象环生。可见，技术设备对于隐性采访的成功与否关系极大。而科技发展到今天，随着小巧精良的摄录设备的出现，隐性采访的手段已越来越隐蔽了。隐蔽手段同时还包括记者了

---

① 顾理平：《隐性采访论》，新华出版社2004年版，第11页。
② 顾理平：《隐性采访——从概念规范开始》，《新闻记者》2007年第6期。

解新闻事实的方法与公开采访显著不同，提问的方法、语气等，都要有意识地隐蔽自己的真实意图。

隐性采访的历史可以追溯到1890年，其时，现已停刊的《纽约世界报》记者伊丽莎白·科克伦化名内利·布莱，扮成精神病人入住精神病院，调查病人受到的待遇，并就此以《疯人院的10天》为题在《纽约世界报》刊出3篇报道。① 这就是新闻史上著名的"装疯采访"。20世纪30年代随着新闻竞争的加剧，以及60~70年代一些权威新闻奖项对采用隐性采访新闻报道的首肯（如《芝加哥论坛报》因隐性报道获过两次普利策奖），进一步助长了隐性采访的发展，70年代的"水门事件"，更使隐性采访达到了登峰造极的地步。20世纪90年代以后我国新闻界频繁使用隐性采访进行舆论监督，1992年中央电视台记者对河北省无极县假药市场的暗访是较早使用隐性采访的一个成功案例。因此隐性采访也成为媒体比较青睐的一种采访方式，中央电视台《焦点访谈》、《每周质量报告》、《今日说法》等一些闻名遐迩的栏目，也经常借助隐性采访来针砭时弊，弘扬正气，因此赢得了受众的喜爱。

（二）隐性采访的负面影响

第一，过度依赖隐性采访，导致记者采访技巧的退化、职业理念的淡化和新闻专业主义的弱化，从而导致媒体行业素质和专业素质的整体下降。我国第一个真正现代意义上的记者黄远生曾指出："新闻记者应该有四能：脑筋能想，腿脚能奔走，耳能听，手能写。"② 这"四能"告诉我们，记者的专业素质体现在具有较强的采写能力上。因此有学者提出："记者的职业，就是要在不欺骗和不违背其他道德的前提下，千方百计地采访到新闻，这就是记者的专业。"③ 经济新闻报道中，记者在发现新闻线索、搜集新闻素材方面的专业技巧和水平要求比写作的技巧要求更高，凭借记者的采访技巧和人脉关系从各个方面获得需要的素材，这恰恰最能体现记者的专业水平。因此，不加限制地使用隐性采访手段，记者过分依赖偷拍偷录设备，使得隐性采访成了降低记者专业门槛的工具，冲击着媒体责任和记者职业道德的底线。

第二，隐性采访易引发新闻侵权。由于隐性采访的非公开性特点，它较之显性采访更容易造成新闻侵权，尤其容易对被采访者的肖像权和隐私权构成侵犯。隐私权一般是指自然人享有的对自己的个人秘密和个人生活进行支配并排

---

① 罗恩·史密斯著：《新闻道德评价》，新华出版社2001年版，第300页。
② 方汉奇、张之华：《中国新闻事业简史》，中国人民大学出版社1995年版，第156页。
③ 陈力丹、徐迅：《关于记者暗访和偷拍问题的访谈》，《现代传播》2003年第4期。

除他人干涉的人格权,其客体一般包括私人活动、个人信息和个人领域;其内容一般包括个人生活安宁权、个人信息和生活情报的控制保密权、个人通信秘密权、个人对其隐私的利用权等。在经济新闻的隐性采访中,最容易发生侵权行为的就是侵害企业家或相关企业的隐私权。肖像权是公民对自己的肖像及其利益进行支配、保护的权利。在法律规定上,肖像权的保护,主要是指未经肖像权人允许不得非法使用其肖像。在现实中,未经他人允许,偷拍、偷录他人的肖像,并损害肖像上所体现的人格利益(包括精神利益和物质利益),也是不允许的,除非具有合法的抗辩事由。在经济新闻的隐性采访中,既有未经他人允许拍摄其肖像的问题,也有未经本人同意使用其肖像的问题,这些都是侵害肖像权的行为。当然这种采访如果具有维护社会公共利益为目的的抗辩事由,就可视为合法行为,否则就会构成侵害肖像权,应当承担侵权责任。

在经济新闻采访中滥用隐性采访,容易造成商业秘密的泄露而引发新闻侵权。商业秘密是近年来随着经济的快速发展出现的一个新概念,是指"不为公众所知悉、能为权利人带来经济利益、具有一定的实用性并经权利人采取保密措施的技术信息和经营信息"。"包括设计、程序、产品配方、制作工艺、制作方法、管理诀窍、客户名单、货源情报、产销策略、招投标中的标底及标书内容等信息"。在我国加入WTO的大背景下,记者如果对此没有一个正确的、明确的认识,其影响可能涉及国际社会。这样的案例也曾有过。1998年某报在某大型企业的一个重大项目尚未投产前,通过各种采访方式(包括隐性采访),将该项目的规模、设计能力等方面的信息,进行了详尽的报道,导致国外同行抢先投产,险些断送了整个企业。

第三,缺乏深入调查使新闻的真实性受到质疑。新闻真实的原则包括局部真实和整体真实,局部的真实并不等于整体真实。记者根据自己扮演的角色写成的新闻,往往主观性强,而且一般是按照事先策划好的路子去采访。记者虽亲眼所见,但由于社会生活具有极大的随机性,而事件的发生往往又有一定的偶然性,记者局限于某一角色,不可能站在更高的层次去发现问题、分析问题,进而导致新闻失实。

中央电视台《新闻调查》栏目曾就隐性采访指出:"无论如何,秘密调查都是一种欺骗。新闻不是欺骗的通行证,我们不能以目的正当为由而不择手段。秘密调查不能用做一种常规手法,也不能仅是为了增添报道的戏剧性而采取的手段。"[①] 2005年,国家广电总局发出了《关于切实加强和改进广播电视

---

① 骆汉城:《行走在火上——隐性采访的法律思考》,中国经济出版社2004年版,第135页。

舆论监督工作的要求的通知》，其中要求"广播电视舆论监督工作必须通过合法途径和正当方式获取新闻素材，不得采取非法和不道德的手段进行采访报道。不搞隐蔽拍摄和录像"。通知发出后，有关隐性采访能否使用的争议再次浮出水面。很多以隐性采访为主要手段的节目不得不改变报道模式，寻找新的采访方式。虽然由于隐性采访在舆论监督中的作用不可忽视，隐性采访在短期内不会被禁止使用，但它的使用空间，尤其是在经济新闻采访中正在逐步缩小。

我国新闻业的组织管理机制比较健全，但是自律原则过于宽泛，关于隐性采访可引用的明确规定基本上没有。国内见到的较为成熟的有一定可操作性的自律规则可能就是中央电视台《新闻调查》栏目的工作手册了，该手册对隐性采访有如下规定：对秘密调查必须符合下述四条原则才能使用：（1）有明显的证据表明，我们正在调查的是严重侵犯公众利益的行为；（2）没有其他正常途径收集材料；（3）暴露我们的身份就难以了解到真实的情况；（4）经制片人同意。这些自律规则，也是我们在从事经济新闻采访中应当记住和遵守的。

第六章 经济新闻报道的原则

历史走到今天这一步，经济在人类社会各个领域的作用和地位可以说是越来越重要，它是包括政治、军事、科技、卫生、法制等领域在内的上层建筑的基础。经济活动亦成为人类社会最基本的活动，每个人每一天都要与经济打交道，个人要靠它发家致富，国家要靠它繁荣富强。在今天这样一个信息急剧膨胀，经济发展趋向全球一体化的时代，作为经济信息载体的经济新闻，只有以一种科学化的报道原则来传播经济信息、整合经济新闻的传播功能，才能使经济新闻真正实现其社会效益的最大化。

第一节 用经济规律解读经济现象

马克思主义认为，世间一切事物都是按一定的规律发展变化的，规律就是指事物内部具有的、本质的、必然的联系。经济规律是指社会经济发展过程中不以人们意志为转移的、内在的、本质的、必然的联系和趋势，可依据其在一定经济条件下存在时间的长短而划分为共有经济规律和特有经济规律。共有经济规律又有在一切社会经济形态中都起作用的经济规律和只在几个社会经济形态中起作用的经济规律之分，前者表现为各个社会经济形态发展过程中经济现象的某些共同的本质联系，如生产关系一定要适合生产力状况的规律；后者表现为几个社会经济形态中存在的某种经济现象共同的本质联系，例如，在商品生产条件下，必然存在供求规律、竞争规律和作为商品生产基本规律的价值规律。特有经济规律也可划分为在某一社会经济形态中起作用的特有经济规律和在某一社会形态的一定阶段起作用的特有经济规律。例如，在市场经济条件下，市场对资源配置起基础性作用，但市场的调节作用不是万能的，它自身有自发性、盲目性、滞后性的弱点和缺陷，所以需要国家进行宏观调控，把"有形的手"和"无形的手"结合起来，保持其健康、有序的发展。

在愈来愈发达的信息时代，经济与人民生活关系日益紧密，受众看报纸不仅要看到自己能切身感受到的经济现象，而且希望能够通过看报得到媒介遵循客观的经济规律，专业的、权威的、指点迷津式的报道和分析，真正获得对自己的经济活动有切实指导意义的、有价值的信息。也就是说，经济新闻报道者必须对经济规律有所把握，再以新闻的方式对经济现象背后所蕴含的深刻的经济规律加以解读，向读者传播那些经过再加工后，具有高附加值的信息。这就要求经济新闻报道要在遵循新闻规律的前提下，确立按经济规律办事的原则，全面反映经济现象和经济问题，提供完整而真实的经济信息。

一、摆脱政策宣传的模式，对经济发展过程起客观记录作用

政策宣传是在决策部门制定某一政策过程中或者决策完成后，为了更好地推行新的政策，利用大众传媒从各个层面对其进行内容和意义上的宣传。经济新闻虽然也含有宣传新的经济政策的任务，但其最终的目的是通过发现和报道经济生活领域的新现象、新趋势和新问题，指导经济工作，对经济决策起参考作用。两者有着不同的目标追求，所以要采取不同的价值取向。政策宣传一般是事后（决策后）所进行的报道，而经济新闻由于经济活动的连续性决定了它所涉及的内容大部分是正在发生的、尚处于发展阶段的新闻事实，新闻的时效性要求又决定了不能等到新闻事实结束或者告一段落后再进行报道，所以经济新闻更要注意对经济发展过程的客观记录，采用观察性报道，这样才能对经济发展过程起客观记录的作用。

在这方面《经济日报》1999年末到2000年关于西部大开发的系列报道已经给新闻传媒作了很好的示范。1999年6月，江泽民总书记在中央扶贫工作会议上首次提出西部大开发的战略目标，嗅觉敏感的新闻媒体马上感觉到这一战略目标的重大意义，纷纷集中力量精心策划报道，为西部大开发摇旗呐喊。2000年3月，九届人大三次会议正式启动了西部大开发计划，拉开了开发西部的序幕，随着中央有关西部大开发的一系列政策相继出台，有关西部的经济报道也不断推向深入。从一定意义上说，西部大开发这一决策很大程度上体现为国家意志，而非单纯的市场取向。因此，在西部大开发的实施过程中，国家的政策优惠和财政上的转移支付将是重要的手段，也就是说，具体的行政措施将是媒体关注和报道的重点。从宣传的策略上来说，详尽地报道西部大开发决策出台的经过，深入集中阐述这一战略决策的意义，在舆论上形成集中优势，然后具体报道国家优惠政策的内容，再到报道西部大开发的具体做法和取得的巨大成果，这是传统的计划经济体制下经济新闻的固有报道模式。《经济日报》对西部大开发的报道，则基本上跳出了这一窠臼，取而代之的是以理性的目光冷静地按照经济规律来解读经济政策和经济现象，注重按照事实发展脉络直线跟踪、顺序跟进。针对新闻事实发展结局不明朗的特点，经济新闻采集者没有按照某个人或某个部门的主观臆断对此下结论，而只是根据现有事实和

经济学原理进行客观的记录和科学的预测，并且对事实的发展过程保持密切的关注，使报道呈现出明显的阶段性和连续性，对经济发展起了客观记录的作用，又给读者完整而全面的信息。

1999年11月29日《经济日报》头版头条刊出《西部大开发，四川怎么办》，以权威的视角对西部经济最强的省份作出了分析，为其他西部省区的决策提供参考。2000年年初，《经济日报》"产经透视"专版又以整版篇幅集中报道《西部大开发，商机有多大》，在向读者传递来自几十个部委的最新政策信息的同时，又向读者解读了政策。接着又推出介绍西部各省新做法的《西部开发新亮点》，再到提出西部开发过程中的问题《西部开发热，还需冷思考》、《少走弯路跑得快》等，整个报道既完整地记录了西部大开发政策从出台到贯彻的客观过程，又遵循了新闻规律，对这一过程中的新现象和新问题进行了及时的报道。

二、反映成就还要发现问题，对经济发展起预警作用

有些人认为经济新闻揭露问题会阻碍经济的发展，这是受计划经济条件下经济新闻"报喜不报忧"的影响。其实发现并报道经济发展过程中的问题，应该是经济新闻的重要任务。① 这是因为：（1）发现问题的经济新闻报道符合宏观经济发展规律的要求。改革开放以来，我国在经济领域进行的一系列改革都是人类前所未有的伟大尝试，没有一个国家的经验可以提供现成的借鉴，邓小平同志把我国的经济改革形象地比作"摸着石头过河"。我们国家开展的每一项经济改革措施，如国企改革、西部大开发等都是没有经验可以借鉴的，在试验的过程中会不断地遇到新问题，及时地发现问题，寻找解决问题的办法，是经济工作的一个重点，也是新闻媒体进行经济报道的一项重要任务。（2）发现问题的报道和报告成绩的报道都能产生正确的舆论导向，促进经济发展。报道成绩有利于鼓舞人民群众的干劲；发现问题并对其进行客观的分析是解决问题的前提，某些潜在的问题，如果媒体不进行充分的报道，不能引起足够的重视。（3）发现问题的经济新闻报道是媒体发挥舆论监督作用的具体体现。新闻要发挥舆论监督的作用，经济新闻也担负着同样的责任，有必要对经济领域中直接影响经济改革进程、与人民群众利益密切相关的种种问题进行报道。

2000年各领域的降价风潮一波高过一波，已经成为经济生活中相当普遍的现象，由此引出的看法和做法各不相同甚至截然相反，《经济日报》敏锐地

---

① 参见高初建：《经济报道的观念变革与模式转换》，《中国记者》1999年第9期。

捕捉到了这一事件，于 2000 年 7 月 31 日开始，推出了"如何看待价格战"的系列报道，在不到 20 天的时间里刊发了 15 组报道（加上未列入系列的"价格战：国外怎么打"），报道声势浩大，影响深远。报道以《价格战预示着什么》简洁明确地导入了论题，以《波澜起伏且战且进——近年中国市场"价格战"备忘录》回顾了从 1993 年开始我国市场价格战所经历的三个阶段，将价格战的探讨置于市场经济发展的大背景下进行；接着，由先刊登一组厂商的说法：《我们为什么不要"价格战"——TCL 集团总裁李东生访谈录》、《价格战也是实力战——长虹集团负责人访谈录》和熊猫电子集团副总经理周振宇《我对价格战有三点看法》，后刊登一组"读者评说价格战"：《价格战是一种表象》、《降价是必然的》、《竞争使企业优胜劣汰》，展开论题，并刊发一篇《编辑部评说价格》，将编辑部的种种分歧公之于众，这篇报道"疑义相与析"，成为这场讨论中的一个生动环节。随着一篇《彩电价格升级战》的报道的刊发，讨论关注的视野也由以北京为主、以行业为主，拓展到成都、南京、武汉等大城市里彩电价格战的情况。国际专版刊发了一个整版的"价格战：国外怎么打"的专题，体现了《经济日报》全国乃至全球的视野。随着《降价牌越打越明白——近日彩电新一轮价格评述》的刊发，关于价格的争论也越来越明晰，到收篇之作《价格战：怎么看怎么办》刊发时，本组报道也从发现问题中得出了一些共识，比如，降价不等于价格战，价格战不一定是坏事，是优胜劣汰的过程等，判断这种经济现象合理与否，关键要看价格竞争是否有序，同时要鼓励有序竞争，规范无序竞争。这组报道牵出了许多的"看点"，宏观方面，涉及买方市场逐步形成的趋势、产业结构是否合理的问题；中观层面，涉及行业中流通体制变革带来的利润分配、家电行业生产和销售体系之间的关系；微观层面，则有各大知名厂商之间颇具戏剧性的争夺，这些均对我国经济的发展起到了一定的预警作用。

三、既描述经济现象又反映经济规律，对经济活动起指导作用

经济发展具有自己独特的规律，经济新闻采集者要充分地认识这些规律，并且能够用经济发展过程中的规律来指导经济实践活动。这就要求经济新闻报道中要作出相应的调整：从比较多地注意报道一个个企业，转向更多地从全局的高度关注企业的改革和发展；从报道规模数量型发展转向支持质量效益型发展；从单一型经济报道转向综合考察经济发展与社会进步、环境保护、可持续发展、关注人本身结合起来；从比较多地在中国国民经济范畴内关注、报道经济，转向在经济全球化已成趋势、科技进步越来越深刻地决定着经济发展的速度和一国综合国力的背景下关注、报道经济等。一句话，就是要求在经济新闻

中能够客观、全面、准确地反映经济规律，正确运用经济规律解读经济现象。

比如，以往在报道某地优势的时候往往比较注重报道某地的资源优势，事实上市场优势是按投入与产出比衡量的，固有优势并不等于市场优势。对于西部大开发，新闻学家艾丰就指出："西部的土地、资源在一定情况下均可以成为资本存在的状态，但这些资本只有和其他资本组合起来，才有赢利的可能。"所以经济新闻客观地宣传西部优势，重点应该促使"固有优势"与"其他资本组合"形成"一定情况"，这一点在《经济日报》"东人西行记"系列报道中有很好的尝试。再比如，在市场经济体制下，企业经营的好坏不再以生产多少为依据，而是以市场销量多少为依据，没有销路的生产只能是浪费，只有对市场经济规律有了如此的把握，我们才能摒弃计划经济体制下以行政命令为依据，以完成任务为目标的"一刀切"报道模式，摒弃从一个或几个典型中概括一般规律，用以指导"面"上的工作的报道思路，而代之以一厂一策，分类指导，这才是对市场经济认识的深化。

1998年6月，有消息说武汉有关部门为使名牌企业形成规模，欲将健民集团和红桃K集团合并，并作为资产重组的正面典型进行宣传。有人建议《经济参考报》对此报道，但该报认为这种拉郎配式的重组不符合市场经济规律，可能要好心办坏事。后来这两家企业在重组时果然出了问题。《经济参考报》头版头条以《百年老店拒搭重组大船，红桃K兼并健民计划搁浅》为题发了消息，并配发评论，强调资产重组必须尊重市场经济规律，在当时引起了强烈反响。

长期以来在计划经济体制下，市场被狭义地理解为商场，在建立社会主义市场经济体制中，市场贯穿设计、生产、储运、销售等经济活动的全过程，一种产品始于生产，终于消费。任何产品最终都要落实到消费的问题上。市场是整个经济运转链条中最敏感、最活跃、最丰富多彩的环节，是经济状况的晴雨表。市场的每一个新变化，都牵动着千千万万生产者、经营者、消费者的心。因此经济新闻采写应以市场为着眼点和出发点，到市场中去选取报道角度，从而增强了新闻的针对性和吸引力，[1] 对经济工作的促进也大。下面请看2000年7月6日《浙江日报》刊发的一篇报道：

买一只浙江生产的灯泡　美国能源部补贴三美元

本报讯　眼下，在美国的市场上，产自中国东阳横店的"得邦照明"

---

[1] 林晨：《国企报道中应当注意的几个问题》，《中国记者》1999年第8期。

成了市场"宠儿":美国消费者每买一只"得邦灯泡",便能得到美国能源部3美元的补贴;每买一只"得邦镇流器",则可获得10美元补贴。高额的能源补贴,令"得邦照明"产品在美国十分抢手。2000年6月28日,横店得邦电子有限公司又收到了来自美国加州照明公司一份包括15万只电子节能灯泡和5.8万只电子镇流器的大订单。

1997年才筹建的横店得邦电子有限公司,起步之初便主动与国际市场接轨,注重高科技、高起点。他们通过国际市场调查发现,西方发达国家都在开展"绿色照明"的推广工作,美国政府更是通过由政府提供节能补贴的方式来鼓励消费者采用高效节能的灯具和控制器件等高新技术产品替代原有的照明系统,以达到高效、经济和保护环境的目的。于是,他们迅速引入国际最先进的技术、设备和管理方法,着重开发、生产绿色照明产品——新型电子镇流器和高效电子节能灯。为了抢占科技制高点,拓展国际市场,公司引进国内外高级专业人才,在杭州和美国分别设立了技术研究中心,并积极筹建上海横店集团照明技术研究中心。短短两年间,依托人才、技术优势,公司自行开发研制出30多种规格的新型电子镇流器和50多种规格的高效电子节能灯,并很快在国际市场上占有一席之地。

1998年10月,美国能源部进行节能灯产品招投标,得邦电子有限公司以其明显的质量、价格优势,力挫群雄,一举中标,并于去年8月获得美国能源部"能源之星"等产品标识使用权。作为美国能源部的推荐产品,"得邦"绿色照明产品由此开始大量进入美国各大州的大型超市和政府采购机构。现在,得邦公司共有30多种产品通过了北美、欧洲、日本和我国各专业协会的认证。去年底,该公司又通过了ISO9001质量体系认证,同时获得中国国家进出口企业认证机构认可委员会认可,从而使"得邦照明"声名远扬,公司95%以上产品出口到北美、东南亚、日本等国家和地区。(记者 徐晓恩 严红枫 通讯员 董组)

作者重视市场的灵敏反应,眼睛盯着市场,在中国的节能灯普遍因价廉而档次低、质量差,受到美国等西方发达国家的抵制的背景下,选取"得邦照明"注重高科技,产品成为国际市场上的"宠儿"的事实,既向世界展示了中国企业的风采,又为我国加入WTO后增强出口产品竞争力提供了有益的启示,对政府运用经济手段实施能源政策也很有参考价值,报道因此获第11届"中国新闻奖"消息二等奖。

第二节 以社会责任传播经济信息

在市场经济条件下，公众越来越多地感觉到社会生活和新闻工作的"经济化"趋势。经济已经作为一个重要的公共领域或公共问题，影响着并越来越多地支配着传统的政治、文化等领域的活动。而大众媒介所报道的经济新闻，即便真诚地想全面报道，能够做到的程度也是非常有限的，"社会生活的丰富多彩与选择事实的有限性"，这是任何新闻工作者必须面对的矛盾。也就是说新闻采集者总是要选择事实和主题，或者把注意力集中在某种复杂的情况的特定方面，而排除其他方面。在这种情况下，记者的报道会影响他所报道的在特定时间内被媒介界定为经济上的重要事实，如果涉及公众的利益，记者关于要发生什么的感觉、他们在讨论中的评价（包括访问各类专家），一般情况下也会对公众产生强烈的影响。经济新闻对公众的影响已成为每个人或家庭经济生活经验以外的"大经济"的认识来源。① 正是因为经济新闻具有强大的暗示作用，所以"在记者能够直接或间接影响对经济的看法的地方，他们更加成为特定经济的一部分，并且更加成为广泛的政治游戏中重要的、间接的游戏者。他们不只是观察员和记者，他们能够影响他们试图报道的经济，而这样做就能影响政治的前景"。②

显然，大众媒介能否正确地把握宏观经济状况至关重要，因为公众一般是把媒介报道的经济状况当作真实来把握的，并且往往将其看作现实把握。正如美国社会学家托马斯提出的社会学公理所言："如果人们将某种状态作为现实把握，那么这种状态作为结果就是现实。"另一位社会学家默顿也提出一个相关的"预言的自我实现"公理，指的是最初对情况的错误理解和报道，会造成公众一种潜在的心理和紧接着的行为。③ 所以经济新闻在市场经济条件下的重要地位是显而易见的，因此其社会责任也异常重大。因为一旦没有准确地报道重大经济事实，传播了失实的经济信息，或对重大的经济形势预测失误，都有可能造成社会的动荡。所以经济新闻以社会责任为报道原则传播经济信息，也是经济新闻的客观要求。

---

① 参见陈力丹：《关于经济新闻的几个问题》，《新闻大学》2000年夏季号。
② 尼尔·T.加文主编：《经济·媒体与公众知识》，江西教育出版社1999年版，第266页。
③ 参见陈力丹：《关于经济新闻的几个问题》，《新闻大学》2000年夏季号。

一、讲真话、报实情

新闻记者担负着传播新闻和社会批评的责任，从事的是一种特殊而光荣的社会公职。记者通过笔、录音机和摄像机，记录着社会的美好与丑恶，在维护社会公正、疏导社会情绪、反映民众呼声、主持正义公道等方面起着积极的作用，而对社会的敏感、责任意识、批评意识、批判精神是衡量记者品格的一个重要因素。2003年9月26日，在中国新闻史上，也许是一个值得记下一笔的日子。在山西繁峙"6·22矿难"国务院批准处理责任人的电讯中，"拔出萝卜带出泥"的不是别人，而是包括新华通讯社4名记者在内的11名新闻记者。面对这起瞒报死亡人数、伤天害理转移尸体的重大责任事故中，新闻记者本该深入挖掘、查明真相，但由于他们悄悄收下了黑心矿主送来的金元宝等昂贵礼品，却对事故现场暴露出的许多疑点和矿工家属的痛苦呼号视而不见，坦然接受了当地政府部门避重就轻的搪塞说法和大大缩水的死亡人数的说法。繁峙矿难中记者违纪的声声警钟再次告诫经济新闻报道者，只有加强马克思主义新闻观和新闻职业道德修养的教育，自律、他律完美地结合，才能做到以社会责任传递经济信息，才能成为一名合格的新闻记者。

温家宝总理在2006年11月召开的第七届作家代表大会上的讲话《同文学艺术家谈心》中，头一条讲的就是追求和弘扬真善美。他说：真理是人类的共同追求。"五四"运动高举"科学、民主"的旗帜，就是追求真理。中国要有光明的未来，必须发挥全体人民追求真理的积极性。他特别指出："在文艺界要提倡真话，反映真实的社会情况，鼓励人民去追求真理。"温总理这句含义深刻的话，虽是对文艺工作者讲的，也适合我们的经济新闻报道。讲真话、报实情，是新闻记者的职业道德要求。经济新闻记者报道实情，把真话留在人间，不仅泽及当代，而且也惠及子孙。直言，就是要勇于把真话说出来，开门见山，不随波逐流，不隐恶，不饰非。

在第16届"中国新闻奖"的评选中，刊登在《文汇报》2005年11月16日上的消息《"院士崇拜"不可过度》获奖并成为大家学习的新闻精品，正是记者敢于直言，客观准确报实情、讲真话的结果。报道发表后引发了一场全国媒体对于院士问题的大讨论，中央电视台、《南方周末》、香港《大公报》、《参考消息》、《人民日报·海外版》、《新民周刊》等颇具影响力的媒体或转载此文，或由此说开去成为一段时间内的热点话题。由此可见，讲真话使报道收到了良好的传播效果。

讲真话、报实情，对于"一字千金"的证券新闻报道来说就是要准确发布信息，因为投资者直接根据信息作出投资决策，违规抢发信息甚至发布虚假信息将给投资者带来损失。2009年2月18日大洋网、广州日报网等网站刊登了一条题为"发改委官员称人民币可能贬值至7"的消息："昨日有消息称，国家发改委副主任张晓强表示，人民币并未面临任何升值压力，人民币兑美元甚至可能贬值至6.95~7元人民币。引发人民币汇价盘中大跌。"同一天，国家发改委在其官网上发布声明称，有关"发改委官员称人民币可能贬值至7"的文章，纯属捏造。尽管消息很快被澄清，但是受贬值评论影响，中国外汇交易中心人民币兑美元周二午盘快速下跌，一度跌破6.84元关口，但尾盘恐慌情绪稍有平复，最终收盘缩减跌幅报6.8395元，上日收盘价为6.8340元。

二、时效性与真实性并进，做好预测新闻

随着我国市场经济体制的发展，股票、房地产、个体经济、商业银行等经济现象不断涌现，越来越多的人渴望了解市场经济的活动规律，掌握经济发展的规律，预测经济未来的趋势，因此预测新闻成为经济新闻的一个重要分支。

预测新闻在西方很有读者市场，尤其是年末岁初有关经济形势的预测新闻，简直成了最时髦的新闻体裁。理论界在解释这种现象时指出，一般来说，简单的经济信息预告新闻，是和资本主义发展初期的需要相适应的；复杂的经济预测新闻，是和资本主义发展到高度垄断阶段的需要相适应的。在形成了国际性财团体系的情况下，当资产阶级的各国政府和跨国公司、垄断企业，要对未来的经营方向、投资目标作出决断时，就特别需要经济预测。我国的社会主义市场经济在本质上与资本主义的市场经济不同，但在预测经济发展走势、了解投资方向、引导消费等方面则是共同的。

正是因为预测新闻是在已知的新闻资源上朝一个方向延伸思维，所以必须以事实为基础，又讲求时效，真正引起读者的普遍关注，这就要求我们的经济新闻采集者要以调查研究为前提，广采博纳地占有新闻资源，像那些负责任的西方记者一样对所预测的国家和地区的国民生产总值、通货膨胀、利率、财政和国际收支、消费物价指数、个人消费、储蓄与发展投资、货币升值贬值、失业率、市场供销、劳工成本等情况，有相当的了解。同时预测新闻一定要讲求时效，才能取得预期的效果，特别对于金融新闻来说，速度是首要的，准确是必须的，在线网络的计算机屏幕上不能有"空闪"，有时竞争是以若干秒来计算的。传统的大众媒介根据在线网络提供的信息进行的分析性报道，同样在时效性方面也有激烈的竞争。所以真实性与时效性并进，是经济预测新闻的努力方向。

要使预测新闻让受众认可和大体信服，就要注意消息来源的权威性。对于

从权威机构和重要领导人口里获得的消息，受众一般比较认可；一些权威媒体及其名记者采发的预测性报道，也比较容易取得受众的信任。

三、不仅仅通告经济事实的性质和重要性

经济是一种体系，也就是说经济是由一系列相互依赖的变量组成的。经济被看作是一个技术性强的复杂而困难的领域，与其他类型的新闻相比，经济新闻需要更专深的解说和提供更多的背景知识，经常使用图表和照片也不单单是为了提供解释，而是使人们根据所报道的信息，既作前瞻性的预测，又作回顾性的总结。所以经济新闻需要一个牢固的关系结构，要以经济体系内一个单一的变量的变动为基础，从而解释这一变动，并将这种解释向外加以扩大，使之掩盖那些可能受其影响的变量或进程成为必要。

所以，为了使经济新闻真正承担起服务于受众的社会责任，加强其说服力，经济新闻的内部要形成一种牢固的关系，即在把经济事实性质和重要性告诉受众的同时，必须提供前后相关的信息，对经济学术语作出解释，对各种连带的经济关系给予说明。

2005年上半年，继"苏丹红事件"之后，媒体接二连三地发布了关于"十大垃圾食品"、"'高露洁'牙膏可能致癌"等经济新闻，使受众人心惶惶、如履薄冰；含有"苏丹红"的辣椒制品撤柜，高露洁、佳洁士含氟牙膏"遭市场寒流销量下降"，对市民生活和市场经济均造成了严重影响。《解放日报》、《新闻晨报》等媒体为了更好地承担媒体的社会责任，纷纷撰文，《城市供水含微量氯仿并无危害》（《新闻晨报》2005年4月20日刊发）通过采访水质专家，告知受众"国外研究机构的一些动向不应当成为公众恐慌的理由"。报道刊发后社会反响良好。《文汇报》在重要版面刊发的新闻《高露洁，你到底归谁管》和《牙膏漱口水都要管起来》，更是独家批露"致癌"风波暴露牙膏监管归属问题，强调"我国全面启动化妆品摸底调查加强标准化建议"，这些稿件均获好评。中国人民大学新闻学院喻国明教授认为，媒体应该成为社会安全的守护者，把公众利益放在第一位。对于社会生活中的各种危险因素，媒体不但要告知公众，还一定要加以适当和准确的解说，告知公众威胁程度到底有多大，让公众全面了解情况。在此次高露洁牙膏事件中，媒体对公共卫生安全的关注的确体现了媒体的责任，但"不能简单地把问题抛给公众，更不能听风就是雨，无限制地夸大。因为真理往前迈一小步往往就成了谬误"。至于在采访过程中，应该掌握两个以上的消息来源，不能依靠孤证，这些都是基本常识，"尤其是那些和公众利益息息相关的事情，影响越大，责任

就越大,更需要慎之又慎,多方评估"。①

由这个例子我们不难看出,对于涉及民生和市场经济发展的公众话题,记者不能有闻必录,而是要有所思考、有所选择、有所判断,看信息的发布机构是否有权威性,充分考虑报道发表后是否会造成消费者心理恐慌以及市场混乱,这样才能体现经济新闻报道对社会责任的追求。

四、以公共利益为上报道经济信息

从字面上理解,公共利益就是公众的利益。相似的用语有,大众福祉、社会福祉、公共福利、社会福利、公众利益等。有学者认为:"一般国家的宪法都有这样的规定:任何人在享有并行使自己的自由和权利时不得损害公共利益,这是公共秩序的基本保障。但是,仅仅将公共利益作为限制公民基本权利的理由,恐怕只是问题的一个方面,而不是全部。问题的另一方面是,最大限度地保障公民的基本权利,恰恰是最大限度地实现公共利益的目的所在,也就是说,必须将公民的基本权利看作是公共利益的最主要的内容之一,通过对公民基本权利的保护以及促进公民基本权利的实现,不仅能进一步促进公共利益的发展,而且其本身就是公共利益的主要内容。"② 曾获2004年度普利策公共服务奖的伯格曼认为:"公共利益是一个社会和国家的整体利益,新闻最大的价值莫过于其所揭露的问题可以换来所有人的安康和幸福,媒体的责任就在于将那些危害公众利益的事件暴露出来。"③ 由此可见,无论何种社会制度下,实行何种传媒体制,均把公共利益视为报道新闻的最高原则,经济新闻也不例外。

2007年4月,某地卫生厅公布了该省速冻食品卫生抽检结果,在抽检的50份产品中,有11份不合格。其中引起传媒广泛兴趣的是,两家知名速冻食品也在不合格产品之列。从卫生部门出示的不合格产品名单上可以看到,这些知名品牌皆是因检出致病菌金黄色葡萄球菌被判不合格。当地相关机构表示,这种病菌能产生数种引起急性胃肠炎的蛋白质性肠毒素,从而引起呕吐、发热、腹泻等发病急、发病程度严重的中毒症状,甚至可能引发肠炎病症。当天下午,当某地方传媒刊发这一消息并被网络转载后,立即在全国产生了不小的

---

① 李虎军:《高露洁致癌事件调查:谁制造了牙膏信任危机》,《南方周末》2005年4月21日。
② 黄学贤:《公共利益的界定的基本要素及应用》,《法学》2004年第10期。
③ 陈煜儒:《向社会普及和提高公共意识——英伦巡礼之五》,http://caijinghexun.com/mag/previevwaspx?ArtID=6884,2005-7-5。

震动。首先，这又是一起食品中检测出致病菌的事件；其次，该事件发生在两家著名企业身上。从新闻价值层面来看，任何一个有职业敏感的传媒从业人员都会立即捕捉到这中间的价值：站在受众角度，以最快的速度向公众告知真相，以此显示传媒的公益性。当天晚上，上海传媒却为是否要发布这一消息而反复斟酌讨论到深夜。因为记者经过采访本地食品监督部门以及实地走访这两家企业后发现，虽然被查获的是这两家知名企业的产品，但"问题食品"并非是本地生产厂家所生产，而是两家企业在当地的加工厂生产的产品。经本地监督部门紧急检测，上海的这两个品牌的速冻食品各项指标都合格。原来，此"问题食品"并非上海市场上的品牌产品，上海市民的食品安全权益并没有受到直接侵害或者影响。另一方面，两家企业在事发后，已经组织人马开展安全生产大检查，并采取措施及时召回了"问题产品"，应该说负面影响已在第一时间被降到了最低程度。为此，上海媒体最后没有对此加以报道，因为站在政府管理层的立场，上海市场需要稳定；站在上海老百姓的立场，在经历了一次又一次外地"问题食品"、"问题药品"所带来的心理压力后，很多人开始质疑"今天我们还能吃什么"，也有人甚至因噎废食，影响到了正常的生活。既然这一事件并未对上海市民产生任何影响，既然涉案企业已采取了必要措施，那么一味强调"客观报道"引发事态扩大恶化，显然会给危机管理和善后带来更大的负面效应，受众从这些消息中获得的除了恐惧外不会有其他任何益处。由此可见，公共卫生危机报道的报道原则，真正需要的是在公共利益和责任中寻求平衡，一方面，公众的知情权必须得到体现；另一方面，符合公众利益的报道原则也必须得到实施，这是在危机时刻尤其需要我们努力去实现的。①

第三节 以人文关怀关注经济生活

我们这里所说的人文关怀，不同于欧洲文艺复兴时期新兴资产阶级反宗教而提出的人文主义，资产阶级的人文主义也肯定并注重人和人性，主张思想自由和个性解放，肯定人是世界的中心，但它立足于要求在各个文化领域把人和人性从宗教的禁锢中释放出来，就其思想体系而言，超不出把个人利益放在首位的个人利己主义的生活态度和道德原则。尽管它也曾在历史上具有一定的进步意义，但它没有也不可能包容现代社会的时代精神与先进理念的内涵。包容这种精神和理念的人文关怀突出地体现为："不仅要关注物质财富的创造，更

---

① 李蓓：《公共卫生危机报道的公益性与传媒责任》，《新闻记者》2007年第7期。

要关注创造物质财富的人；不仅要关注人的社会行为，更要关注支配这些行为的人的精神；不仅要关注人的社会行为，更要关注支配这些行为的人的精神、品格、信念、理想与尊严；不仅要关注自己，还要关注他人；不仅要关注一部分人先富起来，还要关注更多的人富起来；不仅要关注经济的增长，还要关注社会的全面进步；不仅要关注人的人文环境，还要关注人的生态环境；不仅要关注今人的生存与发展，还要关注后代的生存与发展；不仅要关注人类的现在，还要关注人类的未来。"①

人文关怀，突出地体现了以人为本的思想。在当今社会相当多的人崇尚物质享受与金钱拜物教的不良风气下，关怀人、关注人的价值，显得格外重要。如果说在欧洲文艺复兴时期有识之士高呼把人和人性从宗教的禁锢中解放出来，那么在当今社会则要呼唤把人和人性从金钱和物质的奴役下解放出来，应该说，这是一场更深刻的革命。

在我国，人文关怀问题的提出，是在面对计划经济向市场经济转型时所呈现出的物欲横流、道德失衡等社会状况时，表现出的一种社会忧虑和关怀。因为市场经济是一柄双刃剑，它既为人的个性独立、自由发展创造了物质基础，又让人的精神家园被畸形的物质欲望践踏，付出了沉重的代价；它既使社会物质财富得到了极大的增长，又造成了大量的外溢性影响，使社会承受着经济发展所造成的各种社会代价、社会成本的沉重负担，加剧着效率和公正、自由和平等、速度和效益、量和质、个人和社会、城市和乡村、富有者和贫困者、人类和自然环境、人类的今天和明天之间的矛盾。在经济理论界，一些专家和学者，从"公平与效率"这一人类文化中带有终极定义的基本命题出发，呼吁为经济学引入人文关怀，恢复经济学的本来意义——经济学是文化的而非自然的科学，归属于社会性而非技术性的范畴。

对于直面经济生活的经济新闻，要能够记录社会经济发展的客观过程，对经济发展起指导作用，必须坚持以人为本的原则。因为人是一切社会活动的发动者、推动者、受益者，是社会活动的核心所在，人也是新闻产生和存在的理由。社会经济发展归根结底是人和人之间的活动，所以经济新闻报道应坚持以人文关怀关注经济生活，也就是坚持以人为本的原则去报道经济新闻。

一、站在人的视角关注经济发展

人是经济活动的主体，是影响经济发展最深层的因素。"生产力中最活跃的因素是人，所有的技术都由人创造发明，所有的知识经验都由人推广，人自

---

① 胡妙德：《电视传播与人文关怀》，《电视研究》2000年第7期。

身的进步是推动社会进步的动力,人力资源的质量是实现经济腾飞的关键。"①在人与自然交往以获取物质资料的过程中,人始终处于经济活动的主体地位,任何科学发明、经济进步都是在人的主持下完成的。国别民族间的经济差异归根结底是由于人们在各自的经济活动中采用了差异很大的制度形式与管理方式造成的。② 有学者甚至说:"我们可以认为,人的无限的欲望与实现欲望的手段这一对供求矛盾,是推动社会生产力和人类社会辩证地向前发展的最根本的矛盾。"③ 而人不仅引发了这种矛盾,使之无穷化,而且是矛盾的主要方面。宇宙间的物质与能量是一种恒定,而人的欲求却是无穷地不定,由人的无限欲望与有限供给构成的稀缺性矛盾,问题在人这一方面,亦即矛盾的主要方面在人而非在物,这句话包含两个主要的含义:一是引起稀缺性的主要原因在人,在于人的欲望,这不是说要人们清心寡欲,安贫乐道,却至少提出了在一定的外在供给状况制约下,应当注意欲望的管理与引导这一人类自我管理的重大课题;二是解决稀缺性的手段也在人。人处在稀缺性矛盾的主要方面,是社会经济技术进步的根本推动者,所以减少稀缺以满足人类不断增长的需要的根本出路,在于提高人类自身的能力,而非人力资源以外的其他资源,正是人类的有限能力与无限欲求构成了这对稀缺性矛盾的真正本质。因此说,人类自身就是一个矛盾体,能力有限而欲望却无限。正是由于这对矛盾展开了人类无穷的改造自我与发展经济的活动,人必然地成为经济活动的主体,所以也成为经济新闻关注经济发展的一个全能视角。

经济新闻报道要实现站在人的视角关注经济活动,就必须在报道中凸显公众利益,即在提供真实信息、满足公众知情权的基础上,贴近公众议程,传递公众声音,维护公众利益以推进社会发展。2006 年末在国家质量监督检验检疫总局授权中国名牌产品战略推进委员会对 91 类产品进行 2006 年"中国名牌产品"评价及表彰会上,湖北楚源精细化工集团公司楚源牌活性染料获得"中国名牌产品"称号,新华社记者以《中国名牌"楚源"烫金奖匾后是沉重的环保代价》(新华网 2006 年 12 月 13 日)为题报道了在这块华丽的"烫金奖匾"背后沉重的环保代价:这家公司长期向长江及周边排放废水、废气,当地群众苦不堪言,水稻减产,疾病频发。报道没有站在企业的角度传达这一喜讯,而是从公众利益出发,在披露个别企业以牺牲环境为代价博取名利的同

---

① 唐迎春:《经济新闻要关注人的全面发展》,《新疆新闻界》1997 年第 4 期。
② 陈惠雄:《人的研究:经济学研究的新层次》,《浙江财经学院学报》1997 年第 6 期。
③ 宋承先:《过渡经济学与中国经济》,上海财经大学出版社 1996 年版,第 6 页。

时，也向一些地方政府及评优单位提出了警示，不能因讲求经济效益而忽视社会效益，当地政府和有关部门应该以科学发展观统领经济社会发展全局，认真落实单位 GDP 能耗降低 20%的约束性指标。

要凸显公众利益，还要通过报道解释和讨论与公众利益密切相关的社会议题，以影响政策的制定和经济行为的发生，要站在"权为民所用，利为民所谋"的高度上做文章，在"群众利益无小事"的关怀下下工夫。凭借垄断地位赚取高额利润的垄断利益集团，已成为社会舆论的众矢之的，2006 年以反垄断为核心的公共利益事件接连上演。6 月末，随着列入立法规划 12 年之久的《反垄断法》草案首次提交全国人大常委会审议，人们日益认识到，维护社会公平和正义，构建和谐社会，必须将反垄断进行到底。新华社记者采写的《百姓向垄断利益集团讨公平》（"新华视点" 2006 年 12 月 17 日），从声讨"福利腐败"、博弈价格听证会、质疑竞争怪圈、起诉违法行政、呼唤民主决策等方面，对承袭计划经济时代而来的国家垄断行业及企业的种种表现作了分析，对由此产生的滥用行政权力以限制竞争，消费者因此作出了牺牲的弊端进行了揭示，为《反垄断法》的出台和更好地维护消费者的利益作了舆论上的准备。关心民生，以悲悯的情怀对待民生的疾苦，是民众对政府最殷切的期待，也是经济新闻报道在构建和谐社会实践中人文关怀实现的必经路径。

当然，关注公众利益一定要坚持用事实说话。2005 年 7 月 5 日，正值全国高温、啤酒旺销之际，有关媒体报道，"95%的啤酒都加了甲醛"，此消息迅速被国内众多媒体转载和评论，国产啤酒的整体形象因此备受打击，甚至造成了韩国和日本政府先后作出了对从我国进口的啤酒采取紧急措施的决定。7 月 15 日国家质检总局公布一项对 157 种国产啤酒和 64 种进口啤酒的抽查结果表明，中国生产的啤酒甲醛含量符合国家强制性标准和世界卫生组织的有关规定，广大消费者可以放心饮用。权威部门作出的结论打消了公众的疑虑，但此次风波所造成的影响显然很难在短时间内消除。由此可见媒体关注和维护公众利益，不能"是建立在采访不扎实、数据不可靠、事实不确切的报道之上的以讹传讹；或者是利用公众对食品安全问题的高度关注，为吸引更多读者的眼球而故意夸大其词，恶意炒作；又或者是为了媒体自身牟利，充当不正当竞争者攻击同行的'枪手'而伤及无辜，那么，一旦真相大白，最终受到损害的，还是公众利益；而媒体自身的形象和公信力，也必然遭到严重破坏"。① 这与构建和谐社会的目标也是背道而驰的。

---

① 由珊珊：《媒体该怎样维护公众利益？——反思"啤酒甲醛风波"》，《南方周末》2005 年 7 月 21 日。

有学者在接受记者采访时曾提到，新闻媒体的存在目的和价值，在于使人民群众知晓与他们的最大利益和生活所需密切相关的新闻事件、新闻人物的真实情况。要关注公众利益，就要摒弃旧的办报模式和报道模式，坚持报道的主流选题，多刊登公共事务新闻，通过发挥媒体的议程设置功能，逐步影响、引导读者的阅读兴趣，使他们关心那些与自己生活密切相关的新闻。在采编过程中，要注意站在公众利益的角度进行报道。① 这也是经济新闻报道如何通过人文关怀实现和谐社会建设目标可效仿的。

二、在经济生活中关注人的精神伦理道德

人的全面发展包括两个层面的内涵：一个是物质层面的，即人具有高度的物质谋生能力，能彻底摆脱物品匮乏的困境，从而使人成为物的主人；另一个是精神层面的，即人具有健全的人格，良好的道德风范，积极进取的主体精神以及多向度的个性心理需求等。这两个层面的人的发展缺一不可，相辅相成。所以，经济新闻不仅要从对象化的物化存在的角度来关注人的发展，还应从生产关系的角度体现出人文关怀的内涵。因为经济的增长离不开人文精神的支持，市场的规律必须建立在自律的基础上，对经济活动而言，经济法则关注的是纯经济——技术性内容，而人文关怀关注的则是经济关系背后的人与人、人与社会之间的关系。

经济的发展伴随着人的发展，人的发展又进一步推动经济的发展，经济新闻要善于揭示经济发展同人的生产能力、个人素质发展之间的互动关系，如报道企业改组改制、走向市场，真正成为自主经营、自负盈亏、自我约束、自我发展的经济实体时，不要忘记把笔伸向工人和企业决策者能力转型和素质发展上。2005年3月为纪念新中国引进的第一位"洋厂长"威尔纳·格里希，武汉市政府宣布将为其塑两尊半身铜像，一尊留在武汉，一尊送往其故乡德国，并于4月17日在他去世两周年之际，举行铜像揭幕仪式。获知这一新闻线索后，《楚天都市报》记者，以20年前德国退休专家格里希被聘为武汉柴油机厂厂长后，不仅主抓产品质量、从严治厂，还提出一套企业改革方案，震动全国，格里希离任后，武汉柴油机厂回复原貌，不久停产为线索，从管理者素质这样一个特殊的角度，理性地审视了改革过程中的企业文化、质量意识等问题，对当前的企业改革具有重要的指导意义。

由于构建和谐社会的目标要求和经济体制的转型，政府的职能已从指导

---

① 秦国防：《关注公众利益巩固主流媒体——访清华大学新闻传播学院副院长李希光教授》，《河南日报》2004年8月6日。

型、指令型转到服务型，政府由组织生产的主角转变成生产者、经营者的配角，成为名符其实的服务者。因此经济新闻报道就应更多地从报道政府行为延伸到关注普通的劳动者，即应通过关注工人、农民、知识分子等社会主义建设者们的酸甜苦辣，来实现人文关怀，在对他们生存状态的报道中折射出服务型政府的管理效率和业绩。

市场经济本质上是竞争、开放、有序的经济，作为经济主体的人必须相应地具备适应市场变化的各种谋生能力，具有开拓进取的创造性个性心理素质，能够在市场要素的流动性、竞争的残酷性和环境的变迁性中，拓展个人经济活动领域，把握更多的发展机会。为此，经济新闻应有意识地注意劳动者这种心理素质的培养，促进劳动者从体力型向高智力型，从能力单一型向复合型，从半封闭型的半自然经济状态向开放的经济状态转变。20世纪90年代在众多记者大谈温州经济模式时，《经济日报》记者詹国枢等却挖掘到温州经济成功的重要原因是深层的人文精神：善创新、敢冒险、能自立，这也是温州特殊的移民传统、地域文化、生存环境造就的秉性。他大力肯定了这些符合经济发展要求的人格精神，同时也指出，温州要保持长期的活力还必须克服过于自负、难以容人、重利轻义、锱铢必较的负面因子。这种在经济活动中关注人的精神伦理道德的写作视角，使报道《神秘的温州人》多了一份文化的厚重和深邃，给受众更多的感悟。

改革开放、建立社会主义市场经济的制度转型对我国民众生活产生了非常大的影响，生产的迅速社会化使民众的生活圈子迅速扩大，从过去熟悉的社会到现代陌生的城市，从过去的家庭作坊到今天的大集团、大公司，从开始是无忧无虑的国营企业的工人到如今成为四处奔波自谋生路的雇员。在"摸着石头过河"的过程中，整个社会已经变得面目全非了，社会生活也失去了过去的和谐，又没有（在某种程度上说是"无法"）及时建立起新的和谐。在这种社会背景下，道德危险便产生了，有时不道德行为带来的收益甚至超过了损失。

有学者指出，道德不过是人们在生活中的态度或选择，它需要自己的制度基础，只有人们讲道德比不讲道德收益更大时，道德才是人们追慕的对象。① 显然，在经济新闻中，我们要通过经济生活中的经济事件，抛弃狭隘、封闭、守旧的自然主义价值取向，弘扬自强不息、积极进取的人生和坦然宽容、仁爱达兼的人本思想；其次，要挖掘经济转型时期中，经济主体昂扬奋发的精神，自觉摒弃物欲至上、极端个人的价值取向，为建设民主法治、公平正义、诚信

---

① 姚德年：《信用危机与道德的功利性》，《读书》2000年第7期。

友爱、和谐社会提供事实的说服力。《一位大夫十年"医药回扣"抗争路》("新华视点"2006年6月19日)通过报道安徽医科大学附属医院急诊内科主任医师张曙与"医药回扣"抗争的事实,引起全社会治"病"救"仁"——治医疗体制之"病"、救医风医德之"仁"的思考,无疑对社会的和谐发展有积极的舆论导引作用。

三、在传播经济信息过程中把经济活动向人化的层面升华

人是经济活动的归宿,是经济学的目的。这就是说,人不仅是经济活动的起点,是一切经济社会矛盾的引起者,是社会经济活动的主体,而且也是经济活动的目的与归宿。正如有学者所说:"经济活动同人的其他活动方式一样,其最终的目的都是保持和优化人的生命存在,表现出人的文化存在。"① 人的一切活动都是为了人本身(为物、为环境,归根结底是为人),都是为了使人的需要能更好地获得满足,所以社会经济活动的最终归宿是人及其需要。因此,经济新闻报道中坚持人文关怀就应在传播经济信息的过程中,把经济活动向人化的层面升华。

首先,要以人为视点和中心,建立以人为主体的思维方式,学会跳出经济写经济,从人的心理观念、生产技能、生活需求等方面去观察、分析、拓展经济新闻报道的空间,通过经济活动反映人的生存方式和生存状态,以真正推动社会主义市场经济的发展和人的全面发展,推动中国经济自身的理性发展。1998年4月8日中央电视台"东方时空"播出兰州市一居民楼的阳光被"剥夺"的报道,正是把人的经济活动向人化的层面升华的典范之作。报道中的这栋于1997年11月才建成的9层居民楼位于兰州市中心的"旧城区"(兰州市规划土地局局长语),它的正南方向相距仅9~10米处正在建筑一座庞然大物——商业综合大楼,单是裙楼就高达6层,旁边更有3栋几乎紧挨着的18~24层高的"塔楼"。这几栋楼一旦建成,它旁边的居民楼必将终年不见阳光。在这篇报道中,关注建筑学上"日照间距"概念,让普通百姓享受温暖的阳光,传播的信息之新本来就使其信息呈现出价值,同时向人化层面的提升更使其信息增值。

其次,要关怀自然,积极倡导生态、环保意识,树立对自然的正确价值观;充分展示人与自然的关系,用理性、科学的长远眼光去看待经济活动。人是从自然界分化出来的,人与自然是对立统一的关系,人的社会属性决定人类要跟自然界斗争,但人的自然属性又决定人类必须顺应自然,也要为整个人类

---

① 单波:《经济新闻的文化学研究》,《现代传播》1996年第1期。

的长远利益着想。因此经济新闻报道必须把人的道德关怀惠及到我们的自然界，关注当前自然界的现状，发现所面临的问题，警示后人。

再次，作为经济报道的记者，在对人民群众充满人文关怀的同时，要养成理性、客观、冷静报道经济活动的职业习惯，而不是充当个别企业的代言人。《上海奔驰出租车从"奔"不下去到退市　谁之过?》(《解放日报》2006年8月11日刊发)就是记者在获悉继2006年8月初大众出租汽车公司宣布45辆奔驰出租车退出营运、剩下55辆奔驰出租车也将于国庆前夕全线"下岗"的事实后，未停留在单纯的经济信息的传输，而是从出租车行业主管部门以要维护上海出租车市场运价的统一为理由，两次驳回了大众出租车公司的调价申请的事实中，将经济信息向人性化的层面延伸，提出启发性的思考：主管部门这种违背价值规律的中国古代家长式的管理方法，短期内虽有利于规范市场、管理方便，但长此以往必将影响和阻碍市场的发展。

最后，要跳出经济事实本身来报道经济事件，学会正确估量经济形势，缜密分析经济政策，有意识地去贴近大众心理，探索经济行为、现象与社会时尚、风气之间的内在关系。因为经济新闻对于公众的引导不是灌输简单的政治意识，而往往是直接引发公众的经济行为，同时为和谐社会建设提供先进的文化生活理念。新华社记者采写的《中国第一个"休闲小康指数"昭示生活方式的变迁》(新华网2006年5月2日刊发)报道，由一个"休闲小康指数"引出对休闲意义的思考和正确认识：休闲是人自身发展的要求，人的可持续发展需要不断提升自己；休闲是社会发展的需要，和谐社会的构建离不开休闲状态的存在；休闲是经济发展的需要，如果没有休闲，人们无法共享发展成果，发展将毫无意义。这样的报道从深层次上提出，休闲不仅是经济现象，更重要的是人文要求，是中国人开始享受的一种社会权利。旅游休闲不仅是国民的一种正当权利，也是人类自身全面发展无法替代的渠道。我国实行黄金周的意义在于使广大群众在崇尚劳动光荣的同时，认识到劳动的目的归根结底还是人的全面发展、人的解放。

把经济信息向人性化的层面升华，就是要引导大众树立正确的经济伦理观念。休谟认为，人类社会之所以能生存，就是靠了三条自然律：一是对私人财产占有的尊重；二是对财产占有者转让财产的社会公认；三是承诺的兑现。第三条所讲的实际上就是信用。因为真正的市场经济是信用经济，也是法制经济。在实行了市场经济体制的发达国家里，经济信用从来就被放置在很高的位置上。我们也可以断言：一个国家的管理者和人民如果容忍甚至纵容严重的经济信用失常行为，那么这个国家的经济注定要陷入过度投机之中。

人是社会的主体，社会的发展要围绕着人，这是亘古不变的真理，也是经济新闻人文关怀所追求的目标。当前我国建设社会主义和谐社会的战略任务，表达了我们党坚持以人为本、执政为民的基本理念，反映了十几亿中国人民创造美好生活的共同愿望。在构建和谐社会的目标指引下，只有"深刻认识我国发展的阶段性特征，科学分析影响社会和谐的矛盾和问题及其产生的原因，更加积极主动地正视矛盾、化解矛盾，最大限度地增加和谐因素，最大限度地减少不和谐因素，不断促进社会和谐"，① 经济新闻报道才能更好地实现人文关怀，为全面贯彻落实科学发展观，构建社会主义和谐社会，建设和谐文化提供更加有力的舆论支持。

四、在经济新闻中，要写"人"的活动

人是经济活动的主体，经济活动实际上就是人的活动。经济新闻是对经济活动的报道，自然也就是对人的活动的报道。人是经济活动中最活跃的因素，抓住了人，也就抓住了生动的新闻。关注经济活动中的人不仅可以通过关注决策者的生存状态来反映，经济活动中的普通人也可以成为经济报道关注的对象，让读者从这些普通人的活动中感受经济的发展与变化。

从事经济活动的"人"的出现，可以使经济新闻"活"起来、"动"起来，这是增加经济新闻可读性的有效办法。有的经济新闻比较枯燥的原因就是只单纯地报道事件、政策、数字，就像人们常说的"见物不见人，见措施不见人，见数字不见人"。当然经济报道中写人，着重点在经济活动中人的活动、人的思想、人的喜怒哀乐。报道经济新闻人物，与报道别的人物略有不同，侧重写人物是如何进行经营活动、如何进行决策，突出作为企业界人士、政策制定者与别人有什么不同之处。经济新闻中有了人的因素，就容易写得"活"一些，读者就更爱看一些。

一方面，要通过写具体经济活动中人的思想变化以及经济发展与人的发展的关系，就是将人的发展与经济的发展有机地融合在一起，使受众通过人的活动的不断变化把握经济走势，获得必要的信息以及可借鉴之处。《财经》杂志2004年12月刊发的《成败陈久霖》，就是将陈久霖个人的成败与企业的成败融合在报道中，让读者在阅读中通过陈久霖这一人物激发对中航油（新加坡）步步被推向悬崖的关注以及对该事件的深思。

另一方面，在经济新闻报道中要重视涉及具体新闻事件中有代表性的人的活动、感受。《经济日报》推出的西部大开发系列经济报道《东人西行记》和

---

① 《中共中央关于构建社会主义和谐社会若干重大问题的决定》，http://www.xinhuanet.com，2006年10月18日。

《西人东行记》，都是通过某些具体的人（东人、西人）的眼睛来看具体的事（西部的事情、东部的事情），把东西差异通过人的活动和感受具体化了，使读者有了更为感性的认识。

经济新闻由于经常会使用一些抽象的概念、专业术语，难免枯燥呆板，引不起读者的阅读兴趣。以人说事，就是通过写经济活动中的人来写经济，可以增强经济新闻的贴近性、可读性和人情味。"从人的角度去写经济，不仅可以开拓和提升经济报道的价值，而且可以丰富经济报道的内涵，摆脱'见事不见人'的经济报道的弊端，使经济报道变得有人情味。"① 即使一些纯政策性的经济"硬新闻"，为了吸引受众，也得精选各种"切入点"，而从具体的人入手，就是一个很好的切入点。

第四节 以全球视野审视经济行为

由于资源的稀缺性和资源贡献边际递减规律的约束，使传统经济始终无法最大限度地满足人类日益增长的物质需要，因此经济全球化应运而生。

1999年10月13日，瑞典皇家科学院宣布本年度诺贝尔经济学奖授予美国哥伦比亚大学经济学教授罗伯特·A. 芒德尔（Robert A Mundell），授奖理由是他"对于不同汇率体制下的货币财政以及对最佳货币区域的分析"。对此梁小民曾说："把本世纪最后一次诺贝尔经济学奖授予在国际宏观经济学方面做出开放性贡献的经济学家，也许预言着21世纪将是一个全球经济一体化加剧的时代。"②

今天经济全球化的速度在加快涌动着，如何帮助我们的政府和百姓在潮流中学会本领、适应规则、顺流而进、壮大自己，经济新闻报道在价值取向上也要作出相应调整，即一方面要与时俱进，坚持正确的舆论导向，为我国经济的迅速发展和国际地位的日益提高鼓与呼，发挥舆论信息的先导作用；另一方面要根据国际舆论环境，以一种全新的思维和视角，来帮助受众解释和判断错综复杂的国内外经济形势。

我国经济报道中对"国际视野"的实质性认识，应该说始于1998年亚洲金融危机的爆发。一位老资格的经济新闻记者曾说："过去我们也知道国际视野的重要，也在一些局部的报道中努力尝试着打开视野。但只有到1998年发生了那场金融危机后，我们才真正意识到，用传统的视野、知识和方法，已经

---

① 黄祖松：《经济新闻价值取向探讨》，《新闻战线》2002年第5期。
② 梁小民：《开放时代的经济学家》，《读书》2000年第3期。

很难解释和判断当时错综复杂的国内外经济形势了。"① 这种变化国外的媒体也注意到了。在亚洲金融危机的演变前景最为扑朔迷离的时候，美国《华尔街日报》曾发过一篇著名的评论，在这篇关于中国是否会身陷金融危机泥潭的评论的最后，顺手就中国新闻界的最新变化写了这么几笔："与紫禁城同处在一个城市里的那些财经记者们，也开始用电脑来分析华尔街、东京和香港的股票市场了。他们没有能力运作资金，但他们开始尝试着运作一些来自国际市场的信号，告诉中国的官员和企业家们，金融危机虽然很近，但今天的中国仍然很安全。"②

可以说在最新一轮的国际分工与合作潮流中，一国、一地、一行业乃至一企业，已经很难再完全按照自己的主观愿望去选择在全球产业链条中的定位了，所以经济新闻要真正担负起帮助受众和行业当事人从被动的国际分工中积极把握主动权，驾驭全球化机遇中蕴藏的巨大挑战，就必须以全球化视野为价值取向，跳出只对经济生活中各种事件、现象、观点的发展脉络做简单的、单向思考的陈旧取向，这样才能真正使经济新闻焕发出全新的活力。

一、多维思维与全球视野

在多维思维的统摄下，把经济活动放到全球背景下来考察，这是经济新闻首选的报道原则。经济新闻报道的全球视野至少包括这样几层意思：报道领域的全球化，报道操作的全球化，包括多方新闻来源的叙述，将报道、新闻分析和新闻评论严格地区分开来。虽然各媒体对本国经济都有所侧重，报道视角也各不相同，但把全球经济作为一个整体来处理则是大趋势，只有如此才能满足日益国际化的厂商的需求。

2001年12月1日，中国正式加入WTO，这意味着中国经济将与世界经济全面接轨，并将参与经济全球化进程，同时中国经济也要接受WTO规则的矫正。加入WTO对中国政府管理体制、宏观调控能力及企业、行业的竞争力和产业结构升级构成挑战。中国必须以迎接挑战为契机，加快改革开放的步伐，为21世纪中国经济的腾飞提供良好的制度基础和法律保障，这些机遇、挑战和变化反映在经济新闻价值取向上，就是要用多维思维统摄新闻事实，把经济活动放到全球背景下来考察和评判。

加入世界贸易组织被一些国外评论家称为中国的"第三次改革开放"，足见其影响之大。"'入世'将给中国某某产业带来什么"一类的文章频繁地出

---

① 杨禹：《浅作深时深亦浅》，《中国记者》2002年第2期。
② 杨禹：《浅作深时深亦浅》，《中国记者》2002年第2期。

现在各种媒介上,由此可见"入世"带来的最根本的变化,是中国经济将彻底融入经济全球化的大潮中,真正感受到"环球同此凉热"的滋味,经济活动的游戏规则也必须适应WTO的一整套规则,所以全球视野首先表现在媒体经济新闻采集者应熟知WTO的规则和精神,并在报道中自觉地加以反映。例如,WTO所强调的公平贸易原则、非歧视待遇原则、透明和可遇见原则等,体现了市场经济的基本精神:公平、公开以及自由贸易。而那些我们过去经常报道的甚至引以为自豪的新闻事实——产业报道中关注的国产比率达到多少,给外资企业多少优惠政策,等等,实际上是违背上述精神的。追求高国产比率,意味着对本国产业进行扶持和保护,没有给外国产品公开的市场准入条件。就一般产品而言,包括波音飞机、丰田汽车这样的顶尖名牌,也都是"以世界为工厂,以各国为车间"生产出来的,其国产比率并不高,相反,即便是百分之百产,与外国同类产品相比,其成本高、质量也较差。给予外资企业优惠政策,则是一种超国民待遇,既是对本国企业的歧视,在产品出口时也容易被看作是政府补贴,所以经济新闻的全球视野首先要求符合WTO的基本精神和我国扩大开放的大趋势。

全球视野表现在经济新闻报道中要树立把中国纳入国际分工体系,随时进行国际比较的意识。江泽民同志在2000年年初的时候提出中国要实施"走出去"的战略,就是指我们要主动进入国际分工体系,利用我们的比较优势去赢得发展,这是非常重要的全球视野。过去我们考虑地区产业布局和产业结构调整,十分重视产业链条的完整性,强调通过减少对外部资源的依赖增强竞争力,经济全球化则要求各国、各地区在全球产业结构调整的大背景下考虑自己的发展战略。由于生产技术的革命性变化,各种产品零部件和生产阶段有了越来越明显的可分性,一个产品可以分为若干环节和部分,在几个乃至十几个、几十个国家组织生产,实行全球采购、全球研发、全球制造、全球销售。如此,经济学中比较优势的原则就显得特别重要。一个国家出于效率与成本的考虑,往往不再过分追求完整地占领一个产业,而是从自身优势出发,尽力抢占其中技术含量和附加值较高的生产环节。经济新闻要在报道中强化这种意识。

全球视野还表现在我们的经济新闻采集者要随时关注国际产经、财经包括政治方面的最新动态,并将其和国内经济状况联系起来,分析其可能对国内经济产生的影响。2000年11月10日《解放日报》经济新闻版刊发的《"驴象之战"牵动金融市场》,正是通过对美国大选僵持不下给国际汇市造成的影响作了精辟的分析,全球视野的价值取向使其赢得众多外汇投资者的好评。

二、用全球意识纵览微观经济

前面我们已经提到,"入世"后的经济新闻将不再按国别,而是按照区域竞争能力来划分世界上的国家、资源等生产要素和分工在不同层次上的迅速变化。经济全球化将导致贸易创造效应、贸易转移效应、贸易扩大效应、社会福利效应、贸易条件效应、生产要素移动效应、规模经济效应、技术进步效应等。所以即便是报道微观经济的经济新闻,也应把一个地区、一个企业的经济发展状况放到全球经济的大背景下,分析其优势,做出不同的选择,这样才能避免报道落入坐井观天式的狭隘与片面。

今天我们的受众正在越来越多地运用全球视野看问题,时代已经将全球视野赋予政府部门的决策者、企业的经营者以及站在经济理论前沿的经济学家们,从这个意义上说,全球化视野对于经济新闻采集者来说已不再是可有可无的奢侈品,用全球化意识和视野记录和传递受众的所思所想所为,是经济新闻价值取向的必然选择。

三、用市场法则评判经济活动

斯蒂柯利茨曾说:中国进入了第二代改革。第二代改革的要点是确定游戏规则,建立市场经济制度最根本的问题是建立规则。① 世贸组织是世界贸易立法和仲裁的权威机构,它有着自身的一整套制度和规则。从本质上说,WTO带给我们的"游戏规则"也是发展市场经济必须遵守的市场法则,它给竞争规范了运行方式。在市场经济的发育过程中,我们国家出现的市场竞争无序现象,根本原因就在于缺乏市场手段、漠视市场法则。所以经济新闻要以致力于市场法则的建设和完善为价值取向,帮助企业及早了解、认识这些制度和合法权益,避免遭受不必要的损失;对成功运用市场法则获得进入国际市场竞争"通行证"的企业,要通过报道扩大典型效应。下面介绍 WTO 中常涉及的几个市场法则:

(一)国民待遇原则

国民待遇是最惠国待遇的有益补充。在实现所有世贸组织成员平等待遇的基础上,世贸组织成员的商品或服务进入另一成员领土后,也应该享受与该国的商品或服务相同的待遇,这正是世贸组织非歧视贸易原则的体现。严格地讲,国民待遇原则应是外国商品或服务与进口国国内商品或服务处于平等待遇

---

① 吴敬琏:《改革:我们正在过大关》,三联书店 2001 年版,第 44 页。

的原则。

长期以来,我们经济发展中习惯于搞各种各样的政策优惠,不同经济成分的企业,在税款征收、市场准入等方面所享受的待遇往往相当悬殊。内外有别、公私有别、地区封锁、行业垄断之类的事情时有所闻,特别是民营企业贷款难、上市难、发展空间狭窄等问题至今仍未解决。所以我们的经济新闻报道要承担起解释这一法则的使命,对经济领域现行的各种制度、法则进行全面清理,取消各种歧视性政策,使实行国民待遇、公平竞争的观念深入人心。

(二)反倾销措施

反倾销、反补贴和保障措施是 WTO 规则允许成员国用以合理保护国内产业的三种主要行政手段。反倾销和反补贴措施针对的是不公平贸易条件下的产品进口,即倾销或受补贴的产品进口,通过遏制进口产品的不公平竞争行为给国内产业提供合理保护,其中反倾销被 WTO 成员用得最为频繁。所谓反倾销,是指某产品以低于正常价值的倾销方式进入市场,并对已建立的国内产业造成损害或产生实质损害、威胁,或对建立国内产业造成实质阻碍时,进口国通过征收反倾销税等方式实施的产业损害救济措施。

反倾销自 1984 年关贸总协定建立时就已经存在,但中国最早与反倾销联系在一起是 1979 年 8 月,欧共体对中国出口的糖精钠进行反倾销调查。多年来,中国不仅成为全球遭受反倾销调查最多的国家,也成为世界反倾销的最大受害者,1997 年 3 月 25 日《中华人民共和国反倾销和反补贴条例》公布实施,标志着我国新闻界对反倾销报道逐步进入熟悉、成熟的阶段。1997 年 11 月 10 日,中国吉林、广东、江西等地 9 大新闻纸生产厂家,正式向外经贸部提出申请,要求对美国、加拿大、韩国等的新闻纸进行反倾销调查。这是中华人民共和国成立以来的第一起进口反倾销调查申请。12 月 10 日,外经贸部发布公告,决定对来自国外的新闻纸反倾销调查正式立案。我国新闻媒体对此进行了广泛、充分的报道。1998 年 7 月 9 日,外经贸部再次发布公告,决定从当年 7 月 10 日起,对原产于加拿大、韩国和美国的进口新闻纸实施临时反倾销措施,我国主要的新闻媒体再次掀起报道的热潮。据不完全统计,仅 1997 年到 2001 年,我国主要新闻媒体中有关反倾销的报道至少有 2000 条次。①

随着中国加入 WTO,中国的社会主义市场经济建设日臻完善,我们对市场经济运行中的各种事物也逐渐熟悉、接受并加以应用。比如我们的政府部门正积极按照 WTO 的规则去处理有关的反倾销问题,我们的企业正积极按照

---

① 参见车玉明:《反倾销报道回顾与展望》,《中国记者》2002 年第 2 期。

WTO 的规则去应诉，我们的经济新闻的市场法则价值取向就应该体现为用专家的眼光去研究有关的规则，跟踪有关的谈判，用内行的眼光通报信息，提供解决问题的思路，通过我们的报道体现出中国按 WTO 规则来办事，中国市场经济建设步伐正在加快和完善。

在世界经济增长出现衰退时，贸易保护主义往往抬头，全球反倾销数量明显上升。当前世界经济不明朗因素增加，我国面临的出口反倾销调查可能会较大幅度地增加。外经贸部有关官员表示，面对当前的形势，中国在采取反倾销、反补贴和保障措施时将严格遵循 WTO 规则，严格按照我国相关的法律法规，及时、有效地为国内产业提供合理保护，努力为广大企业创造一个更为公平的贸易环境。作为 WTO 成员，中国既要履行加入 WTO 时的有关承诺，按 WTO 规则办事；也要享受 WTO 协议赋予各成员的权利，依法保护国内产业。这一讲话精神正是我们经济新闻反倾销报道应取的价值取向。

（三）知识产权保护

知识产权保护也是加入世贸组织的一个敏感话题。尽管经过多方面的努力，近年来国内政府部门和企业的知识产权意识已经显著增强，但与国际通行标准相比，还存在着差距，特别是相关法律还不健全，使一些不法之徒有机可乘。这几年，以各种形式出现的知识产权纠纷有增多之势，除了制假售假之外，还出现了商标抢注、域名抢注、窃取商家秘密等侵权行为。广东媒体前些年重点报道的"花都 VCD 机"商标侵权案和"松本电工"商标侵权案，都属于比较典型的知识产权类案件。

经济新闻以市场法则为价值取向，就应该重点推介知识产权保护的内涵与意义，披露知识产权纠纷的案件，以求进一步唤起有关方面对知识产权问题的重视，促成相关法律条文的完善，使企业能够在入世后获得公平、健康的竞争环境。

《金融时报》的报头上有一行小字："World Business Newspaper（全球性商业报纸）"这并不是它们的自我标榜，该报在选材、报道角度、版面安排等方面都注意贯彻这一方针。该报现任主编查德·兰伯特对编辑方针的阐述很好地说明了这一点："我们站在全球的高度，解释一个地区、一个国家所发生的事件对其他地区和国家的经济、商业产生什么影响，有什么变化。对全球经济动向作全面、透彻的报道。我们相信，在芝加哥的读者和在香港的读者对于全球经济新闻都有相似的需求。所以我们通过版面设计、鲜明的标题，满足不同地区的读者需求，让读者在较少的时间内获得最大限度的信息量和有价值的新闻。"正因为这样的编辑方针，《金融时报》出版了 4 个版本，即英国版、欧洲大陆版、亚洲和美洲版以及德国版。这是我国财经媒体的发展方向，也是我国经济新闻报道全球化进程中追求的目标。

第五节 以现代经济精神关注经济发展

"社会主义市场经济的发展不仅是一种新的经济制度确立和完善的过程，而且还应该是一个形成现代经济精神的过程。"① 现代经济精神，按照经济学者孟宪宗的说法，"包括经济行为合理的高尚动机，脚踏实地的务实精神，经济交往中的信誉，可持续发展的环境意识，健康文明的精神追求"。② 在建立社会主义经济秩序的过程中，这种精神促使媒介以稳妥、积极的方式推进社会经济的良性发展，使大众媒介真正行使其监督市场秩序、反映社会舆论、纠正经济生活中的不公正现象和其他偏差的功能。现代经济精神反映到舆论导向的操作上，可以从以下5个方面入手：把对财富的贪欲冲动、单纯的牟利动机，转变为一种社会成就感和社会责任感；把投机风气和追求虚幻的泡沫意识，转变为一种实业精神；把你死我活、损人利己、以邻为壑的经济交换观念，转变为互惠互利的经济交换观念；把对财富的挥霍和单纯享乐意识，转变为对文明生活意义的追求；把对自然资源的单纯占用和消耗意识，转变为一种可持续发展的生态伦理意识。③ 这就要求经济新闻的价值取向要从以下几个方面入手：

一、以批判意识审视经济行为

市场经济显然形成了一整套的法律和制度，但正如1986年诺贝尔经济学获奖者M.布坎南认为的："在任何交易过程中，参加者有一种作伪、欺诈、骗取和违约动机。"尤其在社会经济转轨时期，由于市场的游戏规则往往不太健全，上述动机很可能会得到强化，从而在经济生活中侵害其他经济主体的正当权益。经济新闻应该以批判意识审视经济行为，行使舆论监督的职责，促使社会经济健康发展。

这类报道原则在国外的经济新闻中并不鲜见。从19世纪80年代末到20世纪初，美国社会中的经济权利逐渐高度集中化。当社会财富日益掌握在洛克菲勒和摩根这样的财团手中时，"三分之二的男性成年工人每年工资不到600

---

① 陈力丹：《舆论学——舆论导向研究》，中国广播电视出版社1999年版，第227页。
② 张玉来：《孟宪宗教授访谈录》，《人民日报》1993年7月12日。
③ 陈力丹：《舆论学——舆论导向研究》，中国广播电视出版社1999年版，第227~231页。

美元——社会学家根据当时生活水准制定的维持像样的生活所必须的最低工资数"。① 一批记者和作家针对这种现象，撰写了大量揭露美孚石油公司、纽约人寿保险公司等大企业托拉斯通过不正当竞争或欺骗手段积敛财富的真相。这些揭丑新闻因弥漫着浓烈的批判意识而赢得了大众的认可，这些揭丑者也成为这一时期美国进步主义运动的先锋。从 1950—1970 年，日本在经济实现高速发展的同时，生态环境遭到严重破坏，但企业资本家与政府联手掩盖事实真相，直到"熊本县小俣病"等四大公害事件被《北日本新闻》等披露，"公害报道"才对企业与政府形成了强大压力，最终受害群众得到赔偿，日本政府成立了环境厅，制定并通过了"公害罪法"。②

如今市场经济已经形成了一整套的法律和制度，正如经济学家樊纲所说："市场经济不是没有秩序，不是不要秩序，相反，它本身就是一种秩序，是一套制度，是一套调节人与人之间的相互关系的行为规则。"③ 但是市场经济并不是万能的，正如学者所指出的："市场机制只能在既有的财富分配格局下实现资源的最优配置，而几乎无法对现有的财富分配格局作出符合于社会目的的改变。于是便出现'市场失灵'的区域。"④ "市场机制中，的确有一只无形的手在调节财富并满足着人们追逐私利的愿望，那么，至少还应当有一只同样重要的价值观念上的无形之手，通过一种公正意识来维系这种社会秩序。"⑤ 经济新闻充当的无疑就是这"一只同样重要的价值观念上的无形之手"，公正意识正是对经济新闻批判意识的价值取向的生动诠释。

不过需要指出的是，公正的标准不是计划经济时期的"收入均等程度"，而是市场平等、社会平等。"市场平等意味着，在现存的经济价值所有权的分配中，决定一个人获得相对份额的主要是个人的努力和机会选择等'自致'（achieved）因素，而不是出身、地位、身份等'先赋'（ascribed）因素，只要存在资源的稀缺性，这种'平等'就有其'福利最大化'的'工具合理化'。""社会平等是对市场缺陷的一种补偿和对竞争过度的一种制约。……不是竞争和效率的对立物。"由此可知，公正以社会对人生存、发展基本权利的共识为基础，是保障社会群体生活下去、免受社会冲突的破坏和瓦解的生活原

---

① 埃德温·埃默里、迈克尔·埃默里：《美国新闻史》，新华出版社 1982 年版，第 347 页。
② 张国良：《现代日本大众传播史》，学林出版社 1992 年版，第 106~107 页。
③ 樊纲：《秩序混乱时向前走》，《光明日报》1996 年 5 月 9 日。
④ 吴敬琏：《市场与社会主义》，《北京青年报》1993 年 1 月 14 日。
⑤ 王列：《市场经济需要什么样的意识形态》，《北京青年报》1993 年 1 月 28 日。

则,是社会秩序赖以存在的道德基础。①

经济新闻以批判意识来建构其报道原则,就是要倡导公正意识,营造正确认识社会主义市场经济的舆论氛围,使社会主义市场经济成为法制经济、信用经济。获2003年度中国新闻奖二等奖的《尴尬阻击战——双汇市场遭遇解析》(2003年7月17日《湖北日报》刊发),选取双汇进入湖北市场后遭遇阻击的典型事例,先后赴宜昌、黄石、孝感等地,看企业、探市场、对比观察、深入采访,以双汇在全国其他省市的市场遭遇为参照系,聚集湖北省在走向开发、迈向新型工业化进程中暴露出来的带根本性的社会矛盾,以引发深层次的社会思考,呼应湖北省委提出的解放思想、落实十六大精神的主题,报道直面矛盾,深入分析新闻事实的时代内涵和典型意义,层层递进实现对新闻价值的深度开发。报道引起全省上下广泛关注,省委主要领导极为重视,指示就此开展深入讨论。中央政治局委员、省委书记俞正声在全省宣传工作会议上指出:《湖北日报》通过"双汇"受阻的事实来说明解放思想的重要性,很有说服力,很有针对性。

二、以可持续发展观来关注经济发展

经济是人类永恒的主题,也是人类发展的主要方面。可持续发展作为一种全新的经济发展模式,给人类发展观念带来了巨大的冲击,经济发展的内涵也得到了重新确认。

按照联合国环境规划署第15届理事会通过的《关于可持续发展的声明》的定义,可持续发展是指"满足当前需要而又不剥削子孙后代满足需要之能力的发展,而且绝不包含侵犯国家主权的含义"。其具体的内涵特征为:(1)可持续发展鼓励经济增长,因为它体现国家实力和社会财富。但是不仅重视增长数量,更追求改善质量,提高效益,节约能源,减少废物;改变传统的生产和消费模式;实施清洁生产和文明消费。(2)可持续发展要以保护自然为基础,与资源和环境的承载能力相协调。因此,在发展的同时必须保护环境,包括控制环境污染、改善环境质量、保护生命支持系统、保护生物多样化、保护地球生态的完整性、保持以持续的方式使用可再生资源,使人类的发展保持在地球的承载能力之内。(3)可持续发展要以改善和提高生活质量为目的,与社会进步相适应,创建一个保障人人享有平等、自由、教育、人权和免受暴力的社会环境。总之,在可持续发展观中,生态的可持续、经济的可持续和社会的可持续三者缺一不可。这一颠覆性的发展观一经提出,便受到各国的积极认

---

① 李培林:《另一只看不见的手:社会结构转型》,《中国社会科学》1992年第5期。

同和高度重视，并被作为当今世界各国处理和协调"社会—经济—自然"相互关系的共同模式而普遍接受。1994年我国已经正式通过了《中国21世纪议程》，确立了我国可持续发展的战略、对策和行动方案。可以说可持续发展已成为21世纪中国经济的新的增长点，它与我国目前倡导的科学发展观是一脉相承的。

经济新闻作为人类社会最新经济关系、经济活动和经济现象发展趋势信息的载体，必须以可持续发展观来关注经济发展，并以此作为报道原则，寻求全新的报道视角，使经济新闻实现观念与实践的变革合拍，为可持续发展战略的实施服务。

首先，在经济新闻中要重视系统思维。从理论上讲，经济新闻报道从来都不可能只从某一角度孤立地去反映经济现象就能抓住其本质，因为经济活动本身不能脱离人类社会的其他活动和自然界而单独存在，在经济活动内部也有不同的层次类别。所以经济新闻的报道应该重视系统思维，采用多维视角来观照新闻事实：既要报道生产力方面的问题，又要报道生产关系方面的问题；既要报道经济领域的竞争，又要报道能源、资源、人口、环境等与人类生存、发展密切相关的问题，从这些问题中去找出与经济发展唇齿相依的本质联系及相互影响。总之，经济新闻报道必须本着为国家和社会实现可持续发展的宗旨，客观全面地传播信息和反映问题，绝不可只强调企业的经济规模扩大和利润增长，而忽视社会为此所付出的资源和环境代价。2008年地质勘探已经证明，兖州煤炭资源储量居全国前八位内，开采煤炭将会给兖州带来巨大财富。在当前地方利益与国家利益经常发生冲突的体制下，兖州市领导层决定全面封存已探明的2亿吨储量的大煤田，可能会造成每年地方税收少收5000万元。消息《兖州：两亿吨大煤田不挖了》（《大众日报》2006年11月24日刊发），展示了兖州市领导层决策中面对的矛盾和冲突，揭示了这一决策的科学价值，在跌宕的叙述中，展现了我国经济转型时期科学发展的理念，用一个"点"上的新闻事实，说明应该如何确立和落实科学发展观，建立人与自然和谐相处的社会。选择这个事实加以报道，无疑具有现实的"标本意义"，为此该消息获得第17届"中国新闻奖"一等奖。

其次，在经济新闻中要倡导协调发展。可持续发展说到底是一种协调发展，它不光强调经济、生态和社会的协调，同时也强调各地区甚至各国的协调发展。在生产与科技高度发达的今天，各国、各地区之间的关联度也越来越高，各地区能在平等互利的基础上开展有效的交流与合作，协调各国发展的步调，就能够使国家乃至人类社会的资源实现更为合理的分配，从而推动人类社会的发展和一系列问题的解决。所以，经济新闻一方面要宣传加强各地区之间的经济技术合作，打破地区、国家封锁的重要意义；另一方面也要揭露和反对以牺牲他国、他地区从而牺牲全人类整体长远利益为代价来换取自己的一时腾飞的丑恶行径。

再次，在经济新闻中要追求生存质量。几千年来人类发展经济的目的只有一个，就是改善人类的生存条件，提高人类的生存质量。今天人类的目的在一定程度上已经达到，但是随着物质生活的改善，人类对环境、健康、精神等的要求也越来越高，所以在可持续发展观指导下，经济新闻要倡导公众追求生存质量，将经济活动与其他物质、精神、生态环境等密切联系起来，即从人类本身去观察和分析报道对象，使经济新闻符合人类根本利益和长期利益。

西方经济学家凯恩斯说："观念，可以改变历史的轨迹。"可持续发展观的提出，正是人类为摆脱发展困境和危机而反思过去的结果，它将改变人类发展不可持续的命运，经济新闻以可持续发展观关注经济发展，将对指导人类发展的具体实践发挥应有的作用。

第七章　经济消息写作

消息，是以简洁的文字迅速传播新近变动的事实的报道，包括新近发生的事实和某些将要变动的事实。消息是各种新闻体裁中用得最多、最活跃的一种体裁，在新闻报道中占有重要地位。所以，人们又称它为新闻报道的主角。①由此可见，消息是新闻大家族中的主力军，是一种核心新闻体裁。

消息一般具有以下三个特点：（1）事实为本。"以事实为本"是消息最基本的特征。消息这种体裁一般不提倡记者直接抒情或议论。虽然它并非绝对排斥抒情或议论，但要求尽可能地减少主观色彩。②（2）迅速及时。在重要新闻和重大突发性新闻发生时，应用最快的速度抢发快讯，用滚动方式连续播发新闻。它讲求速度、效率和快速反应能力，综合性强。在重大的和群众关心的新闻事件发生时，使用这种形式才是最有意义的。滚动发稿每一条的发稿时间都尽可能精确到小时、分钟乃至以秒计。（3）语言简括。简要、概括地反映新闻事实，这是消息区别于其他新闻体裁的本质特点。

经济消息，是对发生在经济领域里的、具有经济意义和新闻价值的最新的客观事实的报道。通过对新近发生的典型经济事实的报道，可以反映社会经济活动的现状与发展态势。一般来说，财政、税务、金融、工业、农业、交通、基建和贸易等部门的有关消息，都属经济消息。现阶段，在我党领导的建设有中国特色社会主义的现代化事业中，经济消息在各种报道中占有越来越重要的地位。

第一节　经济消息的构成

与一般消息一样，经济消息也是由导语、背景、主体和结尾等写作部件构

---

① 刘明华、徐泓、张征：《新闻写作教程》，中国人民大学出版社2003年版，第143页。

② 刘明华、徐泓、张征：《新闻写作教程》，中国人民大学出版社2003年版，第143~145页。

成的。

一、经济消息的导语

许多人把导语简单地理解为消息的第一段或第一句话，这虽然很不确切，但导语确实是以简练而生动的文字表述新闻最重要的内容，具有启发性或诱惑力的消息的开头。导语是一个舶来品，它的原文是"Lead"，在英文词汇中是"引导"、"引入"的意思。导语就是消息中具有可听性和可读性的特殊开头部分，一般由最新鲜、最重要的新闻事实或依托新闻事实的精辟议论组成。其作用主要有三：一是告知主要事实，勾画整体轮廓；二是吸引受众；三是起牵引作用，确立全文基调。

人们在接受新闻信息时的心理与欣赏艺术作品时的心理是不同的。后者从容不迫，渐入佳境，所以艺术作品的开头，可以引而不发，欲擒故纵，高潮往往在后；前者则迫切希望立刻知道最关心或最重要的事实，所以消息的开头要开门见山，直截了当地把新闻的要点突出出来，一下子就把人抓住，高潮往往在前，不能搞"悬念"。因此，西方一位新闻学家说过，新闻的开头应当具有这样的魅力：导语一唱歌，听众就跟着哼哼。也就是说，导语里说的东西，应当能立即引起受众的兴趣并产生共鸣。可以说，导语是展示记者水平的窗口。

（一）经济消息的导语类型

新闻写作上的突破往往取决于社会需求的变迁和科学技术的进步，新闻导语的产生与发展也与这两个因素紧密相关。19世纪60年代，美国南北战争爆发，电报技术不成熟，迫使记者把主要的新闻事实塞进报道的开头，导语的雏形就产生了。经过一个多世纪的演变和创新，导语的写作已由"六要素"俱全的第一代导语发展到20世纪30年代出现的部分要素导语，现在已进入被称作丰富型导语的第三代导语。在导语写作的流变中，新闻媒介自身的发展变化也是一个十分重要的原因，广播、电视、互联网的出现，都对导语的写作乃至整个新闻写作产生着深远的影响。

经济消息的导语分类也与一般消息的导语一样，按新闻要素的五个"W"和一个"H"，可划分为人物导语、事件导语、时间导语、地点导语、原因导语和方式导语六种类型。当然现在认可的分类是按表达形式与写作方法来划分，一般分为三种类别：叙述型导语、描写型导语和议论型导语。

1. 叙述型导语

适应新闻报道客观叙述新闻事实的基本特征，大多数经济新闻也采用叙述型导语。从表现形式上来看，叙述型导语又可分为概括式、直叙式、对比式等。

概括式导语就是对整篇报道的内容进行浓缩和概括，使受众一开始就知道整篇消息的梗概或要点。这样的导语最适合用于内容较为复杂、过程较为曲折的消息。概括式导语最重要的特点是，在消息的第一段把全篇的精华都包含其中，写作中要有实质性内容，不能把概括式变成概念式。但是，概括式导语也有一种延缓的写法，即用两段或三段文字作为导语。例如：

新华社雅加达 10 月 6 日电 为期一天的亚太经济合作组织贸易部长会议今天在这里举行。

这次会议是根据去年在美国西雅图举行的第五次亚太经济合作组织部长会议的决定召开的。会议的宗旨是从亚太地区角度就乌拉圭回合谈判结果交换意见，并探讨今后的实施办法。

直叙式导语要求开门见山地把最有新闻价值的经济新闻事实告诉受众。这类导语适合于快速报道新闻。要写好这类导语，首先要能对所报道的事实中哪个最有价值、哪个最能吸引受众作出判断，这样导语着重突出这个新闻事实。否则导语容易陷入平淡而缺乏吸引力。

对比式导语要求将报道的经济新闻事实跟别的事实进行纵向或横向的对比，使新闻事实中所蕴涵的新闻价值充分地显露出来，并给受众留下较为深刻的印象。写作中相互对比的事实之间，反差要强烈。反差越大，效果就越好。1995 年 1 月 19 日，路透社记者报道日本兵库大地震造成巨大损失的消息时，导语如下："经济学家们今天说，17 日发生在日本中部的大地震已造成近 500 亿美元的损失，而一年前洛杉矶地震造成的损失为 200 亿美元。"1994 年 1 月美国洛杉矶大地震的损失经新闻媒体广泛报道，受众迄今记忆犹新。用 200 亿美元与 500 亿美元这两个数字作对比，人们对日本这次地震损失的惨重，印象不但深刻了，而且具体了。

2. 描写型导语

这类导语主要是简要地展示人物、事物的形象或场景，能给人以适当的现场感和生动感，增添消息的吸引力。但写作中描写要适度，只能用漫画式的几笔就把形象勾勒出来，不能作更多更细腻的描绘，否则，就变成特写或通讯了。例如：

这些天，堆龙德庆县丹增贡嘎老人家开办的家庭旅馆忙得不可开交。时值西藏旅游旺季，客人走了一拨又来一拨，旅行社的导游还特意带着游客来他家的旅馆参观，看他们表演民族歌舞。"青藏铁路修到家乡，火车来到家门口,这条'幸福线'让我家的生活越过越幸福!"丹增贡嘎乐呵呵地说。仅在拉萨火车站附近,像这样的农牧民家庭旅馆就有40多家。

这则获奖消息《家庭开旅馆　农民办公司　青藏铁路正在改变农牧民生产生活方式》(《西藏日报》2007年6月18日刊发)的导语,采用以点带面的写实手法,穿插情境、对话描写等写作技巧,巧妙地把党中央对西藏的关心、对西藏人民的帮助和扶持展现出来,把青藏铁路通车一年来给西藏农牧民生产和生活方式带来的变化活灵活现地展现在读者眼前。

3. 议论型导语

新闻导语在叙述新闻事实的同时,对事实作出画龙点睛式的评价,有助于揭示新闻事实所蕴涵的因果关系或现实意义,并引导人们按记者的立场、观点去理解被报道的事实。

1993年3月3日,《人民日报》第一版发表了一条新华社记者写的关于我国大豆生产出现转机的消息,导语写道:"曾一度被冷落的'低产作物'大豆,去年成了我国农产品中最受欢迎的抢手货之一,收购价格1公斤在1.4元以上,而且一律现金兑现。这表明大豆产销不景气的时期已成为过去。"这条导语的最后一句对新闻事实进行了评说和引导。1994年2月8日,新华社播发了上海证券交易所无偿资助中央乐团每年250万元的消息,导语如下:"被视为阳春白雪的交响乐团幸遇知音。上海证券交易所理事长李祥瑞宣布,从今年起每年无偿资助中央乐团250万元人民币。"导语的第一句评论可谓巧妙而贴切。可见评论可放在事实叙述之前,也可放在事实叙述之后。

(二)经济消息导语的写作要求

美国的沃尔特·福克斯在《新闻写作》一书中指出:"一条奏效的导语应实实在在地吸引读者的注意力,并将其导向记者认为是新闻的基本点或报道角度的地方。因而,导语写作是一个分两步走的过程。第一步是从大量的事实、数据和引述的情况中,提炼出一个独一无二的、首位贯通的'表述'(statement),在其作者看来,它能最恰当地表达新闻事件的含义。第二步就是用一种最能打动读者的方式将它形诸文字。"由此可见导语的写作,一是要抓住事情的核心,二是要能吸引读者看下去。要做到第一条,必须具备训练有素的分析能力;要做到第二条,则要有写作技巧。事实上导语写作中的思维过程,通常是以作者的自问自答开始的:

(1)什么事情是已经发生的事件中最重要的?
(2)什么人参加进去了?——谁干的或谁讲的?
(3)是用直接性导语,还是用延缓性导语?

(4) 有没有什么吸引人的词汇或生动形象的短语要写进导语中？

(5) 主题是什么？什么样的动词能最有效地吸引读者？

《十国新闻同行共议的导语写法》中，对导语写作提出了4条要求：点出主要内容；写得生动活泼；要开门见山；要尽量简短。这4条也成了检验一条导语写作是否优秀的标准。总体说来，导语写作的原则主要有以下几点：

1. 突出原则

在导语写作中要巧妙开篇，突出最有新闻价值的新闻要素。导语写作时先给"W"和"H"排排队，看看应该突出哪一个"W"。有些导语其中虽包含了最有价值的新闻事实，但并没有将它放在突出的位置。试比较曾报道过我国计划生育工作的两条消息的导语："我国政府新近颁布了一项计划生育的新政策，即一对夫妇只准生两个孩子，最好只生一个。"一位外国记者写法不一样，他写道："生两个好，生一个更好——这就是中国政府和中国共产党制定的生娃娃的新政策。"第一条导语虽然也将计划生育的新政策内容包含其中了，但两相比较，后者则更加突出，更加灵活，自然更受读者欢迎。

香港《东方日报》10月6日报道　随着医疗费用不断上涨和大学生人数的持续增加，内地从20世纪50年代起实施至今的大学公费医疗制度应对乏力，"恐病症"已成为大学贫困学生生命不堪承受之重。而此同时，内地大学亦普遍叫穷，认为目前对学生医疗保障资金投入不足。虽然除确保贫困学生"上得起学，吃得饱饭"外，如何保障"看不起病"的学生得到基本的医疗保障已成为政府、社会和大学的当务之急。

这条导语正是因为未能突出主要的新闻事实要素而给人的感觉过于冗长，将消息的几个要素尽列其中，字数达到近200字之多。而其核心的内容是：内地大学生上得起学，看不起病。我们不妨将这则导语改为："'上得起学，看不起病'成为内地大学贫困学子的真实写照，大学校方也为此深感困扰。"导语中的其他内容可以放到消息主体中去写。

2. 吸引原则

导语至少要具备以下几点才能有吸引力，抓住读者。一是导语要写读者最关心的，也就是要从一般读者的角度看问题。二是导语要遵循时间点上先近后远的原则，突出时效性。三是导语要力求形象、生动，增强可读性。这类导语多是抓住新闻事实的特色进行描绘，有的是通过描绘景色来烘托气氛。总之，要把导语写得生动活泼，手法上要不拘一格，既要突出新闻的主要内容，同时又要在表现手法上突破单一的写作形式，以多姿多态的面孔吸引读者。例如：

"洞庭湖变大了！经过3年规模空前的综合治理，洞庭湖面积扩大1/5。这个自明清以来不断萎缩的湖泊，终于出现了历史性大转折。"（《洞庭湖长大五分之一》）

短短52字直截了当地向人们传递了洞庭湖变化这一振奋人心的喜讯，起到了统领全文的作用。

用群众熟悉的诗词、歌谣开头，不仅意境深远，而且文采飞扬，可以大大增强新闻对受众的引力。例如：

"**本报讯（记者郑晋鸣）** 滚滚长江东逝水，大浪淘沙古今同。记者最近沿江采访时，发现江中有不少采沙船采掘江中沉积的江沙，两岸干部群众意见很大。"（第9届中国新闻奖二等奖消息作品《采沙毁堤何时休》）

3. 最短原则

导语写作要简明扼要。导语的长度没有一定的规定，但通常是以越短的形式表现出来越好。记者或编辑很难根据一定的公式去写作和编写稿件，但是对一个初学者来说，导语不要超过3行的劝告是有用的，过多的形容词和其他修饰词都是毫无用处的，当然过于简单的导语也可能把读者弄糊涂。第13届中国新闻奖一等奖消息作品《我省交通图五年七变》的导语："祖籍沧州的郑先生在沪经商数年，前不久他从上海返乡，连遇两个'没想到'。"可谓简洁明了，引人入胜。

万事开头难。作为消息开头的导语，也同样是不容易写好的。两次获得普利策新闻奖的美联社特派记者雷尔迈·帕特·莫林，曾11次撕毁一篇特稿的导语，直到他相信自己写对了方才罢休。大量的新闻写作实践证明，即使是学识渊博的名记者，也常常会为写好一条导语而绞尽脑汁。可见，对于初学者来说，要写好一条导语更非容易之事，需要在实践中不断探索与创新。

二、经济消息的主体

经济消息的主体，就是导语之后、全篇至末尾的那一部分，有的叫做"正文"，有的叫做"躯干"。主体是新闻事实的补充和展开部分，除简讯外，导语和主体是不可缺少的部分。

（一）经济消息主体的作用

经济消息的主体主要担负着两大任务：一是解释和深化导语；二是补充导语所没有涉及的新事实。因此，主体部分对导语所涉及的要素必须进一步提供必要的细节和有关材料（包括背景），以便受众对新闻事实有更清楚、更具体的了解；导语一般只涉及最重要和最新鲜的事实，大多只突出一两个要素，这就要求主体补充导语尚未涉及而又应当涉及的内容，如使新闻的几个要素齐备，提供新闻事实的背景，以便使受众对消息的主题和事件的来龙去脉有比较深刻的理解。请看例文：

平垸行洪退田还湖带来历史性大转折

洞庭湖长大五分之一

3年增加蓄洪能力27亿立方米，蓄水面积扩大554平方公里

本报讯 洞庭湖变大了！经过3年规模空前的综合治理，洞庭湖面积扩大1/5。这个自明清以来不断萎缩的湖泊，终于出现了历史性大转折。

（2001年）12月25日，省有关部门的权威统计表明：1998年以来，我省已对220处阻洪堤垸实施了平垸行洪、退田还湖，洞庭湖蓄洪能力增加27亿立方米，扩大蓄水面积554平方公里。水利专家称，整治后的洞庭湖如果再遇到1998年那样的特大洪水，水位可平均降低0.1米。岳阳城陵矶的水文标尺上，凶猛的洪水再也爬不到那令人毛骨悚然的高度。

长大了的洞庭湖别是一番景象。隆冬时节，记者在湖区采访看到，原来人丁兴旺的华容县小集成垸、汉寿县青山湖垸已无人迹。成千上万的白鹭、野鸭、天鹅在栖息、飞翔，成片的杨树在风中摇曳着，赶走了冬天的苍凉。

据史料记载，明朝嘉靖年间，洞庭湖方圆八九百里，号称"八百里洞庭"，洪水期湖面达6000平方公里。此后数百年泥沙淤积，盲目开垦，致使"堤垸如鳞"。在实施综合治理前，这个长江水系重要调节湖泊的面积减少到2691平方公里。湖面锐减，调蓄能力削弱，灾害频频发生，湖区人民深受水患之苦。仅以1998年为例，洪涝灾害造成的直接经济损失就达197亿元。洞庭湖失去了宝地的光彩，成为一块不得安宁的险地。

治理洞庭湖，还历史的本来面貌！1998年特大洪水过后，党中央、国务院对整治洞庭湖极为重视，投资70多亿元支持我省。改变单纯加高加固大堤"堵"的传统办法，实施以疏导为主的综合治理方略，湖区30个县（市、区）及大型农场实施了平垸行洪、退田还湖、移民建镇。广

大群众对治理洞庭湖盼期已久，表现出极大的热情，使这项浩大工程进展顺利。3年中，湖区8.4万农户、30多万群众告别故地，实施大迁移，成为湖湘史上的一大壮举。澧县的澧南垸、西官垸是治理的重点地区，许多老人虽难舍故土，但更感谢党和政府让他们离开了"水窝子"。两个垸子7万多人有序搬迁，实现了安居乐业。"平垸行洪还洞庭浩浩荡荡，移民建镇让百姓世代安康"，搬迁户新居门上贴的这副对联反映了湖区人民的共同心声。

人与自然在洞庭湖开始和谐相处。随着治理的深入，烟波浩淼的八百里洞庭将再现人间。（《湖南日报》2001年12月26日）

这则消息的主体可谓完成了主体的两大任务：第二、三自然段分别通过有关的统计资料和记者现场所见，为洞庭湖出现的新变化作了详细的陈述和描写，是解释和深化导语；第四自然段笔锋一转，写起了洞庭湖的历史，用丰富的史料交代了背景；第五自然段则具体写了1998年以后退田还湖，湖区人民大迁移的壮举。这两段都是补充导语所没有涉及的新事实，是从深层次讲述洞庭湖长大的原因。

（二）经济消息主体的写作要求

1. 紧扣主题，精选事实，展开导语，使之具体化

具体写作中的操作，主要是通过补充导语中未出现的新闻要素，或将概括的事实具体化。请看例文：

昆山31万农民刷卡看病

苏州日报讯（记者　高坡）　从昨天起，昆山31万多农民也可以和城里人一样"刷卡"看病了！

昨天，该市7个行政村发放点的上千名老百姓都领到了一本墨绿色的《昆山市农村居民基本医疗保险证》和一张IC卡。此举标志着昆山农村基本医疗保险工作开始进入全面运作阶段。凭着这张IC卡，昆山的农村居民在该市的任何一个医保定点医疗单位都可以自由"刷卡"就医。根据该市的具体实施办法，农村居民每人每年只要缴纳50元，如果不幸遭遇大病，最高可以得到近1100倍的补偿，也就是说，最高可以报销到接近55000元！

昨天下午，在该市周市镇市北村的社区卫生服务站，村民张燕君拿着刚刚领到的医保IC卡开始了自己70岁生涯中的第一次"刷卡"看病经

历。经过一番"望闻问切"，社区医生给她开具处方，一盒是感冒清胶囊，一盒是珍菊降压片。收银处是一套崭新的电脑设备，输入处方，卡一刷，随即打出一张清单，显示划卡消费9.5元，卡上余额140.5元。老太太开心得合不拢嘴："没想到政府为伲老百姓考虑得这么周到，送钱给我伲看毛病！"

根据昆山的农村医保施行办法，筹资标准为每人每年200元，这个标准目前是全国最高的，其中市镇两级财政各补贴65元，村集体补贴20元，农民自己支付50元，今年该市财政将拿出6000万元用于医保补贴。

据悉，昆山农村医保覆盖包括居住在农村的小城镇户口，其中16岁以下的儿童4.3万多人，17岁到60岁的18.9万多人，60岁以上老人7.7万多人。另外还有6000多名人均年收入在2000元以下的农村低保人口，均采取倾斜政策，不用缴纳一分钱，无门槛进入这个保障体系。为60岁以上的老人建立个人账户，由保险基金每年自动注入150元。

昆山医保中心工作人员介绍说，昆山的农村医保，除了筹资标准低于城镇职工，因而报销补偿的具体数额不一样外，在运作管理模式上已经与城镇职工的医保没什么两样，就连报销的医药范围和5000元报销起付线都是一样的。(《苏州日报》2004年3月4日)

这则消息导语点明主题后，主体通过新闻素材有层次的安排，得到有计划的延伸。纵横交织，多维度地展现事实：在对导语进行必要的说明后，作者安排了一个具体事例，给人以很强的画面感，从相对抽象地谈到发生的基本事实，转而具象到一位当地老太太买药的场景。随后添加医保的筹资标准、覆盖范围以及对特殊群体的倾斜等背景内容，显示了记者对素材轻重缓急的把握。记者保持着客观的态度，但通过对新闻事实的选择，实际上体现了报道的意图。

2. 变换角度补充事实，令主体部分更丰满

写作中可以通过补充带有因果关系的材料，或通过补充暗示性的材料来拓展主题的表达内容。例如，美联社记者曾经写过一则关于美国失业问题的新闻，全文如下：

美联社纽约10月14日电 就在罗纳德·里根总统对全国说"美国正在走向经济复苏"前几个小时，他的儿子普雷科特·里根却在这里同失业者一道领取救济金。

白宫副新闻秘书斯比克斯13日承认，这位23岁的芭蕾演员自从被乔

弗雷芭蕾舞团解雇后，近几周中领过三次救济金。

这个芭蕾舞团已解散一个月。小里根和妻子多丽亚住在曼哈顿的格林威治村。

斯比克解释了总统的儿子为什么拒绝他父亲提出的要在他失业期间给予帮助的表示。他说："里根夫妇表示帮助他们渡过难关，但尊重他们要独立的权利。"

小里根加入了美国约1130万领取救济金的美国人的队伍。这个国家的失业率上周达10.1%，这是30年代萧条以来最高的数字。

这则新闻的核心是：美国失业率达20世纪30年代以来的最高峰。但记者选择了小里根领取失业救济金充满故事性的背景材料，作为导语的补充与暗示，既丰富了主体的表达内容，又很好地暗示了作者的观点，使这则新闻有了不同凡响之处。

3. 增添一些细节性材料，以增强消息的可读性

开天辟地第一回　浙江贫困农民依法享有最低生活保障

我国农民依法享受社会保障的历史在浙江开篇。到今年（2001年）12月中旬，浙江现有的23.2万名贫困农民全部依法享受政府提供的最低生活保障。

这一保障制度以法规形式写入了10月1日开始施行的《浙江省最低生活保障办法》。据省政府法制办负责人介绍，以法规形式将农民列入社会保障的保护范围，此举为全国首创。

在绍兴市马山镇渔港村，原先年收入只有480元的64岁农民封秋娥，再也不用为明年的生计发愁了。按照《保障办法》，她和孙子明年可以获得2200多元的保障金，直至她家的人均收入超过当地最低生活保障线为止。这些钱全部由绍兴市和马山镇政府的财政支出。现在马山镇有90户148名低收入农民获得政府的援助。绍兴市民政局同志表示："以往，我们对申请保障金的农民半年审批一次，按年发放。如今我们按《保障办法》规定，按季发放到每户农民手中。"

曾经是贫困县的泰顺县，已有1万多名农民获得了最低生活保障金。每个提出"低保"申请的农民，其所在村委会都要在村里发布不少于7天的公告，以体现公开、公平、公正原则。

《保障办法》根据农村居民每月粮油、干鲜菜、肉禽蛋、衣着被褥和

教育、医疗等费用开支，按照当地物价指数额定最低生活费用，作为最低生活保障线，凡家庭人均收入不足最低生活保障的部分全部由当地财政保底，并以现金形式按双月或季度发放。

早在1996年，我省就着手建立城乡一体的最低生活保障制度。但由于没有法规保障，申请和审批的程序不规范，资金来源没有保证，尤其在经济欠发达地区，低收入农民的利益得不到有效保障。

作为近年来中国经济发展最快的省份之一，浙江多数农民已脱贫致富，各级政府的财政收入日渐充裕。让少数贫困农民享受社会保障制度，是建立市场经济体制的重大配套措施。

"《浙江省最低生活保障办法》的实施，将使浙江贫困农民从过去享受解急济困式的关怀转变到有了法制保障。"省民政厅有关人士说，"如果有的贫困农民基本生活失去保障，他们可以以'不作为'或'侵权'为由，依法申请行政复议直至提起行政诉讼。"

据悉，为顺利启动农村"低保"制度，省财政今年投入了1400多万元，主要投向欠发达地区。目前，我省每季共有2700多万元资金用于支付农民的"低保"费用。（《浙江日报》2001年12月18日）

记者通过采访浙江省政府法制局，开掘出该新闻在全国"首创"的深层次意义。通过采访省民政部门，强调为农民实行"低保"是从"人文关怀"到"法制保障"的转变，并突出"法制保障"的现实意义。在采访到农民享受低保的"面"上情况的基础上，记者分别赶赴较发达的绍兴县和欠发达的泰顺县等地，以当地相关事例从"点"的角度较细致地写出了这一保障的特点和效果，这些细节材料的添加都极好地满足了读者的阅读兴趣。报道发表后，因"清晰地表达了立法的重大内涵"和写法上的精当独特，获第12届中国新闻奖一等奖。

三、经济消息的背景

背景原指舞台上或电影里的布置，把它放在后面，衬托演员的演出活动；背景又指绘画、摄影等艺术作品中烘托主体的背后景物。把背景借用到新闻报道中来，指的就是烘托新闻事实的材料，所以，我们也形象地称之为新闻背景或背景材料。新闻背景就是与新闻事实形成有机联系的一定的环境或历史条件。

（一）背景材料的作用与类型

一般来说背景材料在新闻报道中的作用，主要体现为以下几个方面：补充新闻事实，突出新闻特点，提升新闻价值；在正面烘托和反面对比中深化主题；提供知识，答疑解惑；代替作者的议论，表明、暗示观点。"当我们关注于一个令人兴奋的新闻事件的时候，一定不要忘记，眼前这座漂浮于海面上的壮观的冰山，有4/5埋藏在水下。而那正是它的根基。"这正说明新闻背景的作用之大。

在经济新闻报道中背景材料的运用有更特殊的意义。当前我国正处在改革不断深入的阶段，经济生活中出现的许多问题是以前没有接触过的，因此报道经济新闻时需要传媒及时通过提供背景材料对新闻事实加以解释和分析，以发挥舆论的导向作用，因此记者在采写经济新闻的时候更要有背景意识，要注意广泛搜集与新闻主题事实有关的背景材料，在写作中担负起解释新闻事实的自觉性。尤其值得一提的是，虽然决定新闻价值大小的关键因素是新闻事实的重要程度，然而这个重要程度并不是所有的人在知道这个新闻事实以后就能领悟到的，前面所列举的《浙江贫困农民依法享有最低生活保障》，正是因为恰当地使用了背景材料，不仅有助于受众了解所报道的经济新闻事实的起因、发生和发展的条件以及同周围事物的联系，揭示了新闻事实深层次的意义，加大了报道深度，而且还可以烘托主题，传播知识，增添报道的情趣，甚至可以帮助记者表达自己的观点。

新闻背景材料一般可以分为两类。一类是历史背景，说明事实的来龙去脉以及说明、诠释、衬托新闻事实的其他历史材料；另一类是现实的背景材料，包括新闻事件与其他事物的相互关系、社会背景、环境条件以及能够说明新闻事件在整体事物中所处地位的其他材料。从背景材料的作用角度划分，则有对比性的背景材料、说明性的背景材料、诠释性的背景材料，等等。

（二）背景材料的运用原则

背景材料运用的原则主要有两点：背景材料的选择和背景材料的运用。

1. 背景材料的选择

这主要包括：不同的消息类型区别对待；因时因地因读者对象而异；围绕主题选择背景材料；以拓展内容、开拓视野为目的选择背景材料；以提升新闻价值而有针对性地选择背景材料。

不同的报刊拥有不同的读者群，他们对事物的接受能力、关心程度、了解程度也各不相同，新闻背景的交代也应有的放矢、区别对待，这就要求我们研究读者对象，懂得读者心理，运用背景材料要有明确的目的性，注重回答大多数读者所关心的问题。比如说，当地新闻如在本市、本地区报纸、电台上播发，因为读者一般都熟悉，就不一定需要背景；但在省报、省电台上播发，有些需要添加一点背景；倘若在面向全国的中央报刊、电台上播发，那就应当交代必要的背景。同样，在国内报道中不必交代的背景，对外报道时，就得有所交待；在专业报刊上不必写的背景，到综合性报刊上发表时，就应当有所交代。总而言之，要考虑到读者对象是否能看懂，对大多数读者不清楚、不理解的内容，我们就要利用背景材料加以说明或解释，尽量让外行人看得懂，内行人不厌烦。请看例文：

500多场市场化商谈　20多亿历史债务了结
省国投趟出我国债务化解新路径

本报讯（记者　王溥）　20日，北京传来重大利好消息，湖北省国际信托投资有限公司化债重组报告得到国务院的肯定。此举不仅为省国投重组奠定了基础，也表明预破产机制在我国得到认可。

1981年成立的省国投，因管理混乱、违规投资等原因，陷入严重的债务危机，成为缠绕历届省政府的难题。至2005年，国投账面负债24.8亿元，净资产为-4.2亿元，办公大楼被法院查封，债务仍在呈刚性增长。省委书记俞正声批示：形势严峻，久拖必死。当年7月，省政府果断决策：财政不再注资挽救；债务化解不成，将依法申请破产。

按照省委、省政府的新思路，国投新团队提出预破产化债法，即通过中介机构对资产进行清算，出具假定破产条件下的偿债能力分析报告，计算出破产值，然后据此与债权人展开一对一协商平等谈判，确定最终的债务清偿方式和比例。这是我国国有企业首次践行这一新的化债方式。

历经500多场谈判，2006年底，国投终于化解全部历史债务，并与所有债权人签订了免除法律追诉协议。积压了25年的"大脓包"终于成功化除。（《湖北日报》2007年5月22日）

这则消息的主体部分主要是由背景材料构成的。整个报道历时三个多月。记者不仅认真学习和研究了近两百万字的资料和省委、省政府相关指示精神，仅中央和省领导的批示材料，就超过10万字。记者还前后5次深入省国投采访，面访10余位当事人，力求准确、客观、真实。在充分掌握第一手原始材料的基础上，记者对所获取的背景材料精心选择，用尽心力对整个报道进行了5次修改完善，成就了这篇言简意赅、价值重大的报道。整篇消息的背景成为报道的有机组成部分，为表现新闻主题服务，不管是使用历史的还是现实的背景材料，都是为了更好地证明主题，表达主题，帮助受众理解新闻的主要事实和意义，而不是为交代背景而交代背景，更不能冲淡主题或冲击主题；背景材料的选择是根据表现主题的需要来恰当取舍，那些与新闻主题和主要事实没有关系或关系不大的背景材料，都被作者毫不可惜地删除。这篇消息正是通过恰当地补充交代背景材料，有力地深化了新闻的主题，增加了报道的深度和可读性。

2. 背景材料的运用

背景材料的运用要少而精，简明扼要，灵活穿插。

少而精，简明扼要是指文字表达上的要求。在新闻报道中处于从属地位的背景材料，一般作为新闻的概述部分，应该言简意明，抓住最能说明问题的实质性事实，寥寥数语，颇有分量地点明要害问题，而不能展开细写，以至造成主次不分，喧宾夺主。要知道在有限的篇幅里，背景材料一多，势必会冲淡、影响主要新闻事实的连贯和展开。所以背景材料一定要精选精写，决不可过多过长。

背景材料大多是一些早已存在的"死"材料，如果在用量比较多的情况下，应将背景材料化整为零，逐渐地、分散地插入对主题事实的叙述中，使静止的背景材料与现场情况或人物活动有机地结合在一起；在背景材料使用较少，背景材料的种类又比较单一的情况下，也应该注重让背景材料散见在报道中的各个位置。总之，背景材料要根据表达内容的需要灵活地安排，巧妙地穿插，使背景材料与新闻事实浑然一体，相得益彰。

灵活穿插既指表现形式上的灵活，可以是段落、句子、句子成分；又指位置安排上的灵活，可以出现在导语、主体、结尾之中，也可以独立成段。

背景材料放在导语中，同新闻事实巧妙地糅合在一起，简明扼要，一语点破，有助于开宗明义，增强新闻的价值和吸引力。背景材料用于新闻主体中，主要有两种用法：一种是将背景材料同新闻事实融为一体，放在同一个自然段落中，既为新闻主要事实作铺垫，又成为新闻事实不可分割的组成部分；另一种是根据表现主题和演化主题的需要，独立成段，灵活穿插，巧妙地运用到关键处，使之同新闻主体紧密结合，自然地对新闻事实进行解释、说明、衬托、对比，帮助读者加深对新闻事实及其特点、意义的理解。在新闻的结尾处运用背景材料，能使新闻后劲十足，使读者回味无穷。请看例文：

中国地铁列车今天穿过天安门广场

本报北京天安门9月28日15时15分讯（记者 李丹 雷风行） 5分钟前，一列银灰色的地铁列车，在仅距地面2.8米的地下，首次穿过世界最大的广场——天安门广场。

这是首都向它的共和国母亲50大寿献上的一份最珍贵的礼物。

　　今天通车试运营的地下铁道西起距天安门3公里的复兴门，东至距天安门8公里的八王坟，全长13.5公里线路坐落在神州的第一街长安街超浅埋层之下。

　　为此，承担西单、天安门、王府井等首都心脏地段地铁施工设计重任的铁道部隧道工程局、铁道部第十六工程局和铁道部第三勘测设计院的建设者们苦苦奋斗了十个春秋。参加世界建筑师大会的各国专家参观后曾惊叹"中国又创造了一个奇迹"。

　　国务院副总理温家宝、日本国驻中国大使谷野作太郎等中外贵宾与地铁建设的功臣们，作为通车后的首批乘客，一起登上了国产新型电动地铁客车。从长安街东部的八王坟到天安门，列车运行刚好17分钟。

　　30年前的国庆节，北京建成了从苹果园到北京站全长23.6公里的地铁一号线，结束了中国无地铁的历史。

　　15年前的国庆节前夕，北京又开通运营了16.1公里的地铁第二期环线。

　　早在5年前，北京地铁的年客运量就已突破5亿，而现在，平均每天乘坐地铁的旅客已达140万。

　　北京地铁虽然在当今世界43个国家117个有地铁的城市中，开通年代和运营里程均排在30名之后，但却创下了满载率和单车运营公司两项"世界之最"。

　　投资75.7亿元人民币的地铁"复八段"今日开通，使北京地铁通车总里程由原来的41.6公里增加到55.1公里，超过了香港的43.2公里，成为中国六个城市地铁之最。同时也使中国城市地铁的总里程逼近150公里。

　　目前，中国除北京、天津、香港、台北、上海、广州已开通地铁外，青岛、南京、重庆、深圳、高雄等城市也正在或计划建设地铁。

　　自1863年伦敦建成世界上第一条地铁到136年后的今天，全世界的地铁长度已接近6000公里。（《人民铁道报》1999年9月29日）

　　背景的灵活穿插为这篇消息增色不少，从第六自然段开始基本上都属于独立成段的背景材料，将中国乃至世界地铁发展的历史与现状、中国地铁在世界上的地位——点出，正是背景材料的灵活穿插，使该消息成为一篇信息量大、内容丰富、充满知识和趣味的报道，从而一举获得第10届中国新闻奖消息作品二等奖。

总之，背景材料务必要同新闻事实有本质的、内在的联系，或互相映衬，或互相对照，或互相依存，或互相制约，而且在表达时要自然、严密，有机结合，水乳交融，背景和事实完全化为一体，方能收到好的效果。切不可生搬硬拉，牵强附会，故作姿态。

四、经济消息的结尾

（一）关于消息结尾的认识

"凤头、猪肚、豹尾"是元曲作家乔吉写作的六字真言，陶宗仪在《南村辍耕录》中把它解释为"起要美丽，中要浩荡，结要响亮。"其中，开头和结尾尤其值得讲究。文章开头开得好，才能抓住"眼球"；结尾结得好，才能有回味。所以，明代诗论家谢榛在《四溟诗话》中提出："起句当如爆竹，骤响易彻；结句当如撞钟，清音有余。"由此可见消息的结尾也是消息写作构成的重要部分。

然而令人遗憾的是，新闻的结尾常常被人们忽略。有人甚至认为结尾是可有可无的。他们的理由是：（1）短消息结构极其单纯，无须像麻雀那样五脏俱全。特别是简讯有时只有一两句话，离首即尾，离尾即首，实际上没有结尾。（2）在倒金字塔结构中，材料按其重要性依次排列，编辑可以倒删，因而也就无所谓结尾的问题了。因此，我们有必要对经济消息的结尾建立正确的认识：首先，从概念上认知，结尾是消息最后收结全文的部分；其次，从写作观念上建立正确的认识，既重视结尾的写作，又认识到并非所有的消息都有结尾。美国记者威尔·格里姆斯利的这样一段话可以给人有益的启示："一篇好的报道是具有对称美的，它必须具有一个好的开头。然后，它应该平稳流畅地过渡到文章的高潮；如果有可能的话，要用一个出乎意料的结尾使之达到高潮。"

（二）经济消息结尾的常见方式

一是水到渠成，自然结尾。这种结尾方式是最常见的、也是用得最多的。

二是拾遗补阙法。可通过补充新闻事实、补充背景材料、回应导语等方式来实现。上文所列举的《中国地铁列车首次穿过天安门广场》的结尾就属此类结尾。

三是画龙点睛，概括中心，突出主题（卒章显志）。写好新闻结尾，不仅可以使新闻在形式上更为完美，而且可以画龙点睛，使新闻的主题得到进一步的深化和升华，引起回味与思索。

1997年7月1日，香港回归。接载查尔斯王子和末代总督彭定康回国的英国皇家游轮"不列颠尼亚号"驶离维多利亚港湾,消失在南海的夜幕中。新华社的报道《别了,"不列颠尼亚"》以史家之笔记录了这一历史性的时刻。这篇消息的读者不会不注意到它的结尾:"从1841年1月26日英国远征军第一次将米字旗插上港岛,到1997年7月1日五星红旗在香港升起,一共过去了156年5个月零4天。大英帝国从海上来,又从海上去。"这不仅是一句精彩的结语,更是一句代表历史趋势的结论,是透过这个事件对历史规律的理性认识,其中传递出中华民族在这一特定时刻的自豪感,从而赋予报道以"魂"。也许,从这样一句话就更容易理解新闻与历史在哪里、以什么样的方式勾连在一起。

四是别开生面法,借题发挥。1979年7月25日新华社播发的消息《党组织为马寅初彻底平反恢复名誉》的结尾:"20多年的是非终于澄清,冤案终于平反。实践宣布了公允的裁判:真理在他一边。"错批一人,多增3亿,这就是多年批判马寅初的直接恶果。因此,这样的消息结尾是有充分说服力的。

还有上文所列举的《洞庭湖长大五分之一》用了一个总结加评论式的结尾:"人与自然在洞庭湖开始和谐相处。随着治理的深入,烟波浩淼的八百里洞庭将再现人间。"以精彩、形象、生动的语言为全文作了一个结语,既呼应了导语,又为人们展现了洞庭湖美好的前景。

在新闻写作中,特别是在倒金字塔结构中,导语是最重要的部分。事实上,经济消息结尾对于受众接受心理的影响并不亚于导语。心理学的有关研究表明,处于系列首尾位置的记忆材料容易记住,而处于系列中间位置的则容易遗忘,其几率相当于两端的3倍。英国新闻学者安德鲁·博伊德在《广播电视新闻教程》中提出:"任何一个节目或新闻给人的长期印象通常都是最开始或最后几个词留下的。"故而他建议:"像有力的开头一样,结尾应该加强语气,避免虎头蛇尾。新闻报道宁用砰然响声做结尾而不用低声呜咽。有力、确定、语气强烈的结尾胜过软弱无力的结尾。"美联社记者马利根对此深有体会:"一篇报道既要有好的导语,也要有一个有力的结尾。事实上,我常常在最后一段下的功夫比在第一段下的功夫大,因为我希望那真正动人的最后一行话将使编辑高抬贵手,不至砍杀我努力的整个成果……一条使人激动的引语、一段概括性的趣闻、一份将最后一次打动读者的情感,即引起读者悲伤或大笑的有趣材料,可以使一篇报道生辉。这样,这篇报道看起来就是一个统一体、一个完全的整体。"因此,特别是对于经济消息来说,不可忽视结尾的写作,既要使结尾有豹尾之势,生动有力,又不要使结尾与主体、导语有重复之嫌。

第二节　经济消息的分类

按照消息写作的方式来分，经济消息可以分为经济动态消息、经济综合消息、经济述评消息和经济经验消息。

一、经济动态消息

经济动态消息是对新近发生的具有新闻价值的事实进行迅速及时的报道，是最常用的消息品种之一。会议消息、事件消息、预告消息一般都被看作是动态消息。

1. 经济动态消息的特点与类别

经济动态消息有两大特点：（1）以事物的最新变动为其主要着眼点。注重刚刚发生的、正在发生的或即将发生的新闻事实，以此作为报道的重点。以往的事实只作背景处理，以新带旧，由近及远。（2）以时新性与重要性为其主要的价值取向。在新闻竞争中各单位往往以动态新闻的时效性和其内容的重要性来衡量其优劣。

经济动态消息大致可分为三类：一类是对新近发生的单独事件所进行的全过程的报道，也称"完成式报道"，西方新闻界称之为"纯新闻"；另一类是对处于变动中的具有一定连续性的事件的报道，也称"进行式报道"或"连续报道"；还有一类是对即将发生的事实的报道，即"预告性新闻"。

2. 经济动态消息的写作要求

动态消息以变动着的事物为报道对象，具有事物发生和发展变化进程的动态。它最鲜明、最集中地体现了新闻的特征与优势，因此经济动态消息写作的第一个要求是强调时效性，无论在采访、写作，还是在编辑、发排上，都应争分夺秒，使读者看到的动态消息是报道刚刚发生或正在发生的事情。第二个要求是导语开门见山，主体以客观叙述为主。第三个要求是，一事一报，简明扼要，篇幅短小精悍，一般三五百字，最多不超过 1000 字，这也符合评选各级新闻奖最起码的要求。第四个要求，无论是导语的设计还是主体的拓展、背景的穿插，都要力求创新突破。请看例文：

美日汽车贸易高级谈判开始

新华社日内瓦 6 月 26 日电　美、日汽车贸易高级谈判今晚在日内瓦内以坎特向桥本赠送一把竹刀的戏剧性场面开始。

美、日汽车贸易谈判延续已近两年，至今未获任何结果。美方5月16日宣布，若双方在6月28日之前仍然达不成协议，美国将从这一天开始实施制裁，对日本输往美国的13种豪华桥车征收百分之一百的惩罚性关税。这将给日本汽车制造商每年造成59亿美元的损失。

为了避免爆发贸易战，双方4位副部级官员自本月22日起在日内瓦紧张地展开了谈判，但进展甚微。双方于是决定提高谈判级别，由美国贸易代表米基·坎特和日本通产大臣桥本龙太郎直接晤谈，以作最后努力。

坎特与桥本的谈判于日内瓦当地时间晚8点半开始，开始前安排了一次简短的与记者会面、记者拍照的活动。他们满面笑容地走向记者，站定之后，坎特出人意料地向桥本亮出了一把日本剑道中所使用的很长的竹刀，说："这是我特意给您带来的。"坎特接着面对记者说："桥本大臣精通此道。剑道的精神就是勇敢、诚实、正直和耐心。"桥本应声答道："毫无疑问，和坎特先生晤谈是需要耐心的。我非常希望我们能礼貌地进行会谈。"桥本抓住竹刀的一头，对准自己的脖子，说："这可要使我损失惨重喽！"说完双方大笑。

有记者问，双方的谈判是否必须在28日前结束？桥本答道："美国定下的期限与我们毫不相关。我们不能在美国的法律约束下谈判。我们只想按照国际规则和世界贸易组织规则进行谈判。我也想告诉你们，这场谈判是非常艰难的。"

记者问坎特，最后期限在哪一天？坎特说，6月28日。记者又追问："会不会延长？"已经转身退场的桥本扭过头来答道："这是'美国造'的期限。"

在坎特和桥本会晤之前，双方在日内瓦进行了副部级谈判，其主要内容是美国要求日本开放汽车市场，增加购买美国生产的汽车零配件，并在国内增加销售美国汽车的网点。（新华社1995年6月27日）

这篇报道不同于一般关于贸易谈判的新闻，作者没有停留在用简单的叙述向读者展示谈判的背景、原因和进程上，而是抓取几个具体、形象的细节，通过对现场采访中的所见所闻的描述，如双方代表与记者会面时，美方赠送竹刀、日方接受竹刀时的表情和答语等，具体生动地体现了美日双方在汽车贸易问题上存在着很大分歧这个新闻主题。如美方代表坎特向日方代表桥本赠送竹刀的特殊情节，具体、形象地向读者展示了此次贸易谈判的特殊气氛和特殊意义，用令人耳目一新的形式展示了本文的主题。第五自然段对美方贸易谈判代表坎特和日方贸易谈判代表桥本的具体动作和对话的细节描绘，突出了本次贸易谈判的艰难性、重要性和友好气氛。如坎特赠给桥本竹刀时所讲的话，"剑道的精神就是勇敢、诚实、正直和耐心"，再如"桥本抓住竹刀的一头，对准自己的脖子，说：'这可要使我损失惨重喽！'说完双方大笑"，等等，这些细节生动地反映了人物和事物的特征，增强了文章的感染力，使新闻报道生动活泼起来，给读者留下深刻印象，产生了良好的传播效果。本文3段背景材料的灵活穿插，有效地帮助读者了解这场谈判的过程。第二、三自然段的背景材料向读者说明了此次谈判发生的历史、环境与原因，为读者理解下面的新闻事实作了必要的铺垫。最后一段背景材料向读者介绍了此次贸易谈判可能磋商的内容，对读者进一步了解新闻事实的内容及其意义起了补充作用。

二、经济综合消息

（一）经济综合消息的概念和特点

综合消息是对同类事物或一事物的多侧面情况进行归纳综合的消息类型。经济综合消息是指就某项活动或工作任务，对某些地区、单位或个人的实践，进行科学的总结、分析，整理出可以起到示范、借鉴作用，或条理性较强的知识的报道样式。

成功经验和某些方针政策总是密切相关，不管是直接落实某一方针政策的经验，还是日常工作中的经验。日常工作总是运转在某一特定时期的方针政策之下的，经验的发现和表达，也总要以特定的方针政策为依托，因此经济综合消息具有较强的政策性。

（二）经济综合消息的分类

经济综合消息大致有以下几种类型：

一是横断面的综合，即对一些地区或部门所开展的某项工作、某个活动的成就、情况，按其范围或类别综合起来反映全貌的报道。

二是纵深度的综合，即对一定时期某条战线或某项工作的成就、发展变化，按其因果关系或时空顺序加以综合报道。

三是纵横结合的报道，既有横断面的综合又有纵深度的综合报道。

圣诞晚宴预定火爆自掏腰包寥寥无几
首府"公款圣诞"令人担忧

本报乌鲁木齐 12 月 23 日讯 记者刘大为报道：圣诞节在哪儿过？记者近日在市民中调查采访时发现，一种价格不菲、被当作礼品赠送的圣诞夜消费券，使不少人在圣诞节有了去处。

一位持有消费券的小伙子在采访中告诉记者，早在十来天前，他在一家职能部门任职的父亲就开始陆续收到别人送来的消费券，面值多在三五百元之间。记者在这位小伙子手中看到，这种消费券类似公园的门票，印刷精美，每张标价438元，副券包括餐饮券和娱乐券两部分，持票者除可享受晚餐外，还可以观看由酒店组织的歌舞表演。

记者随即走访了一些酒店后发现，不少酒店均在圣诞节期间发行了类似的消费券。一家酒店的公关部经理说，圣诞节期间餐饮和娱乐活动的收入是酒店收入的一个重要部分，所以各大酒店都非常重视圣诞节。今年该酒店发行的价格在288元至488元的500多张消费券目前已全部卖完。这位经理坦言，虽然酒店把销售重点放在市民身上，但购票仍然多为团购，一些效益好的单位、企业都愿意选择这两天来宴请宾客，市民消费能力有限，自己购消费券的只占极少数。

在另一家酒店的销售部，记者了解到，该酒店不仅消费券已销售一空，酒店的20多个包厢也早在两个星期前被全部预订。销售部的一位负责人说，包厢里的消费水平较高，一直是酒店的一个卖点，去年圣诞夜1个包厢的最高消费达到了1.8万元。

采访中，一位业内人士告诉记者，近些年，变相行贿的现象逐渐增多，特别是时近年关，请客吃饭、送代金券、消费券的现象比较多，但一般数额又够不上犯罪标准，可是对领导干部的腐蚀作用很大，应该引起有关部门的注意。（《新疆日报》2002年12月23日）

这篇报道主要是通过圣诞消费券的发售，从横向中总结出"圣诞公款消费"的事实，显示出记者较高的新闻敏感。一般认为经济综合消息多以成就报道为主；但从本篇看，经济综合消息也是发现问题、进行舆论监督的一种报道形式。

（三）经济综合消息的写作要求

我们先来看一篇例文：

三亿专款雪中送炭　千所小学改换新颜

在"三个代表"指引下：广东着力解决农村困难家庭子女读书难

本报广州5月6日电　记者温红彦、刘霄、王可报道：我们常常轻松而随意地使用"座无虚席"来形容观者的众多、来烘托场面的精彩。新

第七章 经济消息写作

中国的义务教育为追求"座无虚席",筚路蓝缕奋斗了半个多世纪。如今,"座无虚席"在广东省的每一所农村中小学的课堂上成为现实。去年(2001年)秋季以来,广东已基本做到没有一个孩子因贫困失学、辍学。对于广东省委、省政府来说,这四个字并不轻松,因为它承载着全省88.8万贫困中小学生书杂费全免的义务教育;这四个字沉甸甸,因为它意味着从以后全省每年须支出3亿多元的财政专款。

在广东省16个贫困县之一的清新县高田镇看到,镇里的西坑小学各间教室真的"座无虚席"。校长张浩中告知,全校260个学生,有50个学生书杂费全免,而往年,开学三四周了,他们的座位还空着。清新县今年春季开学时,第三天全县小学生回校率就超过99%,这在往年是从未有过的。农民们感激地说,党和政府出钱解决孩子的书杂费,我们还有什么理由不送孩子读书!

农民的感动缘自政府的行动。去年6月国务院作出关于基础教育改革与发展的决定后,广东省委、省政府作出积极部署:通过省财政专项补助,对人均收入1500元以下的农村困难家庭子女义务教育阶段免收杂费、书本费,全省88.8万中小学生可以免费读书,免收金额3.32亿元。广东省农村义务教育阶段的中小学生有800多万人,这意味着每10个学生中,就有1人享受全免的待遇。

政府的行动来自党政领导班子认识的提高。广东省委、省政府是从实践"三个代表"重要思想的政治高度来做这项工作的。代表最广大人民的根本利益,就要让农村困难家庭感受到党和政府的关怀,而使农村困难家庭的子女都能上学,是最根本的关怀。省委书记李长春说:要保证一个不漏。省长卢瑞华说:需要多少钱就拨多少钱。

这一体现"三个代表"重要思想的具体行动深得民心。省教育厅负责同志说,省委、省政府真正把教育摆在优先的地位,我们教育系统的干部体会最深,常常是我们要一块钱,省里给一块五甚至两块钱。为解决原来拖欠教师工资问题,省财政在前年增加转移支付资金5亿元基础上,去年又新增3亿元。在资金投入上有效地解决了学生和教师两方面的负担,有力地巩固了"普九"成果,使我们干劲倍增。

继去年采取重大举措之后,广东省今年又推出一个重大举措:在年内加快改造革命老区和山区1000所农村小学,省财政为每所小学补助30万元,共计3亿元,要求将有危房的学校改造成规范化学校,乡镇中心小学要建成有规模、上水平的学校。副省长李鸿忠在接受采访时说,这是为了落实政府义务教育的责任,着眼于经济社会的长远发展,也是为了进一步

体现教育公平，力争让所有经济欠发达地区的孩子和城市的孩子站在同一个起点上。（《人民日报》2002年5月7日）

综合消息概括力强，声势较大，适于总结和宣传各条战线的形势，评述群众性活动的成就、特色和趋向等。写法上要求立足全局，材料充分，形式灵活。结合上文，我们可以看到经济综合消息的具体写作要求主要有以下几点：

1. 提炼主题要力求上下结合

综合消息是若干或众多的新闻事实在一个主题统帅下的综合报道。广东作为改革开放先行一步的省份，2002年在教育上又先行一步——免收农村困难家庭子女义务教育阶段的书杂费，让一部分困难学生先享受完全免费的义务教育，品尝改革开放和社会发展结出的果实。广东省的这一举措正是实践"三个代表"重要思想的具体行动。《广东着力解决农村困难家庭子女读书难》正是在这样一个上下结合的主题思想统帅下来组织安排材料的。

2. 组织材料要点面结合，有血有肉

所谓"面"，就是能反映全面的或一个方面的情况的概括与统计；所谓"点"，就是能反映全面或一个方面情况的具体事例。点面结合，把发生在不同时间和地点的众多材料组织得有条不紊，是综合消息常用的写法。组织好材料常见的有两种方法：一种是横式组织法，即在导语中概括了全面情况之后，在主体中按具体情况的地点（包括单位）或类别并列地加以叙述；另一种是纵式组织法，即在导语概括了全面情况之后，在主体中按照事件的发展过程或前因后果逐步深入地加以叙述。

《广东着力解决农村困难家庭子女读书难》成功地运用了点面结合的写法。它的第二自然段，就是运用了清新县高田镇以及"镇里的西坑小学"的"点"上的生动材料。这就使综合新闻既有概括性，又能具体化。一方面，运用"面"上的材料，勾出轮廓，使读者对其所报道的事物有一个整体的认识；另一方面，它又运用"点"上的材料，穿插一些经过精细挑选的生动事例，给人以具体、形象、深刻的印象。只有点面结合，才能使综合新闻所报道的内容广度和深度俱备。

3. 注重导语的构思和消息背景的交代

《广东着力解决农村困难家庭子女读书难》不仅真实地报道了新闻事实，而且注重导语的构思，以"座无虚席"这个平平常常的成语，引出日常生活的经验对照新中国在义务教育上的追求，以"88.8万贫困中小学生书杂费全免"对比"支出3亿多元的财政专款"，不仅比较自然地打破了多年来多数消息写作的老套套、老腔老调、老格式，同时让读者很快抓住了新闻事实的意义所在。

三、述评消息

（一）经济述评消息的概念和特点

经济述评消息是有事实、有分析性见解，以夹叙夹议的方式传播新闻信息的消息类型。所谓事，就是述评中的事实叙述，它通常包括新闻事实和背景资料；所谓理，就是述评中的思想观点，它通常包括分析和议论。事理交融就是在述评中事实与观点相互依存，相互确认，通过评与述结合的方式，表明作者的立场和主张，并发挥舆论导向作用。具体来说，在内容上，经济述评消息既有新闻和事实，又有观点和分析；在表现手法上，夹叙夹议是它最常见、最典型的表现形式。总体来说，一篇优秀的经济述评要做到有事实的观点和有观点的事实的完美结合。

经济述评消息最大的特点就是，以叙述事实为主，发表议论为辅。

（二）经济述评消息的分类

述评消息一般包括形势述评、事件述评、思想述评和工作述评等几种类别，经济述评消息常见的类别有以下两种：

一是形势述评。主要是评述国内外经济形势的新变化和新发展。帮助受众认清形势，把握全局。例如，2009年2月20—22日，美国新任国务卿希拉里·克林顿访问中国，这是希拉里就任以来首次访华，也是美国新一届政府就职后中美两国间的一次重要高层交往，因此引起全球关注，各大媒体就此发表了很多关于中美关系走向的形势述评。

二是事件述评。主要对国内外某一经济时间的发展态势进行评述，既可以评述突发性事件，也可评述事件跨度较长、有连续性和渐进性的事件。例如，自2008年9月始，围绕三鹿奶粉事件，媒体刊发了大量的述评性消息。

（三）经济述评消息的写作要求

简而言之，经济述评消息的写作要求应做到有述有评、述评兼备。

述，就是通过记叙或同时兼有描写去报道新闻事实；评，就是通过议论去直接分析、评议所报道的新闻内容，并揭示它的本质或意义。在述评消息中，记者的写作意图主要不在于报道新闻事实，而在于借助所报道的新闻事实发表意见。事实的报道是为发表意见服务，而意见的发表又是对所述的新闻事实的自然引申。所以从篇幅上看，常是述多于评；但若从内容的重心看，则评重于述。通过评述新闻事实，发表记者的意见，这是一切经济述评写作的目的所在。为此，经济述评消息的写作，在动笔之前应广泛了解实际情况，掌握充分而有说服力的材料，加以深入分析，进而提炼出具有独到的见解来。

项庄舞剑　意在沛公
明传人民币贬值，实为投机牟暴利

本报讯（记者　任侃报道）　一位高级经济学家近日指出，人民币可能贬值的谣言是某些国际基金公司有意制造出来的，其目的是扰乱市场，浑水摸鱼。

尽管中国政府多次强调有信心保持人民币的稳定，但近期人民币贬值的谣言在日元不断走低的背景下甚嚣尘上。黑市投机者更煽风点火，散播谣言，牟取暴利。

国家信息中心高级经济师李国斌说："这些基金公司完全是别有用心的谣言制造者。"

他们为了使大众相信谣言，不惜夸大亚洲风暴和日元贬值的影响。他们更预测中国刺激国内需求的政策不能奏效，经济增长8％的目标无法实现。

李国斌说："可以相信，境外谣言制造商们为达到其险恶的目的，今后还会炮制出更多更加耸人听闻的谎言。"

他说，人民币贬值的谣言不堪一击，它们无视经济学最基本的理论，即一国的货币汇率只取决于这个国家外汇供给与需求力量的对比。

"我们仅仅来看看中国大陆的外汇供求，也就不难揭穿谎言了"，李国斌说。

中国的外汇供应目前达2200亿美元，其中包括国家外汇储备，金融机构外汇资产以及企业和家庭的外汇资产。可是中国每年的外汇需求只有600亿美元，包括满足3个月进口所需400亿美元和偿还年度外债本息200亿美元。即使不考虑金银资产，目前中国大陆的外汇供给也已超出需求达1600亿美元。

如果动态地来看，未来大陆维持每月30—40亿美元左右的贸易顺差是可以预期的，那么，不言而喻，未来大陆外汇供给远超需求的程度将继续呈现逐月扩大之势。

李国斌说，大陆的黑市人民币交易不会对大陆外汇供给力量形成任何冲击，因为其成交额不及大陆全部外汇交易额之万分之一。而且黑市外汇并无渠道可以大规模逃逸至境外，基本上还是又作为境内外汇供给存放于境内金融机构。因此可以断言，大陆外汇黑市上短期被略微低估的人民币价格也将很快向其价值回归。

李国斌说:"显然,目前乃至未来一段时间内人民币币值稳定的基础极为牢固,人民币不会贬值。"

国家外汇管理局副局长李福祥近日也曾表示,中国可以轻松地在近两年之内保持人民币汇率的稳定。

李国斌说,其实,境外沽空人民币的谎言制造商们并不敢高估自己的实力,他们很清楚通过谎言是无法从境外操纵人民币汇率的。他们的真正险恶用心是搞垮港币。他们的如意算盘打得很精明,即欲借沽空人民币的谎言,把香港人民的信心搞垮,摧毁港币美元联系汇率制度。

李国斌说:"然而,谎言总是短命的,并且又是双刃剑,它不仅可以伤人,更易伤及制造谎言者自身。"中国人民银行副行长刘明康早些时候也警告国际投机家不要打错算盘。

李国斌说,中国中央政府永远是香港特区政府坚不可摧的后盾,任何阴谋搞垮港币美元联系汇率制度的企图都是不会得逞的。如果国际外汇投机家敢于狙击港币,相信只要香港特区政府提出要求,中央政府一定会提供帮助,战而胜之。

李国斌说:"谎言总会被揭穿。港币和人民币的命运是牢牢掌握在中国人自己手里,这并不会因为任何谎言而有丝毫改变。"(《中国日报》1998年8月30日)

这篇述评消息抓住经济工作和解决生活中的"热点"问题,在提供翔实的事实的基础上展开有力的评说。作者写作前准备充分、事实材料收集全面,写作意图明确,较好地引导了舆论。自1997年7月东南亚出现金融风暴起,当地货币纷纷贬值,国际投机分子到处兴风作浪,浑水摸鱼。1998年8月以后,随着日元的不断贬值,国际投机分子在香港金融市场兴风作浪,一面不断狙击港币,一面大肆散布港币与美元脱钩、人民币会贬值、银行不稳定等谣言,放肆地冲击香港汇市、股市和期市。当时香港特区政府与国际投机分子激战正酣,正是在这样的大背景下,为澄清事实,以正视听,配合香港特别行政区政府打击国际炒家,正确地引导舆论,这篇报道一改众多正面宣传人民币不贬值的报道角度,首次以主动出击的方式,把矛头直指国际投机分子在香港的投机活动及其险恶用心——煽风点火,散播谣言,意在打击港币,牟取暴利。这篇消息在正面阐述人民币不贬值的同时,对国际投机者发出严正警告:"谎言总是短命的,并且又是双刃剑,它不仅可以伤人,更易伤及制造谎言者自身。""中国中央政府永远是香港特区政府坚不可摧的后盾,任何阴谋搞垮港币美元联系汇率制度的企图都是不会得逞的。如果国际外汇投机家敢于狙击港币，相信只要香港特区政府提出要求，中央政府一定会提供帮助，战而胜之。"

有理、有力、有节的反击，有效地配合了香港特区政府打击国际炒家的行动。该文于1998年8月30日发表后，香港中英文日报全都转发，电台、电视台在新闻节目中作了滚动播出。西方媒体对此文也极为关注，路透社、法新社等纷纷转发，并被《纽约时报》、《华尔街日报》等众多报纸采用。后来的事实证明，靠谣言浑水摸鱼的国际投机者，在这场斗争中，大蚀其本，被迫逃之夭夭，而港币、人民币的命运始终牢牢掌握在中国人民自己手里。在第9届中国新闻奖评选中，这篇述评消息也受到评委们的青睐，获得了一等奖。

总的来说，好的述评消息，要求叙述、描写与评论水乳交融，评中见述，述中有评。为此，述评消息的写作总是采取从具体入手、以虚带实、就实论虚的笔法，并以提炼出来的见解统帅材料，又从具体的材料中引申发挥，边述边评，对事物层层解剖分析，把道理讲透。述评中的议论是缘事而发的，具有清新、精辟、简洁的特点，不像评论文章那样讲究周密的论证；在评述时，可以充分运用对比材料、背景的烘托说明，借以阐明自己的观点。

四、经济经验消息

（一）经济经验消息的内涵与特点

所谓经验，是指在某地方经过一定时间的实践积累得来的新做法、新技能或新知识。经济经验常常具有鲜明的地方色彩，新颖的改革思路，有机的运行系统，具体的试验结果，深刻的启迪作用，普遍的指导意义，广泛的推广价值。经济经验消息是指反映某地区或某单位在执行党的方针、政策或某项经济工作中所取得的典型经验、成功做法极其显著效果的一种消息类型，是一种用以推动全局工作、指导实践的非常有效的报道形式。

经济经验消息属于典型报道的一种，是我们日常新闻报道的一个重要方面。它常常是通过对经济生活中有代表性的、有普遍意义的人和事进行深入的报道，总结出有益的经验，或是对经济活动规律性认识的能动反映，对推动经济发展有着一定的指导性和借鉴作用，具有较广泛的传播意义，因而具有较强的政策性和指导性。

（二）经济经验消息的写作要求

我国新闻界历来重视经验性经济新闻报道的传统，在20世纪50~60年代，通过蹲点调研产生过不少有影响、广受好评的经验性经济新闻。如大庆经验等，对经济建设、经济生活起到了积极的作用。随着改革开放的不断深入和市场经济的发展，经济领域中的新事物、新经验层出不穷，善于发掘和总结有中国特色社会主义经济建设中的新鲜经验，是我们新闻工作者义不容辞的职责，也是新时期我国经济新闻报道中一个十分重要的内容。经济经验消息的写作要求主要有以下几点：

1. 突出最主要、最具特色的经验

经济经验消息在选题上要准、要精，要突出经验的典型性、指导性和新闻性。一方面要认真学习邓小平同志建设有中国特色社会主义理论和党的基本路线、经济政策，全面把握经济发展的宏观大局；另一方面要深入基层，调查研究，详细占有第一手资料，充分了解经济发展的客观环境和实际问题，从而能全面、准确地衡量经验在一个地区或全国的意义。要注意抓带有突破性的经验，要注意抓解决当前经济运行、经济生活中关键问题的经验，要注意报道不同层次、不同行业宏观的、微观的、条条的、块块的、条块结合的经验，要注意报道启迪性强的诀窍式经验。在采写经验性经济新闻中，除了要抓上述几个方面的内容外，还应当注意所采写的经验必须要有适应性和针对性，这样的经验才具有广泛的意义。

2. 用事实阐述经验

新闻是对新近发生的事实的报道，但终归是过去的事实，新闻记者的工作往往是对过去发生的事实进行反映，然而记者的眼光和思维若满足于对事物过去形态的简单描绘，就不能从过去的事实中看出未来的趋向，对事物中极具生命力的规律性的东西予以关注。对于采写经济经验消息的记者来说更是要对对全局的发展有借鉴意义、标志着事物未来的走向、蕴含着事物发展倾向性的事实进行由表及里的思考，这样才能把握时代的脉络，写出有指导性的报道。获得第3届中国新闻奖一等奖的《溧阳兴办开发区杜绝盲目乱圈地》消息，就是针对当时全国出现了兴办开发区的高潮，许多地方出现开发区土地"占而不用"的怪现象，江苏省溧阳市制定了地方土地管理法规，规定一律不准乱圈地，保证最大限度地利用好土地，这一做法的意义不在于仅局限于溧阳市，它对全国各地方处理开发区的问题都有很强的借鉴意义。

3. 客观公正地选择典型，表现效果

随着改革开放的深入和市场经济的逐步确立，社会的经济结构、利益关系发生着重大变化，经济经验消息的报道对象较过去要丰富得多、复杂得多，如何处理经验新闻有很多难题[①]：一是许多原来的国有企业现在都变成股份制企业或私有企业，有些私营企业规模也很大，对这类企业报道应如何处理就成了

---

① 参见林松涛：《如何采写经验新闻报道》，《黑河学刊》2006年第5期。

难题。二是如何把握经验新闻的标准有一定的难度。在市场经济条件下，企业作为市场的经营主体，经济活动十分活跃，做法各不相同，各种经验也不一样。但什么样的经济活动可以称为经验新闻？经验新闻的外延如何界定？选择和判断都有难度。三是经验新闻往往与广告扯不清。经验新闻见报后，扩大了企业在社会上的影响，客观上带来了广告效应。而且，一些经验新闻的内容和形式与广告又有许多相似之处，如商家的优质服务、企业推出新产品，等等。同时，由于企业广告策划水平的提高，经验新闻与企业促销活动较难区分，一些企业不仅了解，而且非常熟悉新闻运作的方法和规律，把企业的工作设计成经验新闻的"套子"，等着新闻单位来报道，往往会使新闻报道与企业广告宣传同步进行或成为重大的"配合"，弄不好新闻会掉进企业宣传策划的"陷阱"里，因此，经济经验消息要客观公正地选择典型，表现效果。

第三节　经济消息写作的要求与原则

一、了解消息结构类型，选择最佳结构方式

消息结构类型主要有以下几种：

（1）倒金字塔式结构。按照新闻事实内容的重要性程度递减的顺序进行布局，一般将最新、最重要的新闻事实放在消息开头写，次要的内容则放在以下的段落中按重要性递减顺序呈现，形成一个头重脚轻、顶部大、底部小的"倒三角"。这种结构的产生是为了适应快速传播的需要和受众的阅读习惯，今天仍然被广泛使用。

（2）金字塔式结构。这种结构的消息没有单独的导语，只是单纯按照事件发生的时间顺序来写作。事件的开端，就是消息的开头；事件结束，消息也就收尾了。其写作优势是能够清楚地反映出新闻事件的来龙去脉，能使受众对事件的经过获得清晰的印象，所以它比较适用于内容较为复杂但线索单一的新闻的写作。

（3）混合式结构。实际上就是把倒金字塔式结构和金字塔式结构相互结合、取长补短而产生的一种新的结构形式。这种结构悬念感很强，吸引受众一步步地读下去。导语是金字塔底，主体可以看成是金字塔。也有人把这种结构看成是倒金字塔式结构的变种。

（4）逻辑顺序式结构。记者不受时间顺序的约束，而是根据事物的内在联系和问题的逻辑关系来组织材料，考虑和安排段落结构的一种消息结构。这种结构有利于反映出事物内在的发展规律，揭示出事物的本质特点及意义，所

以具有较强的说服力。逻辑顺序式结构主要有以下几种形式：因果关系逻辑顺序结构；递进关系逻辑顺序结构；主从关系逻辑顺序结构；并列关系逻辑顺序结构；对比关系逻辑顺序结构；点线面体式逻辑顺序结构。点线面体式逻辑顺序结构对于写作非事件性新闻来说，有助于组织非事件性新闻的材料，能够客观、公正、全面地反映新闻事实。

（5）散文式结构。它是用散文的笔法来报道新闻事实的一种消息结构形式。其特点是自由取材，章法灵活，构思上像散文一样"形散而神不散"，根据作品表达的需要灵活运用各种表达方式和手段。

在经济消息写作中，哪种结构方式最利于表现消息的主题，我们就应该选择哪种结构。请看例文：

我省交通图五年七变

本报讯（记者 石磊）　祖籍沧州的郑先生在沪经商数年，前不久他从上海返乡，连遇两个"没想到"。

一是石家庄到沧州的高速公路上舒适、快捷、干净的旅途让他连说"没想到过去要走六七个小时的路现在只用3个小时"。

第二个没想到就是他离家前买的1996年版的《河北省地图册》已失去了作用，因为里面的河北交通图上，只标有京石和石太两条高速公路，而现在连沧州这个号称"交通死角"的地方都有两条高速公路穿过。

5月17日，记者特地从河北省测绘局要了一张2001年版的河北交通图送给了郑先生。原河北省制图院总工程师师云杰介绍说："近几年，我省公路建设，特别是高速公路建设速度太快，交通图每年都要更新，有时一年要更新2次。从1997年到去年年底，河北交通图一共出了7版。"

对照新旧两张地图，我省高速公路飞速发展的步伐跃然纸上：从1996年底的"一横一竖"，到2001年底初步形成以北京为中心，石家庄、天津为枢纽，辐射10个中心城市和秦皇岛、京唐、天津、黄骅4个港口以及大同、阳泉两个煤炭基地的"两纵两横"开字型布局的高速公路主骨架，我省已建成高速公路13条（段）。

省交通厅有关负责同志说，为打破经济发展的"交通瓶颈"，我省近几年加大了公路建设投资，1997年到2000年几乎每年投资都近130亿元，从1996年到2001年底我省已完成公路投资639亿元，新增高速公路1332公里。1999年全省高速公路突破1000公里，跃居全国第二位，2001年，通车里程达1563公里，继续保持全国第二。交通，正在成为我省国民经济的先行官。

省会到全省任意一个省辖市的车程均在6小时以内，目前我省路网平均车速已由1996年的30.2公里/小时提高到53.8公里/小时，"走高速"成为人们驾车出行的首选。

高速公路的快速延伸，带动了公路客运、货运的大发展和水平的提高。"高速直达"的出现，尤其激活了客运市场的一潭死水，也彻底改变了人们的出行观念。

这种伴随高速公路而生的新型陆路运输方式，以其及时、快捷的优势，吸引了大量客源，迫使"铁老大"放下了架子，民航降低了门槛。

截至今年3月我省高级客运班车已达1169辆，客座32520个，配备空调、电视、卫生间等设施的"豪华大巴"，让人们体验的是先进的客运工具，"航空式服务"的出现，让乘客越来越深地感觉到当"上帝"的味道。（《河北日报》2002年7月11日）

这篇消息以祖籍沧州的郑先生从上海返乡时连遇两件小事为线索展开，纵向陈述了河北交通图5年更新了七版之后，接着展开横向事实——连沧州这个号称"交通死角"的地方都有两条高速公路穿过，"走高速"成为人们驾车出行的首选。行文至此笔锋一转，由伴随"高速公路"而生的新型陆路运输方式，因其及时、快捷的优势吸引了大量客源，联想到"铁老大"放下了架子，民航降低了门槛，最后以一组背景材料的添加收尾，确有豹尾之势，令人触动无穷的思考。从结构上来看是属于倒金字塔式结构，但又结合了组合式结构的特点，正是因为主题集中、结构灵动，这篇消息获第13届中国新闻奖一等奖。

二、力求表现现场，故事化叙述

表现现场，就是指对新闻现场作准确生动的描述，捕捉现场动态、抓取现场细节，使受众有如临其境的感觉。这不仅可以提供消息的准确性、可信性，也可以增强新闻的可读性和吸引力。

新闻故事化是新闻媒体人文关怀的一种体现。所谓故事化叙述，就是记者在新闻写作中发掘新闻事实中的故事因素，以讲故事的形式表现新闻事件。这种报道方式用平凡的题材提炼深刻的主题，挖掘新闻事实中具有人情味的因素，情理交融，揭示人性的闪光点，激活人的情感，增强新闻报道的趣味性与可读性，实现新闻传播的社会价值。[1]

---

[1] 刘寒娥：《故事化：新闻写作的人文意识》，《新闻与写作》2005年第12期。

跟城里人一样享受政府公共服务
诸城农民迈进3公里社区服务圈

编者按 今年以来,诸城市重整农村组织资源妙招频出:先是以居带村,组建联合党总支;后是以服务代管理,建设农村社区。这两项改革举措,既为新农村建设提供了组织保障,又为城乡一体化统筹发展搭起了有效平台,同时也是新形势下农村组织结构改革的有益探索。近日,本报记者赴诸城深入采访,写出这则消息和一篇调查性报道,向读者展示诸城改革的新做法,以资借鉴。

本报诸城讯 在农村集中连片兴建社区,让农民享受到跟城里人一样便捷、周到的公共服务。眼下,一场意义深远的基层组织结构创新正在诸城市顺利推行。从今年7月在18个社区先期试点,短短两个多月时间,全市已设立65个农村社区,涉及573个村,占全市行政村总数的46%。

据了解,以县市为单位连片推行农村社区化服务,在全国尚属首创。

舜王街道金鸡埠村的董福兰老人切身感受到社区化服务带来的便利。今年80岁的她6年前患了胆囊炎,打针输液要到13公里外的舜王医院,一住院就是一周多。7月底,松园社区建成,社区卫生室离家不到2公里,儿子用三轮车推着董福兰去,输完液就回家,啥事都不耽误。

9月12日,在松园社区服务大厅,记者看到,这里设有文教、社保、环卫、计生、治保等服务窗口,负责为周围2公里内6个行政村的5667名群众服务。优抚救助室主任乔冒军原在街道民政所工作,是20个村的"网长"。他说,以前坐等群众上门办事,很多久拖不决,现在离服务对象近了,接到救助申请马上就能到现场查看,有的当天就能办结。

农村社区,一般按服务半径2~3公里、居住户不超过3000户的原则设立。中心村设公共服务机构,即社区服务中心、社区警务室、卫生室、建设环卫室、计生服务室、优抚救助室、纠纷调处室等,由镇政府从现职干部职工或乡镇撤并后富余人员中选派工作人员,为整个社区提供近距离、全方位的公共服务。这种"3公里服务圈"的建设,为打破公共服务产品供给上的城乡二元结构搭建了有效平台。据市委、市政府9月7日公布的《农村社区建设考核奖励办法》,到2008年底,各乡镇、街道100%的村都要纳入社区化服务范畴。规划中,这样的农村社区有156个,涵盖全市1257个村庄70多万农民。

今年初,诸城市委在调研中发现:随着农业税费的取消和农村市场机制的完善，农村基层组织的管理职能越来越弱化，而面对群众越来越多的公共服务需求，却缺乏有效的服务平台，不少群众反映"想办的事不好办、办不好"。同时由于乡镇撤并，镇域面积扩大，有的偏远村庄距镇驻地几十公里，到镇上办事成了村民的一件头疼事。经反复研究论证，市委、市政府作出建设农村社区的部署。

"建设农村社区，就是通过创新农村组织结构，实现基层组织由管理农民向服务农民的转变。今后诸城人提起农村社区，想到的不是它管几个村，而是有哪些服务机构和项目，我们的改革就算成功了。"诸城市委书记邹庆忠这样总结。(《大众日报》2007年9月15日)

这篇消息主题重大、结构清晰、语言洗练，充分体现了用事实说话、化抽象为具体、用现场细节反映事件的报道特点，是一篇集思想性、政策性、新闻艺术性于一身的优秀新闻作品。2007年，山东诸城市重整农村组织资源，建立了以服务代替管理的农村社区，记者凭借敏锐的新闻洞察力抓住诸城市"以县市为单位连片推行农村社区化服务，在全国尚属首创"的这个新闻点，把社会主义新农村建设的创新之举写活了。主体的构建是这篇消息的亮点，围绕主题精选事实，变换角度陈述事实，用细节描写、以现场描写印证事实，以背景材料深化事实。记者通过和农民交流，记录下了所见所闻，并精心选取了董福兰老人看病这个典型事例来表现主题。老年人是农村社区工作的重点服务对象，医疗保障更是涉及百姓切身利益的大事，两个新闻元素的结合，使事例极具代表性。记者善于运用对比手法，昔日"打针输液要到13公里外的舜王医院，一住院就是一周多"，现在"社区卫生室离家不到2公里，儿子用三轮车推着董福兰去，输完液就回家，啥事都不耽误"，医疗状况一经对比，农村社区的优越之处不言而喻。接着记者深入新闻现场——松园社区服务大厅，把自己的所见所闻呈现给读者。记者列举服务窗口的类型，并用精确的数字说明受惠群众数量之大。单纯的场景记述不够生动，于是记者把对优抚救助室主任的采访纳入正文，行文连贯，并表现了救助工作效率提高、有的能当天办完的细节。

三、多用人物直接引语

直接引语，指的是记者通过采访得来的被采访者的原话。在新闻报道中引用新闻人物的原话，已成为现代新闻写作中不可缺少的手段。新闻报道中，精彩的引语能使作品大放异彩，能使新闻人物形象鲜明生动，有些富有个性的直接引语更有画龙点睛之功效。

新闻写作中用事实说话的技巧有很多种,其中"运用引语说话"就是重要的一种技巧。在西方,特别是在美国,如何巧用引语,艺术地处理好"无形意见"的表达,被视为新闻记者的入门课。密苏里大学出版的《新闻报道与写作》一书中写道:"直接引语会使新闻增加色彩,提高可信程度。使用直接引语,你是在告诉你的读者,你已使他们与说话人建立起了直接联系。一看见引号,读者马上就会意识到:下面的内容必定非同一般。直接引语还能改变新闻的节奏和韵律,使板着的面孔骤然'多云转晴'。"①美国新闻学者杰克·海敦在《怎样当好新闻记者》一书中说:"引语是大多数稿件的重要组成部分,就像小说中的对话一样,引上几句话能使稿件生动活泼,能使稿件'动起来'。"第16届中国新闻奖二等奖作品《"院士崇拜"不可过度》报道的成功,应该说引语的正确运用起着重要作用。

在美国新闻界,记者几乎无一例外地热衷于直接引语的采访和使用。中国香港树人大学的刘其中教授就曾对《纽约时报》、《华盛顿邮报》、《洛杉矶时报》在2002年9月1—7日刊登的新闻作过调查,结果发现:在新闻中使用了直接引语的占93%,其中使用了3条以上的高达76%。可以这样认为:在美国,没有直接引语,新闻简直就构不成新闻。而同一时期中国的几家重要报刊的直接引语数量均没有超过20%,其对比可谓鲜明。②

近年来,我国经济消息写作中直接引语的运用也日渐频繁。

食品工业产业链从城里向乡村延伸,马蹄加工的首道工序放在千家万户——
荔浦5万农民坐在家里"变"工人

本报荔浦讯(记者 骆展胜 通讯员 蒋锦华唐定民)"老太太坐在家里边看电视边削马蹄,一天至少也能挣一二十元钱,全县有5万农民这样为县里4家大型马蹄罐头厂工作。可以这样说,食品工业的发展不仅壮大了荔浦县域经济,而且给几个乡镇的农民增收带来了最直接的好处。"9月14日,荔浦县中小企业局黄局长说起该县的马蹄产业时,当即就委托有关人员带记者去乡村"眼见为实"。

我们首先走进青山镇长塘村。在村口的一片树荫下,一帮男女正围坐在一起有说有笑,手里还在忙活着什么。"喏,那些村民就是在削马蹄!"

---

① 曼切尔:《新闻报道与写作》,密苏里大学出版社1996年版,第51页。
② 刘其中:《直接引语——香港中文报章新闻写作的一大缺陷》,《传媒透视》2003年第1期。

带队的小唐老远就指着说，青山镇是荔浦县马蹄产业发展最成功的乡镇之一，有"中国马蹄之乡"的美誉。这些年，马蹄加工几乎成了青山人的"四季活"，现在还不是他们最忙的时候，再过两个来月，等到今年的新马蹄上市了，村里男女老少聚在一起削马蹄的场景那才叫"壮观"呢。

"大爷，您这拉回来的是什么呀？"记者走近削马蹄的人群，79岁的沈大爷笑着回答："马蹄呀，我每天就负责给他们从老板那里运马蹄回来，然后又将削好的马蹄帮送到罐头厂。"沈大爷的二儿子沈恩林接过话题："老爷子就是闲不住，每天一早起床就去拉毛马蹄，然后发给我们进行削皮，他挣的钱比我还多呢！""这削马蹄可有讲究，一点黑斑都不能留，否则，出口到日本就会被打回来。"71岁的范大娘停下手中的活，很认真地讲述着。

"马蹄不是农户自己种的吗？为什么要去老板那儿拉？"见记者有些不解，小唐又把我们带到了青山镇的大街上。沿街门面到处可见正在分拣马蹄的妇女。一位覃姓老板告诉记者，为了保护农户种植马蹄的积极性，每到马蹄上市，县马蹄协会就会以保护价包购并进行集中储存，然后组织当地富余劳动力进行分拣，大果装箱出口或销往广州、上海等城市，中小果再发放给农户削皮加工卖给食品厂。

"县里这样引导我们增收，好哇！中央提出建设新农村，农民能实实在在得到好处，我们当然就有积极性。"程大姐边分拣马蹄边向记者感叹，她家4口人，不用外出打工，今年靠削马蹄就挣了不少钱。

记者随后来到荔浦志超罐头食品有限公司求证。该企业负责人说，将马蹄加工的首道工序放在千家万户，不仅节约了企业的管理成本和生产场地，质量同样可以保证，"我们刚刚又收到日本的检测报告，通知我厂样品全部符合205项'肯定列表制度'要求，68.9吨清水马蹄罐头已顺利进入日本市场！"（《广西日报》2006年9月16日）

荔浦县青山镇是马蹄产业发展成功的乡镇之一，有"中国马蹄之乡"的美誉。这些年，马蹄加工几乎成了青山人的"四季活"。每到马蹄上市，县马蹄协会就会以保护价包购并集中进行储存，然后组织当地富余劳动力进行分拣，将大果装箱出口或销往广州、上海等城市，中小果则发放给农户削皮加工卖给食品厂。而将马蹄加工的首道工序放在千家万户，不仅节约了企业的管理成本和生产场地，质量同样可以保证。68.9吨清水马蹄罐头已顺利进入日本市场。记者原想采访荔浦县民营经济的发展思路与成就，没想到，该县中小企业局领导的一句话：青山那一带，"老太太坐在家里边看电视边削马蹄，一天至少也能挣一二十元钱",引起了记者更大的兴趣。于是,记者当即提出要去现场看看,在"中国马蹄之乡"——青山镇走访农民,在农民中间去抓"活鱼"。全篇900余字,完全是现场最鲜活的材料,作者巧妙地运用了与农民最朴实的对话,反映了"三农"问题的根本——农民增收的重大主题,报道视角独到,时代感强。中宣部对该文的阅评指出:"从这篇报道中,我们看到了农村的新鲜事,这比农民进城务工和发展乡镇企业进了一大步!"此稿荣获2006年度广西新闻奖一等奖和第17届中国新闻奖消息二等奖。

四、会议新闻要力求发现有独特新闻价值的信息

会议新闻是指记者直接从会议活动中获悉的具有新闻价值的信息而写成的报道。会议新闻是党报报道的重要组成部分,也是经济消息写作中的重头戏。

在新闻竞争日趋激烈的今天,各家媒体千方百计创新会议新闻写作。要增强会议新闻的可读性,关键在于记者要打破会议报道的老框框,想方设法把新鲜、重要的新闻传递给受众,采写会议新闻时,不是简单地摘抄会议文件,而是注意用眼睛去观察,开动脑筋进行一番纵、横、上、下的分析比较,吹去黄沙,筛选出"黄金"来。纵比,是和以前同类型的会议相比,看哪些内容是前所未有的;横比,是和其他不同类型的会议相比,看哪些是这次会议所独有的;上看,看领导最迫切让群众知道的是什么;下看,寻找群众从这次会议中最想得到什么信息。这样上下、左右一比较,什么该报道,什么不该报道,心中就有了数。特别是工作会议的报道,有学者曾经提到:"要从纷繁的会议内容中,挑出读者最关心的新闻信息,突出地写入报道。""若是会议中的议题较多,又都有报道价值,可以采取化整为零的方法,分门别类,分成几篇进行报道,这样中心突出,内容精练,易取得好的报道效果。"①

人大校长纪宝成提出

MBA教育不能言必称哈佛　东西方管理思想交汇与融合是方向

本报北京5月19日电(记者　丰捷　通讯员　王晓玉)"缺乏对中国传统思想的吸收,缺乏对中国传统文化和现代企业管理的系统研究,在管理教育和研究中言必称哈佛是没有出路的。"中国人民大学校长纪宝成在今天开幕的第八届中国MBA发展论坛上发表主旨演讲时提出,学习和运用西方管理思想,必须充分考虑中国的国情,中国的实践,绝不能全盘

---

① 尹德刚等著:《当代新闻写作》,复旦大学出版社2007年版,第143页。

西化，只能有选择地吸收，而且要有创新。

他提出，当下我们的着眼点就是要对中国古代管理思想中许多优秀的、共同性的管理知识进行系统化、条理化的梳理，与世界共享，这是管理学研究者、MBA学子及未来企业家们应该做的事情。

"另一个更为重要的着眼点就是要不断地扎实地从中国企业的实践当中总结经验，生成理论。"纪宝成说，这两个着眼点是我国新时期商科教育和管理理论的创新的关键点。"尽管创新过程将会是漫长的，但管理思想未来的发展趋势必然是东西方管理思想交汇与融合。这是符合经济发展方向的，也是商科教育和管理科学未来发展的一种新的理论思维。"

以培养高层次、应用型企业管理人才为目标的MBA教育，自20世纪90年代初引入中国以来，已从最初的9所院校年招生不到百人，发展到2006年的96所院校每年两万多人的招生规模，目前累计招生已超过十万人。

以MBA为代表的中国管理教育的高速增长和超常规的发展，反映了我国经济高速发展对人才的迫切需要，也构成我国经济发展的强劲推动力。纪宝成指出，在我国以市场取向的经济改革刚刚起步，经济发展相对滞后，企业管理终极水平较低的大背景下，作为舶来品的西方现代管理学的传统，有助于当时中国企业迅速摆脱落后的状况，缩小与西方国家的企业在管理水平上的差距。但随着中国经济的发展和中国企业管理理念的增强，现在到了东西方管理思想融合和创新的时候了。

作为中国MBA最具影响力的全国性活动，中国MBA发展论坛始于2000年，由中国人民大学主办的本届论坛主题为"东西方管理思想的交汇与融合"，旨在促进中西方管理思想与方法的融合，推动中国MBA教育事业跃上一个新台阶。来自中国内地的96所MBA培养院校及美国、加拿大、韩国等国家和地区商学院的近千名代表出席了本届论坛。(《光明日报》2007年5月20日)

这篇消息的核心观点来自中国人民大学校长纪宝成在第八届中国MBA教育发展论坛上的主旨发言。正所谓沙里淘金，记者从较长的教育发展论坛演说中，捕捉到纪宝成发言中的一个重要观点，写成了一则优秀的观点新闻。在MBA教育持续升温且跟风盲从愈演愈烈的形势下，帮助人们冷静思考中国MBA教育的出路，促使MBA教育走入健康发展的轨道。众所周知，记者的工作并不是简单地将会议内容"有闻必录"，将所有演讲信息转达给读者，而是应该在冗长的会议中找到有新闻价值的"亮点"，并且用通俗易懂的语言写成新闻稿。这篇获奖消息跳出了会议新闻的报道模式,从中提炼了最有价值的信息。从繁琐的演讲中提取精华,发现"新闻亮点",是这篇消息最大的优点。① 消息发表后受到教育界乃至社会各界广泛关注,中国教育新闻网等多家媒体转载。

五、巧妙运用经济数据

经济报道离不开数据,数据是经济报道最有力的注解。但是一篇经济新闻的数据如果处理得不好,就会出现这样的情况:通篇是单调的数据,专业术语生涩难懂,受众阅读起来味同嚼蜡,丝毫提不起兴趣。从比较成功的经济报道来看,巧妙运用数据,使之生活化、形象化,更能够吸引受众的阅读兴趣。2008年《经济日报》的"两会"报道,用数字和图表形象直观地表现了近几年我国的经济发展状况。《坚持科学发展同心铸就辉煌》、《细算"三农"投入账》等文章引入多组数字一一解读分析,用数字来说话。特别是"数字见证五年成就"专栏从2008年3月3日起陆续推出《我国经济社会又好又快发展》、《消费市场继续保持繁荣活跃》等文章,编辑用曲线表、柱状图等形式将相关领域的发展变化直观展现给读者。《人民日报》的《代表工作的数字印记》一文用一组组数字,折射出十届全国人大代表工作的与时俱进,有声有色。2008年3月3日6版、7版通版用17幅图表数字介绍了近5年来国家GDP、粮食产量、进出口、医疗卫生等的变化和发展,并配以18篇小文章用老百姓自己的话讲述他们的亲身感受,图文数字相结合,直观有力。在解读政府工作报告时,数字也成了各媒体的切入点和关注点。总之,经济新闻不能简单地罗列统计数字,而是要从群众经济生活中寻找新闻数据的关联性,阐释新闻数据的意义,表达新闻数据,实现新闻效果。

美国微软公司总裁比尔·盖茨在《未来时速——数字神经系统与商务新思维》一书中,曾大声疾呼"人类已经进入了数字时代",未来社会"数字为王"。② 以报道经济工作、现象、活动和生活为主的经济消息,更是与统计数据和数量方法密不可分,统计数据是经济工作和活动的忠实记录,科学地运用统计数据报道经济消息,可以从量化的角度准确报道新闻事实,反映报道主题,而且统计数据可以作为辅助性背景材料,帮助受众更好地了解新闻内容。正因为如此,目前国内已有几十家报刊在自己的专版或专刊上刊载"统计数

---

① 薛国林、刘志杰:《沙里淘金寻找亮点 高屋建瓴提炼主旨》,《新闻与写作》2009年第2期。

② 祝培邻编著:《数字新闻》,中国广播电视出版社2002年版,第17页。

据"类新闻报道——作为一种报道方式又被称为精确新闻，如《中国信息报》的"统计新闻"、《光明日报》的"图表新闻"、《解放日报》的"百分比新闻"等；许多报刊还专门开设了相关的专栏，如《中国青年报》的"调查·观察"专栏、《文汇报》的"新闻来自数据　数据产生新闻"专栏等；《北京青年报》除了开辟"精确新闻"专栏外，还有专门的"数字世界"、"数字中国"和"商业调查"版，《第一财经日报》专门开辟有"数据参考"专栏。近两年来，随着我国经济持续高速发展，经济活动高度活跃且影响日益广泛，社会各阶层人群对经济活动的关注程度越来越高，对国家统计局每月发布CPI、PPI等宏观数据的新闻高度敏感，这既彰显出统计数据在新闻报道中的重要地位，同时也预示着重视数据在经济新闻报道中运用的紧迫性。

《中国信息报》总编朱新武曾倡导"用统计的思维报道新闻，用新闻的形式报道统计"，按照他的理解，"用统计的思维报道新闻"就是把握大势、趋势、大局。所谓大势，就是抓线索，从大量统计数据中发现新闻线索，从大量的数据分析中发现带有普遍性的问题；所谓趋势，就是统计数据是有时间序列的，关注统计数据的时候不仅要关注现状，而且要关注过去，关注未来走势。一个数据发布了，它的过去是什么样，未来会如何，要从发展的角度看问题；所谓大局，就是报道新闻时要考虑社会的整体状况与政府所倡导的方向是否一致。"用新闻的形式报道统计"是指对于枯燥的数据，记者应该用新闻的形式、新闻的语言进行报道。① 这在一定程度上道出了"统计数据"类经济新闻的报道策略与数据运用的技巧。

1. 善于识别数据

数据是在描述对象的属性等时使用的符号。善于识别数据是"统计数据"类新闻报道的前提和基础。首先要分清数据的类别，知晓获取数据的途径。经济数据一般可分为三类②：第一类是政府部门公布的经济数据，如国家统计局、中国人民银行、商务部等定期公布的数据。这类数据主要提供宏观信息，其特点是权威性高、系统性强。2002年4月15日我国正式加入国际货币基金组织制定的数据公布通用系统（英文为 General Data Dissemination System，简称 GDDS）。随着 GDDS 的推行，政府部门的许多宏观经济统计数据公布的频率和及时性、所公布数据的编制和核对方法、公布数据的评论和数据调整情况、数据发布的时间表等都有明确的规定，都便于在第一时间获得。第二类是国际经济数据，主要是国外的政府机构、市场及研究机构和国际组织公布的经

---

① 王麦玲：《正确把握媒体报道中的数据运用》，《数据》2007年第7期。
② 印久青：《经济报道中如何运用好经济数据》，《数据》2005年第8期。

济数据。如美国商务部、欧盟统计局、世界银行等部门和机构定期公布的经济数据。此外，一些民间机构如标准普尔、穆迪等评级机构公布的数据，密歇根大学消费者信心指数等数据也有相当的影响力。这类数据发布的时间和方式通常也有一定的规律，可从这些机构的官方网站或世界各大通讯社的报道中获得。第三类是国内的一些市场机构、民间机构或调查公司公布的数据。如市场调查机构对某一行业某类产品销售状况的调查结果。另外，现在还有一些媒体在经济领域进行调查所获得的一些数据，但这类数据的使用必须相对谨慎，必须注意其发布的背景和目的，以及这类数据的产生是否科学，要尽可能对数据产生的方法进行简要介绍。因为调查方法不同，产生的数据往往差距较大，其经济上的意义也就大不一样。

其次要正确识别与核实数据的来源与出处，数据来源的可信度直接关系到受众对数据的认同程度，影响媒体的公信力。2006年新春伊始，众多媒体在盘点2005年楼市的时候，关于空置率的报道时常见诸报端。不少媒体报道国家统计局近期公布了3个房地产数据："2005年前11个月，我国本年购置土地面积中，未完成开发土地面积近1.7亿平方米；按目前水平计算，我国商品房的年施工面积是年竣工面积的5倍多；商品房空置面积达1.14亿平方米。"但国家统计局于2006年3月15日发表声明指出，国家统计局"从未计算和公布过2005年商品房空置率"。可想而知，这些报道的出炉就是因为未仔细核实数据的来源与出处。

2. 解读数据

解读数据就是在报道中不是简单地罗列数据，而是为满足受众对统计数据包含的新闻信息的深度需求，着力挖掘数据真正的内涵。

首先应以统计数据为出发点，作进一步的深入采访，围绕数据多问几个"Why"和"How"，深入挖掘与数据有关的背景，采访具有典型性的相关人物，探索隐藏在数据表象之后的深层含义，在社会的多元关系中探求数据背后的深层本质。2006年8月，国家统计局公布上半年居民消费价格指数为1.3%，显示物价增长较低。有人对国家统计局公布的居民消费价格指数（CPI）提出质疑，认为由于涵盖范围的局限和统计权重的偏差（例如，住房消费所占权重与实际情况不符，尤其是近几年上涨很快的购房消费，在计算CPI时不包括在内），我国居民消费价格指数相对偏低。新华社记者赵承、刘铮抓住物价指数与居民感受不一致这一问题，就我国居民消费价格指数采访了国家统计局有关负责人，深入分析了居民消费价格指数（CPI）的内涵和意义，澄清了公众心中的疑惑。1.3%这样一个数据，既与人民群众的日常生活结合起来了，又通过专家的分析凸显其特有的新闻意义。

其次在获知重要的统计数据后，要将其放入到宏观的报道环境中来理解，将其与历史、未来、国内、国际联系起来，作纵向、横向比较，建立一个完整的数据坐标系，而不是孤立地使用数据。这要求记者必须具有较好的解读经济数据的经济理论素养，对经济政策的演变、相关经济活动的发展历程有较全面准确的把握。只有这样才有可能对经济数据进行科学分析，通过经济数据准确反映经济信息，从数据中找出经济规律来，一方面数据是经济运行状况的反映，另一方面它还能反映出经济运行的趋势，揭示经济规律。

在我国，长期以来一直都是把 GDP 作为衡量国家经济发展的一个绝对指标，媒体都非常热衷于大篇幅地报道我们的 GDP 以如何高的速度增长，却很轻易就忽略掉了 GDP 数据背后所隐藏的种种问题和矛盾。其实，单就 GDP 这个指标来说，其本身是存在很大缺陷的。宏观经济学理论告诉我们，首先，很多经济活动是没有办法计入 GDP 的，例如家务劳动这样一些没有经过市场交换程序的经济活动；其次，GDP 反映的产量变动并不意味着福利变动，包括精神满足程度、闲暇福利、分配状态、环境质量等都不是简单的数据所能涵盖的；再次，单纯的经济增长并不等于社会的发展，以牺牲环境为代价的经济发展模式，正在被时代所淘汰，高科技含量、低资源消耗的"集约型"发展模式才是 21 世纪经济发展所应该选择的正确道路。《增长并不等于发展——管窥江苏的经济增长方式》(《光明日报》2004 年 7 月 19 日) 一文的记者无疑清楚地了解到了这一点，所以在对 GDP 数据的认识上，没有盲目跟风，一味"唱颂歌"，而是在看到当年江苏的经济发展"新增外资 158 亿美元，增速超过 50%。工业实现增加值 6004.65 亿元，占全国的份额达 11.2%"这些令人欢欣鼓舞的数据时，及时发现问题，深入调查，冷静分析发现"花 200 多元的材料和能耗费生产的一个玩具在国际市场上仅赚 5 毛钱"的事实，投资扩大带来的收益没有增高反而在降低，"经济增长量中 60%以上来自于资金追加和劳动的投入"，"外贸依存度之比达到 76%"，不难想象，一旦外资撤走，江苏经济将会面临巨大危险，城市发展水平可能因此下降一个幅度，从而得出"江苏省经济高增长主要靠高投入、高物耗、高能耗来维持，经济增长方式没有从粗放经营转到集约经营上来"，经济的"增长并不等于发展"！由此可见，记者对 GDP 数据的认识不是仅仅停留在浅层次上，而是深入把握了经济发展的规律，从而写出的报道对经济活动起到了预警和指导作用，有着重要的现实意义。

此外要注意增强统计数据的人文内涵。记者不能仅仅满足于熟练地使用数据，而要在数据报道中增加含有人情味的成分，把数据所传达的意义变成读者能够理解和欣赏的文字，不要让社会生活中一个个具体的"人"淹没在各种各样的数据之中,生动的社会生活变成了报道中的一个个简单变量。这也就"要求新闻工作者不能仅用数据说话,而应当始终以受众的需求为中心,生动具体地反映社会生活,表现数据后面的人性人情具体操作上,可以多一些对具有感性张力的个别人物和事件的捕捉,多一些对具有感染力的细节和情节的描写,多一些对个性化语言和动作的呈现,从而使宏观广度和微观深度相得益彰"。①

从国际上看,数字技术正在成为新的财富源泉。发达国家在知识生产的过程中,正在通过创造信息优势夺取全球更大的市场份额,并通过大规模产业重组来获取先行者之利;从国内来看,由于数字技术应用能力的强弱,导致某些地区、行业、人群产生显著的信息落差、知识分隔和新一轮的贫富分化。② 因此,大众传媒必须负起瞭望者的责任,时时通过数字新闻报道等方式警醒社会,以推动数字时代在中国的协调发展。对数字新闻的含义确实不能简单地理解为以数字为传播内容的新闻报道,而应是以数字或图表为主要表现形式的对新闻事实进行量化处理的新闻信息。它的含义应该包括:(1)它虽然也可能是数字或图表,但它是社会生活的晴雨表,有其客观性、新闻性,甚至有某种预警的作用。比如对东西部社会发展水平的比较,比如对过高的经济增长速度和资源消耗的比较,表现的是数字,反映的是深刻的社会矛盾。(2)它是一种信息,反映的是社会变动差异和状态,有助于消除受众对某些事物了解上的不确定性。一是一,二是二,一目了然。③

3. 表达数据

约翰逊总统的前助手、《真正多数》的作者伍顿博格曾说:"当你们把统计表放进文章中的时候,人们就要打哈欠。"④ 英国汤姆森基金会编著的《新闻写作基础知识》中谈到:"他(或她)最容易理解他个人经验范围内的事。当他读到他的国家收支赤字是1亿美元或国民生产总值是50亿美元时,他并不太清楚这是怎么回事;但当他听到国家的债务摊到每个男人、妇女和小孩头上是2美元时,就明白是怎么回事了。"⑤ 由此可见"统计数据"类经济新闻报道要善于表达数据。

---

① 陈敏:《精确新闻的数据采集及应用》,《传媒观察》2005年第2期。
② 祝培邻编著:《数字新闻》,中国广播电视出版社2002年版,第195页。
③ 高峰:《数字时代与数字新闻》,《吉林师范大学学报(人文社会科学版)》2006年第5期。
④ 何光先:《现代新闻学》,重庆出版社1991年版,第115页。
⑤ 王志东:《经济新闻中数据的运用》,《新闻前哨》2005年第7期。

首先要简化数据。我们说，"统计数据"类经济新闻是用数字说话，但是，文中若穿插大量的数字，很容易陷入单调枯燥，反而造成阅读的障碍，令读者不能抓住报道的重点。所以在报道时应当以受众的需求为中心，选取他们感兴趣的数据信息，而不应当简单复制研究报告中的所有数据。比如《百强县统计结果显示江苏最强浙江最广山东最快广东最稳》（新华社北京2006年9月29日电）："国家统计局29日发布了2005年度百强县统计调查结果。从统计结果看，百强县发展呈现出经济增长快、居民生活水平高、发展潜力大、社会公共事业服务能力增强四大特点。""从近几年百强县的统计结果看，江苏最强，2005年在百强县排位前十名——县域经济十强中，占据了7席；浙江最广，在百强县中占据了30席，相当于其县域总数的近一半；山东最快，近年来，山东县域经济发展迅速，进入百强数量明显增加，2005年又比上年增加2个；广东最稳，在百强县席位中一直保持10个左右，而且全部集中在珠江三角洲。"这样的报道就没有照搬数据，而是通过归纳、简化数据的同时传达给受众言简意赅的信息。

其次要善于运用换算法，将数据换算或折算处理成人们熟悉的生活常识，具象化表达数据。例如，2001年1月21日，《中华工商时报》发表的《中国包装业呼唤深层次改革》一文写到："如果把现今人民币面值最大的100元一张张连起来，沿着中国最长的铁路干线京广线铺开，至少得要5个来回，总额才能达140亿元。来自包装业的统计数字显示：近几年我国因商品包装造成的经济损失，每年就达这个数。"通过换算140亿到底有多大读者就有了形象的认识，对商品包装带来的经济损失也一目了然。又如，2002年6月14日《人民日报》的文章《战胜饥饿重在行动》，是这样处理数据的："目前，全世界每天因饥饿死亡的人达2.4万，相当于每4秒钟有一人饿死；据统计，穷国欠富国的债务高达2.8万亿欧元，相当于法国、英国和奥地利三国全年国内生产总值的总和。"报道将全世界每天因饥饿而死亡的人数换算成死亡频率，突出其死亡人数之多，比较容易让读者感受和认知其形势的严重性。

《深圳部分外来劳务工劳动安全状况堪忧》（第10届中国新闻奖二等奖获奖消息）虽然使用了大量的数据，但由于用得活，用得巧，不仅不显得枯燥，反而让人看得清楚明白，如文中关于12189例工伤情况的分类统计数字，让人看后一清二楚；关于1998年深圳"每天有31人因工致伤致残，每4天半有1人因工伤死亡"，全年"死亡80多人"的数据，让人看后心灵受到强烈的震撼；关于职业病问题的数字，更让人触目惊心！报道正是因为数据的运用，有力地增强了新闻的价值，从而增强了新闻的可信性和说服力。报道刊出后，在社会上引起了强烈反响。全国总工会、国家经贸委、劳动人事部等四部委组成联合工作组赴深圳调查,解决在300万外来劳务工中存在的劳动安全问题。不久,国家经贸委、全国总工会等四部委又根据调查发出了《不能以牺牲劳动者安全来换取外资引进和经济增长》的文件。可见,报道收到了很好的传播效果。

2005年,中国扶贫基金会从社会各界招募的36名志愿者,组成12支分队奔赴12个县市,对优秀特困高考生家庭进行入户开展问卷调查。调查结束后《中国青年报》在对调查结果进行报道时巧妙地运用了分析对比的表述方式:"我国在校贫困生的比例为20%,约240万;特困生则为5%~10%,约160万。2004年我国城镇居民年平均纯收入和农民年平均纯收入分别为9422元和2936元,如果按照每名贫困大学生每年平均支出7000元计算(学费、生活费、住宿费),本科4年最少花费2.8万元,相当于贫困县一个农民35年的纯收入,这还没有考虑吃饭、穿衣、医疗、养老等费用。而种种因素导致受调查地区的农民中,真正超过2004年我国农民年平均纯收入2936元的比例只有19.8%。"显然,报道如果只是简单地说出2.8万元这个数字,而不是通过农民家庭纯收入作对比,所得到的效果远不会有"35年"这样的数字令人震撼,发人深思。总之,经济新闻不能简单地罗列统计数字,而是要从群众经济生活中寻找新闻数据表达的落脚点,用换算法生动地阐释新闻数据,实现新闻效果。

优秀的记者总是善于革命性地改造自己的数据:(1)用比率来代替庞大的数据。不要说"58013261名美国司机中,有14654231人驾驶的是进口车",而应简单地为读者解读或"翻译"成"平均4名美国司机中,就有1人驾驶进口车"。因为数据应用的规律是数字越小越容易被记住,而数字越大就越抽象。(2)提供一个参照对象,让数字更有说服力。例如2008年1月23日《中国青年报》经济版的一篇深度报道《手机资费:两毛钱外还有多少降价空间》中有一段"观点":"全国政协委员朱锦林认为,从目前移动营运商的利润来看,还应该有比第二套方案更优惠的方案。他列出的数据显示,中国移动2006年总收入为2953亿元,利润为921亿元,税前和税后利润率分别约为31%和22%,电信全行业的税后利润率为19%,这一利润率超出全球很多电信运营商。他认为,电信运营业不应该是暴利行业,应让利于民,使其利润率降到15%以下。"

此外要善于用图表转换。图表是数据类新闻中经常用到的表现手法,它是数据的形象转化。新闻图表的生命力在于:它不是像文字那样向受众叙述事实,而是直接将事实展现在受众面前,能收到言简意赅、事半功倍的效果,同时使受众迅速了解重要的信息和事情的结果,掌握其间的变化及其相互关系。新闻图表大致可分为两大类:第一类为平面显示图表,主要是用几何图形

（点、线、面）报道新闻，其常见的形式有表格、图形等；第二类为模拟仿真图表，主要是以漫画、卡通等形象描述或立体图像来完成新闻报道。① 图表是一种很好的表达数据的手段。现在媒体更多的是用图表形式来处理成组的数据，比如用柱状表示数据的横向或纵向比较，用圆形切割图表示数据的比例分布，用曲线图表示相关经济领域数据的发展走势。这样处理数据更直观、形象，读者也更容易理解和接受。现在《21世纪经济报道》等新财经媒体以图表形式来传达统计数据信息，已成为一种常用的新闻报道形式。

300多年前，英国经济学家威廉·配第在《政治算术》序言中指出："我不采用比较级或最高级进行思辨式的议论。相反，采用这样的方法……即用数字、重量、尺度来表达自己想说的问题。"正因为如此，其经济著作以独特的深度和力度在经济界享有盛名。或许从那以后，人们使用数据来说明经济问题开始大行其道。"统计数据"类经济报道要做到准确、有深度和力度，必须采用科学的报道策略，通过准确识别数据，科学分析数据，形象表达数据，受众就可以通过"统计数据"新闻，准确地了解经济活动的进程和最终的结果，把握经济工作中的成就和问题。

---

① 王凤：《精确——数字新闻的灵魂》，《新闻采编》2007年第1期。

第八章 经济深度报道写作

深度报道的前身是解释性新闻,起源于20世纪30年代的美国。它是一种运用背景材料来分析一个新闻事件发生的原因、意义、影响或显示其发展方向的新闻报道方式,美国新闻学家把解释性新闻报道的产生与发展称为新闻写作的第三次革命,它的问世丰富了新闻报道方式,对传统的新闻价值观念是一个强烈的冲击。目前像《纽约时报》、《华盛顿邮报》等报纸一半以上的版面都被解释性新闻占据。第二次世界大战之后,报纸为了与广播、电视竞争,在原有的解释性新闻基础上加以扩展,成为现代意义的深度报道。用美国报人罗斯科·德拉蒙德的话来说,深度报道是"把今天的事件置于昨天背景之下,从而揭示出它对明天的意义"。深度报道顺应我国深化改革、扩大开放的新形势,从20世纪80年代起在中国新闻界迅速崛起,一度成为对改革开放中出现的新事物、新问题、新矛盾作出准确的解释与回答的报道方式,也是经济新闻的主要报道方式。

第一节 经济深度报道概述

一、经济深度报道的内涵

经济活动是人类社会最基本的活动,每一个社会成员的生活都与经济活动密切相关。经济新闻对经济概念和现象进行详尽的解释和深入的分析,从而传播经济知识,帮助人们将零星的、个别的经济体验,整合提升为理性的认识等方面发挥着重要的作用。但是,随着社会经济的不断发展和市场经济的不断完善,受众不再满足于表面的、一般化的经济新闻,他们更渴望了解这些经济现象背后的新闻事实,更渴望倾听专家、学者对此发表的意见和看法。因此,经济深度报道成为经济新闻报道的重要方式。

所谓深度报道,是起源于西方新闻学的专门术语,它是用解释、分析、预测等方法,从历史渊源、因果关系、矛盾演变、影响作用、发展趋势等方面报道新闻的一种形式,是用理性的逻辑、通讯的技巧、消息的简明、文学的笔调、政治的气势,多侧面、多角度、超时空、深层次,生动反映和剖析重大社会现象和社会问题,以引起思辨,寻求出路的新闻报道方式。20世纪美国《哈钦斯报告》中关于深度报道的定义简洁而清晰:"所谓深度报道就是围绕社会发展的现实问题,把新闻事件呈现在一种可以表现真正意义的脉络中。"有学者认为深度报道是"一种涉及重大题材,系统提供新闻事件的背景,用客观形势进行解释分析,从而延伸和拓展新闻内涵的报道形式"。① 深度报道在西方新闻界风行了70余年,20世纪80年代开始在中国流行。受特定文化背景的影响,深度报道在中国的发展过程中形成了自己的特色。时统宇先生把中国的深度报道定义为:"既能以情感称胜,又可以以哲理见长;既有重于当代社会的批判眼光,又有偏于历史经验的回溯思考。"② 曾做过英国路透社和英国广播公司高级记者的福赛斯说,深度报道就是发掘性报道。可从三方面对其进行阐释:(1)揭示事件的本质,而这本质往往与事件表象有着迥然不同的特征;(2)将深奥的理论、政策,用浅显的语言作透彻的解释;(3)突破事件的本质深度和范围界限,引申到更广阔的空间,反映更多的内涵。这在一定程度上概括了深度报道的特征。

改革开放30年,新闻报道的内容和形式,有了意想不到的拓展和突破。特别是经济新闻,它不再是周而复始的"四季歌",不再局限于过去那种平面的、静止的、动态的消息反映,其思维空间和写作角度已跳出了以往经济新闻报道的框架,许多宏观型、探源型、预测型相结合的大手笔报道不断涌现,这类报道能包容广阔空间和宽阔历史跨度,显示更深内涵层次,更能适应当今受众需求。由此可见,经济深度报道就是指通过系统提供背景材料,分析和解释新闻事实的性质、起因、后果、趋向等,或就经济活动中的社会现象、经济现象、生活现象等进行深层次的分析和多角度或全方位的思考,以揭示事件本身的意义,预测今后的演化趋势,给读者提供背景广阔、有理有据的视点和结论的一种报道方式。换言之,就是新闻传媒在相对集中的时间和板块中,运用广视角、大宽度、深层次、多手法的报道方式对经济活动中某经济新闻事件或新闻现象所进行的专门话题报道或问题研究报道。

二、经济深度报道在我国的发展

深度报道在我国发端于20世纪初期。当时的"五四"革命运动,既为新闻活动提供了无比丰富的报道题材和内容,又向新闻报道活动提出了十分繁重

---

① 刘海贵:《新闻采访与写作》,复旦大学出版社2004年版,第384页。
② 时统宇:《探度报道范文评析》,新华出版社2001年版,第11页。

复杂的报道任务。因为革命的、进步的新闻活动本身就是革命事业的一部分，它的革命性、正义性和巨大的社会作用，对当时富有探索精神的革命知识分子很有感召力。当时，很多进步文人进入新闻界当记者，他们的加盟促进了我国深度报道的生成和发展。"五四"运动爆发后，一批革命知识分子就用新闻性、探索性和文学性兼容的手法，记录下了当时"北京公民的大活动"的情景。1920年10月，瞿秋白以特约记者的身份去苏联进行采访，写出了内容真实、观察细致、思考深刻、记叙准确、描写生动形象的《饿乡纪行》、《赤都心史》，这便是当时比较成功的深度报道。另外，民初名记者黄远生的《政界内形记》、《最近之秘密政文》、《借款里面之秘密》等通讯，披露了袁世凯、唐绍仪、熊希龄等人之间的复杂关系，各政党之间争权夺利的斗争，以及袁世凯不惜以领土主权为抵押向六国银行团借款的内幕，对当时的政坛作了真实而详尽的记录。这些既是新闻，又是历史作品，也可称为深度报道。

深度报道在我国真正盛行、蓬勃发展则是在20世纪80年代中后期。1980年7月，中央电视台创办了第一个具有深度报道特质的评述性电视新闻栏目"观察与思考"，这个栏目相继推出了《北京居民为什么吃菜难》、《有这样两个县委书记》、《包产到户后》等一批有影响的报道。这些报道的共同特点是：不满足于对一般动态性信息的陈述，而是对新闻事件、新闻人物和社会问题等进行有深度的分析报道，它初步显现出深度报道的特征。经济深度报道的发展可谓与我国深度报道的发展相伴相随，大致可分为以下几个阶段：

（一）经济深度报道的产生与发展：20世纪80年代中后期

经济深度报道的产生，是我国社会变革、经济发展的需要。20世纪80年代中后期，随着改革开放的深入、社会经济的转型，社会发生了令人始料不及的变化。各种社会矛盾交织、撞击，不同群体的利益重新分配与调整，使人们对改革既充满希望，又产生出许多困惑，许多问题亟待解答；人们对改革的期望值时涨时消，对改革者是与非的认识与评价莫衷一是……过时的价值观念、审美观念的解体乃至崩溃，为新闻反映社会提供了丰富的素材。

新闻作为时代的一面镜子，理应反映变革中各种扑朔迷离的社会经济现象和事物。面对纷繁复杂的社会生活，人们对新闻报道的要求不仅仅是反映了什么，更重要的是它回答了什么。但对事物仅作非此即彼、非好即坏、非白即黑的判断的两极式报道模式，显然已经无法容纳如此复杂的社会内容；原有的平面的、分散的、见树不见林的报道，也不足以反映波澜壮阔的改革与变迁。时代要求新闻记者站在时代潮头释疑解惑、指明方向，社会需要有一种能够揭示背景、探索原因、追踪过程、展示未来的新的报道方式来担当使命，经济深度报道应运而生。

《中国青年报》1984年9月13日刊发的《1+1+1=？》（作者张庵）可以说是一篇典型的经济题材的深度报道。这篇作品以1982年、1983年、1984年连续3个关于农业问题和农村工作的中共中央1号文件为切入点，描绘了中共十一届三中全会后实行改革开放的政策给中国农村和农民带来的巨大变化。在《1+1+1=?》中，作者就这3个"1"，分别列出了3个小标题：第一个"1"——中国农民的伟大创造：1978年安徽凤阳县小岗村的18户农民立下合同，决定把土地分开，包产到户；第二个"1"——螺旋上升的历史：1982年中共中央的1号文件高度评价了发生在农村的"牵动亿万群众的深刻而复杂的变化"，并对联产承包责任制的推行和完善做出具体规定；第三个"1"——农村包围城市、打入城市：1984年，中央发出1号文件，提出农民不但可以到集镇务工、经商等，还可以在集镇落户。报道抓住农业和农村问题这个大题材，谈古论今，超越时空，用生动的事实说明了3个1号文件对中国农村乃至中国社会的发展所产生的巨大作用，顺理成章地得出结论："1+1+1=腾飞"，将深度报道"上下五千年，纵横八万里"的气势发挥得淋漓尽致。

1987年和1988年，即第9届和第10届全国好新闻作品评选，开始设立深度报道专项奖，《关广梅现象》（《经济日报》1987年6月13日）、《中国改革历史方位》（《人民日报》1987年10月6—7日）等深度报道分别荣获了全国好新闻特等奖和特别奖，为深度报道的发展树立了一个里程碑。《经济日报》刊发的《关广梅现象》，就是从关广梅租赁企业入手，进行深入的挖掘报道，围绕着"新与旧、进与退、未来与以往、变化与僵化"在全国展开了大讨论，引发了关于租赁企业究竟是姓"社"还是姓"资"的讨论。在冲突、碰撞甚至对峙中，引出了关于新的经济观念、竞争观念等一些迫切需要了解的问题。这些报道不仅仅是对一个租赁企业或对一个人的讨论，而是延伸至对深化企业改革的方向和人们思想观念变革的大讨论，通过对那些貌似"公允"、"正确"的观念进行犀利的解剖和批判，使读者始终处在两种不兼容的思想观念的激烈交锋中，最后自己得出孰优孰劣的判断。报道对革除我国以往的传统旧观念有重大意义，使读者耳目一新，使受众在讨论声中明白了其中的道理，思想上得到了启发，无形中推动了我国改革的进程。

之后，《中国青年报》、《人民日报》、《经济日报》等主流媒体，又相继推出了一系列反映改革中现实矛盾的深度报道。如《大学毕业生成才追踪记》（《中国青年报》1985年12月13日）对新时期青年知识分子成长中遭遇的矛盾和困惑作出了全方位的审视与解读；《鲁布革冲击》（《人民日报》1987年8月6日）对中国传统的管理模式和守旧的思想观念进行了大胆的反思和冲击；《红色的警告》（《中国青年报》1987年6月24日）对在大火中显形的官僚主义给予了无情的揭露和拷问;《命运备忘录》(《中国青年报》1987年12月2日)对中国人才体制存在的弊端进行了深层的透视和剖析。这些内容深刻、形式新颖的报道推动了深度报道的发展,使其在20世纪80年代中后期形成了一个高潮。因此1987年被中国新闻界称为"深度报道年"。与此同时,全国各地方媒体也在激烈的竞争中纷纷开辟栏目,运用连续报道、系列报道等深度报道方式,进行大胆尝试,一时涌现了大批优秀的经济深度报道,如《沈阳市防爆器材厂破产倒闭》(《辽宁日报》1986年8月4日)等,得到受众的普遍认可。

1989年1月16日至2月2日,《经济日报》以《香香臭臭话广东》为开篇,推出了一组反映部分沿海开放省市改革开放和解决发展形势的专题系列报道。半个多月的时间里,先后刊登了驻各地记者采写的《穷穷富富话江西》、《高高低低话北京》、《进进退退话上海》、《大大小小话浙江》、《虚虚实实话安徽》、《真真假假话福建》、《上上下下话山东》、《多多少少话天津》、《快快慢慢话江苏》,并以《风风雨雨话龙年》收篇。这组报道作为经济深度报道一次有益的尝试,每篇都用辩证的观点评析各有关省市局部或整体改革开放以来的经济社会形势,改变了以往形势宣传报道中的"非黑即白"、"非好即坏"的绝对化、片面化的模式,从具体解剖一些似是而非的说法入手,紧密联系各地实际,对一个地区的改革开放和经济发展的成果、问题和现状以及矛盾的性质做一番实事求是的分析,进一步增强了人们坚持走改革开放道路的信心和决心。

(二)经济深度报道的繁荣:20世纪90年代初

进入20世纪90年代以来,随着社会主义市场经济理论的提出与形成,我国经济体制及其运行机制发生了重大变化,以经济建设为中心,是我国社会主义初级阶段基本路线所确定的中心任务。因此,经济新闻也理所当然地成了各类新闻中最热门的新闻。读者对经济新闻的兴趣日益浓厚,经济新闻的数量增加了,质量提高了,报道方式进一步改进,报道面不断拓宽:经济报道由过去过多强调指导性转为强调服务性;受众由于受教育程度、经济状况、生活水平等各种因素的影响,对经济知识需求程度不同,这就要求经济记者将他们对经济的理解"反哺"给受众,从而为经济深度报道拓展出新的生存空间;记者不满足于就事论事地报道经济问题、经济现象,而是把报道的视角深入到事件或现象的内部,着力探索其背后带有规律性、理论性的东西,从宏观与微观两个方面深入挖掘,从政治、经济、文化、思想意识的相互影响和碰撞中,认识和把握改革,深入地报道经济工作和经济生活,报道的深度不断提升,理论色彩日益浓厚。

《经济日报》紧抓政府、受众关注的热点问题，在经济深度报道上作出了很好的探索。1991年针对困扰国民经济发展的"三角债"问题，7—9月推出了以大连起重机厂为交叉点开篇的"'三角债'追踪系列报道"，在全国引起了较大的反响。有学者认为："从长远效果来看，这组报道为1992年全国进入市场经济奠定了舆论基础。"① 1992年是"八五"第二年，1月4日，《经济日报》在一版头条位置推出了一套总栏题为"醒来，不仅是铜陵"的系列报道，着眼点在于全面贯彻党的"一个中心，两个基本点"的基本路线，启迪人们解放思想，正确地将国家经济发展的宏伟计划落实到自己的行动之中，使各项工作出现新的气象、新的起色。1993年，针对大连机床厂原总经济师、总设计师和总会计师助理出走的风波，从2月7日始，以《"小机"斗"大机"》为题推出了"大连两机风波"系列报道，这组报道充分体现了《经济日报》以现象为由头、讨论明辨是非的深度报道特色，通过尺度的把握和适时的引导，使读者在讨论中明辨是非。1994年詹国枢与其他两位记者合作发表了以《开封何时能"开封"》为开篇的关于开封的系列报道，在开封市乃至全国引起了很大反响，对改革开放15年后全国一些地方仍然存在的封闭保守、固步自封等落后的思想观念产生了巨大的冲击，也由此引发了领导干部要迅速转变观念的大讨论。

随后经济新闻工作者开始把视线由"热点"投向"难点"。1993年，因为前几年的盲目"投资热"、"房地产热"，造成了通货膨胀，为了给经济"降温"，抑制通货膨胀，《金融时报》从经济、金融的"结合部"入手，抓住热点、难点问题，组织了一批分析性的深度报道，对我国的经济调控工作起到了较好的促进作用，其中一篇题为《人民币汇率大幅度下跌正常吗?》的深度报道，获得了当时的副总理朱镕基的肯定和赞扬，对我国的宏观调控起到了一定的积极作用。

（三）经济深度报道的衰落与沉寂：20世纪90年代中期

20世纪90年代中期，整个社会形态发生了很大变化。由于市场竞争带来的自由开放，人们开始养成独立思考的习惯，对待任何事物不再迷信、盲从。自我意识的觉醒，使人们对身边的人和事能够做出自己的价值判断，有时还会从相反的角度进行观察和反思。受众开始对20世纪80年代思想启蒙式的新闻报道产生反感，更反感那种家长式的说教，对媒体的要求也很简单，只需告诉

---

① 陈力丹：《影响力是这样造就的》，见武春河主编：《深度影响》，经济日报出版社2005年版，第118页。

他们发生了什么、怎样发生就行了，至于为什么发生、发生的意义及社会价值是什么并不感兴趣。有了这种社会背景，再加上深度报道自身的缺陷、都市报的冲击，经济深度报道也呈现出日渐衰落之势。

对此，《经济日报》前总编杨尚德曾谈到，《经济日报》1985年1—9月与1995年1—9月推出的深度报道的数量与刊登频率相比，十年来，绝对数量增长达1.6倍，涉及的行业、领域也更加宽广，从总量看，经济深度报道从十年前的29%上升到1995年的85%以上。经济类报纸数量增加了，深度报道的数量和刊登频率增长了，但能够产生重大影响的经济深度报道却减少了。《经济日报》素以经济深度报道见长，但进入20世纪90年代中期后，其经济深度报道却风光不再，能够产生广泛影响、引起读者注意的报道越来越少。

有学者指出："（20世纪）90年代，深度报道这一术语已失去了先锋性，它已不再作为一种新文体被关注，而是被作为一种基础性意识被普及泛化。"连深度报道的坚定实践者张建伟也不得不承认："近年（1996年）的深度报道无论从规模上还是影响上，都已经大不如前。"对深度报道探索的脚步，"与过去相比，还是慢了许多，乐于在深度报道方面进行继续探索的编辑和记者，与过去相比，也少了许多"。①

（四）经济深度报道的复苏与逐渐成熟：20世纪90年代末到21世纪初

世纪之交，经济全球化和经济多元化的趋势迅猛发展，信息经济、网络经济和知识经济成为推动生产力发展的基本动力，这一切都更深刻地改变人类的生活。特别是随着中国加入WTO，世界贸易规则不仅影响我国的经济运作，还对我国社会生活产生深刻的影响。金融、电信、农业等市场准入日趋扩大，关税壁垒日渐缩小，这些都成为影响经济发展的重要因素。这些显著的社会变化不但是新闻报道的重要内容，也对新闻报道特别是经济报道的形式产生重要而深刻的影响。经济形势的严峻性和复杂性既为经济新闻提供了广阔的舞台，又对经济新闻提出了直接的挑战，给经济新闻提出了新课题：经济新闻不仅要反映现实、反映舆论，更重要的还要正确地解释现实、引导舆论。为此，就必须深入到复杂的经济现象内部，深究其实质，使经济报道成为人们在市场经济大潮中正确判断现实、规范自己行为的一种有用的工具。

资深电视人张锦力曾说，20世纪90年代初期，老百姓对媒体的主流需求是解闷（晚会热、周末热、综艺热）；90年代中期，老百姓对媒体的主流需求

---

① 张建伟：《深呼吸：未曾公开的新闻内幕》，经济日报出版社1998年版，第34页。

是解气（新闻热、焦点热、曝光热）；而90年代末期到21世纪初，老百姓对媒体的主流需求应该是解惑。信息多了，老百姓对媒体有了一种新的需求，不仅要知道发生了什么，他们还想知道为什么发生、怎样发生的；不仅需要纯客观的信息，还要求媒体能够对纷繁杂乱的信息进行梳理整合，进行半加工，再传递给他们。

在这种社会环境下，2001年开始，在竞争激烈的报刊市场上涌现了一支以财经领域为主要报道题材的新军，与传统报刊在低点切入市场后再稳步寻求发展机会不同的是，它们一开始就在大量资本和人力资源的支持下，以大版数、广宣传、高价位的强势形象轰轰烈烈地进入报业市场，这类报纸在业界被称为"新财经类报纸"，如2001年1月南方日报报业集团创办的《21世纪经济报道》，4月在北京诞生的《经济观察报》。从严格意义上讲，这两份报纸是当前我国财经媒体阵营中最接近财经报纸标准的，它们的诞生不仅激化了财经报纸市场的高层次竞争，而且还触发了媒体研究者对我国财经报纸发展状况的关注和思考，入市以来其发行量和影响力均呈现迅速攀升的趋势。《21世纪经济报道》这类新兴财经类报纸均以周报形式出现，刊登短小的动态消息时效上显然处于劣势，无法与日报竞争，因此其版面多半是大篇幅的深度报道。

这一时期的经济深度报道从抽象的体制问题的探讨转向具体的经济问题的探析。如《南方周末》2002年12月12日经济版面的《深圳谋划转身》，从一篇网络文章《深圳，你被谁抛弃》引发对深圳经济定位的深层思考，以深圳的"转身"对整个国家的金融和产业布局进行了探讨；2004年2月11日的《21世纪经济报道》首页"焦点"中的《赖昌星会不会被遣返》，以远华走私案主犯赖昌星申请加拿大移民诉讼为报道主体，探讨了这个经济案件背后的司法规则和中国如何与国际司法接轨的深层次问题。

随着对具体经济问题的探析力度不断加大，经济深度报道所占比重也越来越大。同样以《南方周末》为例，2002年经济版面分为经济头条、趋势、产经和财经4个板块，一般有5篇左右的报道；2003年不定期增加了汽车、金融等子板块，报道数量也有所增加，最多时为8篇（2003年12月25日）；到2004年，板块数虽然没有发生变化，但该版面的报道数量全年平均达到了10篇左右；2005年，增加IT、观点等版面，子板块达到了8个，报道数量平均在5篇左右。而以经济深度报道著称的《21世纪经济报道》、《经济观察报》，由于以较强的专业性来为目标读者提供有效信息，提供好的行业信息和评论，成了经济深度报道的典范性平面媒体。

这一时期《经济日报》在经济深度报道上同样表现不凡。针对当时中华民族母亲河出现断流的罕见情况，给黄河流域特别是下游地区带来巨大的经济损失，并引发一系列的生态问题的现象，1998年4月15日启动了"黄河断流万里探源"大型采访活动，这组报道将批评报道与探讨性报道做了很好的结合，因而获得中国新闻奖二等奖。

第二节 经济深度报道的特征

深度报道是相对于客观性报道而言的，它在报道客观事实的同时，融入了作者的主观思考与判断，它不仅追求报道的真实，更追求报道的深刻与全面。"以今日之事态，核对昨日之背景，从而说明明天之意义"是西方学者对深度报道总体特点的概括。经济深度报道具有以下特征：

一、报道题材重大醒目且充满浓郁经济特色

深度报道所指向的无疑都是有代表性的和重大的题材，或者关系到国计民生，或者是重大的突发事件，或者是难以理解的社会现象和问题等。因此题材的重大性是深度报道的首要特点。经济深度报道所反映的题材，是在广大受众中占有重要位置的、有关国计民生的经济现象及重大经济问题和重大经济事件，是受众关注的经济难点、热点与焦点。只有对上述内容加以深刻反映，才能体现经济深度报道深刻反映经济生活的独特个性和巨大威力，实现经济新闻反映社会经济发展的功能，对社会经济产生影响。

以深度报道见长的《经济日报》自1986年至1991年，发表的重头深度报道有上百篇（组），这些报道中不少关系国计民生，可谓题材重大。前面已经提到，20世纪90年代初，"三角债"已成为长期困扰我国经济发展的老大难问题，成了谁也扯不断的链条。《经济日报》和其他报纸虽然作过多次报道，但由于没有从"三角债"产生的经济根源上挖掘，因此报道基本上停留在一般化的层面上。1991年，《经济日报》大连记者站的记者对大连起重机厂的"三角债"情况进行了深入研究，从堵住源头缺口、尖锐的产销矛盾、深层体制不顺、断裂的信用纽带等几个方面剖析"三角债"形成的原因，取得了预期的效果。正是题材的重大与主题把握的深刻，当时的副总理朱镕基还专门写信肯定了《经济日报》的报道。

题材的经济性，必然导致主题的经济性，但是，非经济性题材并非没有经济性的主题。新鲜的经济信息，复杂而引人注目的经济现象，令人费解的经济理论，还有经济改革中的各类人物，都可以进入经济深度报道之列。除此之外，一些表面上与经济关系不大的题材，究其因、观其势、理其源，最后所揭示的，仍然是与经济有关的主题，仍然是具有经济风味的经济深度报道。《人

民日报》的资深记者祝华新在谈到这个问题时指出:"随着中国人的生活重心从政治、伦理转向经济,承包租赁、优化组合、物价、倒爷、企业兼并等话题自然在深度报道中唱了主角。一些记者着力于显示自己在这方面的专业知识,在报道中铺陈与经济学者之间的哲人式的对话,令读者肃然起敬又敬而远之;另一些记者则总是把这些经济现象移到社会发展的整体布景前,放在中国的'文化场'中,揭示其中丰富的非经济内涵,给读者一点以往熟而不察的透彻。""中国的许多政治问题、社会问题、文化问题,都可以找到初始的经济动因。离开了经济视角,这类报道总让人感觉到情胜于理,不过瘾,不解渴,把千头万绪的现实简单化、矫情化了。"例如,"满足于对'信仰危机'和'道德危机'作信仰的批判和道德的谴责,却没有挖掘出这种国民心态背后的经济动因。"①

二、报道方位的宏观审视与微观探求

深度报道要求记者对信息从深度(深刻性)、广度(广延性)两个方面拓展信息量,传统的微观思维已经无法满足这一要求。深度报道要求从宏观上考察事物,要求居高临下的思维,即开放式思维,不拘泥于具体事物,不就事论事,而应该把具体事物放在宏观的背景下来考察事物自身的特殊意义和价值。换言之,就是要用高屋建瓴综合分析的方法来思考问题,并将其放入更加广泛的社会背景下和社会系统中进行透视。

经济深度报道主题深刻性的重要体现之一,就是绝非就事论事,而是从一点推及一般,由局部推及整体,由微观推及宏观,实现其高屋建瓴、宏观审视的特点。第15届中国新闻奖获奖作品《改善湖北投资环境》(《湖北日报》2004年6月18日—8月4日)便是宏观意识的最好佐证。该报道由14篇评论、通讯、综述等形式的系列报道组成。系列报道开篇首先介绍了两个典型的赖账案,在案例中,湖北当地民营企业拖欠外方股东100万美元款项,外方通过申诉等种种途径仍未能拿回所欠款项。当天报纸配以评论《正视我们的耻辱》,指出千方百计招商引资,然后再宰外商是耻辱的,为了湖北的明天,应该正视这份耻辱,以医治信用缺失的顽疾。时值湖北省委开始重视投资环境的建设问题,该报开始进行改善湖北投资环境的探讨。在一个多月的报道中,《湖北日报》从外商需要什么样的投资环境着手,讨论湖北投资环境缺少什么,最后站在政府角度,提出改善投资环境需要制度性的保障,提出要从制度

---

① 中国新闻奖评选委员会办公室编:《中国新闻奖作品选(2003年度第14届)》,新华出版社2004年版,第174页。

层面解决投资环境缺失的问题,必须建立切实保障外商投资的长效机制。该系列报道以"赖账案"为新闻由头,站在全省经济发展的角度"放大"主题,论述了湖北投资环境的种种问题,最后上升到制度层面提出解决措施。简单的"赖账案"被挖掘出了如此宏大的主题,体现了经济深度报道的宏观意识及开阔的视角。

1987年,《中国青年报》的4位记者雷收麦、李中伟、叶研、贾永就大兴安岭火灾,以强烈的社会责任感和较深厚的历史与社会知识积淀,在火灾一线摸爬滚打了十多天,采访到了大量素材,回到报社后,十天内一举推出了《红色的警告》、《黑色的咏叹》、《绿色的悲哀》3篇报道。这3篇平均近万字的力作,分别从火与社会、火与人、火与自然开掘主题。《红色的警告》一文分为4个部分:关于火种的故事(讲述行政管理体制上的多年矛盾)、烧不散的会议(讲述基层领导机构办事效率和应变能力的低下)、在大火的映衬下(讲述一些基层领导干部的自我保全和领导无能)、不是结束语(明确的结论)。这4个部分共讲了9个故事或矛盾现象,涉及数十个历史与现实的具体情节,人物包括从刘少奇、万里、田纪云等中央领导,到基层干部、具体工作人员和普通群众,从严酷的损失数字到国务院就这次火灾向人大常委会的报告,纵横捭阖,角度、地点、人物不同,告诉读者的却是同一个基本事实:官僚主义和僵化的管理体制,是造成这次大火蔓延25天的社会原因。① 在多角度、多侧面的微观探求中,使整篇报道前后呼应,行文如行云流水,材料组合与转折自然、贴切,具有难以辩驳的逻辑力量。

三、报道指向的纵深开掘和横向的关联与聚合

深度报道又被称为深入报道和解释性报道,它是一种系统而深入地反映重大新闻事件和社会问题,阐明事件因果关系,揭示实质,追踪与探索事件的发展趋势的报道方式。与一般报道方式相比,它更侧重于揭示事物、现象的实质及意义,提供其发生、发展的历史背景,注重与之相关的事物现象互动关系的解释和分析,以及对前景趋势的预测等。

经济深度报道,往往要对新出现的经济现象的来龙去脉进行分析,着力于事实背后的原因和潜在问题的探究,注重的不单是表层,更注重深层,不单是事实和事件,更注重与此相关的背景、相关的直接原因和后果,特别是潜在的深层原因以及由此可能产生的后果。也就是说要将上述内容挖掘出来并着重从

---

① 陈力丹:《深度报道"深"在哪儿》,《新闻与写作》2004年第4期。

理论上讲清问题，特别注重纵深开掘，点透本质，凸显所报道内容的重大意义。中国青年报刊发的《西部地区贫困探源》，不仅客观反映了西部的贫穷落后状况，而且从深层次挖掘、抨击了西部人懒散、封闭、保守、不求进取的落后观念和生活习惯，有很强的警示作用。

经济深度报道一般具有较大的时空容量，作者眼光并不停留于某一点，而是俯视一切，纵横捭阖，或由此及彼，通过横向关联与聚合，把个案的问题推而广之。视线和笔触往往是跨时空、跨行业、跨单位，在一个重大主题下透视诸类社会现象，使用的材料具有广阔性、丰富性和综合性。2002年10月下旬，《经济日报》连续推出了"新变迁"系列成就报道，回顾了十三届四中全会以来祖国建设等方面所取得的伟大成就，报道中材料的组合主要通过横向关联与聚合，不仅是通过一个典型，而且是扫视和延展到与之直接和间接发生关系的其他典型、系列乃至扩展到全局形成多线条并进，多侧面表现，最后加以集中、综合、概括，呈横向关联聚合方式。

1997年发表于《经济日报》的经济深度报道《资本运营系列报道》正是站在全局的高度，及时总结和介绍了以资本为纽带的资产重组方式，其指向是由报道事件本身深入到事件背后以及波及的方方面面，揭示出认识这一现象所应达到的高度。整组报道呈纵向开掘与横向关联和聚合的立体化、网络化报道模式，反映出如何评价我国改革性质、如何认识改革中出现的问题、如何完善改革中各种制度及丰富改革理论等一系列问题，从而引起各方面的重视，产生了良好的报道效果。这篇报道也被新闻学者称为："研究中国20世纪80年代的经济新闻和90年代的经济新闻之异同的一个极好的范例。"

2004年5月，深圳50家零售企业通过该市零售商业协会向深圳银联和深圳银行同业公会发出警告，要求降低刷卡手续费标准，否则它们将联合起来共同拒绝刷卡消费。事实上，在报道之前，一些商家已经在采取措施抵制刷卡消费。有的商场对刷卡的消费者称刷卡机坏了，要求用现金付账；有的商家则用发送礼品的方式，鼓励消费者用现金消费。银商之争，热点在刷卡，背后却关系到在这个矛盾中分别扮演不同角色的商家、银行、行业协会、政府、消费者各色人等。《深圳商报》报道了这个经济生活中的矛盾现象，并牵一发而动全身，一层一层剥开，将这个关于银商之争的报道步步深入，不仅到商家与银行同业公会谈判的现场采访，还请专家、法律工作者发表观点，甚至采访到反垄断法起草专家对深圳银商之争的看法，并在此后几个月一直抓住该问题不放，前后发了120多篇稿件，在纵深开掘与横向关联和聚合上得到了很好的体现，这组报道在全国备受关注。

四、报道方式的思辨特色与多形态汇聚

所谓思辨色彩，即文章中所表现出来的对事实、现象、问题的深入思考及辩证分析的色彩。经济深度报道虽不是纯粹的理论文章，它对现象的思考辨析不能像纯粹的理论文章那样从概念到判断、推理进行严密、系统的逻辑演绎，但如果能抓住所报道的事实、现象、问题的要害，作历史的勾前连后的纵向分析比较，作空间大范围的相关因素的整合分析，作事物本身的由表及里、由此及彼、由正及反、由现象到本质的深入开掘，经济新闻的深度报道也就具有了较强的思辨色彩。它的历史纵深感，多侧面、多方位的思维向度，对事物鞭辟入里的思考深度，在令读者广开视野的同时，又启迪心智。如2002年4—5月，《湖北日报》组织策划的"沙市奶农倒奶事件"系列报道，先后推出了《一堂生动的经济课》、《亟待研究的"有效供给"》、《冲破小农经济的"藩篱"》、《面对无序市场的困惑》4篇报道，从不同角度对"沙市奶农倒奶事件"进行解读，提出了"倒奶事件并非资本主义经济规律，而是市场经济规律运用下的典型事例"，"有效供给是农村产业结构调整的重要方向"，"小农意识仍是中国农民走向市场经济的拦路虎"等观点，既而带动了社会各界对这些话题的热烈讨论与关注，把倒奶事件的意义导向了更高的层面，即普遍的指导意义，提出了一个新的课题，我国建立和完善社会主义市场经济体制，要采取切实有效的措施，帮助各类市场走有效供给之路，避免社会财富的损失，体现了强烈的思辨色彩。这组报道引导了新闻事件的发展，解读了新闻背后蕴藏的社会意义和经济规律，先后获得《湖北日报》"头条新闻奖"和"中南六省党报好新闻竞赛"一等奖。

经济深度报道是新闻性、解释性、评述性、调查性、分析性相结合的报道方式，报道方式上表现为多形态汇聚。它不是单纯报道新闻事实，而是揭示新闻内涵，不是对事实直截了当的报道，而是更偏重发掘表面现象背后的实质，作出分析、评议，体现思想倾向，让受众从中悟出蕴含其中的道理。1992年《经济日报》刊发的"醒来，不只是铜陵"的系列报道，从1月4日第一篇稿件与广大读者见面，到1月24日，先后发表消息、通讯、评论、编后、编者按、来信等30余篇，这些报道涉及的行业、地点、人物众多，从多个课题、多种角度切入，组成了一个立体的报道网络，从而引起了社会的广泛关注。

五、观点的创新性与前瞻性

经济深度报道经常引起经济学家的关注和管理层、决策层的重视，一个重要因素是它在报道经济事实、解说经济事实的基础上顺势推出作者创新性的观

点。经济新闻记者经常在经济工作第一线和经济管理决策部门采访，与上上下下、方方面面的人物打交道，熟悉宏观和微观经济工作的种种情况及经济政策，加上记者本人经济理论知识的积累和感性经验与理性思考的结合，能够在经济深度报道中提出一些创新性的观点。这些创新的观点来自经济活动实践和经济事实，容易成为经济学家从事经济学研究、管理决策层开展经济工作的参考，甚至影响一些政策、措施的出台。《经济日报》1992 年 7 月 15 日发表的《舟山，再造个"香港"如何？》就是一篇具有引导性的经济深度报道，作者在采访时，听了介绍和看了"渔"、"港"、"景"之后，否定以"渔"、"景"立市的意见，以较为科学的思维方式和思维方法，比较完善的知识结构，重视研究的习惯，支持"以港立市"的主张，并把道理说透，十分有把握地提出在舟山再造一个"香港"。正是报道中观点的前瞻性，使这篇报道影响和促进了一个城市的战略决策，可谓把新闻的引导功能发挥到了相当高的水平。

曾做过英国路透社和英国广播公司高级记者的福赛斯说：深度报道就是发掘性报道。可从三方面对其进行阐释：一是揭示事件的本质，而这本质往往与事件表象有着迥然不同的特征；二是能将深奥的理论、政策，用浅显的语言作透彻的解释；三是突破事件的本质深度和范围界限，引申到更广阔的空间，反映更多的内涵。著名记者张建伟谈及他的一篇成功的深度报道《命运备忘录》时说："要使日常获得的信息，通过深度开掘——不要试图寻找什么新闻，而要努力使新闻变得重要起来——变成'解惑性'的深度报道。"在这样的表述中，结论仍然是：深度报道成功的关键在于观点。深度报道的灵魂就是其思想的深刻性，也就是观点的犀利与鲜明、警示与启迪、独到与震撼，发人所未发之语。深度报道的难点也在于这一点，它的"三度"：高度（在报道中体现为历史和宏观意识）、深度（在报道中体现为观念和启蒙意识）、力度（在报道中体现为专题性深化和新颖的表达意识）。①

经济深度报道中对事物发展前景的预测是在以上几个特征基础上所表现出来的一种顺乎逻辑的自然延伸。如果说"浓郁的经济味"侧重回答事实的内涵"是什么"，"较强的思辨色彩"着重回答原因"为什么"，"观点的创新性"着力回答主张"怎么样"，那么"前景的预测性"则要全力回答发展"会如何"这种前瞻性的问题。新闻记者是站在船头的瞭望者。这种瞭望既包括对发现了什么如实报道，也包括对将要发生什么、能发生什么作预测性报道。2004 年 12 月，中国加入世界贸易组织 3 周年之际，《经济日报》推出了中国加入世贸 3 周年深度报道：《入世 3 年，中国进入后过渡期》。报道重点

---

① 吴镝：《观点：给深度报道以灵魂》，《新闻战线》2006 年第 5 期。

没有放在回顾过去,而是立足现在、着眼未来,主要为读者提供前瞻性的思路和建议。报道把即将面临的问题和难点,如如何避免遭遇贸易壁垒,如何应对反倾销的变化,为什么要健全企业救济机制,为什么纺织品贸易进入关键期,为什么机电产品出口问题会更多等专题,通过案例和分析摆出来,通过访问专家,添加背景,再提供解决思路,实现了为读者答疑解惑的目的。

第三节 经济深度报道的报道原则

深度报道是报纸的重型武器。有了良好的选题之后,深入的采访和精心的写作,便成为完成选题的关键环节。经济深度报道也一样,比起一般的消息通讯,深度报道的采访写作要费事得多,也要细致得多,简单、肤浅、表象是报道之大忌。总体说来经济深度报道的报道原则有以下几条:

一、采访中疑问尽可能多,范围尽可能广

作经济深度报道的记者,必须勤于思考、勤于分析,加强辩证思维能力的锻炼,平时脑海中要有意无意地装很多问题,积累许多采访的线索;而且善于发现和捕捉读者心目中的疑点,及时通过解释性报道为大众释疑。采访过程中带着疑问顺藤摸瓜,这样才能把纠缠不清的枝枝蔓蔓理出个头绪来。

采访的第一要务是亲临事件第一现场和直接采访事件"当事人",以便取得第一手材料。但仅做到这一点是远远不够的。对要准备写作经济深度报道的记者而言,还需要亲临事件所涉及的其他现场,采访事件的其他知情人,采访有关该事件的其他单位,采访有关该事件的政府管理机构,了解有关新闻事实的背景。此外还应作更进一步的要求,记者不应当只停留在事件现场和其他相关方面的采访阶段,还应利用各种现代查询技术和查询手段,广泛收集其他相关资料。如利用以前报道过的资料,到图书馆、资料库、档案室、互联网上去搜索、查阅其他相关资料等。总之,应当把能够利用的采访和搜索、查询手段全部利用起来。

2000年春,几场沙尘暴连续席卷了首都北京和大半个中国,沙尘暴及由此引发的生态环境问题,引起了中央领导的重视和全国人民的广泛关注。作为沙尘暴的主要发源地内蒙古,当地的媒体和部分中央驻地媒体也分别进行了报道,但都是一般性的简单报道,对于这样的重大题材,记者必须进行深入挖掘、分析、研究公共信息,从中发现新思路,追踪采访,才能做出让读者解渴的独家报道。《工人日报》记者姜明采写了《阿拉善脸上流着红色的泪》、《大草原正在我们眼前消失》、《让林木染绿我们的秀美山川》一组3篇沙尘暴追

踪报道，刊发在《工人日报》2000年4月18—22日三版头条位置。由于记者平时就十分关注内蒙古的生态环境问题，收集积累了大量的有关资料和素材。如稿件中所用的"黑河断流"、"胡杨枯死"、"草原超载放牧"、"滥垦乱开荒地"、"养山羊、搂发菜"等大量有说服力的新闻事实和数据，有力地突出和深化了稿件的观点，使得稿件一气呵成。同时记者采访了自治区生态方面的知名专家，稿件中引用了不少专家的观点，某种程度上增加了报道的分量。自治区政府一位秘书长对记者说："2000年春，《工人日报》及中央其他一些新闻媒体对沙尘暴的报道，引起了较大反响。国务院领导亲赴沙尘暴发源地去考察，中央采取措施、拨出专款，在内蒙古实施退耕还林还草工程，治理生态环境。对黑河水实行分段管治。目前，黑河水已开始下泄至干涸的额济纳居延海，使得这里的生态灾难有望从根本上解决，这要感谢中央的新闻媒体为我们呼吁！"[①] 报道正是因为记者采访的面非常广，背景材料收集丰富，用大量新闻事实较客观地回答了诸如"沙尘暴发生的起因及危害"、"内蒙古的生态环境状况"、"沙尘暴的治理办法"、"内蒙古人治理生态环境所做的努力"等全国广大读者迫切需要知道的问题，虽是后发制人，但仍在社会上引起了较大的反响。

我们再来看一篇获奖作品：

贫困县刮起奢侈风
——河南濮阳干部建豪宅机关盖大楼

新华社郑州2月27日电（"新华视点"记者　李钧德）　河南省濮阳县是省扶贫开发重点县。然而，近几年来，这个县刮起了一股奢侈风：县委县政府及一些县直机关竞相建起豪华办公楼，这些单位的"头头脑脑"们也纷纷搬进高档住宅。

濮阳县刮起的这股奢侈之风，引起了当地群众的不满。知情人士纷纷通过各种渠道向上级反映，有人干脆上网发帖揭露此事。

东挪西借　党政机关比建豪华办公楼

濮阳县位于河南省东北部，全县22个乡镇中，有7个乡镇30余万人地处沿黄滩区，生产生活条件落后。统计数字显示，濮阳县2005年农民人均纯收入为2442元，在河南省108个县市居第75位。全县1035个行政村，仅有251个村能看上有线电视。

---

① 姜明：《深度报道的探索与实践》，《新闻三昧》2007年第10期。

就是这样一个人均财政收入仅200余元、尚有数十万人未解决温饱的财政穷县，在办公楼建设方面却屡出大手笔：

2002年9月，在没有按规定程序报批的情况下，濮阳县开工建设县委县政府综合办公暨公务员培训楼。该项目设计建筑面积1.5万平方米，预计总投资975万元。2004年6月工程竣工，不仅面积增加到近2万平方米，工程总造价也达3200多万元。这座办公大楼已竣工两年多，除了变卖老办公院、财政拨款、企业支持、东挪西借支付一部分外，至今仍拖欠工程款134.31万元。

县委县政府带头，县纪委也不甘落后。2004年7月，濮阳县纪委以建纪检干部培训暨党风廉政教育中心为由申请立项，建起了占地面积达23.35亩的县纪委办公大楼。该楼预算投资400.6万元，实际筹集基建资金723.7万元。其中除一部分财政拨款外，濮阳县纪委还要求部分经济条件较好的乡镇和一些县直单位"支持"了106万元。

上行下效。濮阳县财政局、劳动和社会保障局等机关也各寻门路，建起了豪华气派的办公大楼。濮阳县劳动和社会保障局办公大楼于2005年开工，2006年交付使用。该楼共7层，总支出800多万元，其中300万元系挪用该县化肥厂"4050"人员的生活费和养老金。

巧立名目　领导干部纷纷搬进高档住宅

在一座座豪华办公楼拔地而起的同时，濮阳县领导及各局委的头头们还各找借口，为自己建起了漂亮的别墅式住宅。这些被县国土局负责人称为"独立的低层住宅"有独栋的，也有联排的，最大的一户建筑面积达600平方米。

据了解，2004年8月，濮阳县纪委未经建设和国土部门批准，将批准建设纪检干部培训暨党风廉政教育中心的一部分国有划拨土地，擅自改变用途，在所谓的"培训中心"后面建起了职工住宅。其中，建二层别墅10套，每套280平方米，分给县纪委领导班子成员居住。

2005年6月，濮阳县劳动和社会保障局以办公楼南边不能再建高层建筑，否则将影响办公楼通风、采光为借口，在办公楼南边建起9套高档低层住宅，分给局领导班子成员及副科级以上干部。这9套住宅中，建筑面积最小的398平方米，最大的498平方米。

濮阳县房产局则以改善城镇困难职工居住条件为由，向县政府申请划拨经济适用房用地35亩，实际却用于建设本单位干部职工住宅。其中建二层住宅楼8套，面积最大的达600平方米，除了房管局领导自住一部分外，还将其中一套送给县人大一位领导。

275

不仅县直各机关领导纷纷住进高档住宅，濮阳县四大班子领导也开始筹建县级干部集中住宅区。2004年10月，因为"一些县领导从外地调来没有房子住，县里也没有招待所"，经濮阳县四大班子联席会议研究决定，由县机关事务管理局牵头，开发建设一个县级干部集中住宅区。该住宅区占地50多亩，户型为二层连体楼，设计61户，每户280平方米。

为了降低用地成本，濮阳县机关事务管理局竟然在地上附着物补偿不到位的情况下，出动警察和保安，驱赶并殴打租赁该地块的民营金凌花园职工，强拉围墙将大部分花园圈占，致使金凌花园价值200余万元的花木被毁、盗一空。2005年12月，因户型面积过大、地上附着物补偿不到位、动用警力强行占地等问题，该小区被有关部门叫停。

虽然县级干部集中住宅区被有关部门紧急叫停，但这并没有影响到濮阳县领导干部建豪华住宅的积极性。经纪检部门调查，已确定濮阳县县直局委负责人和个别县级干部已建成高档低层住宅100多套，涉及县国土局、计生委、社保局、建工局、纪检委等十余个单位，其中至少有79套不同程度地违反了有关规定。

讲的是排场　失的是民心

2月中旬，按知情群众提供的《濮阳县领导干部豪宅分布图》，记者实地察看了一些被群众称为"腐败楼"的干部豪宅。

在濮阳县国税局办公楼后边不远，有一片气派的高档别墅群。这个别墅群共四排28户，每户都是单家独院，前院大宅门可开进小轿车。记者用脚粗略丈量了一下，每栋楼房的占地面积都在200平方米上下。住宅的外部装修也十分讲究，红宅门、高院墙、豪华瓷砖、欧式风格的阳台，十足的现代豪门。小区看门的师傅告诉记者，这些房子的主人一部分是县国土局的领导，也有一部分卖给了其他局委的干部。

在濮阳县机关事务管理局为离退休县级干部建设的一个高档别墅小区里，记者走进了其中一户人家的院子。小楼只有二层，白墙蓝瓦，楼房前墙面的很大部分是用玻璃镶嵌而成的。借和主人搭话的机会，记者留心观察，院子的左半部分由水泥铺就，右半部分是一块不大的菜地，绿油油的蔬菜长势不错。

当地一位知情人士告诉记者，像这样带独立小院的低层住宅，每套造价至少在20万元以上。在濮阳县，正科级干部每个月的工资也就是千元左右，要想住这样的房子，至少得不吃不喝20年。

说起为局领导班子建设豪华住宅的决策经过，濮阳县劳动和社会保障局副局长董随钦这样告诉记者：局办公楼后面有一块空地，建高楼可能会影响到办公楼采光，局里决定建几幢低层住宅。当时并没有说一定给局领导，只是说领导优先购买。"当领导的，谁不想住大点，住得排场点？最后，我们领导班子成员包括副科级以上干部每人都要了一套。"

董随钦说，当时也知道这房子有点大，面积超标，但想着机会难得。濮阳县同样的商品房每平方米都达到1500元了，这房才卖620元一平方米。别看是别墅，实际价格与市内150平方米商品房的价格差不多，这好事上哪找？再说，其他局委和县领导都弄了，自己不弄，说不定以后就没有机会了。

别墅是住上了，但民心却失掉了。村民宋西林告诉记者，当时县里征他们宋村和陈拐村的耕地，每亩地连青苗和附着物总共才补5万多元。群众有意见到县里上访，要求公布征地批文和具体补偿标准。县里领导解释说，征地是因为县纪委要建干部培训和党风廉政教育中心，希望大家支持国家的廉政建设。工程建好后，群众发现所谓的党风廉政教育中心竟然是县纪委的豪华办公楼和县纪委领导的高档别墅时，心都凉了！

濮阳市纪检委副书记、监察局长王际元介绍，春节前，濮阳县纪委已将部分违规别墅查封，拟于节后公开拍卖。

一位不愿透露姓名的县直机关负责人说，濮阳县刮起的奢侈风，县委县政府应负主要责任。这就像汽车闯了红灯，应该处罚掌握方向盘的司机，而不能仅仅处罚乘车人就草草了事。（新华社2007年2月27日）

在全县还有数十万人没有解决温饱的河南省濮阳县，近几年却刮起了一股奢侈之风：县委县政府及一些县直机关东挪西借，竞相新建豪华办公楼，县直各单位的"头头脑脑"们也都各显神通，纷纷住进高档别墅。记者通过对这一中央三令五申禁止、群众深恶痛绝的不正之风的报道，集中反映了当前干部作风方面存在的特权思想浓厚、追求奢侈之风等突出问题，引起了中央领导同志的关注。全国随之掀起了一场清查党政机关豪华楼堂馆所的风暴。记者在接到濮阳县各单位竞相新建豪华办公楼的情况反映后，两下濮阳进行采访。面对当地有关部门的围追堵截，记者一方面抓紧时间深入现场进行采访，另一方面通过与有关部门的沟通，对所采访到的各种事实进行认真核实。正是由于采访深入，特别是数次请被批评方出来讲话，更体现出该报道作者客观公允的态度，也更增强了文章的说服力，报道以令人信服的客观叙述透视了这件发生在贫困县的奇怪事。

稿件播发后，引起极大反响。《中国青年报》等160余家报刊电台及数百家新闻网站采用了此稿。中央领导同志也对此问题作出重要批示：濮阳县县委书记、县长等18名责任人分别受到党内严重警告、行政降级、撤销党内外职务等党纪政纪处分。濮阳县纪委办公楼和33套领导干部违规住宅楼被没收、拍卖。针对濮阳等地存在的严重违反审批程序、修建豪华办公楼和领导干部住宅楼等问题，中办、国办专门印发了《关于进一步严格控制党政机关办公楼等楼堂馆所建设问题的通知》。中央纪委、国家发改委等7部委也对濮阳县违规修建办公楼及领导干部住宅楼等4起违规修建办公楼等楼堂馆所的典型案件进行了全国通报。

二、报道视野开阔，思维活跃

深度报道的特点决定了它的写作比一般单一平面化的报道要复杂，记者在写作思路上也要冲破固有的单向思维、微观思维，要具备多向思维、宏观思维、超前思维，视野要开阔，积累要丰厚，行文要入理，尤其要在广延性上做足文章，最好进行角色置换，把自己放在读者的位置上想一想，对于这个话题，读者最迫切想了解哪些东西，自己就要写足这些东西，如果自己目前还了解不足，那么就要克服一切困难挖来素材。尽管深度报道的发表不可能像动态新闻那么快，但也应该强调时效性，群众关注的热点是不断转换的。新闻媒体的竞争也是激烈的，谁最先回答读者最关注的话题，谁就最先拥有众多的读者，不注重时效性，苦心泡制的甜果也会变成无人采摘的"明日黄花"。

任何经济现象的产生，不仅有其历史原因，即有时序上的纵向联系，而且还有与其他事物的横向联系。毛泽东说过："对认识对象要从上下左右、纵横交错、运动变化的立体状态中把握对象的思维方法。"因此，深度经济报道不仅要有纵向思维，还要有横向思维、对比思维。既注意从纵的方面去挖掘新闻事实的历史情况，揭示事物发展各个阶段的动态，使之立体地站在受众前；又注意从横的方面展示事实与周围环境、政治、文化、科技、教育等社会现象的相互联系、相互影响，展示事物与前后左右的比较，呈现出既是立体又是交叉的形态，从更广的范围、更深的层次上反映经济现象。如《人民日报》经济部于1995年5月组织采写的《药价为什么这么贵》的系列报道。该组报道采访中的每个环节都可以独立成篇，采写其中的任何一篇都是确凿无疑的事实。但就整个问题来说，这些都只能是一个侧面，不能反映事情的全貌，有失偏颇。《人民日报》的记者们没有仅仅写一篇反映药价贵的报道，列举一些药品的价格、不同人对药价承受能力的不同反映，或者侧重反映一般工薪阶层的呼声和要求，而是综合采访中的各种情况，把每一个环节联系起来分析，对药价贵的实际情况、药价贵的原因作了比较全面公正的认识，更接近"药价贵"这个新闻事实的本质，并为解决问题从认识上提供了一种思路。采写的6篇报道,分别为《患者谈药价》、《医院谈药价》、《国营药厂谈药价》、《合资厂谈药价》、《专家谈药价》、《政府官员谈药价》,最后以一篇评论员文章作为系列报道的结尾。在这个系列报道中,记者并没有对药价问题作一个结论,但是读者却可以从报道中看清药价问题的方方面面,得出自己的结论,从而有利于更好地认识问题。

与一般的就事论事式总结性新闻不同,经济深度报道的一个重要特点就是要通过对一系列事实的采访与调查,透过表面现象上升到理性分析,将宏观经济规律与微观经济运行有机结合,并通过对其内在联系的揭示,既阐明深刻的经济道理,又提出问题,给受众留下思考余地。我们先来看这篇报道:

中国名牌"楚源"烫金奖匾后是沉重的环保代价

新华网武汉12月13日电("新华视点"记者 徐旭忠 詹国强 陈春园)最近,在国家质量监督检验检疫总局授权中国名牌产品战略推进委员会对91类产品进行2006年"中国名牌产品"评价及表彰会上,湖北楚源精细化工集团公司楚源牌活性染料获得"中国名牌产品"称号。

然而,在这块华丽的"烫金奖匾"背后,是沉重的环保代价:这家公司长期向长江及周边排放废水、废气,当地群众苦不堪言,水稻减产,疾病频发。

周边环境遭殃,污染屡禁不止

与长江一堤之隔的楚源公司创建于1983年,原为石首市化学试剂厂,经过20多年的发展,现拥有11家子公司,总资产近20亿元,每年活性染料的生产能力达5万吨,有萘系、苯系、杂环系等系列产品50余种。

记者在长江岸边楚源公司的排污口看到,一根塑料排污管道伸到江中,黑红色的液体翻卷着涌向江面。到了傍晚,楚源公司厂区内灯火通明,20多根烟囱冒出浓浓的黑烟。

湖北省环保局监察总队有关负责人告诉记者,楚源公司的排污是个老大难问题,处罚过多次。他说,楚源公司每天排出废水1万多吨,其中每日产生的200吨高浓度H酸水,也随同废水一起排出。经抽查发现,高浓度H酸废水中的COD指标超标230倍,给长江生态环境和周边群众饮水安全带来很大威胁。

楚源公司总经理陈烈权说:"楚源公司在环保治理方面投入了上亿元,建立了污水和废气处理设施,但从目前的技术来讲,每天产生的200吨的高浓度H酸水国内根本无法处理,现在只能通过稀释后排放。我们最近引进了德国新技术，明年将可投入使用。"

但该公司有职工告诉记者，楚源公司的环保设施其实是个摆设，污水处理厂平时很少开，上面环保部门来检查时，厂里才开。

记者来到楚源公司隔壁的石首市环保局，该局污控科负责人的说法是，楚源公司每年向环保局交纳五六十万元排污管理费。正常情况下，该公司排污基本是达标的，有时也出现排污不达标情况。

群众深受其害，患病人数增多

紧邻楚源公司的张城垸社区居委会有居民1700多人，95%是农村户口。社区居委会党总支副书记张木春告诉记者，张城垸曾经是长江边上碧水蓝天、粮草肥美的村落。自从20世纪80年代楚源化工厂在此落户后，张城垸的环境一年不如一年，如今这里水质恶化，蓝天看不见了，患癌症的居民越来越多。

张木春说，楚源化工厂建设之后，患有癌症的人数增多。另外，患皮肤病和呼吸道疾病的村民也逐年增多。

今年63岁的袁本英说，她的儿子今年37岁，正值壮年，以前身体很好，今年2月诊断为尿毒症，已花掉医药费6万元，现在每天医药费至少120元，为了治病，家里准备把房子卖掉，可这里污染重，房子没人要。

张城垸社区居委会居民熊中平告诉记者，随着楚源公司的不断扩建，生产车间离农户越来越近，最近的不足100米。由于排放大量的有害气体和粉尘，工厂周边的树木枝枯叶落，庄稼像被火烧过一样。

熊中平反映说，楚源公司排出的废水，流到田间地头，牛喝了也拉稀。

2005年，湖北省农业生态环境保护站曾抽取化工厂周边29个水稻样本检验，其中一个是对照样本。其结果显示：9个样本受重度污染，10个受中度污染，9个受轻度污染；2个样本减产10%，13个样本减产20%至50%，13个样本减产70%~80%。

张城垸小学与楚源公司仅一路之隔，有200多名在校生。一名六年级学生告诉记者，学校经常笼罩在浓浓烟雾之中，有时只好捂着嘴巴上课，不少同学患有呼吸道疾病。该校领导反映，今年已有30多名学生转学。

中国名牌蒙羞，企业表示整改

记者在楚源公司采访，恰巧碰到该公司举办"楚源牌"活性染料获得"中国名牌产品"的庆典，厂区内彩球飘飘，一派喜庆景象。可是不久前湖北省环保局、省监察厅联合公布的全省7家环境污染严重企业名单，楚源公司赫然名列其中。

张城垸居民反映说，楚源公司长期污染周边水体和土壤，给居民健康带来很大威胁，但该公司却获得"中国名牌"称号，这让我们心里很痛。

国家环保总局长江流域水资源保护局水保处负责人指出，地方保护主义和企业降低生产成本是楚源化工厂污染问题的主要原因。目前，长江干流总体水质良好，但局部污染严重。

中国名牌产品战略推进委员会秘书处一位姓高的工作人员表示，参加"中国名牌产品"评比主要考核指标是市场、质量、发展、效益等方面。楚源商标参评时，我们没有发现有环保方面的问题，否则我们会一票否决。

记者将以上内容的稿件传真到楚源集团公司，征求该公司的意见。该公司在一份传真件中表示，将采用高科技手段，下大力、花巨资，彻底根治污染。但愿这一承诺能够尽早成为现实。（新华网 2006 年 12 月 26 日）

2006 年围绕解决影响群众健康的突出环境问题，监察部等国务院 7 部门继续部署开展了整治违法排污企业、保障群众健康环保专项行动。在专项行动中，各级监察机关通过开展监督检查、查处违法违纪案件等形式，充分发挥职能作用，共同打击企业的违法排污行为，使一批群众反映强烈的突出问题得到较好的解决。这篇报道在获知湖北楚源精细化工集团公司楚源牌活性染料获得"中国名牌产品"称号的消息后，以开阔的思维报道了在这块华丽的"烫金奖匾"背后付出的沉重的环保代价。在披露湖北楚源精细化工集团公司以牺牲环境为代价博取名利的同时，也向一些地方政府及评优单位提出了警示：不能只讲求经济效益，而不讲求社会效益，更不能一味地向"钱"看，"哪怕污水滔天"也不管不问。指出以污染环境包括损害人的健康为代价获得"金牌"，不是荣誉，应该是羞辱，企业自身的收益与其对社会的损害，两者权衡，很可能入不敷出。如果当地政府和部门能以科学发展观统领经济社会发展全局，认真落实单位 GDP 能耗降低 20% 的约束性指标，就不会放任湖北楚源精细化工集团公司每天向长江排放废水 1 万多吨。活跃的思维使报道反映的不仅是一个环保问题，从根本上说是一个发展观问题。

经济新闻的深度报道趋势是由经济和社会生活领域的变革所决定的。市场经济是以市场为中心，经济报道的重点范围也要围绕市场来进行。目前，在社会经济生活中，由于生活资料、生产资料乃至住房、劳动力、信息服务等都已经商品化、市场化，市场的一切变化都会作用于整个社会成员，因此，要围绕市场这个大舞台多视角、多侧面、全方位地选题，通过市场折射宏观经济，反馈宏观经济发展的动向，揭示经济生活中的问题，给生产者、经营者、消费者以启迪。

　　1994年春北京市菜价上涨很多，究竟是什么原因造成了这种状况，新华社记者苏会志、王进业就这一事件进行了跟踪调查，写成了稿件《菜价追踪》。记者从北京市的大"菜园子"——山东省寿光市开始，一路追踪，从寿光市运菜进城的车辆，一直到蔬菜批发市场、菜贩子，终于搞清楚了菜价上涨的原因，稿件也是按照记者追踪的顺序写的。菜价上涨下落，虽是日常生活中的小事，但由于与百姓生活紧密相连，牵涉到的人数多，因此同样可以进行深入挖掘，作为深度报道的题材。

　　1987年1月6日《人民日报》发表的罗荣兴、祝华新、曹焕荣采写的《中国改革的历史方位》就是一篇透着宏观思维的大手笔的深度报道。当时，中国的改革开放面临着新的十字路口，是继续前进还是停滞甚至倒退，国内外人士都给以极大的关注。《人民日报》的记者不仅摸清了问题存在的根本原因，而且还以天下为己任的政治热情阐述了中国改革开放以来发生的巨变，以及隐藏在新闻事实后面的巨大历史意义。报道以高屋建瓴的气派和理性的思辩，揭示了中国改革开放的伟大意义，指出：只有改革，中国才能复兴；只有改革，社会主义优越性才能体现。从宏观上把握新闻事实，使这篇报道获得了巨大成功，至今仍不失为深度报道的典范之作。

　　《中国青年报》记者张建伟在1992年采写"两会"的报道时，他的几篇见报文章《高层公关活动》、《广东情结：两会"磁力效应"》、《拿来？拿来……拿来!》、《追踪第一生产力》等，曾掀起了"张建伟旋风"。一组惯例式的"两会"报道之所以引起如此大的影响，就在于他立足于"两会"，却不拘泥于"两会"，以"两会"为切入点，以小见大，见微知著，用一个个"点"上的真实，来反映一个时代的真实。这是宏观思维在具体报道中的体现：在心中积蓄了大量的社会生活和对之进行了冷静的思考之后，他将"两会"作为报道的起点，写出更宏观、更有力度的深度报道。他并没有孤立地看待"两会"，而是把它作为一个社会大系统中的一个小系统，将之作整体上的考察，并把这个系统放在整个的社会环境下进行思考，立刻显出了其意义和新闻价值，在这里，局部功能和整体功能的关系不是"1+1=2"而是"1+1>2"。

三、合理使用背景材料

　　与一般新闻报道不同的是，深度报道对于新闻背景的重视与依赖更为突出，其使用新闻背景材料的分量要远远超出其他任何新闻文体。因此有学者总结，一篇优秀的深度报道常应包括12项具体指标的部分或全部：事件、背景、有关资料、说明、原因、意义、过程、分析、前景、时效、时态和建设性意义。① 从这些指标可以看出：一篇好的深度报道不仅要整合历史的、现在的和未来的多种材料，使之成为有机的整体，还要整合宏观、中观和微观等层面的背景，以使置于其中的新闻事件能深刻体现出对人和社会的意义，这样才能把新闻报道的"深度"予以确切体现。可以说，恰当地运用好新闻背景，也是经济深度报道写作成功的原则之一。

《南方周末》2003年9月4日A2版刊登的《一个城市拆迁的标本审读》，是一篇以背景资料为主体的经济深度报道。报道以2003年8月下旬南京一拆迁"钉子户"孙长征因拆迁而被改变的生活为鲜活实例，整合来自各方的大量背景资料，详细而全面地审视中国城市在20世纪90年代大规模旧城改造中铸就的拆迁悲喜剧。报道以小标题统领，分成不同的板块，其中"不得不正视的问题"、"从民心工程到商业拆迁"、"成本转嫁"、"谈判机制的缺失"、"博弈中的社会公平"、"出路"等几个板块基本由背景资料构成，"'钉子户'孙长征"、"拆迁办的运行和无奈"、"老办法和新房价的矛盾"、"依法拆迁的困惑"4个板块中的背景资料也接近四成。所用背景材料既有纵向的历史背景，也有横向的社会背景，既有官员、专家的权威性意见，也涉及经济学、社会学、法学方面的相关知识背景，还有其他报刊同类报道的代表性观点。报道中大量围绕"拆迁"而选择的背景资料被整合为具有一定逻辑关系、涉及主体事实相关方面的系统资料，力图展示城市拆迁的悲喜剧，给人以厚重深邃之感，报道深度的实现正依托于这些翔实的背景资料的运用。

四、以理性色彩和建设意识架构报道

经济深度报道的深度往往表现为理性色彩。从认识论来说，理论来源于实践，是对实践经验的总结、概括和提升。以理论色彩架构报道，也是搞好经济深度报道的需要。

理性的色彩来源于记者的专业素养，因此一些著名经济学家提出，提高经济记者的专业素养是改进经济报道的必要条件。吴敬琏认为，经济记者都应该具备双专业，不仅要有较好的写作、表达能力，还要有相当的经济学知识，具有深入研究经济问题的能力。另一位经济学家李松龄认为，经济记者不仅要能看到经济现象，抓住经济生活中的问题，更要能从本质上揭示问题产生的根源，既要有敏锐观察事物的能力，还要有扎实的经济理论功底。著名记者艾丰

---

① 陈作平：《新闻报道新思路——新闻报道认识论原理及应用》，中国广播电视出版社2000年版，第154页。

长期以来从事经济新闻报道，其经济报道外行爱看，因为他以一种最易接受的形式突破了外行想看而不敢看的畏惧心理壁垒；内行爱读，因为他发现了内行有时也未能察觉的新视点。他认为，经济新闻记者首先要认真学习经济理论。这种学习，主要是一种"综合式的学习"、"框架式的学习"，就是要把各种经济著作都拿来学习。基础性的要学，专门性的也要学；中国的要学，西方的也要学；纯理论性的要学，政策性的也要学。总之，要广泛地涉猎。另外，经济新闻记者要从实际生活中学习经济理论，"生活中找问题，理论中找答案"。2004年2月28日，湖北沙市活力28集团从德国美洁时公司提出收回转让7年之久的"活力28"商标使用权，《湖北日报》刊发了《知名品牌在合资中悄然消失》、《迟到的觉醒》、《走出品牌经营的误区》、《攀起民族品牌的大旗》等深度报道，这些报道提醒人们，品牌竞争的时代已经来临，树立品牌经营意识迫在眉睫，使读者深深感受到理性的力量。

建设意识是中国新闻实践长期遵循的运作理念。我国的新闻理论主要源自前苏联，党报理论占据了我国新闻界主流指导思想的地位。就报纸的性质而言，更看重它的上层建筑属性，强调它的意识形态和社会责任，注重宣传党的政策，围绕党的工作发动群众，鼓舞群众，引导和组织群众。同时也强调引导社会舆论，有效体现媒体宣传的影响力和渗透力。

经济深度报道以建设意识架构报道主要体现在以下几个方面：

首先，要做到正视社会存在的问题并大胆进行披露。认识问题是解决问题的基础。没有对现实社会存在问题的正确、深刻、全面的认识，也就无所谓修正完善。新闻报道具有监督环境的功能，对周围环境的反映正确与否，直接关系到政府相关政策措施的出台。只有揭示社会问题，展示问题的严重性和迫切性，才能为政府决策提供充分的信息支持，才是真正负责任的新闻媒体。经济深度报道作为以深度和广度为报道追求的新闻理念，披露的问题往往具有"滴水见太阳"的作用。它应该关注现实存在的热点、难点问题，特别是社会生活中的弊端和缺陷。前面所说到的《中国名牌"楚源"烫金奖匾后沉重的环保代价》就属此类。

其次，要对问题进行全面解读，帮助受众提高认识。我国正处于社会转型期，各方面利益错综复杂、矛盾千头万绪，各种社会问题层出不穷。媒体在提供信息、满足受众最基本需求的前提下，应当努力充当权威的信息解读者，通过对问题全方位的梳理，帮助受众跳出单纯的新闻事件而把握这个事件背后的意义。

再次，要力求对问题的解决提出建设性的意见。仅仅停留在对问题的批判和揭露上是不够的，暴露问题的终极目的是为了解决问题，对于问题提出建设性意见，同样是深度报道积极参与社会的有效方式。通过对新闻事件本身全貌的展示、前因后果的分析以及事件意义的透视，对于问题的建议和解决方法的提出往往能够被受众所信服和接受，达到水到渠成的效果。1994年《经济日报》刊发的"开封何时能开封"的系列报道，其报道思想就非常明确，不能只图批评报道的痛快，而是实事求是、一针见血地指出"病根"，诚心诚意帮其"会诊"，最后共同探讨"治病良方"，真正实现帮忙不添乱。

最后，要关注社会生活中有启示意义的新事物。社会生活中的新鲜事物层出不穷，有启发意义的事件也不在少数。通过对这些事件的深入报道和全面剖析，可以为面对同样问题的受众提供信息参考，从而给予有益的启发。①

第四节 新财经媒体经济深度报道的报道要求

随着我国经济发展水平的逐步提高和人们对财经资讯需求的增加，财经类报纸迅速发展成为报业的另一支生力军。财经类报纸主要可以分为三种类型：一是具有行政报纸性质的财经类、经济类报纸，它有一定的权威性；二是生活服务类的报纸；三是为财经界的主流人群、主流需求服务的报纸，这种报纸我们暂且称它为新兴财经类报纸，它是指在充分细分受众和市场的基础上，以新闻和财经双重视角审视经济新闻，并且在新闻理念、市场观念、报道方式、运作模式等方面都有别于传统经济类报纸，具有鲜明的时代特征的新型经济类报纸。② 这类报纸以1996年重新进行读者定位及真正开始市场化运作，并由此逐步成为国内财经报业领头羊的《中国经营报》和创刊于2001年的《21世纪经济报道》、《经济观察报》为代表，这些媒体定位的目标读者是与经济和市场紧密相关的参与者、操作者、管理者，其处理新闻与信息的方式更财经化，更注重其中涵盖着的利益、机会、趋势、方法，在注重故事、背景、观点三要素的同时，更敢于描述、提供自己的判断、分析与观测，甚至运作方式与传统媒体相比更专业化、市场化。③

新兴财经报纸的诞生有其历史的必然性。经过30年改革开放的洗礼，中国的经济实力和综合国力大大增强，人们的经济观念有了很大的提高，中产阶层的队伍正在不断扩大。随着成功加入世界贸易组织，不仅中国经济全球化的

---

① 程媛：《深度报道的批判意识和建设意识》，《新闻窗》2007年第4期。
② 参见刘素伟：《媒体精英聚谈财经类报纸发展之路》，http// Qianglong.com，2002年5月28日。
③ 刘勇：《解析新兴财经类报纸》，http//www.xici.net，2004年3月11日。

步伐加快，同时也带来了一系列国际经济规则的变化，越来越多人的利益受到牵动，越来越多的人参与到各类经济活动中去。在新的政治经济环境和纷繁复杂的市场经济形势下，人们不仅需要通过媒体及时准确地了解财经信息和产经动态，而且更需要媒体充当起大众投资顾问的角色，能够从宏观、中观和微观多层次、多角度地解释新规则，分析市场变化，挖掘信息背后的内涵，帮助、引导受众正确有效地投资理财。而传统经济类报纸则在理念、定位、操作等方面越来越难以适应日趋变化的市场环境和受众的需求。这主要是因为传统经济类报纸中有相当一部分是行业报或企业报，长期以来的行业垄断及行政干预使它们缺乏或者根本就没有建立起市场观念，无法真正进行市场化运作；还有一些泛经济类和消费服务类的报纸虽然已经走上市场化道路，却无法与国内、国际经济形势相同步，在信息的整合、深度分析等方面难以真正满足受众更深层次的需求，而这也从客观上给新兴财经报纸的诞生和发展带来了巨大的市场机遇。

新兴财经类报纸的诞生，不仅给中国新闻界带来了一种全新的报业经营、管理及运作的理念，同时在新闻写作上也开始了全新的尝试，并呈现出鲜明的写作要求。

一、注重独家见识及前瞻性观点的传递

新兴财经类报纸较之传统经济类报纸的一个显著区别，就在于它们不再追求面面俱到的读者群，而是在细分化的市场中寻找自身定位。

《中国经营报》早在1996年重新定位时，就确定其目标读者为"生活在经济发达的地区城市里，受过高等教育，在经济组织中担任中层以上管理职务的30岁至50岁的男性公民，他们在公司对一个部门的运作全权负责，有一定人员、资金的决策和管理权；他们关注竞争对手，行业的发展变化，关心工商资讯和国家经济政策"。基于这样的读者定位，《中国经营报》确定了自身的新闻报道定位——以相对中观、微观的新闻视角为切入点，偏重于满足"符合商业运作规律"的中小企业经营者生产、经营、投资等方面的需求。[①]

《21世纪经济报道》在筹备期间，就花高价从AC尼尔森公司购买了调查数据，结合自己的调查结果，将其读者群锁定为高端受众，即收入较高、知识层次较高的"细分化"了的人群。除此以外该报的读者群还包括"能够提升

[①] 吴山、颜伟：《三"国"鼎立——国内三大经济报纸解读》，《青年记者》2001年第6期。

个人的状况的个体",这些人的生活、职业与经济息息相关。① 同时,该报还在其创刊号上提出自身的报道风格定位:"以务实、开放,求证的心态观察经济形势,以全新的视角报道经济新闻,传播 21 世纪经济观念。"

《经济观察报》将自己的读者概括为"四有新人":有财富、有权力、有理想、有未来,他们在 25~40 岁,85%为男性,受过大专以上的教育,居住在中心城市,年收入在 3 万元以上,他们关心社会,合理合法地积累财富,遵循等价交换的行为准则。② 在充分细分读者的基础上,积极将其风格定位在"理性、建设性"上,强调"不冲动、不破坏、不媚俗、不虚伪、不偏激、不盲从、不骄傲"。正是基于上述为特定读者群提供资讯、服务的独特定位,新兴财经类报纸新闻写作呈现出的第一个特点,便是注重独家见识及前瞻性观点的传递。

首先,表现在写作视角上的转变。比如一个新的政策的出台,新兴财经媒体在进行报道的时候,不仅仅停留在这个政策是如何制定的、有哪些主要内容上,而是以一个投资者的眼光,以资本市场的眼光,以机会利用者的眼光来发现其中的机会、价值,探讨如何利用规则,如何规避风险。因为改革背后的投资机会是最大的,每一次规则的变化,每一次重大基础设施建设,都是对利益格局的重新调整,会给投资者带来巨大的机会。因此新兴财经类报纸在新闻写作中能把新政策出台的新闻信息看成是一种信号,写作中着重分析这些信号对读者意味着什么,从读者需求的角度通过新闻报道去进行解读,通过报道的解读让读者明白这个信号对自己的意义,以及自己应该采取的相应对策。这个写作的过程可以概括为:"信号—解读—应对",这也是新兴财经类报纸实现其传播有用性的具体表现。

其次,表现在报道观念上注重对经济信息的重新整合、分析上。财经报纸的服务性主要体现在对信息的处理上,许多看似简单的信息,如事件、数据乃至条约的签订、政策的出台,表面上似乎与财经领域无甚关联,但通过媒体用财经的眼光进行独到、细致的分析后,看似毫无联系的信息往往就会产生另一种经济价值。《经济观察报》副总经理李清飞曾说:"《经济观察报》真正的第一手信息并没有多少。但是我们通过专业的做法,专业的人员对各种各样的信息进行选择和过滤,把我们认为最重要的、最应该让读者知道的东西给找出来,同时也会把我们自己的一些观点和看法融入到信息中去,我们更像读者的

---

① 幸培育、周燕群:《一张经济类报纸的诞生》,《中国记者》2001 年第 7 期。
② 周伟主编:《媒体前沿报告——一个行业的变革和未来走向》,光明日报出版社 2004 年版,第 196 页。

信息秘书、信息助理。"①《经济观察报》的总编辑何力也认为:"信息时代人们需要新闻,更需要对新闻的解读,而专业的视角、专业的分析工具与方法,将会帮助读者更真切地了解这个世界。未来强势媒体声音的大小可能将不再是谁拥有更多勤奋的编辑和记者,而是看谁拥有更出色的分析家。谁的分析能力强,谁的话语权就大。"② 该报的两位管理者所言,正是对新兴财经类报纸写作观念的形象化注释,正是在对信息的排列、整合中,使其真正实现了"新闻创造价值"的办报理念。

2002年3月25日《中国经营报》3版刊登的《263孤注一掷能否引领市场跟进》一文,记者针对263网络集团宣布从5月21日起停止免费邮件服务、开始全面收费的新闻事件,在充分采访了263公司的负责人、IT业界人士、信息产业部计算机与微电子发展研究中心法律研究部主任、中国消费者协会等众多对象后,通过对各种采访素材的重新整合,提出了其独家见识:对服务付费是市场经济时代的一个必然趋势。

在今天这样一个信息爆炸的时代,在信息源普遍趋同的情况下,媒体能够用其独特的眼光、立场和新闻敏感发现信息背后更深层的价值,也就帮助受众拓宽了对信息的理解和把握。

二、注重策划,开拓写作的新视角

题材的选择与主题的提炼,直接关系到新闻能否写得深刻。一般来说,题材重大、主题新颖、内容丰厚,新闻就容易写得有深度;反之题材平淡、主题贫乏、内容单薄,新闻也往往写得浅显。然而有的看似非重大问题与重大事件的题材,经过精心策划,开拓新的写作视角,同样可以写出发人深思的深度报道。新兴财经类报纸写作中能运用财经和新闻两种视角来判断新闻价值,在处理时政、科技、经济等题材时,能从对财经的影响这一独特视角来提升所要报道事件的新闻价值,开掘其报道深度。

有研究者认为:"一个坚守社会良知的记者,他对每一个个体都怀着悲悯的情怀,力图与他平等对话;他对每一件事都力图用一把尺子去丈量;他做出来的深度报道应当是这样:写事件则写出其真相,揭示真相背后的缘由,表明自己维护正义的态度;写人物则写出人物命运,或悲剧,或喜剧,探索造成人

---

① 吴山、颜伟:《从三家报纸看我国经济类报纸的发展和走向》,《新闻界》2001年第6期。

② 《中国经营报:财经媒体的先锋》,http//media.net.Qianglong.com/7631/2003年3月18日。

物命运的根源，表现作者对同类命运的终极关怀这样的深度报道，让人读了，觉得人间有真情，有正义，引导读者向善、向上；在建设社会主义和谐社会的今天，真正有深度的报道应当是以人为本，仗义执言，关爱弱势群体，抵制社会丑恶，张扬社会正义，从而促进社会和谐。"①

2001年11月30日，乐百氏元老集体辞职事发第二天广州各报都刊载了这一消息，12月3日的《21世纪经济报道》除了刊登一则题为《乐百氏元老集体辞职 中国饮料业面对"第三次革命"》的消息外，还推出了一个整版的独家报道《中国饮料业败象丛生 第三次购并浪潮叩击国门》，报道联系前一周健力宝重组、统一"变法"等背景材料和现实材料，从历史渊源、因果关系、矛盾演变等方面，透彻分析了中国饮料业衰败的原因，同时对饮料业购并浪潮的影响作用及中国饮料业的发展趋势作了预测。这种跳出单一事件进行报道策划，开拓出写作新视角的报道具有很强的宏观性和纵深感，真正实现了深度报道"以今日之事态，核对昨日之背景，从而说出明日的意义"的写作目的。

三、运用"华尔街日报体"，注重故事化的叙述

经济报道在信息处理上常被受众批评为专业术语过多，加上数据的罗列堆砌，让人感觉过于严肃刻板，使经济新闻经常陷入"外行人看不懂，内行人不愿看"的尴尬局面。

"华尔街日报体"的特点可归结为：从某一具体的事例（或人物、场景、细节）写起，经过过渡段落，进入新闻主体部分，叙写完毕以后又回到开头的事例（或人物、场景、细节），有时也用总结、悬念等方式结尾。用一个简单的模式来表述就是：小故事（导语）——过渡——新闻主体——再提小故事（结尾）。例如当时美国有很多的新闻稿就是用的下列套路：

克劳斯最近失业了，这导致他一家三口面临着严重的生活压力……（小故事）

导致克劳斯失业的原因是：美国经济持续萎靡……（过渡）

美国经济最近几个月以来由于……（大新闻，这是中间的主要讲的新闻事件。）

克劳斯能否渡过他的难关，在下个季度找到工作，一方面要看上帝给看美

---

① 罗玉成：《论深度报道之深：文化视角的选择》，《南华大学学报（社会科学版）》2008年第3期。

国政府如何应对……（末尾，人名及事件为作者虚拟）①

这种写法有利于从小处落笔、向大处开拓，引导读者从个别到一般、从感性到理性地了解新闻事实，所以颇受读者欢迎。"华尔街日报体"的写法贯穿着一种精神，即用具体的描写代替宏大叙事，用细节的真实刻画整体性的实质，即"一千个人的死亡只是一个统计数字，而一个人怎样死却可以写成一个悲剧"这样一种精神。

经济现象对我们生活的影响日益深刻，而当代读者由于种种原因，对经济现象往往很难做出合理的解释，这就要求传媒进行有深度的诠释，其中在写作中注重再现经济现象的生成、发展过程，注重经济新闻与个体命运、民众生活息息相关的联系，是从容面对品位日渐提高的读者的有效方法之一，也是吸引读者并便于读者理解新闻信息的方式之一。正因为此，新兴财经类报纸新闻写作在表现形式上注重故事化的叙述。正如《财经时报》所说："我们希望新闻事件化，事件数据化、数据形象化。"而《21世纪经济报道》也宣称："在报道内容上侧重于经济新闻的故事化和深度分析。"

新闻是"事学"，故事性强的新闻，总是拥有最广泛的读者，也即"最大众化"。美联社特写新闻部主任布鲁斯·德希尔瓦认为："以说故事的方式向人们提供的信息更容易被理解和记忆。因为这种方式让人轻松，让人觉得有趣，以这种方式整合过的新闻素材将更加有效地吸引读者，因为读者看到的不再是干巴巴的事实罗列，而是真实的生活。"②

这种讲故事的写作表现形式早已被国外媒体广泛使用。"讲一个故事"已经成为国外各大媒体新闻操作中的传统，即用讲故事的方式，来报道难以通俗简洁讲述的财经事件或趋势，是国外财经媒体擅长的做法。1943年1月，《华尔街日报》在调整编辑方针时，明确提出"把抽象的财经事件用故事的形式报道"。新兴财经类报纸注重故事化的叙述，正是对国外财经媒体写作方法的借鉴。

"华尔街日报体"是由美国《华尔街日报》首创的一种新闻报道形式，随后得到了西方媒体的普遍推崇。作为一份为全球金融界、商业界人士青睐的财经类报纸，该报的经济报道从内容上看专业性很强，却能给人以平易近人之感，容易为不同专业背景和文化程度的读者接受，这与该报巧妙的报道形式是

---

① 王洁、赵云泽：《"华尔街日报体"故事化写法的再认识》，《传媒观察》2007年第1期。

② 杨晓刚、张爱虎：《财经媒体新闻报道的故事化趋势初探》，《新闻前哨》2004年第2期。

密不可分的。"华尔街日报体"也被称为"DEE"做法，它由三个英语单词的开头字母组成："D"（Description）代表描写，中间一个"E"（Explanation）代表解释，后面一个"E"（Evaluation）代表评价。① 通常从描写某个具体的个人、景物或是小故事入手，通过对事件进行一些解释和背景交待，进而引出报道主题，展开叙述分析。

新兴财经类报纸注重故事叙述，首先表现在报道财经政策的改变或写作抽象、深奥的经济事件时，采用故事性开头，或以具体的个体生活故事开头，抑或以现场描述式导语开头，这类写作在《21世纪经济报道》中几乎随处可见。

《中国经营报》2006年6月12日财经时事版一篇题为《股市地下融资渠道调查》的报道开头如下：

南国6月的天气忽云忽雨，阴晴难定。

几个月来，王进平均每天只睡3个小时。"太亢奋，没办法平静下来，一闭上眼脑海中就是一张张的图表。"王进是资深股民，前后已有5年股龄。但与以往不同的是，他目前40多万股金里，有一半都是借来的。

"富贵险中求"，王进并不介意朋友将他挂上病态赌徒的标签。"交了那么多学费，等了5年才遇到这波行情，一定要好好把握住。"

开篇运用小说的写法，写南国的天气阴晴不定，而后再带出股民王进的案例，下文再进一步讲其他股民和企业运用地下钱庄和票据融资等渠道进入股市。用这种小说式的写法，将原本沉闷的新闻报道转换为引人入胜的故事，让人觉得趣味盎然。

其次，故事化叙述的写作手法表现在以微观视角切入，即以个人化的生活体验为引子，顺其自然地引出对重大新闻的报道。在新兴财经报纸上，读者经常读到"人物语言情景模式+新闻背景+当事人及评述人引语+事实及趋势描述"形式组成的报道，即在报道重大新闻时，总是从某个个人的视角出发，即以个人的故事、体验为切入点来报道一个重大的新闻事件，或解释新出台的法规政策。这种个人化的新闻，往往一开始就能紧紧抓住受众注意力，激起受众的极大兴趣。

2001年12月3日《21世纪经济报道》金融版的《108会员各怀心事 黄金交易所"象征性"试业》一文是这样开头的：

---

① 陈作平：《新闻报道新思路——新闻报道认识论原理及应用》，中国广播电视出版社2000年版，第154页。

在一家外资化妆品公司上班的薛小姐，最近突然关心起国家的财经政策来了。两天前，她指着报纸上的一条消息询问记者，黄金交易所成立和投入试运行了，以后她是不是可以把手上的闲钱换成金条来避免通货膨胀损失，"毕竟是黄金呀"。有类似疑惑的远不止薛小姐一个。经济学者，投资人士，甚至黄金行业里从业者们都不太说得清楚，那些多年来远离我们的金条金块会不会成为日常生活的一部分？各路商家怎样面临这样的机遇和挑战？普通百姓能得到实惠吗？……面对亿万人的关注，管理部门异乎寻常的低调显得耐人寻味。

报道以普通人的经济生活这种微观视角作为切入点开篇，易使读者产生亲切感。正文部分以一种故事化的形式将抽象、深奥的经济事件和观点传达给读者，真正做到了深入浅出，最大限度地拉近了与读者的距离。

此外，故事化叙述的写作手法还表现在讲求情节曲折的同时，与"倒金字塔"结构相结合。新兴财经报纸很重视对经济信息的深度报道，所以文章篇幅一般都比较长，为了避免受众阅读产生疲劳感和不耐烦，写作中常常利用小标题将文章分割成若干章节，故事被切成小块讲述出来，变成无数个"倒金字塔"，不断地出现新的高潮，因此不断地调动受众的阅读兴趣，吸引受众一步地读下去。2004年4月7日，《中国经济报》刊登了一篇题为《北京上海，外资选择谁》的经济深度报道，开头是以一个普通北京人的生活片段展开的：

3月24日上午10点，住在北京北郊某小区的肖容挎上手包，懒洋洋地走出家门，到楼下菜场买菜，开始了她新的一天。自从前天由上海回北京休假以来，肖容每天都是这样开始的。"能与丈夫和孩子团聚自然是高兴的事情，否则，回北京就是一场无聊的商务旅行，在上海却像是真正的生活！"肖容在北京已经生活了10多年，在上海不过才1年。

看了这样的一段导语，很快就勾起了读者的兴趣，是什么致使肖容对于两个城市有着如此截然不同的看法？北京与上海两个城市之间究竟有着怎样的差异？而这一切与标题中的"外资"有何关联？这样一系列的疑问，即使对于一个对经济漠不关心的人来说，也会跟着这个平凡而有人情味的导语一路读下去。

"故事化叙述"手法的运用，是新兴财经类报纸写作上追求可读性的一剂良方,也是记者积极挖掘经济活动与受众生活的连接点,强调"以人为本"的现实追求。

四、写作语言呈现独特的整合系统

语言是人类交际不可缺少的重要工具,语言也是写作的载体。新兴财经类报纸写作中首先以新闻语言作为表达的基础,除遵循新闻语言的一般规律外,还呈现出具体、精确等特点。对于财经报道来说,具体的语言才能传达出充实的经济信息,帮助读者读懂财经报道所蕴涵的财经信息。所谓精确,就是报道中对新闻事实的性质、程度、空间、时间的叙述和描写要准确无误,不能含糊其词,模棱两可,只有语言精确,财经报道才更加清晰,便于理解。

财经报道是一种专业性较强的新闻报道,其语言运用的特征之一就是财经专业语言多。财经专业语言包括财经专业知识、技术术语、专用名词等。新兴财经类报纸一贯坚持"内容为王"的办报原则,为读者提供丰富的咨询:从家电到汽车,从工厂到医药,从行业兼并到股市变幻,从企业变革到领导人细说成败得失,展现在读者面前的是囊括财经、产经、IT、管理等内容丰富多彩的经济世界,体现出很强的专业性,必然涉及很多财经专业语言。新兴财经类报纸财经专业语言的运用常常是经过记者"了解、理解、整理、转化、翻译、浅出"的整合过程,这样才使报道中的财经专业语言获得专业性与可读性的良好结合。

财经报道时经常要接触到数字。虽然数字是一种抽象的概念,如果能恰到好处地使用,同样会使报道增色不少。新兴财经类报纸的财经新闻报道,要传播经济领域中的新情况、新动向,因此必然要涉及相关的数据信息。针对读者对数据,尤其是较大的数据缺乏感性认识的现状,新兴财经类报纸的财经报道常常能在引用客观数据时,不失时机地将干巴巴的数据转化为人们日常生活中耳熟能详的具体事物,或加以诠释,或予以折算,使之通俗易懂、生动形象。

与传统的经济新闻写作不同的是,新兴财经类报纸写作中发挥了图表的作用。USA TODAY 和 TIME 大量使用信息图表(information graphics),并发现这些视觉效果良好的图表给报道带来了不俗的效果。事实上新兴财经类报纸新闻报道中通过制作精良的图表,为读者提供了更为直观和清晰的数据、比较、趋势分析等,使相对枯燥的报道内容显得生动活泼,更易被读者接受与理解。

正因为写作语言上新兴财经类报纸使用了丰富的表达形式,并将多种语言整合成一个大系统,使语言表达与内容表达更趋于一致,才得以最大程度地实现了财经新闻写作的专业性与可读性的有机结合。

新兴财经类报纸以全新的定位和观念进入报业市场,其深度报道写作上也呈现出鲜明的特色。我们有理由相信，随着一大批既懂经济又懂新闻的专业人才的出现，新兴财经类报纸将"成为社会中主流人群倚重的资讯来源和思想来源的高级媒体"。

第九章 经济调查性报道写作

调查性报道（Investigative Reporting）源于20世纪初在美国轰轰烈烈开展的黑幕揭发运动，更早可以追溯到19世纪普利策倡导的社会改革报道。20世纪60—70年代调查性报道趋于成熟，作为一种重要的深度报道形式见诸各种媒介，被称为"报纸的希望"，并产生了"美莱事件"、"水门事件"等重大社会问题的调查性报道，1975年由一批富有经验的记者、编辑发起成立了"调查性报道记者编辑协会"（IRE），负责具体组织、指导和协调记者、编辑关于调查性报道的工作，这个协会一直运作到现在，为训练职业化的调查性报道记者和编辑揭发美国社会前进中存在的各式各样的问题作出了巨大贡献。普利策新闻奖1985年开始设立调查性报道奖，目前，调查性报道的比重占整个普利策新闻奖获奖作品的30%左右，与解释性报道和客观报道三足鼎立。在其他国家，调查性报道也同样受到公众的欢迎：在印度，揭发高官受贿的网站点击率疯狂飙升；在法国，揭露血液污染案的记者被视为英雄；英国"疯牛病"的报道受到了全世界的关注；在日本，《文艺春秋》发表的《田中角荣研究》导致了田中内阁的垮台。由此可见，调查性报道已成为全世界新闻的一种报道潮流。

第一节 经济调查性报道概述

一、调查性报道与经济调查性报道的内涵

作为现代新闻中一种出色、有效的报道形式与方法，调查性报道在西方新闻界一直备受青睐。20世纪70年代美国等西方国家的理论界开始关注和讨论调查性报道，对于应如何界定调查性报道这个基本问题进行了持久而热烈的争论。其中不少观点不乏真知灼见，闪烁着理性和智慧的光芒，对于今天调查性报道的理论和实践仍具有较强的参照意义。

1975年美国学者大卫·安德森（David Anderson）和皮特·本杰明（Peter Benjamin）提出："调查性报道就是报道那些被掩盖的信息……是一种对国家

官员行为的调查，调查的对象也包括腐化的政治家、政治组织、公司企业、慈善机构和外交机构以及经济领域中的欺骗活动。"① 密苏里新闻学院的学者认为，调查性报道"指的是一种更为详尽、更带分析性、更要花费时间的报道，因而它有别于大多数日常性报道"。它的目的在于"揭露被隐藏起来的情况，其题材相当广泛，广泛到涉及人类活动的各个方面"。② 罗伯特·格瑞斯（Robert W. Greence）认为，调查性报道"一般是报道某些人或某个组织企图掩盖的新闻"。③ 他强调，在调查性报道中，调查和收集材料必须是记者的原创行为，而不是另一个人或另一组织的调查行为。选题和采访必须由新闻媒体独立进行，调查性报道面对的是一个重要的事实，对这个事实某些人、某些组织力图使其保密。格瑞斯对调查性报道的界定使另一位传媒专家威廉姆斯（Paul N. Williams）大为赞赏。他评论道："格瑞斯提出的都是极其过硬的标准，但它们却是适当的。"他认为："调查性报道的一个特点就是记者报道的新闻超越了官方的版本……"在格瑞斯的调查性报道界定中，有三个令人瞩目的要素：其一，它必须是新闻媒体的独立、原创工作，而不是新闻媒体报道的他人行为；其二，它的主题是重要的、公众所关心的；其三，一些人或一些组织企图掩盖事实真相。

1996年，英国的兰代尔（D. Randall）这样总结调查性报道：调查性报道是新闻报道的基本方法与更先进研究方法相结合的产物。它最主要的特点是调查研究的原创性。它不是将别人发现的一些材料和数据拼凑在一起，而是记者使用最原始的材料进行的调查。它可能是深入的采访，或是对事实和数字的比较研究。最后的结果往往是以发现的形式出现，所得到的信息是前人未披露过的。调查性报道往往出于记者对不义之事的一种怀疑，它要求记者在大量调查、研究的基础上写出报道，其中时间和材料是极其重要的因素。

《美国新闻史：大众传播解释史》则说："调查性报道是指利用长时间内积累起来的足够的消息来源和文件，向公众提供对某一事件的强有力的解释。"这种从大众传播解释史的角度对调查性报道的"解释"过于泛化，它未能指出调查性报道与解释性报道等其他报道的基本区别。解释性新闻的重点在原因和结果上，而且每一篇解释性新闻又有不同的侧重点。其基本的侧重点一般有五个方面：（1）着重揭示新闻事件的含义，以及对方方面面的影响。（2）

---

① David Anderson and Peter Benjaminson, Investigative Reporting, Indianan University Press, 1975, p.5.
② 密苏里新闻学院写作组：《新闻写作教程》，新华出版社1986年版，第384页。
③ 张威：《调查性报道对西方和中国的透视》，《国际新闻界》1999年第2期。

揭示新闻事件发生的原因，深挖新闻背后的新闻，搞清来龙去脉。（3）从"明天"的角度来分析新闻事件，展望新闻事件的发展趋势对未来的政治、经济、社会发展的影响。（4）把单一、孤立的新闻事件与其他事件联系起来，揭示其发展的方向、趋势、意义。（5）揭示一系列现象的本质，帮助受众认清问题的实质。①

作为一种普遍采用的报道方法，调查性报道有着广泛的交叉性；作为一种相对独立的报道样式，它有严谨的内在规定性，而绝非泛指新闻报道中的调查。也许可以这样表述：一切调查性报道都有调查，但一切有调查的报道不一定等于调查性报道。② 在英语中，调查性报道中"调查"的用词是 investigative, investigative 是 investigate 的形容词形式，investigate 这个词在《朗文当代英语辞典》中的释义是：（1）努力发现关于犯罪、事故和科技问题等方面的真相；（2）努力发现关于某人性格、行为等方面的更多的信息，因为你认为他们卷入了某桩罪行。从词义上看，investigative 中的"调查"更偏重于揭露，而非我们平常所说的"调查研究"中的"调查"，我们平时所讲的调查研究并不带有多少揭露的性质。"调查研究是唯物主义的工作方法，它把从实际中收集到的现象（感性认识），经过分析研究，形成某种观点、思想、理论及在这种观点、思想、理论指导下形成方针、政策、计划等（理性认识），再用以指导工作。""调查是占有材料，研究是消化材料。……调查和研究是交叉、反复进行的过程，经常在调查中不断地研究，在研究中发现疑点又反过来指导和推动进一步的调查。如此反复循环，逐步升华，一步一步接近真理。""调查研究"中的"调查"在英语中对应的词应是 survey, inquire, research 等，因此，将西方的"investigative reporting"译成"揭露性报道"更恰当些，这样人们就不容易将"investigative reporting"中的调查与其他新闻报道中的调查混淆了。③ 由此可见，调查性报道的"调查"不同于一般报道的"调查"：其一，一般报道只报道孤立的、公开的突发事件的表面结果，而调查性报道则注重挖掘新闻事件内在的、隐蔽的关系，并向公众分析、揭示这些内在联系的重大意义；其二，一般新闻报道常常受制和听命于突发性新闻事件，强调时效性；调查性报道则注重揭开那些被有意隐蔽、不欲为人所知的内幕，它主动性更强，而对时效性则不过分苛求；其三，调查难度比一般报道大得多，费时费力。有不少调查报道所涉及的事件，最初没有结论，甚至没有任何线索，要靠记者的

---

① 傅海：《西方理论视域中的调查性报道》，《采写编》2005 年第 5 期。
② 张威：《调查性报道对西方和中国的透视》，《国际新闻界》1999 年第 2 期。
③ 傅海：《西方理论视域中的调查性报道》，《采写编》2005 年第 5 期。

深入调查来完成这一过程。另一个必须廓清的概念是，调查性报道并不等同于批评报道，二者有着显著的区别。

由以上分析可以看出，暴露和揭丑只是调查性新闻报道中的一个条件，按格瑞斯的定义，严格意义上的调查性报道还需要另一个条件，即有人试图掩盖或封杀新闻。这条标准将调查性报道与一般的揭露性报道区分开来，同时又与深度报道划清了界限。因此我国调查性报道研究学者张威认为，调查性报道以暴露或揭丑为核心，以社会的腐败现象、犯罪、政府官员的错误行为、内幕新闻以及被某些人企图掩盖的事实为主要目标；它是新闻媒体相对独立、精密的、深入的采访活动；它比较费时，篇幅较长，经常以连续报道的形式出现。[1]

经济调查性报道是调查性报道的一个重要分支，在本质特征上与一般的调查性报道没有区别，只是在报道的内容上有特定的指向性。经济调查性报道主要是记者对社会公众关心的经济事件、经济新闻人物或对社会公众影响较大的经济领域深藏的、潜在的经济问题、经济现象，经过周密的调查研究，用活生生的第一手材料和可靠的数据写出的具有一定权威性的报道。

二、经济调查性报道的发展

（一）西方调查性报道的发展历程

调查性报道发端于美国，其发展的历程，在新闻事业史上源远流长。17世纪70年代，美国的报纸为了吸引读者的注意力，开始对社会政治、经济和社会丑闻进行揭露，揭露的内容包括政治活动的内幕、政府的贪污腐化、企业的营私舞弊、黑社会的各种犯罪活动。但这时期的报纸都被政党控制，作为政敌之间互相攻伐的武器。

19世纪后半期，美国报业大王普利策开始鼓吹社会变革，鼓励大众与政府和巨商的贪污腐化作斗争，强调报纸应揭露贪污腐化。他主张"有力的写作和讨伐性新闻"，他还指出："什么是新闻的特色？就是斗争和揭露罪恶，为社会谋福利，发表独家新闻……我们的报纸每天至少要有一条独特的新闻，每一期要有一条'爆炸性新闻'。"在他接手《圣路易斯邮报》的第一年，就风风火火，揭露了煤气公司的欺诈行为、彩票的骚乱、运货马车的垄断和保险公司的欺骗。1883年5月11日，普利策在《世界报》创刊号上发表《告读者书》："在这个日益发展的大都市里，这样的一份报纸是有用武之地的：它不

---

[1] 张威：《调查性报道对西方和中国的透视》，《国际新闻界》1999年第2期。

仅便宜，而且明白易懂；而且容量很大，而且真正具有民族精神——忠于人民的事业，而不当有钱有势者的奴仆……揭露丑恶的欺诈现象，鞭挞一切社会罪恶和弊端；真挚地、诚心地、诚心诚意地为人民服务和战斗。"普利策身体力行的宣传，为调查性报道的出现做了思想上的启蒙。

20世纪初，美国正处于从农业社会到工业社会的转型期，各类社会问题如政府运行效率低下、官员腐化、贫富阶层分化、福利制度极不完善、种族歧视严重等层出不穷，一些杂志记者敏锐地感觉到了这种变化，并尝试用一种更加主动、更加深入的报道形式来揭露和批判这些现象，分析其成因，提出自己的建议，以期推进社会的变革，于是一场被称为"Muckraking"——也就是"扒粪运动"的黑幕揭发运动轰轰烈烈地开展起来。"扒粪者"（muckraker）这个不雅的称号来自于英国小说《天路历程》中的一个小人物，他从不抬头看天，只是热衷于用铲子铲地上的秽物。由于难以忍受记者无休止的询问和追逐，当时的美国总统西奥多·罗斯福曾经怒不可遏地斥责记者"专挖丑闻"，并形容他们是"扒粪者"（muckraker），新闻界觉得像美国这样大的一个国家，如果没有深入的调查性报道，就无法监督政府可能产生的腐化和不法行为，于是"扒粪者"这个称呼被流传开来。

1903年，林肯·斯蒂芬撰写的《城市的耻辱》、艾达·塔贝尔撰写的《美孚石油的历史》以及雷·斯坦纳德撰写的《工作的权利》相继发表，三篇报道分别揭露了市政府腐败、石油大王洛克菲勒的不正当竞争行为以及煤矿主残酷镇压工人罢工的情况。由于迎合了当时美国公众的不满情绪，黑幕揭发运动逐步兴盛。1905年，《克里尔》杂志揭露了不法商人在药物和食品里掺假的报道，这直接促成美国通过了《食品和药品纯洁法》，使公众对调查性报道的关注达到了空前的高度。据统计，1900—1915年，黑幕揭发者大约发表了2000篇文章，其内容涉及美国社会的方方面面。

20世纪70年代，调查性报道的记者们关于五角大楼、越战等一系列重大问题的揭露把调查性报道推向了顶峰，调查性报道大大深入人心。调查性报道的里程碑是《华盛顿邮报》披露"水门事件"。从1972年6月起，该报的青年记者罗伯特·伍德沃德和卡尔·伯恩斯坦根据在水门办公大楼里发生的一宗普通的入室行窃事件穷追不舍，通过22个月的调查和报道，揭露了尼克松的政治丑闻，引发了国会的介入，最终导致尼克松的下台。虽然在总统的辞职中具有决定性因素的并不是记者的报道而是美国的司法制度，但是调查性报道在事件中的作用依然不可忽视。更为重要的是，这些报道使得新闻界开始重视运用和研究这一重要的新闻手段。

1985年，普利策新闻奖中增设了"调查性报道"这一奖项，历年来获得普利策新闻奖的新闻报道中有极大部分是以揭露丑闻为主的调查性报道。1918年《纽约晚邮报》记者哈罗德·A.利特代尔发表了以揭露新泽西州监狱滥用职权的报道而获"报道奖",这是最早获得普利策新闻奖的调查性报道。在1992年之前颁发的580项新闻奖中,调查性报道摘取了40%的奖项。

如今,调查性报道与解释性报道、客观性报道三足鼎立,成为美国新闻界以至整个西方新闻界的主流学派之一。专注于调查性新闻研究的调查新闻学(Investigative Journalism)也应运而生。美国还设有"新闻记者与编辑组织",该组织由美国具有丰富调查性报道经验的编辑和记者组成,组织大规模的调查性报道,产生了极大的影响。美国还设立了"调查性报道"基金会,为调查性报道提供援助,可见美国对调查性报道的重视。

(二)经济调查性报道在我国的发展

调查性报道在我国近代备受打击,发展缓慢。沈荩是为中国调查性报道而牺牲的第一人,1903年,他查出了清政府和俄国商定卖国机密的内幕,并在日本报纸上完整地揭露出来,引起了国民的极大愤慨,结果,他被清政府以"杖刑"处死。稍后的著名报人邵飘萍、史量才、邹韬奋均因发表揭露当局黑暗面的调查性报道受到了当局的迫害。1941年,重庆《新华日报》欲揭露"皖南事变"的真相而受到国民党的封杀。1956年4月,《人民文学》发表揭露官僚主义的《在桥梁工地上》,这篇调查性稍显薄弱的报告文学不久被视为毒草而受到了批判。改革开放前,由于左倾思潮的影响,调查性报道基本无立足之地。20世纪80年代改革开放后,随着政治环境的改变,我国调查性报道才享受到久旱后的甘霖,经济调查性报道也开始获得新的发展空间。

20世纪80年代我国经济调查性报道的发展与深度报道的崛起密不可分。1980年《工人日报》身先士卒,发表了"渤海二号"钻井船在拖航中翻沉的报道,报道从经济和社会的"相交点"入手,从广泛的社会背景和大容量的非经济视野中选材,多角度透视钻井船翻沉的社会原因,锋芒直指官僚主义和腐败,这篇报道可算是经济调查性报道的开山之作。1980年《人民日报》发表《不要让子孙后代埋怨我们》的报道,记者用调查所得的事实材料说明北京水源给首都的经济生活、环境卫生和人民健康带来了严重的危害,分析了水源污染的主要原因。1987年5月6日,大兴安岭发生特大火灾,《中国青年报》发表的《红色的警告》、《黑色的咏叹》、《绿色的悲哀》3篇系列报道,既是20世纪80年代深度报道的代表之作,也是中国经济调查性报道中不可忽视的名篇。

进入20世纪90年代后,随着电子媒介成为大众媒介的主流,1994年4月,中央电视台推出了新闻评论性节目《焦点访谈》,开始了调查性报道的继续探索之路。1996年5月17日,《新闻调查》应运而生,再加上中国广播电台的《新闻纵横》等节目,这些栏目都播出了大量的反映现实生活阴暗面的调查性报道,受到了大众的普遍欢迎,这标志着调查性报道在我国已深入人心,经济调查性报道也在沉寂中复苏,并产生了一批影响中国经济改革进程和调查性报道发展的典范之作。如《中华工商时报》1994年9月17日刊登的《对北京市假冒伪劣商品的调查》、1998年中国新闻奖一等奖获奖作品《关于郑州亚细亚商场、集团兴衰的调查》(《郑州晚报》1998年9月9日)等。

1998年4月《财经》杂志创刊。创刊号上以揭露上市公司黑洞的经济调查性报道《琼民源》作为其封面文章,创刊号卖了5万册。4个月后,《财经》杂志再度推出《君安振荡》。2000年《基金黑幕》的刊发更是引发了中国证券市场的"大地震"。随后,随着《庄家吕梁》、《银广夏陷阱》、《蓝田神话凋零》等经济调查性报道的刊发,使《财经》一跃成为中国"扒粪名牌",同时也大大推进了我国经济调查性报道的发展。

进入21世纪后,随着我国市场经济体制改革的不断深化,经济调查性报道在我国政治、经济生活中发挥的作用越来越大,经济调查性报道也较好地满足了受众对新闻真相的关注,成为塑造媒体品牌效应直接又快捷的方式。2001年《中国经济时报》记者王克勤对北京出租车业垄断黑幕的调查,2002年《中国青年报》记者刘畅对山西繁峙矿难瞒报的调查,2003年新华社记者朱玉对龙胆泻肝丸可能导致尿毒症的调查,2004年《新闻调查》栏目播出的《张润栓的年关》、《命运的琴弦》、《深圳外贸诈骗》等节目,2006年《财经》等媒体对哈尔滨天价药费事件的调查,成为中国经济调查性报道发展史上的经典之作。

三、经济调查性报道的类型

周海燕的《调查性报道采访与写作》一书中将调查性报道分为揭露性调查报道和调研性调查报道两大类型,经济调查性报道也可照此分类。

(一)揭露性调查报道

这类经济调查性报道重点是揭露政府机构、公司企业、公共机构及其工作人员在经济活动中的不法行为和丑闻。采写这类报道的记者,一般是根据日常新闻中发现的蛛丝马迹,或者根据群众来信和内线关系提供的秘密信息进行或公开或秘密的采访和调查。在整个调查活动中,记者必须独立寻找新闻线索,跟踪追击,获取证据资料,以求达到最终的准确判断,并有选择地予以披露,为维护社会健康与净化社会空气做贡献。

2001年《财经》杂志刊出的《"银广夏"陷阱》、《谁在操纵亿安科技》、

《中国经济时报》刊出的《兰州证券黑市狂洗"股民"》等都是近年来有影响的揭露性报道。

近年来，我国揭露性经济调查报道在内容上日益深刻，在文本表现上亦日趋成熟。2004年引起轩然大波的《河南商报》记者所发表的《消费者小心：巨能钙有毒》就是通过医疗专家鉴定结果将巨能钙各种类型的双氧水含量揭示给消费者，并通过调研提供了双氧水对人体危害的证据，从而揭露了该公司对消费者隐瞒事实真相的黑幕，是一篇调研深入、主题鲜明的揭露性经济调查报道。

（二）调研性调查报道

这类报道从传统的揭露性报道发展而来。首先，这类报道意在调查清楚事实的真相，其重点既非揭露某桩丑闻，也非追踪某个特定的违法者，而是系统地调查研究政府经济体制、公司企业运营以及整个经济制度的痼疾和缺陷，通过揭示这些痼疾和缺陷来推动社会经济变革；其次，它往往从正面进攻，讲求报道调查的系统与全面，报道者采写报道的目的不是为了揭发内幕丑闻，而是立足现实，面向未来，兴利除弊，意在通过对社会问题或社会现象的深入调查、剖析，使问题得到关注，用建设性的主张求得社会共识，推动社会良性发展。这一类报道可以是对一个新闻现象的报道，如从某单方面去报道，因而往往字数较多，篇幅较长，报道比较详细、深入。

采写这类报道的记者，不注重建立私密的线索来源，而把重点放在查阅公开的文件资料上，他们的方法一是建立自己的文件资料分析系统，便于分析研究；二是同各种专家、权威人士（尤其是经济方面的）建立联系，形成强大的知识储备。

经济调研性调查报道重点关注经济体制的种种弊端，这方面的代表作有1974年获普利策奖的《纽约每日新闻》记者威廉·谢特曼的《纽约医疗计划弊端的揭露》。我国《21世纪经济报道》等新财经报纸和《南方周末》也大量刊登此类报道，如《南方周末》2001年6月8日第一版刊登的《"武隆滑坡"反思：一栋楼的坍塌与一个城镇的成长》，该报道并没有单纯停留在事故责任者的调查上，而是更多地着眼于宏观角度，积极介入经济制度、社会制度的构建，从经济与环境、人与环境的关系角度进行反思，与传统的揭露性报道相比，这类调查性报道更富有建设意义。

第二节 经济调查性报道的社会功能

调查性报道在美国是单纯的负面新闻。首先，调查性报道是作为"政治腐败的揭丑人"而存在的，美国记者斯蒂芬斯所著的《新闻与揭丑》一书中就收集了大量美国黑幕报道的经典作品，其中包括《参议院的背叛》、《联邦官僚机构是如何运作的》等许多揭露政治腐败的新闻作品。其次，调查性报道记者是名副其实的"社会黑暗的'掏粪者'"，他们往往以大无畏的精神把触角刺向社会的黑暗角落，揭露社会矛盾，暴露社会隐患，以促进社会改良和社会进步，经济调查性报道也同此。

由于中西方不同的历史传统和价值观念，在运用调查性报道时，其报道对象、报道范围、报道的侧重点等各有不同。在我国，媒体是作为党和政府以及人民群众的喉舌存在的，"以科学的理论武装人，以正确的舆论引导人，以高尚的精神塑造人，以优秀的作品鼓舞人"是社会主义新闻事业的根本任务。即便是对"揭露性题材"的报道，其目的也是发现问题、寻找妥善解决问题的途径，从而避免同类问题再次发生，因此大量中性、正面的题材需要新闻工作者去挖掘，这就拓展了调查性报道的生存和发展空间，同时也拓展了调查性报道的社会功能。

经济调查报道在我国主要从以下方面发挥其独特的功能：

一、直面经济问题与漏洞，对社会起预警作用

社会预警是指记者通过对关系国计民生的问题的调查和揭示，提前发现问题，发出信号，给决策者和社会全体成员提供决策依据，从而促进社会进步和经济发展。正如普利策所说："倘若国家是一条航行在大海上的船，新闻记者就是船头的守望者。他要在一望无际的海面上观察一切，审视海上的不测风云和浅滩暗礁，及时发出警告。"经济调查性报道记者尤其如此。

《中国经济时报》记者王克勤用半年时间，历尽艰辛采访了北京市100多位出租车司机、众多出租车公司经理和相关政府部门官员及专家学者，写成了《揭开北京出租车业垄断黑幕》，在2002年12月6日刊出后，由于其披露北京出租车业垄断黑幕的深度、广度和力度前所未有，引起了极大的社会反响。这篇报道翔实地反映了北京出租车行业触目惊心的内情，由于首都地区出租车行业在有关当局的垄断下将出租车经营权这个公共财富和公共资源变成少数人手中的特权，从而损害了广大出租车司机的利益和积极性，导致他们怨声载道，群情激愤，甚至有集体停运、集体卧轨自杀以示抗议的情况发生。文章刊发当天的编者按指出：该报道对十六大以后的中国行政管理体制改革具有重要的案例启发意义，对北京乃至全国的出租车行业市场化改革会产生一定的推动作用。今天，一个切实有力的出租车业管理体制的改革已经拉开帷幕。[①] 文章发

---

① 刘太阳：《中国身价最高的记者：王克勤》，《青年记者》2003年第4期。

表后仅8天，温家宝总理就作出了重要批示，认为出租车行业的问题到了非管不可的程度了，有关部门应该深入调查，拿出具体的整改方案，以北京为试点，切实改革中国出租车行业的管理体制。

二、推进民主建设，促进社会改革和进步

调查性报道在西方是媒体进行舆论监督的强有力的手段，即通过发表揭露当权者滥用职权或者犯罪事实的信息，增加政府工作的透明度来促使政府承担起责任。Silvio Waisbord在《为什么民主需要新闻调查》一文中说："新闻调查之所以如此重要，因为它对民主化管理作出了很大贡献。它的角色可以理解成符合新闻界为'第四等级'（Fourth Estate）的典范。根据这一典范，新闻界应该通过发表与公共利益密切相关信息，使政府承担起责任，即使这种信息揭露了当权者滥用职权或者犯罪的事实。从这一角度来看，调查性报道是新闻界对民主的最重要的贡献之一，它与民主制度中的制衡逻辑密不可分。新闻调查提供了一个监控民主机构表现的可贵机制，民主机构广义上包括政府机构、群众组织和公营公司。"[①] 应该说经济调查性报道在这一点上更是有所作为。

以典型事件来推动一个领域的整体改革，是新闻报道推动中国改革前进的有效形式之一。从这个意义上说，经济调查性报道往往能起到一叶知秋的作用，2005年末发生在哈尔滨的"天价药费"事件就是一个极好的例子。"天价药费"事件一经媒体以经济调查性报道的方式报道，立即在社会上引发强烈"地震"，报道击中我国医疗体制改革的软肋，在卫生部成立专家组调查后，中纪委、公安部等政法部门也先后调查此事，对推动我国医疗体制改革产生了积极的影响。

三、有效地维护社会公众利益

普利策在论及调查性报道的意义时指出："如果人们想要和世界上的罪行、邪恶和灾难作斗争，他们必须知道这些罪行。因为这些罪行、邪恶和灾难正是在秘密的基础上才得以滋生的。"将隐蔽的罪行暴露在公众面前，这正是调查性报道的主旨所在。因此为维护社会公众的利益，有必要采用经济调查性报道的方式，充分揭露不为公众所知的种种经济内幕。由于经济调查性报道的这种揭露性特点使其具有唤醒民众、启发民众的功能，在一定程度上起到了除恶祛邪、伸张正义、维护民众利益的作用。

---

① Silvio Waisbord：《为什么民主需要新闻调查》，http：//www.usembassy-china.org.cn/jiaoliu/jl02&0301/why.html。

2001年2月3日《中国经济时报》发表的《兰州证券黑市狂洗"股民"》，不仅挽回了兰州近万名受害股民的数亿元损失，将150多名犯罪分子送进囚房，更重要的是在全国范围内引发了一场声势浩大的铲除证券黑市的运动，包括北京在内的全国26个城市先后清洗了数百家黑市，为全中国老百姓挽回了巨额损失。更有意义的是，正是这篇报道让全国人民都清楚了这样一个重要的事实："众人眼中神圣的证券市场上也有假市场，犯罪分子已将罪恶的黑手伸向财经知识十分贫乏的每一个社会公众，你我他都有可能成为证券黑市的牺牲品。"从此，国人炒股多了一个心眼，开始提防误入证券黑市而上当受骗。从这个角度看，该文作者其实是在为每一个已经是股民或即将成为股民的人做了一件有功德的事，他们成为广大公民合法权益的积极维护者。①

2003年春节后，新华社国内部主任记者朱玉由一封读者来信开始介入采访，报道了一起震惊全国的龙胆泻肝丸事件，披露了龙胆泻肝丸会导致尿毒症的惊人真相，引起全国重视。在接受"记者档案"节目采访时，朱玉介绍了自己写作的动机与经历："2003年春节的前一天，在一个会上，我遇到了一个同时与会的人，会议的主持人介绍他是一个重病患者，当时我一见他心里就'咯噔'一下，这个人的脸色怎么是灰暗的颜色。然后在下面聊天的时候，我发现这个人穿了一条特别厚的毛裤，一般人没有穿这么厚的毛裤的，我就问他：'你怎么啦？'他说：'我是尿毒症患者。'因为我是跑卫生行业的记者，我马上就问他：'你怎么得的尿毒症的？'他说就是龙胆泻肝丸。"龙胆泻肝丸当时是一种挺知名的中药，尽管当时感觉很"夸张"，在接到4个患者署名的信后，朱玉就开始了艰难的调查。在朱玉的稿件《龙胆泻肝丸——清火良药还是致病根源？》刊出5天以后，国家药品监督局发出一个紧急通知，要求今后购买龙胆泻肝丸必须使用医生的处方，就是把这个药的管理提高了一个等级。在这篇稿件刊出一个多月以后，2003年4月1日国家药品监督管理局再次发出通知，要求各企业把龙胆泻肝丸中关木通这一种药置换，取消关木通的药用标准，即含关木通的药品被禁止生产。鉴于朱玉在2003年度中的突出表现，专家和观众推选她为2003年"中国记者风云人物"。推介词如下："让世界因为拥有我们而更美好，朱玉用自己的行为实践着这句话。"这可以说也是经济调查性报道社会功能的现实写照。

四、指导经济工作和完善经济政策

我国的经济调查性报道带有浓厚的分析研究味道，它经常是针对某一具体

---

① 崔克亮：《记者的使命与价值》，http://www.weachina.com/html/01601.htm.

问题，从各个侧面进行细致调查，深入研究，挖掘出其深层原因，并试图找出解决问题的方案与对策。1998年中国新闻奖一等奖作品《关于郑州亚细亚商场、集团兴衰的调查》可算是此类调查性报道的经典之作。记者敏锐地抓住了商户堵门讨债风波这一案发事件，从亚细亚的管理、用人制度到它的监督机制，从流通体制到高层管理矛盾，层层剖析了亚细亚由盛到衰的深层原因，道出了企业内部存在的根本问题。

医疗卫生与普通百姓的生老病死息息相关。目前，我国的医疗体制改革正处于转型期，经历着前所未有的变化，由于我国卫生事业发展滞后，老百姓看病难、看病贵的呼声日益高涨。卫生领域的矛盾多、问题多、焦点多、难点多。这些既是医疗卫生改革的重点任务，也是媒体医疗卫生报道长期的重要选题。不少报道从民生视角出发，不管是传播国家医疗改革的大政方针，还是客观、科学地报道百姓对医疗卫生改革措施的感受和建议，均与医疗改革形成互动，共同推进了医疗卫生改革制度的完善。

被称为"新医改方案"的《关于深化医药卫生体制改革的意见》（征求意见稿）2008年10月14日发布，仅一个月内就收到意见和建议超过三万五千条。这一方案能否解决"看病难、看病贵"的问题，成为社会关注的焦点。"千呼万唤始出来"的"新医改方案"在2009年元月公布。包括医疗保障、基本药物、基层医疗服务体系、公共服务均等化、公立医院改革在内的五个配套方案也同时"亮相"。为了对"新医改方案"深入了解，《第一财经日报》记者专门到南京采访调查，从多层次保障体系、基本用药零差率销售、"药房托管"和医患纠纷调解等几个方面总结了南京模式带来的启发与思考。

南京模式"新突破"：中国医改"探路石"

2008年，备受关注的《关于深化医药卫生体制改革的意见（征求意见稿）》（下称《征求意见稿》）的出台，再次引发对新医改方案的争议，各方虽然各持己见，但是对于"政府主导"、"建立基本医疗卫生制度"的方向却毫无争议。

而已经进行了5年医改的南京市卫生体系成为了日前关注的对象。"南京市在医疗保障体系建设上取得新突破，医疗改革取得新进展，惠民医疗取得群众的高度认可。这些成绩，是在国家没有比较完整和清晰的政策出台之前，率先探索出来的，包括医改方案、城乡医疗保险体系、惠民医院和药房托管在内，都是大胆改革的产物，走在全省和全国的前列，取得了较大的成功。"2007年12月6日，时任南京市委书记的罗志军在调研时如此表示。

日前,《第一财经日报》记者专门就南京医改模式采访了南京市卫生局局长陈天明以及相关专家,试图勾勒出一块中国医改的"探路石"。但南京医改模式能否在全国推行,陈天明自己却认为,"这只是适合南京环境的改革"。

多层次保障体系

"全市现已形成由城镇职工基本医疗保险、城镇居民基本医疗保险、新型农村合作医疗以及特别困难群体惠民医疗救助等构成的多层次的医疗保障体系。城镇居民医保主要包括三类人员:学生、儿童、老人和城镇其他居民(无用人单位、无固定职业、无稳定收入的居民)。"陈天明表示。

早在2001年,南京市就建立了城镇职工基本医疗保险制度。六年后,相继制定出台了《南京市城镇居民基本医疗保险暂行办法》、《南京市城镇居民基本医疗保险暂行办法实施细则》等文件,将包括学生儿童、老年居民、灵活就业人员等在内的城镇居民纳入基本医疗保险范畴。居民和学生儿童的筹资标准分别为450元、150元,参保居民在一个结算年度内发生的符合支付范围的住院、门诊大病和门诊医疗费用累计支付限额为8万元。确定了医保首诊的83家社区卫生服务定点机构,明确居民基本医疗实行社区首诊及双向转诊制。

而2008年8月,又制定出台了《南京市城镇社会基本医疗保险办法》,增加了农民工大病医疗保险,至此,城镇基本医疗保险制度覆盖范围扩大到城镇各类人员。

陈天明告诉记者,2008年新农合人均筹资标准提高到150元以上,其中雨花台区人均筹资标准达到235元,参合率100%。全市筹资总额达到3.35亿元,与2007年相比增加了37%,"2006年起,市、区县分两年投入13亿元,加强郊区县医院基本现代化建设和农村社区卫生服务机构建设"。

国家所公布的《征求意见稿》中,有这样的一段话:"加快建立和完善以基本医疗保障为主体,其他多种形式医疗保险和商业健康保险为补充,覆盖城乡居民的多层次医疗保障体系。"而南京医改模式无疑在很大程度上体现了这样的思想。

"2009年应该能实实在在地推进全民医保,特别是城镇居民医保,但是对于'三无'人员的医保,估计还不能全面推进。"中国社会科学院经济研究所研究员朱恒鹏对《第一财经日报》记者表示,"2009年国家的经济情况决定了这一年的财力问题,各地也会根据各地的财力量力而行。"

这就使医改面临一个挑战,即如何很好地解决"收支"的问题。

基本用药零差率销售

"2008年,市、区两级财政城市社区卫生服务专项经费预算分别达1500万元、1亿多元,与前年同期递增分别为20%、15%。"陈天明表示。

2007年9月起,南京市社区卫生服务全面启动了"收支两条线预算管理、基本药物零差率销售"改革。社区卫生服务所有收入全部上缴财政专户,职工工资和奖金由区卫生局和区财政局考核发放。确定了零差率销售基本药物的目录,城区350种、农村180种。社区居民持居民健康卡购买《基本医疗用药目录》范围内药品,实行零差率销售。

据陈天明介绍,2008年,南京市各区财政安排零差率药品让利专项补助经费预算约4230万元。截止到2008年11月底,让利近3325万元。而据统计,2008年与改革前相比,零差率销售的基本医疗用药供应价格比改革前零售价格平均降低30%~40%;人均门诊费用和平均处方值较改革前同比分别下降19%和21%,门诊服务人次同比递增28.96%。

"从根本上改变社区医疗卫生服务机构'以药养医、以医养防'的状况,更好地为群众提供安全、有效、方便、价廉的公共卫生和基本医疗服务。"陈天明表示。

目前,南京已建社区卫生服务机构880个,人口覆盖率达100%,居民步行10~15分钟就可到社区卫生服务中心(站)。陈天明说:"南京已基本形成了社区卫生服务机构与医院和预防保健机构分工合理、协作密切的新型城市卫生服务体系,社区卫生服务工作取得了明显成效。"

据了解,卫生部12月份组团去南京专门就南京的医改经验做了一番调研,该部的一位工作人员这样表示:"南京的社区卫生是目前做得最好的。"

但是,对于政府全额拨款的社区卫生服务体系,也有专家认为,可能会导致医疗服务供给不足,医疗服务质量不高,医生严重缺乏工作积极性。

"药房托管"

在中国社会科学院经济研究所研究员朱恒鹏看来,2009年改革的方向中先是药的改革,目前医疗机构使用药品是扭曲的。而"看病贵"问题的一个主要表现是药费支出过高。从药费支出占全社会医疗总支出的比重这个数字可以清楚地看出国内药品使用所存在的问题。2006年国内该比重为47%,通过公立医疗机构销售的药品占了药品零售总额的80%左右，因此所谓药费支出过高问题实质是指由公立医疗机构销售的药品费用过高。

因此，药品的改革是必须要走的一步。而在各方意见还在争执是取消15%加成还是等额加价的时候，南京市已经开始了"药房托管"。陈天明告诉《第一财经日报》记者："南京率先在全市二、三级医院推行'药房托管'，让利患者1.1亿元。"

"药房托管"是由医疗机构通过契约的形式，将其药房委托给具有较强经营管理能力并能够承担相应风险的相关机构有偿经营或管理的一种经营活动，是实现医药分离的一种探索性尝试。

早自2003年起，南京市在栖霞区和雨花台区先后试行药房托管改革工作，在试点总结经验的基础上，于2006年4月采取分类实施、分步推进的办法，在全市156家二级及以下医疗机构全面推行了药房托管工作。2008年起，全市9家三级医院也正式实施"政府主导、集中托管、统一收支、全程监管"的药品集中托管。

"托管以来药品购销16.74亿元，直接让利群众1.13亿元，其中2008年1—6月份，购销药品6.08亿元，直接让利群众4348.1万元。2007年，全市药房托管的二级以下医疗机构用于惠民医疗补助、慈善门诊、路倒救助及抵付患者欠费等公益性支出药费178.9万元。"陈天明告诉记者。

医患纠纷调解

近年来，医患关系一度出现了紧张。医疗信息的不对称，导致出现了医患纠纷，不仅仅是卫生行政管理部门、医院、医生头疼的问题，亦是患者头疼的问题。

2008年3月，南京市在鼓楼区、秦淮区、高淳县试点实施医疗责任保险，建立医患纠纷人民调解委员会。而医患纠纷调委会主任由司法局分管调解工作的副局长担任，副主任由卫生局、公安局分管领导担任，委员由本地区具有法学、医学专长的人大代表、政协委员和其他知名人士担任。

"根据需要聘任2名以上专职调解员，并将辖区内优秀调解员聘任为兼职调解员，如鼓楼区医患纠纷调委会现有4名专职调解员，一名懂法，一名懂医，一名懂调解，一名是法律专业毕业、能够熟练操作现代办公设备的文秘人员，在调解工作中形成'专业互补、技能互助'的团队优势。"陈天明表示。

据介绍，2008年1—10月份，南京市人民调解组织共接待群众来访来电486批次、1000多人次，受理医患纠纷314件，调解成功306件。调解未成功的8件纠纷都已进入鉴定和司法程序，没有一起发生突出问题。

"医患纠纷之所以不断出现，一个重要的原因，就是当事人对原有的纠纷解决渠道，或者缺少信任，或者感到成本太高，不愿选择现有渠道通过正常途径解决纠纷，使纠纷大量涌向制度外，从而使对抗性不断提高，矛盾不断激化。而人民调解组织的介入，使当事人在现有解决途径外多了一种选择。同时，人民调解与医患双方都没有利害关系，通过调解达成的协议具有法律效力，具有较强的公信力；调解方式简便易行、成本低。"陈天明表示。(《第一财经日报》2009年1月1日)

这篇报道以已经进行了5年医改的南京市卫生体系为调查对象，将在国家没有比较完整和清晰的政策出台之前，南京市在医疗保障体系建设上取得新突破、医疗改革取得新进展、惠民医疗取得群众高度认可等方面的率先探索——解释出来，包括医改方案、城乡医疗保险体系、惠民医院和药房托管在内的大胆改革，南京市属于走在全省和全国的前列的典型，报道显然对于我国医疗体制的改革有一定的指导作用。

第三节 经济调查性报道的报道要求

经济调查性报道的报道要求是对经济调查性报道的规范，它是受新闻报道特别是经济调查性报道自身规律的制约和影响，在长期的业务实践中逐步形成的。通常经济调查性报道一方面要受到来自外部的国家政治和法律以及社会风俗习惯等方面的制约和规范，另一方面也受到来自内部的业务规范和职业道德方面的制约。认识和掌握并遵循经济调查性报道的报道要求，对于做好经济调查性报道，实现新闻传播的最佳效果具有重要意义。

一、记者要有高超的调查取证技巧

一位从事调查性报道的获奖记者曾说过："记住，只知道把事实公之于众还不够，必要时你还必须有能力在法庭上加以证明。"[1] 记者在采访中运用高超的调查技巧，取得关键的证据，既可以将事实调查得水落石出，向社会公布真实、准确的信息，又可以利用这些证据有效地保护自己。

《中国青年报》记者刘畅曾说："当事件发生时，记者在现场。"这其实道

---

[1] 汤姆森基金会：《新闻写作基础知识》，新华出版社1986年版，第92页。

出了经济调查性报道调查采访的一个关键技巧,那就是记者要深入被调查事件现场,才能不断地逼近新闻事实。刘畅为揭开繁峙矿难的事实真相,他冒着被跟踪、生命随时受到威胁的危险,走近遇难者家属及知情者,终于使"死亡37人、毁尸灭迹、隐瞒不报"的特大恶性金矿爆炸事故真相大白。《山西繁峙矿难系列报道》获2002年中国新闻奖一等奖,这组报道的力量就在于"我在现场,我有证据"。

同时,要善于采用"立体式调查法"。对于一个新闻事件来说,事件真相和相关人物通常构成一种"同心圆"的关系,要了解真相,最逼近圆心的当然是事件当事人,其次则是事件参与者,再外层则是事件目击者,然后是知情人。越内层的人物提供的信息越有价值。在此意义上,"立体式调查法"指的是:记者从当事人、参与者、目击者、知情人4个层面,根据重要程度的不同,按由内向外的先后顺序采集信息。如果内层信息由于特定原因难以获得,记者就跳过内层转向次内层,在一个由事件相关人物构成的立体空间中,并行不悖地获取信息。① 朱玉采写的《龙胆泻肝丸——清火良药还是致病根源?》就是采用这种调查方法,它的优势在于当内层人物不愿或不能透露信息时,通过对外层人物的采访,记者可将调查继续下去。另一方面,记者也能够避免与有关利益集团正面交锋,从侧面切入真相内核。②

另外,要善于"捕风捉影"。大多数经济调查性报道都是深入而系统地揭露经济领域中存在的问题,采访中采访对象总是想办法回避记者,所以记者一开始介入事实时,得到的信息可能是传言或者是没有具体事实细节的线索,而且若有若无,像风和影子一样飘缈不定,因此记者要了解事实的真相,使无形的新闻事实变成可以报道的有形新闻事实,就要善于"捕风捉影",运用追踪调查法,围绕"风"和"影子"一样的新闻线索,以追根溯源的办法通过走访和调查等来还原事实的真相,发掘出其影响和意义。

事实上高超的调查取证技巧还包括多方获取线索的能力。一篇优秀的经济调查性报道往往始于记者与高层人士的交流。一位财经记者曾经深有感触地说,"不认识一把手就不可能搞到独家新闻",此话当然有失偏颇,但是也有一定的道理,因为企业的重大决策就是商业秘密,往往只有少数高层人士能够了解内情,所以企业高层人士是报道线索的一个重要来源。另一个线索来源是企业内部的知情员工。当企业运营出现问题时,获知内情的决不仅仅只是老总、高层,员工们或多或少都会了解一些内幕,为了保护自身的利益,或是出

---

① 曾华国:《中国式调查报道》,南方日报出版社2006年版,第168页。
② 曾华国:《中国式调查报道》,南方日报出版社2006年版,第168页。

于义愤，他们中的不少人会选择向媒体透露内情，借助舆论达到自己的目的。获得报道线索更为主动的方法是抱有研究兴趣地进行观察，在日常报道中发现蛛丝马迹。经济调查性报道的线索还可直接来自经济科研院所的调查报告。这些调查报告经其科学的统计分析，深具权威性和公信力，是经济调查性报道的好选题和好材料。一些媒体采用指定选题，委托经济科研部门以调研的方式进行经济调查性报道，是媒体与学界联动的好例子。

二、采访中注意调查路径的设计

在调查性报道中，调查路径常常作为重要的构成要素在报道中显现。很多调查性报道都以记者的调查路径行文，实现结构的逻辑化。它们通常以调查时间的推进为纵线，以调查涉及的当事各方之间的平移为横线，呈现出完整的调查过程和清晰的调查路径，引领受众逐步接近事实真相。① 因此，与其他报道形式相比，经济调查性报道非常强调调查的路径，也就是采访的先后次序、主次关系：先采访谁、后采访谁，先从什么渠道拿到什么证言证据再去约见哪位当事人或相关人。因为有时在调查路径上的一个闪失，就可能造成意想不到的后果，或者调查被误导，偏离了正确方向；或者关键证据被销毁、重要当事人失踪，调查陷入僵局……不仅如此，调查过程中记者还需要随时根据情况的变化对已设计好的调查路径进行相应调整。

由于各种利益链条相互交织，与其他报道形式相比，经济调查性报道涉及的被采访对象之间关系更为复杂、微妙，每一方当事人都可能朝着对自己有利的方向叙述事实，当事各方各执一词，对同一事件的描述各不相同，甚至相互矛盾。为了报道的全面、客观、理性，记者需要对他们的话多方求证，从中找出疑点，重点突破，从而全面地还原事实真相。所以先采访谁、后采访谁，效果往往大不相同。因此，采取怎样的调查路径就变得非常关键。有些被采访对象提供的材料有可能引出其他人抛出更多的情况，这样的被采访对象就适合先采访；有些被采访对象可能是极力掩盖事实真相的人，一旦得知有人调查，会想方设法地阻挠，导致其他重要的被采访对象"失踪"或者证据被销毁，对他们的采访，当然适合在调查即将结束时进行；还有些被采访对象心有顾虑，出于趋利避害的本能选择沉默，如果记者没有掌握一定的能劝服他们的证据就贸然让其开口，很难得到他们的配合。

由此可见，设计调查路径时，记者可以设计这样几个问题：要证明这一点，需要哪些关键的证据？在哪些地方能得到这些证据？谁可能接受采访？这

---

① 郭静：《调查性报道的调查路径设计》，《中国记者》2007年第4期。

些被采访对象之间是什么关系？如何排列采访他们的先后次序？当调查遇到困难时可以向谁求助，等等，最后这个问题至关重要，因为对于始终要和掩盖真相的力量进行较量的调查性报道来说，发生意外情况是常有的事，即使是很有经验的记者，也有必要在设计调查路径时多作几手准备。

三、展示记者调查的全过程

经济调查性报道与一般只重视结果的客观性报道不同，它更注重"挖掘业已发生的新闻事件内在、隐蔽的联系，并向公众解释这些内在联系的重大意义"。它的魅力在于，不是停留在事实的表象上就事论事，而是力图揭示"新闻背后的新闻"。所以它强调和展示的，往往不是事物单纯的发生、发展过程，而是记者如何通过艰难深入、丰富细致的现场调查和逻辑推理，层层剥笋般接近并揭开被蔽或被尘封的事实真相的调查过程。

调查性报道的优势在于过程（事实是如何发生的），而受众的快感恰恰来自过程。通过对过程的延宕（也就是持续），可以让受众不断处于兴奋和期待的状态，从而一方面增加了受众期待的强度，另一方面也增加了期待获得满足的强度。这就是延宕策略，也就是在叙事过程中不断地、适时地给受众提供兴奋点，引起他们对叙事的期待。经济调查性报道既重视结果，又重视过程；结果是在展示调查过程的叙述中自然而然地显现出来的；通过报道调查过程，把林林总总的材料连为一体。展示调查过程通常有两种方法：一是把记者调查采访的详细过程写入报道，以记者的采访过程为主线，通过叙述采访经过和见闻来介绍新闻事实，揭露事实真相。二是运用调查得来的大量引语和背景材料反映调查过程，不断把报道引向深入。这种写法，就是把记者的言行从报道中隐去，主要使用采访对象的话来反映调查内容，并适当穿插新闻背景对相关情况进行介绍。调查性报道中的关键性事实，都是被调查对象在接受记者调查时说出来的。把调查对象的原话按照一定的逻辑联系介绍出来，也能够讲清调查内容。在介绍某人讲话内容时，对他的相关情况（如职务、身份、相貌特征等）进行必要的背景介绍，则会使事实交代得更详尽。①

在"南京冠生园"陈馅月饼曝光的报道中，中央电视台"新闻30分"栏目记者在2000年8月就得知了线索，他们到南京进行了暗访，断断续续地拍摄了两个月，2008年10月完成，从回收陈馅到加工整个过程都拍摄到了，只缺少回收的月饼做了什么的镜头。为了使报道翔实、准确，记者没有急功近利，而是迅速改变计划，决定再耐心等一年。2001年6月，央视记者再次来

---

① 程道才：《西方调查性报道的特点及采写要求》，《当代传播》2006年第2期。

到南京，在冠生园公司附近租了房子，使用了两部摄像机和望远镜。为了不被暴露，他们在屋子里挂上厚窗帘，人就像在蒸笼里。几十天下来，他们共拍摄了 700 分钟的带子。由于及时调整，耐心等待，使这次调查很充分，证据确凿，当事件在 2001 年 9 月曝光后遭到当事人反扑时，媒体和记者没有被打倒——因为报道详细地陈述了采访的全过程。"南京冠生园"最后在媒体、公众、市场的强大压力下申请破产。

真相是所有经济调查性报道绕不开的关键，展示调查的全过程就是把事件层层剥开引起受众共鸣的过程。2005 年 11 月 27 日新华社记者采写的《550 万买来最昂贵的死亡》，将调查过程中发现的我国医疗界的四大伤疤一一展示：医生开大处方、重复检查、信息不对称、医疗缺乏监管，调查所得的现实材料与背景材料交错使用，更凸显了报道的厚重感。《财经》2006 年 2 月号刊发的《哈尔滨天价医疗费事件真相调查》则将报道分为"ICU 67 日救治"和"哈医大二院管理责任分析"两部分，"ICU 67 日救治"通过对家属、医院医生和护士的调查采访，全面地还原了死者翁文辉的救治过程；"哈医大二院管理责任分析"则一一呈现围绕过度收费、是涂改还是修改病历、药品丢失悬疑、是否过度治疗等几个问题展开的调查过程，使受众对事件发生的每个环节一目了然，事物的真实面貌也真切地呈现出来。过程不需要修饰，不要轻易打破过程的完整性，通过过程揭示事物的本质比任何议论更能使受众信服。

此外，调查还应将事实与背景及观点的调查统一起来。例如，中央电视台 2008 年 12 月 1 日播出的《锗钛项圈市场盲目热捧》，这篇调查性报道围绕市场热销的锗钛项圈展开调查，先将电视购物广告对锗钛项圈的宣传、商场销售人员的介绍、商场和网上买得红火的事实和盘托出，然后记者带着锗钛项圈的生产厂家何在、检测结果如何以及对身体有无不良影响等疑问展开调查，将国家药品监督管理局 2001 年 12 月就已下发的《关于日常生活用品不作为医疗器械审批的通知》，作为背景材料加以对照，发现即便有厂家具备检测报告，但依据的却居然是玩具标准，由此引出专家观点。纵观整个报道，较好地把事实、背景与观点结合起来了。

四、将新闻自由与新闻自律结合

新闻自由是进行经济调查性报道的前提，只有拥有新闻自由，媒体才能获得报道的自主权，才能深入地调查出事实的真相。但是，经济调查性报道更需要自律，需要对自身进行约束来加强新闻职业道德建设，规范职业行为。总的来说，我国对调查性报道的要求应当是：以社会公共利益为主要目的；有强烈的社会责任感；专业的操作和行为准则：客观、真实、准确、及时、公正的报道手法。换言之，即在经济调查性报道中，记者要把媒体所享有的新闻自由与新闻自律结合起来，力求客观理性。

陈立丹指出，"客观是一种职业理念和行业规范"，"新闻报道应该依循事件的本相展开，而不应有任何人为的变形与扭曲"。①2006年6月15日，因不满《第一财经日报》有关富士康员工超时加班的报道，台湾地区首富郭台铭所控制的鸿海集团旗下子公司，以名誉侵权为由，向《第一财经日报》两名记者提出总额3000万元的索赔，并要求法院查封两记者的个人财产。由此可见，经济调查性报道也不例外。

员工揭富士康血汗工厂黑幕：机器罚你站12小时

在富士康深圳基地，23岁的陈峰（化名）正在琢磨，怎样逃离这家他刚工作不到一年的全球500强企业。

这段时间，他亲眼看到三个年轻女工因为经常加班，晕倒在了生产线上。他自身的亲身经历更让他觉得这不是一个适合工作的地方。

富士康外联部的贺小姐告诉记者，员工在车间晕倒并不是在公司加班过多，而是身体素质差，"招进来1000人，500人身体本来都有病。"

三个女孩的倒下

在富士康深圳龙华工业园生产一线上作业的，大多是一些20岁上下的青年。他们学历不高，辛苦一个月的报酬大约1000多元。

生产线上没有凳子，除了少数员工之外，一般操作工都必须站立工作，连续12个小时不停干活。工作完毕后，操作工们还需要留下来开夜会。

遇到晚上倒班，有些小姑娘吃好饭只能在楼梯上坐一下，然后进入生产车间直至第二天清晨。如果谁在楼梯上躺着睡，将被管理人员记过。

车间里不允许说话。在公司流传的一种说法是，假设在车间里设凳子并允许说话，将会影响员工的工作效率。

"12个小时啊，就像罚站一样。我一个男人都受不了，何况她们呢？"

深圳基地外联部的贺小姐向《第一财经日报》表示，12个小时的连续作业基本不可能，公司订单非常多，但都是8个小时一轮岗的。

"员工晕倒实际上是因为他们本身的身体素质差。"她说，"富士康包

---

① 陈力丹：《新闻的客观性——真实与客观形式的统一》，《新闻记者》1999年第9期。

吃包住，又买保险等，很多人都想挤破头进入富士康。"

据她说，几年来，很多人都通过缴纳千元的中介费方式，伪造文凭进入富士康。"他们正式工作以后，经常会有人晕倒或出现突发状况。"

"于是，公司就对这些工人一个个检查身体。查过以后，公司惊奇地发现，招进来1000人，500人身体本来都有病。小小年纪的他们，甚至还有一些人查出白血病。"

因此，富士康从今年三四月份起，不再从劳务市场招收这类普工，而是与国内1000多所中专技校合作，直接寻找职员。

她说，有些地方确实没有设凳子。但这是因为设备的要求，有些设备需要员工站立，但也有坐着工作的。"不可能有员工坐走廊上休息的，车间附近都有休息室。"

她还强调，如果没有一个好的工作环境，富士康不会通过国外伙伴的考核。

富士康的"特殊"管理

相比这些小女孩，陈峰要幸运许多。

但他所经历的3个月培训，外人看来也颇为残酷。

新职员培训分为生产线实习和企业文化课程。每天早上6点40分起床后，陈峰必须吃得很饱，振作精神接受12个小时的体能考验。

实习人员同样没有凳子坐，大部分时间都要站着，且不能东倒西歪。否则，被抓到就是劈头盖脸一阵训斥。几个月下来，从生产线走到宿舍，每个人已筋疲力尽，双脚生满水泡。实习期间，还要穿插一些企业文化的课程培训，8个小时的千人集训场面，蔚为壮观。

富士康还指定了"限制加班时间"的措施。每人按不同级别有不同的加班时间。如果一个员工的每月加班时间超过指定小时数，超过部分算义务加班。

在大多数职员看来，富士康的管理有些"难以理解"。职员们也承认，容纳13万人、拥有10个食堂的偌大工厂，一些特殊的管理方法确实必要。自1991年至今，集团年均营业收入保持超过60%的复合成长率。

每天下班，无论有没有货车经过，工人们必须进入厂区的"人行道"走回宿舍，不能乱窜；下班后谁忘记拔掉计算机插头，罚款1000元；如果因工作需要调换部门，职员的电脑将被拆开三次，检查机型内外的编码是否匹配。

公司的大部分会议都在休息时间召开，如周末或者晚上下班，有时一开就是3~4个小时，如果不去一律按照旷工处理。6月初，富士康高层发现，相关机密文件丢失。管理部门规定，严禁任何员工携带笔记本电脑、MP3、U盘等进入厂区。最近，富士康在公司内部组织了一次非自愿捐献骨髓活动。一位被要求参加活动的员工迷惑不解的是，为何这次的骨髓验血特别隆重？公司的一个副总亲自披挂上阵成立专案组，一些员工甚至不上班也要去验。同时，籍贯为山东、河南、江苏、陕西、山西的男员工被点名参加，而其他地区的则不必。富士康在工作纪律上要求一向严明，谁迟到，谁就会被惩罚。但本次活动为何如此兴师动众？后来他听说，原来是富士康的一位高层亲戚得了血癌，而该人士的祖籍是山西，母亲又是山东人，所以北方人的血缘会近一些。这才恍然大悟。公司外联部贺小姐则说，捐献确有其事。公司有一位职员有一种特殊的病，所以限定了一些范围。记者询问，是否这位员工是普通职员呢？贺小姐则答道，是一名公司职员。"平时，如果员工有这方面的需求，我们也组织大家对需要帮助的员工献血。"

一位不愿透露姓名的富士康员工如此形容他们的生活："干得比驴累，吃得比猪差，起得比鸡早，下班比小姐晚，装得比孙子乖，看上去比谁都好，五年后比谁都老。"(《第一财经日报》2006年6月15日)

这篇经济调查性报道经媒体转载后引发广泛关注。2006年7月3日，富士康以该报道侵犯了自己的名誉权为由，向深圳市中院提出诉讼。7月17日，记者王佑和翁宝收到了法院冻结其资产的通知书。8月25日，富士康旗下鸿富锦精密工业（深圳）有限公司以名誉侵权为由，起诉《第一财经日报》记者，索赔3000万元，并申请冻结了被诉记者的个人财产。8月28日，《第一财经日报》发表声明，对富士康采取诉讼保全措施查封记者个人财产"表示强烈谴责"。8月30日晚，富士康将诉讼标的降为1元，相关记者的财产被解冻，同时将《第一财经日报》列为被告。9月1日，《第一财经日报》组建律师团应对富士康的诉讼。2006年9月3日18点10分，《第一财经日报》网站发表《第一财经日报社与富士康科技集团鸿富锦精密工业（深圳）有限公司联合声明》。双方在"相互致歉、相互致敬"之后，富士康撤销了对《第一财经日报》的诉讼。至此，这场闹得沸沸扬扬的官司就这样戏剧性地握手言和。"富士康事件"的当事双方和解后，《第一财经日报》总编秦朔如此解释"为什么是和解还有歉意"："我们报道的最后段落显得夸张，确有瑕疵。""以一篇有瑕疵的报道即便大获全胜，也不是真的胜利。"既然有"瑕疵"，那就意味着媒体自身报道也出现了问题，即使很微小。因此，对于富士康案，如果仅仅得出"企业的霸权"这样一个结论，是远远不够的。媒体和记者在进行经济调查性报道时，如何通过业务行为的规范化，以完善自身报道，规避风险，做到法律意义上的自我保护，这也是我们应该思考的一个重大问题。

忽视客观原则，以主观情感演绎新闻，夸张、扭曲、宣泄情绪，淡化公众应该而且必须知道的事实；忽视平衡原则，只为利益冲突中的一方代言，这样的现象，影响着经济调查性报道成为负责、理性、具有公信力的报道样式，需要引起我们的警醒和反思。香港大学新闻及传媒研究中心的钱钢曾不无忧虑地说，有些记者勇气有余而职业训练不足，存在以自由的名义妨害公正的现象。事实上，这也是目前国内调查性报道领域存在着职业规范、职业伦理问题的一种表现。①

中央电视台《新闻调查》栏目记者柴静曾说："在调查中，平衡是一种认识事物的方法，它的出发点不是激起义愤，或是控诉和指责，而是指出需要解决的问题。我是一名记者，对于我从事的职业来说，真相是无底洞的那个底，而乐趣在于探寻的过程本身。在这个过程中，平衡是我们的道德责任。"② 所以在经济调查性报道中要做到平衡，就要像梅尔文·门彻在《新闻报道与写作》里下的定义一样：尽可能给每一方，尤其是受到指证的一方说话的机会。所以柴静做《深圳外贸诈骗案》时坚持的就是："即使是你有充分的证据证明一个人做了侵害公众利益的事，那么，也要尽可能给他机会开口解释。而且能够理解他的立场和出发点，不要做预设的价值判断。"十年间，《新闻调查》秉承着"理性、平衡、深入"的原则，赢得了同业的尊重和观众的口碑。《新闻调查》认为，记者的调查采访不是媒体审判，记者的角色也决不是法官和检察官，只要是当事人愿意，无论他们是升斗小民还是富商巨贾，无论是大权在握者还是阶下囚，都可以在镜头前讲述和辩护。记者的任务就是倾听和质疑。

为了保证调查的客观与真实，调查记者必须将自己置于第三方，将被披露的一方对事件的不同观点和看法一一罗列出来，使报道公正平衡，而不能将报道演绎成一群"受害者"对被监督对象的缺席审判。

五、注重策划，善于借事发挥

新闻策划使新闻报道的主体遵循新闻规律，围绕一定的目标，对已占有的

---

① 刘畅：《调查性报道：中国记者追寻真相的光荣与梦想》，《青年记者》2006 年第 12 期。

② 柴静：《话语权的另一半——调查性报道中的平衡原则》，《电视研究》2005 年第 10 期。

信息进行去粗取精，去伪存真，由此及彼，由表及里的分析和研究，发掘已知，预测未来，着眼现实，制定和实施相应的调查方法和策略，以求最佳效果和创造性新闻的策划活动。经济调查性报道注重策划，就是为了更好地配置和运用新闻资源，在调查时把事件放在整个社会背景中进行联系，善于借"事"发挥，以从平淡中掘出精彩，从静止中演变出运动，从孤立中衍生出联系。

《财经》自2005年10月从间接渠道接获病人家属投诉，至2006年1月派出记者两赴哈尔滨市，独立调查，遍访病人家属、医院及卫生部调查组成员等与此案相关的人士，并与京、哈两地业内专家进行了多次讨论，于2006年2月刊发《哈尔滨天价医疗费事件真相调查》，报道认为这起罕见的"天价医疗费事件"，"暴露了有关医院管理诸方面的重大弊端，也昭显了病人家属以'钱权之势'影响和主导医疗过程之严重后果；身染绝症的患者不幸已处于终末期，大量动用宝贵的医疗资源抢救，已涉及国人目前还接触较少的医学伦理问题"。同时这一罕见"天价医药费事件"，"已经远超出了一家医院应当承担管理之责的范畴，且有着更深刻的制度背景。此类事件的发生，无疑揭示了医疗体制改革的迫切性。然而如果单方面将矛头指向医院，视之为黑心医院榨取普通百姓血汗的典型，则无助于认识目前中国医疗体制问题的本质，其结果只会恶化本来就相当脆弱的医患互信关系，更使急待开局的全面医疗体制改革举步维艰"。报道站得高，看得远，从单一事件中跳出来，发掘出了事件背后的深层信息，提升了其披露真相的社会关注度，从而引发公众共鸣，形成舆论，让单一事件形成了社会广泛注意的公共事件，换言之，为社会设定了一个可供讨论的议题。

六、记者要具有较高的法律意识和职业精神

法律意识和职业精神是指记者在从事调查性报道工作时必须遵守国家法律法规和社会的风俗道德，这是作为人民记者的基本素质，也是规避经济调查性报道的各种法律风险的需要。记者无论从事显性或隐性的调查采访，都不能触及法律，也不能违反有关政策法规，必须依照各自的运作规律办事，在处理具体问题时，记者要受道德、法律规范和社会习俗的约束，有些不允许调查时亲身体验的项目如异性按摩、三陪、斗殴、抢劫等坚决不能涉足。

经济调查性报道在调查中稍有不慎，就容易引发新闻官司。美国ABC广播公司《黄金时间现场直播》曾与美国狮子食品公司进行了长达十年的诉讼。1992年11月5日，在ABC广播公司的报道中可以看到：狮子食品公司超级市场的员工正在向顾客出售过期的食品，员工有时把过期的肉浸泡在烤肉的调味汁里，然后把它们烤熟，高价卖出，乳酪货架上老鼠横行……这条新闻引起轰

动,狮子食品公司的股票狂跌,总共亏损13亿美元。因为证据确凿,狮子食品公司不能起诉ABC广播公司诽谤。但ABC广播公司在派调查记者前往狮子食品公司的超市求职时使用了假身份证和虚假的工作经历,还有不真实的推荐信,被雇用后,该调查记者在假发内隐藏了微型摄影机,并随身携带了麦克风。狮子食品公司于是起诉ABC广播公司欺骗。1997年,陪审团裁定狮子食品公司胜诉,并判其获550万美元赔偿,之后一位法官将赔偿额减到315万美元。ABC广播公司不服,提出上诉。美国联邦法院认为狮子食品公司不可绕过美国宪法第一修正案,应该证明ABC的材料是蓄意或毫无顾忌,是谎言或者很不准确,但是狮子食品公司显然做不到这一点,所以ABC公司只能给予2美元的象征性赔偿。在这个案例中,狮子食品公司为了自身利益欺骗了公众,而ABC广播公司则为了公众利益在派出调查记者应聘时欺骗了狮子食品公司,虽然狮子食品公司因为ABC广播公司对其行为的曝光遭受了13亿美元的损失,但联邦法院2美元赔偿的最终判决明显是保护了ABC广播公司为了公众利益不惜运用欺骗手段获知真相的行为。当然,人们也可以反思另一个问题:如果有关现行法律阻碍了调查性报道记者为了维护公众利益而探寻真相的进程,该法律是否应该被修正,以及如何被修正。

调查性报道常常被称为新闻官司的"雷区",在实际操作中它也就不免遇到一些法律风险,像被控"失实"甚至"侵权"是从事调查性报道的记者经常面临的问题。经济调查性报道中更易发生侵害名誉权、侵害隐私权、侵犯肖像权和人格尊严以及新闻采集中出现违法行为等现象,因此在我国新闻法尚未出台前,要求新闻记者在从事经济调查性报道采写时要特别慎重,严守法律底线。同时,要注意保存证据,保存证据正是保护自身的有效措施。这些证据包括:采访笔记、录音、录像带以及照片、各种书证、实物证据、文件资料的原件、副本、复印件、抄件,等等。

经济调查性报道的选题往往涉及一些社会热点、难点问题,而这些热点、难点问题的报道,又会涉及社会方方面面的矛盾,因此既要考虑群众利益、群众心理,又要考虑社会承受能力和解决问题的轻重缓急;既要考虑社会安定,又要考虑改革发展;既要释疑解难,又要做出正确结论;既要导向正确,又要亲切可信。经济调查性报道的难点正是体现在这些"既要"、"又要"上,而攻克难点的钥匙之一,便是发扬记者吃苦耐劳的职业精神,开展艰苦细致的采访和严谨缜密的写作。目前有些热点问题的经济调查性报道,泡沫多,层次浅,分析苍白,结论乏力,针对性和说服力都不强,打不开群众的心锁,其中一个重要原因就是采访作风漂浮,蜻蜓点水,浅尝辄止。因此,深入群众,深入基层,深入生活,切实改变采访作风,下苦功夫搞好调查研究,是写好经济调查性报道的必要前提，也是当前新闻工作者增强社会责任感，提高职业道德的一个紧迫课题。

　　经济调查性报道对记者的吃苦耐劳的品质要求更高。因为相当多的经济调查性报道的目标是揭开种种矛盾和黑幕，可能触犯某些人的利益，必然会遭到种种压制、打击以及威胁，在这些采访中，记者必须具备不怕牺牲、不怕流血的精神，才能取得最后的成功。例如，王克勤是中国进入新世纪后在经济调查性报道领域杀出的一匹"黑马"，他原是《甘肃经济日报》记者，因发表《兰州证券黑市狂洗"股民"》、《公选"劣迹人"引曝黑幕》两篇调查性报道，被甘肃有关方面开除工职，并立即面临杀身之祸：黑社会悬赏500万元拿下他的人头，警方派4个荷枪实弹的刑警驻扎在他家里保护。好在上述两篇报道得到朱镕基总理等领导人的批复，犯罪分子160多人先后被逮捕，使众多股民免于遭殃。由此可见，王克勤的经济调查性报道是冒着生命危险换来的。

　　作为一种舶来品，调查性报道在中国方兴未艾，经济调查性报道更是成为媒体胜人一筹的重要武器。当然，要使经济调查性报道真正成为"制造文明之利器"，记者就要具有良好的心理素质和专业精神，积极开拓调查线索，加强调查的独立性和原创性，经济调查性报道就能更好地发挥其社会功能，获得更为广阔的发展空间。

第十章　经济新闻评论写作

经济类信息既包括经济领域内的事实信息，也包括观点信息，与此对应便有了经济新闻报道和经济新闻评论这两种基本的传播手段。相比经济新闻报道重在陈述经济事件本身，经济新闻评论则旨在揭示经济事件背后的意义。因此，就拨云见日的功效而言，经济新闻评论对受众的指导意义更为显著。反过来，受众在对经济新闻评论的阅读期待中也会有更多的功利成分，即它能否准确及时地阐释党和政府的经济政策，揭示纷繁复杂的经济事件背后的普遍规律，能否有效规避风险，指导人们的经济行为，为人们创造财富提供参考意见。而这恰恰正是受众接触经济新闻评论的基本动机和需求。随着我国经济的稳步增长，近年来，作为新闻评论的重要组成部分之一的经济新闻评论，日益受到新闻媒体以及学术界的重视。

第一节　经济新闻评论概述

一、经济新闻评论的内涵

新闻评论是报刊、通讯社、广播、电视等大众传媒的旗帜和灵魂。我国新闻评论的渊源可以上溯到 2000 多年前先秦时代的论说文。自 19 世纪 70 年代中期开始，我国新闻评论业已经历了 130 多年的演变、革新与发展，有着光辉的革命传统、创新经验和深刻教训。这一文体与大众化报刊紧密结合，形成了真正意义上的新闻评论。因其对社会进程广泛、深刻的影响，著名的评论家曾被誉为"一笔胜过百万师"，经典的评论则往往成为历史转折点的标志。伴随着社会经济的不断发展，经济新闻评论也逐渐成为我国新闻评论发展中一个不可或缺的部分，成为新闻评论的一个重要部分，发挥着愈来愈重要的作用。

新闻评论的定义一直是研究者关注的问题。1996 年 3 月出版的《中国新闻实用大辞典》将其表述为："新闻媒体或作者个人就新近发生的事件、当前社会生活中存在的现象或思想倾向、公众普遍关注的问题等阐述自己观点、立场的新闻文体。"原《人民日报》副总编辑范荣康先生认为："新闻评论是就当天或最近报道的新闻，或者虽未见诸报端但确有新闻意义的事实，所发表的具有政治倾向的、以广大读者为对象的评论文章。"① 丁法章先生则认为："新闻评论，是媒体编辑部或作者对最新发生的有价值的新闻事件和有普遍意义的紧迫问题发议论、讲道理，有着鲜明针对性和引导性的一种新闻文体，是现代新闻传播工具经常采用的社论、评论、评论员文章、短评、编者按、专栏评论和述评等的总称，属于论说文的范畴。"②

经济新闻评论是新闻评论的重要部分，它是就当前具有普遍意义的经济新闻事件和重大经济问题发议论、讲道理，有着鲜明的针对性和指导性的文章。③

二、经济新闻评论的特点

赵振宇认为，从新闻评论涉及的政治、经济、社会、文化、教育、生活、国内、国外等广泛内容上看，从新闻评论传播的报纸、广播、电视和网络的多种形式上看，新闻评论的特性大致有以下几点：依赖事实的新闻性、传播的时效性、论说的理论性、内涵的思想性和传播知识的有益性。④ 经济新闻评论是新闻评论的重要组成部分之一，所以，经济新闻评论也同样具有新闻评论的一般特点，但其突出特点主要是新闻性与时效性、政论性与政策性、专业判断性，同时还具有服务性和舆论引导性等特点。

（一）新闻性与时效性

经济新闻评论是新闻评论的一部分，它和消息、通讯等新闻体裁一样，具有新闻性。经济新闻评论的新闻性表现在其适应现实经济发展需要的议论、评价上，它关心现实经济问题，并直接为之服务。

新闻是新近发生的事实的报道，而经济新闻评论是就当前或新近发生的经济事实或现实社会中的经济问题进行讨论、评价，是媒体普遍运用的、面向受众传播的有关新近（或正在发生的）经济事件、政策、趋势、现象的意见性信息。有学者曾指出："经济评论是大众媒体的一种直接发言方式，它在传播信息方面有着自己的特殊功能。主要表现在一是传、受信息；二是反映和引导

---

① 范荣康：《新闻评论学》，人民日报出版社1985年版，第5页。
② 丁法章：《新闻评论教程》，复旦大学出版社2002年版，第15页。
③ 程道才、严三九：《经济新闻写作概说》，中国广播电视出版社2001年版，第238页。
④ 赵振宇：《论新闻评论的根本特性》，《新闻大学》2006年第1期。

公众舆论。前者属于手段范畴，后者属于目的范畴。"① 经济新闻评论所传受的信息主要包括事实信息、政策信息、媒体信息和公众信息。其中事实信息包括两个方面：一是经济评论自身透露出来的事实信息，表现在其借助的新闻事实由头、引用的论据等；二是经济评论所揭示事物的本质信息。由此可见，经济新闻评论也必然如同新闻一样讲究时效性，会在坚持公正、客观、思想正确的基础上，追求轰动效应。即使经济新闻评论的对象某些时候可能不是当前的或新近发生的，而是人们日常生活中存在已久的经济问题，经济新闻评论的思想仍然应该与新时代形势的发展紧密相连，必须符合进步的思想和社会发展的趋势。例如：

烟花爆竹"禁改限"后更要重视安全

新华网北京12月21日电（记者　徐兆荣）　新年将近，与烟花爆竹生产、运输、销售、存储相关的地区、部门和单位都在紧锣密鼓地做着准备。同时也有几则信息让人心惊：今年1—11月，全国发生烟花爆竹伤亡事故87起，死亡187人。而国家质检总局最近对全国十个省、自治区的监督抽查表明，近五成烟花爆竹存在质量、安全隐患。这些情况向人们发出警示：烟花爆竹生产经营和消费中的安全问题须高度重视，防止一些地方"禁放"改为"限放"后，因麻痹大意导致事故增多，让节日的欢乐成为悲剧。

多次教训表明，烟花爆竹的生产、销售、运输、保管、使用等各个环节，都有可能发生伤亡事故。在今年已有177个大中城市对烟花爆竹的燃放"禁改限"的情况下，烟花爆竹生产和消费量都有可能大幅增加，如何防止事故增多，确是一件不容忽视的大事。既要尊重民俗民情，又要防止伤亡事故，怎么办？只有增强安全意识，防范措施在先，及时清除安全隐患。这就要求我们对烟花爆竹生产、运输、销售、存储、燃放等每一个环节、每一个层次、每一个过程都真正做到强化管理，监督检查，一丝不苟。所有生产企业、储运单位、销售部门以及管理者、消费者，都要绷紧安全这根弦。

有的地方已在安全问题上采取了相应措施。武汉制定了"两节"期间烟花爆竹专项整治方案；上海对中小学生进行正确燃放烟花爆竹的安全教育；重庆则明令禁止向14岁以下人群出售烟花爆竹；北京、吉林、合

---

① 李法宝：《新闻评论：发现与表现》，中山大学出版社2005年版，第8页。

肥实行烟花爆竹定时或定点销售经营；邯郸还成立了烟花爆竹专营连锁配送中心。希望各相关地方、部门、单位和个人从中有所借鉴，落实安全措施，确保节日平安、欢乐、祥和。（新华网2005年12月21日）

改革开放后随着国家经济建设的飞速发展，城市面貌惊天巨变，居民区的进一步密集，建筑物的加大加高，公共开放场所相对缩小。鉴于城市燃放烟花爆竹存在严重的安全隐患，国家曾对烟花爆竹的制售采取了一系列相关的安全措施，1994年北京等地禁止燃放烟花爆竹，为了给城市居民找回浓浓的年味儿，2005年12月1日北京开始施行《北京市烟花爆竹安全管理规定》，政府把燃放烟花爆竹权还给了百姓，把燃放烟花爆竹的文化要素还给了年俗，但是为保证人民过好春节安全仍是不可忽视的。这篇评论紧紧抓住了当时烟花爆竹"禁改限"事件的新闻性，把握好了时效性，很好地发挥了评论的引导作用，突出了评论的新闻性、时效性。

（二）政论性与政策性

新闻评论是最具有鲜明政论性的文体，新闻评论告知大众的不是改造社会的具体方法，而是一种理念，一种思维，一种思想，一种观念。而经济新闻评论除了同样具有鲜明的政论性之外，还具有很强的政策性。虽然经济新闻评论并不等同于党和政府的政策文件，但是老百姓却已经习惯把报纸上有关经济政策的评论当做权威性意见来指导自己的经济行为。

当前经济新闻评论的功能已从简单宣传到解释政策、引导舆论。党报的经济新闻评论有两个截然不同的品种：一是社论和评论员文章。特点是题目重大，政策性强，常常被当做宣传政策、解读政策的武器。比如每年的经济工作会议之后，《人民日报》等党报都要就会议提出的年度经济工作任务和措施发表评论，这些评论本身可以当成文件的一个补充，发挥着准确地解读政策、引导舆论的权威作用。二是杂感式的言论。这类言论往往是从一件事情或一种现象入手，挖掘其对于经济生活的意义，引导社会舆论。这类评论写作生动，语言风趣，但对政策的解读，无论是深刻性还是准确性，都远远不及社论和评论员文章。市场化媒体也很注重以评论形式来解释和宣传国家的经济政策，比如2007年3月的《第一财经日报》上就有《发展债券市场化解货币政策约束》、《发改委通知能缓解"上学贵"的矛盾吗？》等，均是对当前政策或刚刚出台的措施进行分析和评论。这些评论往往从不同角度详尽论述政策内容与现实的矛盾，对于人们理解和执行政策发挥着重要作用。

2004年初，社会各界对国有企业改革有着诸多的看法和议论，作为党报和权威财经媒体的《经济日报》，其理论评论部为廓清误区，正本清源，在大量调查研究的基础上,由阎卡林、齐东向二位同志担纲撰写了评论《国有企业改制一定要规范》(《经济日报》2004年1月10日刊发),针对"一些地方将国有企业改制简单演绎为一个'卖'字"的错误做法进行了严肃的批评和深刻的分析,指明国企改革既要按照有进有退、有所为有所不为的方针,加快调整国有经济布局和结构,又要切实规范国有企业改制工作,促进国有产权有序流转。评论明确指出,从战略上调整国有经济布局和结构,坚持有进有退、有所为有所不为,是一个积极的方针,继而,文章又点出了在具体改制工作中的5种扭曲表现以及一些人对国企改革的理解误区,最后指明,国企改制工作既要积极探索,又要规范有序,并对今后的工作提出了一些具体建议。此稿受到中央领导李长春的重视和赞扬,中宣部主要领导刘云山、吉炳轩、李东生也做了重要批示。李长春批示,该文列举国企改制中5种扭曲的表现,揭露深刻,各重点媒体都要做好相关宣传报道。中宣部新闻阅评小组在《新闻阅评》第31期中以《经济日报》批评国企改制中的种种扭曲做法"为题评介说:《经济日报》这一评论切中时弊,观点明确,针对性很强,发挥了经济大报在方针政策上的引导作用,这样有棱有角的评论,只嫌其少,不嫌其多。通篇来看,文章具有很强的政论性和政策性,在把握国企改革政策要点的基础上,对各地工作中的偏差与误区总结精辟,揭露深刻,说理透彻,提出的各项建议切实可用,的确是一篇具有很强说服力与战斗力的评论佳作。因此这篇评论获2004年中国新闻奖一等奖也是众望所归。

2004年8月9日,香港中文大学教授郎咸平在复旦大学演讲时,发表了题为《格林柯尔:在"国退民进"的盛筵中狂欢》的"讨顾檄文"。"檄文"认为,顾雏军只不过是乘着"国退民进"的东风,驾驶着"资本绞肉机",只花了区区数亿元人民币,换回来的却是资产总值达136亿元的科龙、美菱、亚星、襄轴等众多响当当的企业。"檄文"一出,顾雏军高调积极应战,国内各路媒体、学界大腕、企业领袖、政府官员与无数百姓、网民踊跃参与。随着事件的进展,论战主题逐渐远离郎、顾之间的个人恩怨,并最终转化成一场关系到全民福祉的"国企产权改革方向"大讨论。国内经济媒体对这场讨论给予了极大的关注,新浪、搜狐、网易三大门户网站都建立了专题,每天将报纸、杂志、广播、电视媒体发表的数百篇关于产权改革讨论的文章分门别类转载,网友也积极留言参与讨论,在讨论高峰期,新浪网友的评论超过10000条。尽管经济学界关于产权改革的观点存在严重分歧,但是在网友评论中,反对MBO(Mnagement Buy Out,译为"管理层收购")的声音占了压倒性多数。由郎、顾之争引发的国企产权改革大讨论,最终影响了政府对MBO的态度。2005年4月11日,国资委出台《企业国有产权向管理层转让暂行规定》中规定：" 大型国有及国有控股企业及所属从事该大型企业主营业务的重要全资或控股企业的国有产权和上市公司的国有股权不向管理层转让。"这被学界认为是对此前放开的 MBO 政策的叫停。此后，国资委对《企业国有产权转让管理暂行办法》中的部分条款作出具体规定，对协议转让的范围和批准权限进行严格限定；并完善对国资监管机构选择确定的产权交易机构的各项监管制度。应该说这一系列政策的推出，与郎、顾之争中各大媒体的紧密跟进、积极报道是分不开的，特别是学界大腕、企业领袖、政府官员与无数百姓以评论的形式踊跃参与，更是起了推波助澜的作用。

（三）专业判断性

新闻评论属于意识形态领域，是评论者对新闻事实发表的看法、观点，它必须表明作者的立场、态度，旗帜鲜明地肯定什么、否定什么，不能人云亦云，模棱两可。新闻评论的本质是对新闻事实作出判断，而经济新闻评论对这一要求更高。经济新闻评论不仅要作者给出明确的判断，还需要综合运用数据、经济学理论等多方证据来论证判断的科学性和可行性。经济新闻评论的这种判断，往往会对读者的经济行为产生影响，甚至会改变行为人的决策。《金融时报》认为媒体应努力达到准确（Accuracy）、判断（Judgment）、诚实（Integrity）三大标准。其中"判断"不仅包括要为读者决定什么是最重要的信息，还包括媒体要对这一信息作出解读和所持的立场。

经济新闻评论更多地依靠专家来完成，他们从专业角度来解读国家政策措施，或者分析某种经济现象。市场化媒体如《新京报》的评论版面上，就直接标明作者的身份，以显示其权威性和专业性，就是《人民日报》这样的党报也常常在组织报道时，把专家意见当做一个重要方面。比如 2007 年 3 月在"拆迁户聊家常"的专版中，就发表了中国人民大学组织与人力资源研究所所长刘昕的文章《需要平等协商对等交易》（《人民日报》2007 年 3 月 27 日）。评论中明确提出："在城市拆迁过程中，政府的职能主要在于培育并维护公平、公正的市场交易环境，在必要时还要去制止一些存在显失公平性的交易发生。"

（四）服务性

经济新闻评论的服务性主要体现在为受众提供指导，即能够指导生产、经营、购销、投资等决策，是受众对经济新闻评论最基本的需求。因此，在经济新闻评论的受众群中，无论是经济活动的实践者还是研究者，也无论是对经济学知识知之有限的普通受众，还是资深的学者专家，他们都需要经济新闻评论发挥解惑释疑、防御风险、提供参考、指导行为的服务功能，不囿于教条式的理论分析，而旨在给出有价值的判断。

刊登于2004年8月31日《中国青年报》的"经济时评"《为什么又是浙商》是一篇指导性很强的好评论。该文探讨了浙江商人相比沪商、苏商、闽商、粤商等其他商帮更善于在全球范围内抢占商机的原因，认为主要在于浙商中各类民间商会的发展程度、服务意识和服务程度远高于其他地区，由此指出"古今中外，商人只有成帮才有力量"、"商会是商人成帮的'粘合剂'，是商帮得以成型的组织载体，亦是商人展示力量的平台"。浙商的成功奥秘，经过评论者的分析总结，变成实实在在的经验，这对于从商，尤其是做外经、外贸生意的受众来说无疑是有指导意义的。

经济新闻评论要求提供给读者丰富的信息，一是指评论由头所包含的事实信息量大，二是指评论中的观点信息量大。前者要求经济新闻评论力求选取典型的、有普遍意义的经济事件作为评论的对象，这样既可为下文的理论分析奠定基础，又可帮助受众迅速获知经济生活中的大事；后者则要求评论作者能够透过错综复杂的经济事件表面，充分挖掘事件背后的意义，为受众提供全面而深刻的规律性总结。

动作片明星施瓦辛格改行从政，当了美国加利福尼亚州的州长。英国《经济学家》杂志刊登了一则长达10多页的专题报道，介绍施瓦辛格上任后面临的挑战及他的所作所为。经济新闻评论《施瓦辛格的所为与所不为》（《经济参考报》2004年8月20日）以此篇报道中提到的施瓦辛格的执政举措为由头，论述了施瓦辛格如何通过促进立法而非行政命令、动用市场这只"无形的手"而非直接的政府干预来解决加州面临的教育、财政赤字、房地产开发等方面的问题。作者从施瓦辛格（在这里，他其实已经成为加州政府的代名词）的众多施政纲领中非常专业地指出哪些是他的"所为"，哪些是他的"所不为"，并指出"为"与不"为"的实质："所为"的是政府该做的事；"所不为"的是应该让政府交给市场办的事。最后得出结论：完善的市场经济体制需要政府转变职能。这样的观点尽管并非该文首创，但由于它把立论建立在新鲜的事实依据之上，又有非常具体的样本供人参考，读者阅后不但能够进一步认识到政府转变职能的必要性，更重要的是，还能够从中得到启示，即如何转变政府职能。由此可见，一篇信息量大的经济新闻评论就应该想人之所想，仅仅说"应该这样做"只完成了逻辑推理的第一步，而"如何做"才是推论的宗旨，也才是受众"使用"言论信息真正的需要。

（五）舆论引导性

舆论，即在特定的时间、空间里，公众对于特定的社会公共事物公开表达的基本一致的意见或态度。进行舆论监督最主要的方式就是新闻监督，就是将人民群众的声音和看法通过新闻媒体这一窗口公之于众，造成一定的声势和影响，从而产生监督效用。经济新闻评论能够直接发表对当前经济事件、问题的意见和看法，通过分析评论，褒扬先进的、正确的，批评落后的、错误的，提高人们的思想认识，影响人们对问题的看法，形成正确的舆论。

经济新闻评论担负着宣传党和国家经济政策，分析评论各种经济新闻事件和社会经济问题，从而反映和引导舆论，激励广大干部群众投身于社会主义两个文明建设的任务。具体来说，经济新闻评论的舆论引导性主要表现在匡正认识、舆论监督等方面。

认识是指运用新闻评论的形式对经济新闻事件、社会经济现象或某方面的经济问题进行深入分析，帮助人们发现经济事物的本质，了解其原因，把握其内在规律，认识其意义和影响等，简言之就是对公众产生积极的影响。经济新闻评论涉及社会经济生活的各个方面，对人们的思想和行为能够产生潜移默化的影响，有利于形成良好的社会规范。例如，新华社评论《烟花爆竹"禁改限"后更要重视安全》就将经济新闻评论的舆论引导性发挥得很及时，提醒了大众要在开心之余注意安全。

2009年6月12日，位于武昌中心城区的余家头小区三期经济适用房电脑摇号结果出台，6个经济适用房资格证号码相连的申购户竟全部摇中。在5000多名申购者仅有124户能摇中的情况下，出现"六连号"的概率仅有千万亿分之一。随后曝出一起经济适用房申购中严重弄虚作假的黑幕：这6个申购户都不具备购买经济适用房的资格，他们在同一时间、同一城区靠一套假材料获取申购资格。围绕"六联号事件"，媒体发表了一系列的评论：《经适房6连号弊案的三重追问》（新华网2009年6月21日）、《经适房"6连号"忽悠了谁》（红网2009年6月21日）、《异化的经适房在"保障"谁》（《广州日报》2009年6月23日）、《经适房最怕"一条龙腐败"》（《现代快报》2009年6月24日），从各个层面对经济适用房制度上存在的弊端和此事件带来的危害进行了评析，起到了较好的舆论监督作用。

有研究人员将经济新闻评论的舆论监督归结为4个方面："一是对不法的经济活动进行揭露和批评，如基金黑幕、郑百文案、银广厦案的揭露，显示了媒体的社会责任；二是对不良经济倾向进行批评，如开发区热、重复建设、行政垄断等，体现了媒体的预见功力；三是对某些经济政策偏差进行评析，促进政策方及时校正，显示媒体的全局观念；四是对经济工作中的认识误区、盲区的校正和点拨，对有害经济思想的批评，体现了媒体的深度和水平。"[①]

[①] 杨继绳：《经济新闻的功能和趋势探讨》，《中国记者》2005年第3期。

经济新闻评论除了上述新闻评论的一般特点外,还具有其专业特点,即业务性、开放性。

经济新闻评论要反映经济工作中的情况、问题,就不可避免地要涉及一些专业性知识,比如,有关的生产工艺流程、证券投资中的专有名词等。但是,如果一篇经济新闻评论业务性过强,全是一些专用名词,晦涩难懂,势必导致外行看不懂,内行不愿看,这样的经济新闻评论也就无法发挥宣传政策、引导受众、促进经济发展的作用。所以经济新闻评论的记者、编辑要认真学习经济业务知识,熟悉各种专业术语,努力成为行家里手,并且积极将知识融会贯通,把枯燥难懂的专业术语翻译成人人都可以懂的白话,通俗易懂、深入浅出地评论经济现象和经济问题。

经济新闻评论的开放性是随着经济活动本身的开放性的出现、发展而出现、发展的。在20世纪80年代,世界一体化进程加快,全球经济贸易日趋活跃,各国各地区的经济联系日益加强,中国自给自足、近乎全封闭的经济环境被完全打破。而在21世纪的今天,经济全球化的逐步强化,各个国家、地区之间的联系也日趋紧密,使得作为与经济活动息息相关的经济新闻评论更要冲破地域、国界,树立全球视野。不仅要在全国和全世界的大格局中去思考,而且还要借用国外、国内的发展经验,在为国家利益服务的原则下,融入更多的世界性,让经济信息传播更具全球化。

第二节 经济新闻评论的分类

从不同的目的和体裁出发,经济新闻评论可以分为不同的种类。经济新闻评论按其表达方式、评论主体、媒体性质等不同,也可以划分出不同的类型。经济新闻评论按表达方式不同可以分为社评、短评、杂评、小言论、时评等;按作者身份以及郑重程度的不同可以分为社论、社评、本报评论员文章等;按媒体性质不同又可以分为平面媒体经济新闻评论和电子媒体经济新闻评论。了解这些分类,有助于我们更好地运用和理解经济新闻评论。

一、社论

社论是新闻评论的一种,是最为重要的新闻评论和舆论工具,是报纸编辑部就重大问题发表的评论。在英文中,社论称 Leader,又称 Editorial 或 Leading article,前者指的是"总编评论文章",后者则有"首席评论文章"之意。我国老一辈法学家、政治学家、新闻学家张友渔对于社论有过较为详尽的研究和概括。他认为社论"为报纸上之评论,而由报社中人所撰,是以代表报社之意见者也。故可为之下定义曰：社论者，代表报社的意见之论评也。详言之，则为：社论者，代表报社之意见，对于时事有所解释、批判及主张，以期指导读者之论评"。另外，张友渔又从"新闻性"、"针对性"、"指导性"等方面阐释了社论的主要特征，他的学术观点对于后世的新闻评论以及社论研究有着深远的影响。丁法章在《新闻评论学》一书也对社论作了如下界定："社论（从选题和写作要求上来讲）代表报纸编辑部和同级党委就国内外当前政治、经济、思想、文化领域中的重大问题，进行分析评论，及时表明党的立场和态度，阐释党的路线、方针和政策，注重政策性、思想性、指导性，文风庄重、严谨、朴实、鲜明。（从作用及注意事项上来讲）社论是报纸的灵魂与旗帜，它体现报纸的方向。党的各级领导经常通过自己的机关报对群众进行思想教育，引导舆论，指导实践。它是一种最重要的评论形式，被人们称之为'党报的元帅'。"

按照党的十七大精神，为建立中国特色医药卫生体制，逐步实现人人享有基本医疗卫生服务的目标，提高全民健康水平，2009年4月6日，《中共中央国务院关于深化医药卫生体制改革的意见》正式发布，这个意见可视为就深化医药卫生体制改革提出的纲领性意见。该意见发布后，《人民日报》发表了如下社论：

逐步实现人人享有基本医疗卫生服务

《中共中央国务院关于深化医药卫生体制改革的意见》正式发布了。

深化医药卫生体制改革，逐步实现人人享有基本医疗卫生服务的目标，是涉及13亿人的重大民生工程。在党中央国务院领导下，有关部门经过两年多的制定修改完善，通过各种形式向全社会公开征求意见，广泛吸纳各个方面尤其是普通群众的建议，最终定稿。这一意见汇集众人智慧，反映群众意愿，体现了我国医疗卫生事业发展从理念到体制的重大变革，是科学发展观在医疗卫生领域的具体实践，标志着十七大提出的努力使全体人民"病有所医"迈出了历史性的关键一步。

健康是人全面发展的基础。党和国家始终重视全民健康，新中国成立以来特别是改革开放以来，我国医疗卫生事业取得了显著成就。但我们也应该看到，与经济社会协调发展要求和人民群众健康需求相比，当前我国医疗卫生事业发展的水平还不相适应，还存在一些突出矛盾和问题。缓解和克服"看病难、看病贵"，依然是人民群众最关心、最希望解决的现实问题之一。

深化医药卫生体制改革，是从我国国情和现阶段发展水平出发，借鉴国际经验，走中国特色医药卫生体制改革发展道路的有益尝试。《医改意见》确立了我国医药卫生体制改革的方向、框架和长远目标，绘出了我国医疗卫生事业的宏伟蓝图，明确了今后三年的中心任务，就是要抓好五项重点改革，解决群众"看病难、看病贵"问题。通过加快推进基本医疗保障制度、建立国家基本药物制度和健全基层医疗卫生服务体系，努力使群众"看得起病"；通过促进基本公共卫生服务逐步均等化，缩小城乡居民享有基本公共卫生服务的差距，最大限度地预防疾病，努力使群众"少生病"；通过推进公立医院改革试点，促进公立医院提高服务质量和效率，努力使群众"看好病"。

推进五项重点改革的核心，是要落实医疗卫生事业的公益性质，明确把基本医疗卫生服务作为公共产品向全民提供，实现人人享有基本医疗卫生服务的目标，保障广大群众看病就医的基本需求。这不仅是人民生活质量改善、社会保障水平提高的重要标志，也是人民共享改革发展成果、社会公平正义的重要体现。

在当前经济困难的形势下实行医药卫生体制改革，是解决重大民生问题的重要举措，也是扩大内需的有效途径。实现人人享有基本医疗卫生服务，有利于提高人民健康水平和生活质量，有利于促进人的全面发展，也有利于增强消费信心、扩大产业投资、激发市场需求，促进经济平稳较快发展。

医疗卫生事业是造福人民的事业，关系人民群众的切身利益，关系千家万户的幸福安康，也关系经济社会协调发展，关系国家和民族的未来。各级党委政府都应当高度重视，要把医疗卫生工作作为关心群众、促进社会和谐的大事，摆上重要议事日程，不断加强和改善领导；要强化政府对发展医疗卫生事业的保障责任，随着经济发展逐步加大投入，建立稳定的经费保障机制；要认真用好广大医务人员这支医改的积极力量，努力构建健康和谐的医患关系；要加强对医疗卫生改革发展的统筹协调，确定各有关部门的职能，建立责任制，密切配合，形成合力。

民生连着民心，民生凝聚民力。深化医疗卫生体制改革是一项涉及面广、难度大的社会系统工程，需要全社会共同努力，积极支持医药卫生体制改革，积极推动医疗卫生事业与经济社会建设协调发展，为提高全民族的健康水平而努力奋斗。(《人民日报》2009年4月7日)

从这篇社论中我们可以看到，作为经济新闻评论的社论也包含了3个要点：第一，代表报社（新闻媒体）发表观点；第二，评论对象是重大经济新闻事实和重大经济政策；第三，目的是引导舆论，指导受众。社论是代表党委带有指导性的声音，所以不同于学术论文，是不允许进行无休止的讨论和辩论的；社论也不同于一般的评论文章，因为它是集体智慧的结晶，是带有权威性、坚守党性原则的评论文章，是不允许任意发挥个人意见的。社论也不同于一般的文件和指令，它从思想认识上阐明问题，把社会生活现象和重大时政问题提升到一定的理论高度加以分析阐述，从而把受众的认识水平提升到政策的高度，因而具有高度的指导性。

《华尔街日报》社论版主编保罗·吉格特曾说：《华尔街日报》的社论是我们长久以来引以为荣的传统。早在1902年，查尔斯·道就开辟了"回顾与前瞻"专栏。如今，该栏目仍在《华尔街日报》、《亚洲华尔街日报》和《华尔街日报欧洲版》的社论版中保留出版。在19世纪20年代美国经济的繁荣期，《华尔街日报》凭借其所有人兼经营者巴伦的报道和评论而崭露头角，威廉·亨利·格莱姆斯和佛蒙特·瑞斯特分别于1947年和1953年撰写的社论，为《华尔街日报》赢得最初两项普利策奖。① 相比于该报新闻部在全球拥有超过600名记者，同时还有道琼斯通讯社全球逾700人的报道队伍做后盾，《华尔街日报》负责编写社论的全职人员只有40人，他们不仅为《华尔街日报》、《亚洲华尔街日报》和《华尔街日报欧洲版》编写社论及言论版文章，并负责编撰日刊《华尔街日报》"休闲与艺术"版的内容，还为《华尔街日报》周末版提供书评、影评等各类重点评论和"品位"版内容，还为公司运营的Opinionjournal.com网站编写社论和言论。由此可见负责编写社论的职员工作效率之高。因此，保罗·吉格特认为，由于得到消息的渠道不同，新闻部和社论部在处理同一事件的报道时采取的观点截然不同。我们认为，归根结底，报纸社论版的功能与其他版面一样，都要向读者传递信息。但发表社论及言论的目的是在传递信息的同时，宣扬和提倡那些我们认为可造福于大众的观点和政策。我们希望通过旗帜鲜明地表达我们的观点，加强读者的认知，促进他们对问题的讨论，提高他们自身的判断力。我们还希望：社论绝不仅仅是特定时期编辑思想的灵光乍现，而是经过100多年来《华尔街日报》办报传统的延续和集体智慧的结晶。②

1876年诞生于东京的《日本经济新闻》是目前日本唯一一家以财经报道为主要内容的综合性大报，该报版面上70%的内容为经济信息，每天早、晚

---

① 保罗·吉格特：《〈华尔街日报〉怎样组织社论》，《中国记者》2004年第10期。
② 保罗·吉格特：《〈华尔街日报〉怎样组织社论》，《中国记者》2004年第10期。

两版发行。该报早版上都刊登社论，多则2篇，少则1篇。它在社论选题上的最大特点是"政策建议"。这种站在拥护日本经济界、产业界的立场上，与其他报纸在社论中动辄采取情绪化评论方式不同的论调，显现客观沉着又透着有节度的、冷静的批判精神，对政治界、经济界、产业界有着很大的吸引力。调查表明，该报在日本政界获得了压倒多数的官员读者，深受官员们的信赖，据称原大藏（财政）省、通商产业省的经济管理官员一拿起该报，首先阅读的就是社论。由于该报评论部的成员多为政府决策咨询机构政策审议会成员，因而对审议会提出的政策议案的解说要比其他报纸翔实、充分，所批判的论点也普遍受到社会精英层的重视。①

二、经济学随笔

20世纪90年代以来，随着文学随笔的盛行，经济学随笔或曰经济学散文也逐步在报刊等媒体和出版界拥有了自己的舞台。2000年7月，《经济学家茶座》第一辑问世，"轻松、高雅、休闲"的"茶座"文体让枯燥的经济学走出书斋，变得灵动，让普通读者体验到经济学并不遥远，就在我们身边。它的出现催生了"茶座"式文体的成长，让一批经济学家成长为经济学随笔作家。之后大量经济类刊物进行改版，纯理论性文章的数量开始减少，开始大量刊登经济随笔。《经济学消息报》、《21世纪经济报道》、《经济观察报》、《财经》等报刊也开辟了"经济杂谈"、"经济漫谈"等专栏，使读者目睹了这种文体的风采，开辟了经济学走下学术神坛、走向百姓生活的一个通道，这一文体的出现对传播经济学理论，开启国民心智起到了不可低估的作用。

"随笔"二字最早出现于南宋学人洪迈笔下，他将自己读书的零碎心得结集命名为《容斋随笔》，这其实只是其对读书笔记的一种称谓，突出的是"随即"、"随时"、"随手"等特点，并不具有文体意义。作为文体的"随笔"滥觞于16世纪的法国，蒙田（1533—1592）是它的鼻祖。而后流传到英国，兰姆（1775—1834）的《伊利亚随笔》谈书论艺、记录个人随感、彰显独特个性，是西方随笔的典范之作。"五四"前后西方随笔开始译介到我国，周作人称之为美文，并率先指出："外国文学里有一种所谓论文，其中大约可以分作两类：一批评的，是学术性的；二记述的，是艺术性的，又称作美文。"② 随笔应"是以科学常识为本，加上明净的感情与清澈的理智"，用任心闲谈的家

---

① 尹良富：《〈日本经济新闻〉社论：突出政策建议》，《中国记者》2005年第11期。

② 周作人：《美文》，《晨报副刊》1921年6月8日。

常絮语笔调,表达个人对社会人生的见解,富于趣味的议论性文字。因此财经类媒体的经济学随笔秉承了文学随笔智性感悟、个人神情、絮语笔调和闲适风格的文体特征,但又有其独特性。

经济随笔的写作使经济学家们从现实的经济生活里找到写作的题材、热点,找到现实的经济问题,思考解决经济问题的方法,并在这些解决问题的过程中,生长出经济学里一般性的结论与成果,成为指导现实经济工作的理论和行动指南。2002年《21世纪经济报道》在"薛兆丰专栏"中刊载的《石场的故事与科斯定理》,便是一篇值得称赞的有特色的经济学随笔:

石场的故事与科斯定理

有一个经营石场的商人,他靠炸山卖石头赚钱,一年利润有几百万。这个商人在石场周围,又买了一大片地,当中包括一个大鱼塘。鱼塘的鱼又肥又多,但他从不卖鱼,正所谓"大鸡不吃小米",与卖石相比,卖鱼的收入微不足道。这个鱼塘的用途,就是主人偶尔用来招待朋友钓鱼。他买这么大片的空地干什么?是的,鱼塘可以用来讨好关系户和地方政府的官员。但是,要讨好他们,是用不着特意买个鱼塘的。很多成功的商人,生意关系处理得很好,也没有买鱼塘。这是浪费吗?这是得不偿失吗?这是市场失灵吗?不是的。石场主人把石场周围的土地都买下来,是为了阻止房地产开发商在石场周围盖楼房。因为一旦盖好楼房住宅,住户就势必会联合起来投诉石场的爆破声扰民,石场的生意就永无宁日了。有见于此,石场主人就赶紧把周围的空地买下来,避免了以后的纠葛。石场主人显然不知道谁是科斯,但他聪明的做法,是与经济学中科斯定理相符的,即是说,资源会落到能创造最高价值的用途上。石场旁边的土地,最高价值的用途就是空置。若这片土地用来盖房子的价值超过石场的收入,房地产开发商是会倒过来买下石场的。(《21世纪经济报道》2002年9月3日)

全文不足600字,通过一则生活故事却生动形象地阐述了一则深奥的经济学定理:一个经营石场的商人炸山卖石,一年利润几百万。但令人费解的是,这位石场商人却买下了石场周围的大片土地,而这片空地并不能为他产生什么利润与效应。原来这位聪明的商人预见到这片空地一旦为房产商所购,用于建房盖楼,一旦有人入住,住户势必会联合起来投诉石场爆破的噪声污染。石场主人买下空地,为的是免却日后纠纷。他虽然不知道谁是科斯,但这一聪明的做法却完全符合经济学中的科斯定理——资源总会落到创造最高价值的用途上。因为对这位石场商人来说，石场周围空地的最高价值就是空置。不过，假若这片土地用来盖楼建房的价值超过卖石的收入，即空地的开发价值高于石场利润，那么房产开发商便会倒过来买下石场。如此这般，通过价值规律这只"看不见的手"，资源就达到了合理调控与价值最大化。全文以微见著，平浅易懂，趣中含理，既有相当的可读性，又寓含深刻的经济学价值原理。

三、经济时评

"时评"的诞生和确立，结束了"论说"一家独霸报刊言论的历史，为报刊增添了新的言论品种。由于时评具有很强的时效性，使得它在及时反映和影响舆论、干预社会生活方面发挥了重要作用。有学者认为，在新世纪蓬勃兴起的"时评其实就是最狭义的新闻评论，即对新闻的评论"。之所以不用"新闻评论"，"这是因为多少年来的新闻评论实践、新闻评论品种体裁的多样化、复杂性，以及传统社论、评论员文章的空泛化、官样化，已不足以概括和界定那种直接评论和判断当下发生的新闻事实的文体了。当然，重要的原因还在于，长期以来这种评论的功能在一定程度上的缺席"。①

经济新闻的勃兴催生了经济时评。随着社会主义市场经济体制的确立与完善，随着世界经济全球化步伐的加快，在我国经济活动呈现出前所未有的活跃，经济新闻也成为媒介报道的重中之重，在推动社会变革、促进社会转型、干预经济生活方面发挥了十分积极的作用。经济活动纷繁复杂，读者迫切需要了解经济新闻各种数字背后渗透的法制观念与市场理性。对报道者而言，经济题材的丰富性、经济活动自身的规律性，以及经济题材背后牵涉面之广，都使解释经济新闻、诠释经济行为的意义变得越来越重要，报纸越来越多地要对经济活动中出现的新现象、新问题予以解读，经济时评应运而生。

从内容而言，经济时评是对时评文体的极大拓展，它大大拓宽了时评的评论领域，是对时评文体发展的大推动。经济活动的多样性与多元化，给经济时评提供了广阔的评论天地；经济活动的普遍性以及自身规律性，则为经济时评提供了更为自由的评论空间。经济时评反过来又促使经济报道采用新的视角，对经济活动进行深层次的挖掘。②

针对 2009 年 6 月媒体曝光的郑州经济适用房土地被建别墅和武汉经济适用房摇号作假事件，《广州日报》6 月 23 日发表了一篇时评：

---

① 马少华：《时评的历史与规范》，《新闻大学》2003 年秋季号。
② 张百宁：《论经济时评的勃兴》，《新闻与写作》2003 年第 1 期。

异化的经适房在"保障"谁

经适房土地被建别墅和经适房摇号作假表明，异化的经适房通过附着在其上的腐败，蚕食着社会的公平和正义。如果连起码的公平都得不到保障，经适房就称不上保障性住房。

最近，有两起事件都与经济适用房有关，一起是郑州规划局副局长逯军质问记者替谁说话，最新消息说逯军已被停止工作，接受调查，但在那块经适房土地上建造的别墅却仍未停工；另一起是武汉经适房摇号作假事件昨日召开了新闻发布会，整个通气会只进行了一分钟左右，根本没给记者设置提问的环节。

一个是质问记者替谁说话，一个是不准记者说话，表明舆论监督过程并非一帆风顺。逯军因为"说错话"被停职调查，但违规的别墅建设进度依然照常，让人感觉处罚有点避重就轻。虽然说逯军把党和人民群众相对立，为党纪政纪所不许，应当受到追究。但问题的关键不在其"说错话"，而在于经适房用地为何成了别墅用地，这其中有没有暗藏什么猫腻。因而，在逯军被停职调查之际，别墅工程更应当被停工调查。遗憾的是，有关部门对违规的别墅似乎充耳不闻。

同样，武汉经适房"六连号"作假事件，以并不太高明的作假手段，公然损害困难群众的公共利益，分明是对保障性住房公正性的挑衅。对此，武汉市四个政府部门联合出席的新闻发布会本当给公众以知情权，把了解到的情况尽可能透露给记者，以回应民众的质疑，让媒体起到舆论监督的作用。发布会仅一分钟便草草了事，其对信息公开的敷衍塞责，难免再次引起公众的议论。

透视两起经适房事件，可以看出，一起是在建设用地上偷梁换柱，一起是在分配过程中弄虚作假，也就是说，经适房在某些地方已经表现出了链条式违规甚至腐败倾向。从开工建设，到资格申请，再到分配名额，都暗藏着潜规则，开发商以经适房名义拿地，建起的却是别墅，在这背后有无权钱交易、官商勾结？官员被停职了，工程仍在建，开发商的底气又是从何而来？摇号作假背后是系统性失察，还是链条式腐败？这些都应该一查到底，向公众交代。

作为保障性住房，经适房近来频出问题，开发商觊觎其土地的低成本，把公地变成私人开发地；无资格的购买者通过作假骗取购买资格，然后再转手倒卖赚取利润，经适房俨然成了很多人牟取私利的一块"唐僧肉"。这种雁过拔毛式的层层"盘剥",不但侵占了符合申购经济适用房者的购买资格,而且还无形中抬高了经适房的成本,给低收入家庭加重负担,背离了经适房的本意。

异化的经适房通过附着在其上的腐败,蚕食着社会的公平和正义。而如果连起码的公平都得不到保障,经适房就称不上保障性住房。因而,如何让经适房回归保障性住房本义,一方面需要对经适房的各个环节进行监控,另一方面还需要考虑以尽可能的措施提高经适房的效率,否则,经适房的出路还真是一个不小的问题。(《广州日报》2009年6月23日)

这篇时评在简短叙述与经济适用房有关的两个事件后,直接表明"经适房在某些地方已经表现出了链条式违规甚至腐败倾向"的观点,并历数了作为保障性住房的经济适用房近来频出的各种问题,最后指出了异化的经济适用房通过附着在其上的腐败带来的危害是"蚕食着社会的公平和正义",为了让经济适用房回归保障性住房的本义,我们要采取的措施是"一方面需要对经适房的各个环节进行监控,另一方面还需要考虑以尽可能的措施提高经适房的效率"。由此可见,作为一座架在读者与专家之间的桥梁,经济时评评"时"论"事",以锋利的议论取胜。通过对经济新闻的诠释,把精深的经济理论与复杂的经济规律以简化、实在的方式表达出来,让读者理解新闻的意义,同时也丰富了读者的经济知识。

第三节 经济新闻评论的写作构成

一、经济新闻评论的选题

经济新闻评论是新闻评论的重要部分,它是就当前具有普遍意义的经济新闻事件和重大的经济问题发议论、讲道理,有着鲜明的针对性和指导性的文章。那么经济新闻评论选题的选择就是写出好文章的基础和重要环节。

(一)选题的依据

在经济活动和现实生活中,应提出一个什么样的问题?怎样选择经济新闻评论的题目?这是经济新闻评论写作中首先要解决的问题,也是经济新闻评论的选题问题。

经济新闻评论的选题是指选择经济新闻评论所要评述的经济新闻事件或要论述的经济问题,它规定着经济评论的对象和范围。一位新闻前辈曾说,一篇评论的质量如何,主要看它是否言之有物,有的放矢,是否提出和解决了当前迫切需要解决的问题。在经济新闻评论写作中，确定论题的过程，也就是选题的过程，是写作全过程中的一个首要环节。选题的依据主要有以下两点：

一是抓经济领域中人们高度关注的问题。写作者要根据经济领域中存在的各种经济现象，从中选取经济工作中带有普遍性的、有较大影响的问题，确立所要议论的主旨。因为写作经济新闻评论的目的是为了解决经济工作中存在的各种认识问题，对受众的思想和实际经济工作起到积极的作用，所以经济新闻评论的作者对所确定的将要论述的基本思想是否正确和切中时弊，直接关系到这一篇经济新闻评论的根本价值。例如，前面提到的在 2004 年获得中国新闻奖一等奖的评论《国有企业改制一定要规范》，就是针对"一些地方将国有企业改制简单演绎为一个'卖'字"这个在经济工作中存在的问题，这样的选题关系到国有企业改制过程中涉及的各个方面的人、事，切中时弊，有很大的社会影响力。

二是挖掘经济领域中带有前瞻性的问题。也就是要抓准改革开放中深层次的新问题。首先要对什么是能够推动改革深入发展的前瞻性问题，有一个全面、深刻、准确的理解和认识，其次要站在改革开放的前沿，深入学习，调查研究，探索事物发展的规律和方向，及时敏锐地发现经济领域中深层次的新问题。

一篇经济新闻评论的论题确定了，就有了正确的方向和明确的目标。正面论述为主的立论就亮出了鲜明的旗帜，而反面批判为主的驳论就有了十分具体的目标。经济新闻评论选题的确定，是打开整篇评论的突破口。

（二）确定选题的方法

经济新闻评论选题的来源主要有两个方面：一是客观经济形势，二是实际经济生活。这两方面是相互联系的，来自实际经济生活的选题必须结合党和国家的中心工作，结合客观经济形势，才能避免就事论事，人云亦云；而根据客观经济形势，来自党政有关领导层的选题，如果不注意联系实际经济工作的话，仅仅只能起到一个传声筒的作用，不可能写出有血有肉的好文章。了解下情，只有在掌握上情时，才能跳出个人的局限，不至于陷入就事论事或片面武断；而要掌握中央精神、了解客观经济形势，也只有在深入经济工作实际的情况下才能加深认识，产生真切的感受。因此，经济新闻评论要用唯物辩证的观点和科学分析的方法来进行选题：

第一，针对经济工作中普遍存在的倾向性问题或薄弱环节，进行理性思辨，从而找到经济新闻评论的题目。

好的经济新闻评论往往对时事经济问题的现实重要性或尖锐性有很好的敏感和把握。作者见微知著，能够"春江水暖鸭先知"，从不起眼的经济现象中提炼出重要的经济问题或政策含义。请看下面的例文：

"农民豪宅"不宜提倡

新华网银川2月20日电： 记者近日在宁夏南部山区采访时，被乡镇干部带到当地一个富裕农户家参观：占地几百平方米的大宅院，比镇政府办公楼还气派，木质地板、红木家具、组合音响，装潢摆设之豪华考究让城里人都自愧不如。宽敞的客厅里，几台大功率空调在满负荷运转。户主喜滋滋地称，这是在响应中央建设生活宽裕的社会主义新农村的号召。

在我国广东、江浙等经济发达地区的部分农村，近几年出现了大量"农民豪宅"，住户根据个人的喜好，依照西洋建筑模式，建成了五花八门的超豪华住宅。在西部一些不发达地区，也有一些农民仿而效之，为建"豪宅"倾其所有。

在建设社会主义新农村的过程中，如此"农民豪宅"不宜提倡。

首先，"农民豪宅"与我国倡导的"节约型社会"理念相悖。我国人多地少、土地资源稀缺，"农民豪宅"虽外表阔绰，却严重浪费土地。"农民豪宅"占地面积一般数百至上千平方米，如果各地农民家家都去追求住"豪宅"，那么我国人均可耕地面积就要大大减少。在强调可持续发展的今天，乱占滥用土地造成的历史悲剧，不容许我们再重演。

其次，"农民豪宅"与社会主义新农村建设的实质相悖。新农村建设是要在发展生产、勤俭节约、适度消费的基础上改善和提高农民的生活质量。目前，在一些地方，基层政府强迫农民举债建别墅的现象时有发生，究其原因是不少基层干部把新农村建设错误地理解成盖高楼、建别墅，这种错误认识亟待纠正。

再次，"农民豪宅"会引发先富裕起来的农民之间的相互攀比之风。住房投入历来都是农民最大的投入，但是，住房消费要符合国情、合理适度。不顾国情，盲目追求过高标准的住房消费，造成的后果必然是铺张浪费之风盛行。

随着中央各项惠农政策的实施，越来越多的农民富裕起来，追求美好生活的愿望也越来越迫切。地方政府在落实建设新农村措施的时候，要引导农民加大农业投入，加快生产力发展，同时科学规划村庄建设，加强宅基地规划和管理，既要满足当地老百姓的需求，又要根据"节约型社会"的要求，充分体现节约土地、材料和能源的特征，切忌贪大求洋。同时，各级政府还要在农民群众中，大力倡导科学、健康、文明的生活方式和消

费观念，切莫让"农村豪宅"蔓延成灾。（新华网 2006 年 2 月 20 日）

这篇评论抓住农村经济工作中普遍存在的"农民豪宅"倾向的问题，进行理性分析，从三个层面提出了在建设社会主义新农村的过程中不宜提倡"农民豪宅"的几大理由，以小见大，平凡而深刻。从实际经济生活和国家政策两方面入手发现评论选题，可以从平凡中见出深刻。

第二，针对群众普遍关注而又疑惑不解的经济问题，进行透视和澄清，抓住主要矛盾，从而找到经济新闻评论的选题。

经济新闻评论的题目主要应该从上头精神和下头情况的结合中去寻找，最根本的是从实际经济工作和现实经济生活中去寻找，特别需要注意将群众普遍关注、实际工作迫切需要解决的"经济热点"、"经济难点"问题作为经济新闻评论的对象。我们先来看一篇例文：

价格听证会要开成消费者的"放心会"

新华网北京 3 月 12 日电："十一五"规划纲要草案在谈到深化体制改革时指出，要健全科学民主决策机制，完善重大事项集体决策、专家咨询、社会公示和听证以及决策失误责任追究制度。对此，一些全国人大代表认为，有的价格听证会存在着形式主义现象，应当切实纠正。

近年来因涨价而听证的商品，基本都是垄断经营的公共服务商品。这些行业不仅规模大，职工收入也比较高，福利待遇好。在这种情况下涨价，必须把管理成本问题向群众讲清楚，让老百姓相信涨价不是为了填补管理漏洞，不是为了提高职工待遇。遗憾的是，有关部门很少在听证过程中提及这个问题，全部用"成本增加，不涨就亏损"遮挡所有疑问。

听证会难让百姓放心，还在于它一定程度上存在着形式主义。首先，选择参会代表没有严格准则和程序，自愿报名，"官方"遴选，老百姓觉得他们选的都是"自己人"；其次，听证没有约束力，最后都以"上报有关部门"答复群众，以"涨价没商量"结局。

听证会制度绝对是一项很好的制度。但是，由于有的地方在执行中走了样，某种情形下它成了百姓心中的"涨价会"，没能承担起澄清价格形成、稳定消费信心、实现信息对称的作用，既有失政府职能部门的公信力，也无助于构筑良好的消费市场氛围。

温家宝总理在政府工作报告中明确指出，今年将继续坚持扩大内需的战略方针，稳定居民支出预期、扩大即期消费。在引导社会树立正确消费观上,价格听证会应该是一个有效途径。现有的听证会制度应当改进。要增进代表的广泛性,增强听证会的独立性,减少企业或部门影响,把价格听证会开成消费者的"明白会""放心会"。(新华网 2006 年 3 月 12 日)

近年来,各种各样的听证会逐渐为公众所熟悉和关注,但听证会究竟是怎么回事?代表自己说话的究竟是不是"自己人"?这些问题让公众疑惑不解。新华社从政府工作报告中抓住了这个受众关注的问题,就有的价格听证会存在着形式主义现象发表了时评,分析了听证会制度本是一项很好的制度,但"由于有的地方在执行中走了样,某种情形下它成了百姓心中的'涨价会'"带来的危害,由此提出了改进听证会制度的对策。

好的经济新闻评论应该在选题上开拓新的视野,将单个、局部的经济问题集结、提炼成为一个重大话题,将其置于大的现实背景之下,运用大的理论架构进行梳理,获得对于重大话题的整体理解。张维迎关于管制与放松管制的系列谈话录共有 3 万多字,在 2001 年 3—4 月的《21 世纪经济报道》上分 5 个整版连载,论述既有理论根据,又涉及实际问题的方方面面,令读者不但不觉冗长,反而有酣畅通透之感,曾在理论界和传媒界引起强烈反响,正是因为选题的重大。

二、经济新闻评论的立意

(一) 经济新闻评论立意的要求

所谓立意,就是作者对所评述的事物或问题,提出自己的看法,表示自己的见解,也就是确定文章的主要意思,以构成文章的中心内容。例如,在《烟花爆竹"禁改限"后更要重视安全》这篇评论中,作者在烟花爆竹"禁改限"事件中,结合烟花爆竹的危险性,提出"烟花爆竹'禁改限'后更要重视安全"的看法,这就是作者在写作这篇文章时的立意。虽然立意并不是具体论点,但却是各种论点的总和,并且统率诸论点,可以说是全文的基调,也是评论写作全过程的一个具有决定意义的中心环节。那么,经济新闻评论究竟应该如何立意?

首先,要切合实际,作出独到判断。经济新闻评论要求评论者能以敏锐的观察,见微知著;以清醒的预见,辨明风向,对现实经济生活的走向进行探讨和研究,把握时代脉搏,作出自己独立的判断。这就要求把握审时度势的原则,即对种种经济现象要有客观准确的分析,对经济生活的走向有准确的预测,对现实生活中提出的问题作出准确回答。例如,《烟花爆竹"禁改限"后更要重视安全》这篇评论,抓住了烟花爆竹实际存在的危险性,很自然、顺畅地引出"更要重视安全"的看法，立意从局部出发，着眼全局，展示未来。

其次，要有的放矢，针对性强。经济新闻评论的立意应该力求针对现实经济生活中的难点、疑点进行分析说理，解疑释惑。例如，《烟花爆竹"禁改限"后更要重视安全》就是紧紧抓住了烟花爆竹的危险性以及已经实际产生的各种危害事件、质量安全隐患等进行评论，文章的目标针对性很强，就为什么"烟花爆竹'禁改限'后更要重视安全"展开了分析、评论，逐渐让受众明白原因，接受论点，收到了很好的效果。但是，如果经济新闻评论毫无针对性地泛泛而谈，不着眼于解决现实经济生活中的关键性矛盾和解释那些似是而非的问题，经济新闻评论就失去了它应有的价值。从实际出发，有的放矢地分析和解答现实经济生活中迫切需要解决的矛盾，这是经济新闻评论立意成功与否的关键。"有的放矢"的"的"就是一个时期内的主要经济矛盾，抓准了，文章的针对性就强，影响面就大，社会的反应也就会强烈。

再次，要分析透彻，思想深刻。经济新闻评论立意的深刻性取决于分析的透彻性。从认识论上讲，就是要透过现象揭示本质，着力分析它的内部联系，克服表面性，尽可能对事物的变化与运动有一个规律性的认识。在经济新闻评论的写作中，必须讲究说理体系，运用层层剖析、步步深入的说理方法，也就是运用常见的"是什么"、"为什么"、"怎么办"三个说理层次，从而达到立意的深刻性。

例如，一家经济类报纸于 2004 年 8 月 13 日开辟了一个名为"1000 美元看消费"的专栏，专栏中的文章既有报道也有评论，其主旨是讨论中国人均 GDP 首次超过 1000 美元对消费的影响。应该说，该专栏抓住了经济生活中的焦点和热点，提出了一个消费格局变化的问题，有较强的实效性。但是，差强人意的是其中的评论文章（也包括报道）都有一个共同的不足，那就是论点空泛，得出的不过是一些司空见惯的常识性结论，比如人们在医疗、教育、保险、旅游等方面的消费投入将增加，服务行业将迎来机遇和挑战，等等，这样的经济评论受众若是一位从事第三产业的私营业主，恐怕并不能得到多少实际的、有价值的建议，这与栏目标题所蕴含的预测意味实在是名实不符，当然无法满足受众的需要。[①]

（二）经济新闻评论的立意方法

对论题进行具体、细致的分析和严密、周到的论证是经济新闻评论的立意

---

① 范敏：《从受众的"使用与满足"看经济评论服务性》，《新闻与写作》2004 年第 11 期。

之本。评论贵在说理。"理"来源于客观事物的本质与事物之间内在的必然联系。只有把事物、现象或概念加以条分缕析，剖析成若干个组成部分，找出各部分的本质属性以及彼此间的联系，才能找到所谓的"理"。这就要求对所确定的论题进行系统、周密的剖析，考虑围绕中心论点从哪些方面进行论述，需要讲哪些方面的道理，如何加以说明。一篇评论的论题总是作者对众多小的事实、观点，逐步加以分析，经过综合才形成的。因此，要使读者接受这个论题，最好的办法是再现这个过程，先一层一层、一个一个地向读者说明这些小观点，把这些小道理讲清楚了，然后顺着事理的逻辑加以综合，得出中心论点。这样，因为让读者和作者共同经历了论证的过程，所以论题就易于为读者所接受。例如，前面所说的刊载于新华网的时评《"农民豪宅"不宜提倡》就采取了从"'农民豪宅'与我国倡导的'节约型社会'理念相悖"、"'农民豪宅'与社会主义新农村建设的实质相悖"、"'农民豪宅'会引发先富裕起来的农民之间的相互攀比之风"三个分论点展开分析，再逐步引导读者去认识、接受评论本身"'农民豪宅'不宜提倡"的中心论点。这样带着读者一起层层分析，一同经历论证过程，让读者对最后得到的中心论点可以欣然接受。

就一个具体论点的确定来说，要做到阐述清楚，还必须运用辩证唯物主义的立场、观点和方法，对事物进行正确、深入和全面的分析，力戒主观性、表面性和片面性。所谓正确的分析就是以实事求是的科学态度，对事物作出客观、中肯、切合实际的评论，反对任何主观随意性，这样，所下的结论才能反映客观事物的本质和规律，符合事物的本来面目；所谓深入的分析是指要善于透过事物的现象，着力分析它的内部联系，揭示它的意义，克服表面性，在思考问题时不能就事论事，而要把现象作为入门的向导，一入门就抓住它的实质；所谓全面的分析就是坚持用全面的、发展的观点看问题，对事物的矛盾进行恰如其分的评述，力戒片面化、绝对化。

三、经济新闻评论的构成要素

经济新闻评论与其他论说文一样，其构成也有三个要素，即论点、论据和论证。

论点就是作者对所论述的事物或者问题的主张、看法和所持的态度。许多新闻短评与新闻点评只有一个总论点，而较高规格的评论在总论点下还有分论点。总论点是评论的总观点、中心思想，是评论的灵魂，贯穿评论的始终，支配着评论的各个分论点以及选材、布局。分论点是由总论点派生出来的，是说明、支撑总论点的，是总论点的几个侧面或几个层面。总论点与分论点之间，是主从关系，是支配与被支配关系；分论点之间，是并列或递进关系。论点之间的这种关系，正是经济新闻评论内在的逻辑关系。短评、编者按、编后语等，虽然只有一个总论点，但其仍有内在逻辑关系，主要表现在说理的层次性上。论点其实就是经济新闻评论主体对于当前某个或某类经济新闻事件所持有的观点。经济新闻评论的论点必须正确、有针对性，同时还必须新颖、有很好的引导性，这样才能够真正发挥经济新闻评论的作用和功能。

论据是论点赖以形成的根据和用来证实、说明论点的证据。如果论据失实，论点就会不攻自破；如果论据不充分，以点代面，以偏概全，论点就难以成立；如果论据与论点只是偶然联系，没有紧密的内在联系，不是可以以一当十的典型材料，论点也同样难以确立，因此，论据必须是真实的、充分的和精当的。

论据按其性质可以分为两类：一类是理论性论据，即已经被实践证明、为人们所普遍接受了的正确思想、观点、公理、推测、经验等，它还包括哲学社会科学方面的成果等，2005年4月11日《人民日报》刊发的评论员文章《抢抓机遇促进东北振兴》中的"党的十六大提出'支持东北地区等老工业基地加快调整和改造，支持以资源开采为主的城市和地区发展接续产业'"以及"2003年10月党中央、国务院下发《关于实施东北地区等老工业基地振兴战略的若干意见》"等都属于理论性论据；另一类是事实性论据，即能够证明观点的具体材料、具体事实。例如，《"农民豪宅"不宜提倡》中"占地几百平方米的大宅院，比镇政府办公楼还气派，木质地板、红木家具、组合音响，装潢摆设之豪华考究让城里人都自愧不如"就是事实性论据。经济新闻评论中的事实性论据，从不同角度可以分为新闻事实、背景事实；当前事实、历史事实；典型事实、概括性事实等。

2004年2月的人民网上曾有一篇署名为傅之迪的经济新闻评论《保姆·汽车·GDP》。这篇评论有感于人们普遍为2003年中国人均GDP首次突破1000美元而兴奋，通过生动的比喻精辟地论证了GDP的局限性，指出不能片面追求GDP的增长，更不能把它作为政绩考核的唯一标准。文章开头这样写道：

"一位先生请了一位保姆，洗衣做饭、打扫房间，先生付给她报酬。这报酬在统计上被记入GDP。日久生情，先生娶保姆为妻。妻子照样做那些家务活，先生却不用给她报酬，她的劳动成果也不被反映在GDP里。一辆汽车在马路上正常地行驶，这时的汽车对GDP的增长没有什么贡献。突然汽车撞上了路边的大树，司机受伤，汽车损坏。救护车来了，把司机送到医院，医院立即抢救；抢险车来了，把汽车拖到修理厂，修理厂修理好了汽车。这一系列的服务统统被记入GDP，GDP因事故而增加。这两个例子，常常被用来说明GDP指标的局限性。'保姆'说的是GDP只统计通过市场交易产生的价值，不能完全反映社会的劳动成果。'汽车'说的是GDP只反映结果，而不管原因，本来是坏事，在统计上却变成了好事。除了这些局限，GDP也不能反映经济增长所付出的环境污染、资源消耗等代价，不能准确反映社会成员个人福利状况，人均GDP会掩盖收入差距的扩大。"

该文通过用独具匠心的事实作论据，澄清了一种模糊的认识，给人以警示。

从经济新闻评论的三要素的意义上说，经济新闻评论的构成是简单、好把握的，但是经济新闻评论必须有新意、有思想，言之有物、言之有理、言之有序，从这个意义上说，经济新闻评论的构成也是复杂的、变化的，不可能有统一的模式。下面这篇获得中国新闻奖二等奖的评论就是很好的例子：

算一算GDP的代价

年终了，大家都在盘点一年的收成。工人农民在算一年的收入，工厂商店在算今年的利润，各级政府看重的，当然是GDP（国内生产总值）了，看看同比增长了多少，是一位数还是两位数，较其他同类地区高了还是低了。

然而，浙江省政府今年的盘点，却不一般。前不久，省统计局出具了一份《浙江GDP增长过程中的代价分析》，把浙江经济高增长所带来的负效应，和盘托出，并通过新华社公之于众。改革开放25年来，浙江GDP年均增长13.1%，人均从1978年的331元，增加到2003年的2440美元，2004年全省实现GDP预计可达1万亿元，经济总量已居全国第四。与此同时，浙江的耕地面积也减少了726万亩，相当于去年末实有耕地的30.4%；能源消耗水平是世界平均值的1.6倍，高收入国家的2.5倍；2003年，废水、废气和固体废物的产生量，分别比1990年增长84.8%、3倍和1.3倍……

GDP一直是我国经济的第一指标，是政府官员的最高追求。衡量经济，用GDP；考核政绩，看GDP；与人比较，拿GDP；引进项目，为GDP。GDP高了，洋洋得意；GDP低了，唉声叹气。其实，被官员们如此看好的GDP，既不是上帝，也不是万能。它能反映经济增长的总量，却不能反映社会成本，不能反映效率效益，不能反映贫富差距，不能反映公正幸福……打一个比方，一个城市创造了1000亿元产值，同时为治理污染花去了100亿元，为医治居民因污染而得的疾病，又花了10亿元，而在计算GDP时，则是将三者相加，为1110亿元。因为治污的费用是有关企业的产值，治病的费用是医院的产值，理所当然地都要纳入到"总产值"之中。有专家指出，GDP的代价大概占GDP总额的7%。如果此说成立，那么，全国以及各地公布的GDP，都得减去7%，这就所剩无几了。算一算GDP的代价，能使我们看到GDP的另一面，在高增长中保持清醒的头脑。

GDP增长的代价，主要反映在高消耗、低效率上。资源的惊人消耗，使可持续发展难以为继。浙江前25年耕地减少了近三分之一，按照这个速度，再过五十几年，全省就没有可耕之地了。能源消耗近两年已经全面紧张。2003年，全省用电量比上年增长22%，大大超过GDP的增长速度，一半民营企业今年上半年平均月停电有11天多。浙江是个资源小省，中国其实也是个资源小国，再继续快速拉高GDP，电从哪里来？煤从哪里来？水从哪里来？油从哪里来？算一算GDP的代价，经济发展较快的地方，能增强危机感和紧迫感，加快经济增长方式的转变；经济发展相对滞后的地方，能避免重入先进地区的"误区"（浙江省领导语），使今后的发展科学合理。

GDP增长代价的另一主要表现，就是污染物的高额排放。高污染必定带来治污的高投入。统计局的"分析"说，2003年全省为治理环境污染所投入的资金为232亿元，占GDP的2.5%，比上年增33%。污染物的高额排放，危害更大的是对生态的破坏，对居民身心健康的侵害。老百姓一直有个疑问：以前生活水平低，恶性疾病的发病率也低，现在生活水平高了，恶性疾病的发病率也高了，这是为什么？医学专家的答案是，生活方式不好，环境污染严重。生活方式以前可能更不好，环境污染以前的确没有这样严重。如果我们的发展，要以牺牲环境质量为代价，以牺牲人的生命健康为代价，那是"要钱不要命"的发展，与我们的目标背道而驰。算一算GDP的代价，有利于贯彻以人为本的理念，坚持明智的、理性的、以人为中心的发展，从而"创造我们的幸福生活"（十六大报告结束语）。

尽管浙江省统计局对GDP代价的分析，还是初步的。由于技术上的原因，有些"代价"目前还无法核算，GDP的实际负面效应，比上述"分析"还会大些。但是，这丝毫不影响它的示范意义和导向作用。笔者相信，浙江省政府的做法，一定会得到各地各级政府的积极响应，从而推动科学发展观落到实处。(《宁波日报》2004年12月15日)

这篇获奖评论选取了一个重大的主题，论及落实科学发展观和构建和谐社会两大"热点"。评论首先从"现在衡量经济都是采用 GDP 为第一指标的评述"中，引出"算一算 GDP 的代价，能使我们看到 GDP 的另一面，在高增长中保持清醒的头脑"的看法，接着又指出"GDP 增长的代价，主要反映在高消耗、低效率上"、"GDP 增长代价的另一主要表现，就是污染物的高额排放"两个支持论点的重要论据。同时，文中大量的数据、事实也是论点成立的依据。最终，作者得出"浙江省政府的做法，一定会得到各地各级政府的积极响应，从而推动科学发展观落到实处"，肯定了算一算 GDP 代价的重要性。整篇评论在论述上很充分，层次分明，结构严谨，是一篇很好的评论文章。

通过分析经济新闻评论的构成要素，我们不难发现其一些常用的结构种类：

并列式结构主要是针对论证方式而言的，分为论点、论据、论证三大块，从提出问题到分析问题，最后得出结论解决问题，其中以分析问题为主。三个部分之间互为说明、彼此并列，构成经济新闻评论不可缺少的部分。不过，这里的一"块"可不是一段的意思。

递进式结构也叫做层层深入式结构，其特点是结论"埋"得很深，是经过论据层层分析、阐明的，在逻辑上表现为渐进式的推理，条理清晰。

对比式结构在行文与内涵上表现为波澜起伏的特点，正反对比、优劣对比，疑问与回答相间，具有迂回、悬念的伏笔，显得深入浅出，生动而有说服力。不仅容易"吊"起读者的胃口，更可以表现出辩证、客观的风采，防止观点上的片面性。对比式论证也叫比较论证。比较是认识事物和说明事物的好办法，把具有相同特征的事物或同一事物在不同时间、地点、条件下的不同表现加以比较，以有力证实某个观点正确或错误。

冲击式结构往往是在论战型驳论中运用。评论员常以强有力的正面论据支持正面论点，向反面论点发起反驳冲击，使之不攻自破，以达到驳论反面观点的目的。

以上是经济新闻评论的几种结构类型，它们之间没有严格的界限，有些结构可以兼而用之。对于经济新闻评论来说，最重要的不是首先考虑结构，而是先考虑评论内容，要看内容适合什么样的结构，结构始终是为内容服务的，我们要力求达到内容与结构的和谐统一、浑然一体。

第四节 经济新闻评论写作要求

随着社会、经济的飞速发展,经济新闻评论的写作也在不断地发展、更新,所以我们还必须不断优化经济新闻评论写作,即提高经济新闻评论写作主体的素质,更新经济新闻评论写作语言,拓展经济新闻评论写作视角。

一、提高经济新闻评论写作主体的素质

经济新闻评论的好坏与新闻评论写作主体本身有直接关系。经济新闻评论质量的高低,关键取决于评论主体的素养。日本新闻界就曾经明确提出:"新闻由于具有指导性,需要有高尚的品质。"事实证明,经济新闻评论写作主体,不仅要具备新闻工作者(主要是记者、编辑)的能力和素养,还要具备评论工作者特有的修养。出色的经济新闻评论工作者,应是一个杰出的"多面手"、"杂家",更应是一个出色的社会观察家,要有敏锐的洞察力、社会预见能力,还要具备经济学科的业务知识及科学严谨的逻辑推理能力和辩证的哲学观等。所以,经济新闻评论写作主体应是出色的记者、编辑,更应是政治家、观察家、理论家、经济学家,应智慧和博学、理性与情感兼备。

(一)经济新闻评论写作主体要有政治眼光

经济新闻评论写作主体有一些基本素质要求,其核心要求是有政治眼光。

经济新闻评论的政论性决定了对评论主体的要求,即经济新闻评论写作主体首先必须具备政治家的眼光,就是坚持邓小平理论,坚持党的基本路线,坚持新闻工作为人民服务、为社会主义服务的方向。每个经济新闻评论写作主体都代表着党和广大群众的利益在讲话,而不是从自己个人情感出发,因此一定要站在党的立场上,体现党的思想、方针、政策,及时传达党中央对人民的关怀,要关注党和国家的大事、前途和命运,胸怀全局,为更好地促进社会发展进步而努力。比如,前面提到的《人民日报》评论员文章《抢抓机遇促进东北振兴》中,评论员就必须具备政治家的眼光,对党的十六大以及党中央、国务院关于东北地区振兴的各种意见、文件等都要有很深的认识,关注党和国家的大事。

经济新闻评论写作主体有政治眼光,就能同党中央保持政治思想上的高度一致,就能对新出现的经济动向、经济事物、经济思潮等进行及时、敏锐的辨别,清醒地分析,并做出明确的判断和推理,树立建言、献策意识。经济新闻评论的写作目的是为了影响受众决策,因此经济新闻评论写作者必须在动笔之前,明确评论的目标受众,根据受众的需求写作,这样才能使评论有针对性和

实用性，才能更好地发挥决策参考作用。在建言献策方面，日本的《日本经济新闻》作出了很好的尝试。一项研究显示，2005年1—8月《日本经济新闻》发表的395篇社论中，所占比例最多的是关于"日本国内政策建议"的相关内容，高达166篇，约占42.3%。其评论客观沉着之中透着有节度的、冷静的批判精神，对影响经济界、产业界等有着很大的吸引力。①

此外，经济新闻评论写作主体还要有民主思想，不能以"官腔"话语表述，更不能以"惟我正确"的语境示人，而要以民主的、科学的、严谨的态度，以理服人，以情感人。

（二）经济新闻评论写作主体要有深厚的理论修养

经济新闻评论写作主体政治上的清醒与理论上的深厚修养是不可分割的。一个理论修养不高的评论员怎么能具有超人的智慧和能力呢？我们知道，经济新闻评论写作主体的理论素养不是生拼硬凑的术语、概念，而是要用正确的世界观观察问题、分析问题，为人们正确地解决问题提供思路和导向。经济新闻评论写作主体要坚持客观、全面、深入，要能够具体、灵活、生动，要有比较全局、发展的思路和眼光，必须摒弃主观、片面、肤浅，避免抽象、死板、局限的观点，不断努力地丰富自身的理论修养，以提高自身的理论水平。刊载于2004年9月6日《经济观察报》的社论《产权改革争论的积极意义》，作者就需要对郎咸平教授以及其他众多学者对于国有资产产权改革的各种看法、观点多做了解，同时始终保持清醒的头脑，客观、全面、深入地去看待这个问题，既摆出郎教授的观点，也谈到内地众多学者的态度以及担忧，从事实上指出"在国企改制过程中，国有资产流失的案例显然不是个别的，但是我们依然不能认同，对国企产权改革的全面否定"。作者要在理论上有头脑，就是要有自己正确的世界观，并能够自己去看待、分析问题，《产权改革争论的积极意义》的作者是做到了这一点的。

（三）经济新闻评论写作主体要有较强的经济专业素养

要想写出影响力强的经济新闻评论，经济新闻评论写作者要努力学习党和国家的政策和经济理论知识，提高自身的理论修养，同时还要密切关注经济生活中出现的新情况、新变化，磨砺自身的新闻敏感，做到见微知著。在这方面《华尔街日报》做得比较成功。《华尔街日报》的评论员大多是来自第一线的记者，他们有丰富的采访经验，对某一领域相当熟悉。此外，报社还定期组织

---

① 尹良富：《〈日本经济新闻〉社论：突出政策建议》，《中国记者》2005年第11期。

培训，不断加强评论员的专业水平。在借助专家扩充评论队伍方面，《华尔街日报》更是不惜巨资投入，他们邀请的专栏作者往往是世界级的专家，世界各国的财政部长，或著名分析机构的专家都可能成为他们的特约评论员。由此可见，经济新闻评论的写作者必须具有丰厚的理论素养，并且注重研究市场，做到心中有数，才能在对事实充分认识、分析的基础上提出独到的见解，使理论在实践中升华，达到阐释和解决问题的目的。

其次，媒体还要约请一批国内外知名的专家学者作为专栏撰稿人，甚至要邀请到国内外政府的高级官员，以充实媒体的评论员队伍，这样才能提高评论的权威性。

再次，媒体要与社会上的自由撰稿人保持密切联系，这些自由撰稿人往往思想活跃，且身处不同的行业，其撰写的经济新闻评论很可能在某一领域具有独到见解。

例如，由林山木（笔名林行止）先生创办于1973年7月3日的《信报财经新闻》（简称《信报》）是香港地区第一张财经专业报纸。尽管《信报》的发行量不大，但对于文化界、工商界人士掌握香港财经脉搏，了解台海动态、国际局势的变化是不可或缺的参考，是香港最具有公信力的财经类报纸之一。《信报》如此成功，"林行止专栏"功不可没，其主笔林行止先生被誉为"香江第一健笔"。[1]林行止先生曾赴英国剑桥工业学院留学，主修经济学。正是这样的学术背景，使林行止能够及时对国内外市场的各种最新动态做出反应，对世界局势的风云变幻做出自己的分析与判断，使《信报》经济评论的含金量极高，具有很大的参考性和权威性；林行止善于从街头巷尾民众毫不知觉的经济现象或者大众十分熟悉的事情入手，娓娓道来，引出见识独到、逻辑清晰的专业分析，让人读后有"听君一席话，胜读十年书"之感，他的评论几乎涉及了工业、产经、贸易、银行、地产、财务等经济活动的各个方面，使读者仿佛进入了一个经济知识的博览会。

前面我们谈到，经济新闻评论就是对经济新闻事实发议论，比一般的经济理论文章更讲究时效性，更具指导性和针对性。所以，经济新闻评论文体的特殊性要求经济新闻评论写作主体在新闻业务上要精。经济新闻评论所面对的客体是经济新闻事件，评论写作者要想将评论写得有深度、有新意，就必须在经济业务知识上比较精深；另外，各大媒体间的经济新闻评论竞争又要求经济新闻评论写作主体必须具有很强的驾驭文字的能力。

因此，经济新闻评论写作主体业务上要精，至少包括了三个方面：一是知

---

[1] 王灏：《林行止专栏评论的写作特色》，《新闻知识》2005年第5期。

识面要广，尤其是要有经济、政治知识；二是要有相当的分析、概括能力；三是要有相当的表达能力，包括语言文字上的造诣和逻辑思维能力。

经济新闻评论以其思想性、说理性、逻辑性来取胜，这就需要有广泛的背景材料，即要有广泛的知识、广泛的信息以及广泛的兴趣。所以，经济新闻评论写作主体要做一个杂家，一个有所专长的杂家。新闻界老前辈邓拓经常说："深入实际兼读史，立定脚跟做圣人。"这也是新闻工作者，尤其是新闻评论员应该时刻谨记的。

经济新闻评论的写作技巧主要表现在立论是否新，论证、论据是否恰到好处、有力量上。所以，生动的文采、清新流畅的语言、高屋建瓴的思想是要依赖高明的写作技巧的。经济新闻评论贵在及时，往往要对社会上发生和发现的事件、问题作出迅速反映。所以，没有好的文学素养和写作技巧是写不出既好又快的评论的。

（四）经济新闻评论写作主体还要有法律常识

在不违反新闻道德原则的基础上，经济新闻评论写作主体要注意尊重个人的名誉权、隐私权、肖像权，审慎地评论尚未结束的事件和嫌疑人。面对公众的名誉权、隐私权、肖像权，以及法庭案件审理过程中嫌疑人的受保护权等，经济新闻评论写作主体要给予理解，适当让步，放弃一部分同样是法律授予经济新闻评论的自由权，要恰到好处地采取公正态度和公众立场，进行纯客观的评论，不加进个人的主观臆断和立场。也就是说，经济新闻评论者要具有一定的法律常识。只有这样，才不至于使自己的评论侵犯他人人权，违反法律常识。也只有这样，才能使经济新闻评论更加有理、有利、有节地发挥其社会效应。

经济新闻评论写作主体应具备较高的综合素质水平，上述各点之间也是互有联系，相辅相成的，必须整体地看，不能孤立地去认识。

二、更新经济新闻评论写作语言

现实市场经济运行中所表现出来的经济现象的复杂性、经济走势的不确定性、经济问题的棘手性和经济规律的难把握性，决定了经济评论专业深度的必然性。经济评论的专业深度主要体现在经济评论自身的话语语义空间上。经济评论的话语语义空间涵盖两个维度：一是指经济评论的标题、段落或术语、句子的意义所表现出的理论性及专业性特点。二是指经济评论信息的社会效益，表现为其思想和观点对社会经济活动以及受众思想和行为的影响。[①] 因此为了

---

① 薛中军：《新闻评论》，上海大学出版社2003年版，第201页。

使经济新闻评论与社会公众的现实生活紧密联系起来,就要更新经济新闻评论的写作语言,力求用通俗生动的语言、富有变化的句式、幽默形象的笔法、情理交融的论述、平民视角的例证,使抽象的理论形象化,深奥的道理通俗化,把复杂的经济问题、经济现象形象化,做到"硬主题,软表达",写得让专家不觉得浅,而对一般读者来说又易于理解,得到启迪。

中央电视台主持人王小丫在谈她做经济新闻节目的体会时说:"不少朋友都觉得'经济'这个词非常理性,很学术,甚至立刻联想到很多理论的概念,校园里的《高等数学》、《统计学原理》等,不能不让人感觉到它的深不可测。当我开始挣钱,自己租房子,买菜做饭,打理日子。这时候,发现'经济'真的很通俗,而且感性,感性得和'漂亮'、'舒服'这样的词语一样。它看得见,甚至可以触摸,能摸出你吃饱了或是吃好了,穿暖了还是穿漂亮了;它看得见家里的酱油开始是散装的,后来装进了塑料袋,再后来倒进了玻璃瓶里。所以,在真实、准确的前提下,要尽量地把复杂的东西说得简单一些,明白一些。比如,可以去量化一些枯燥的数字,彩电行业亏损147个亿,对老百姓来说147亿是什么?没个概念,所以就要把147亿掰开揉碎,147个亿可建多少多少个西客站,或者多少多少座梅地亚宾馆,一目了然。"①

提到经济领域的记者行家,除了胡舒立,不能不提艾丰这位前辈。他的经济评论往往通俗易懂,见解独到,能将复杂的事实和道理,尤其是那些深奥的经济学原理用读者可以理解的语言表达出来,最重要的是,其品牌论等观点已经形成了理论体系。相比之下,胡舒立的评论似乎关注的内容更多、更杂一些。因为出生年代和风格的不同,两人的评论语言各有千秋,都可以给读者带来很多的思考。

更新经济新闻评论写作语言就是要学会与受众平等对话,语言生动。经济新闻评论不像消息、通讯那样以客观报道新闻事实为主,它在"摆事实"的同时,要表达一种观点,或阐述一种论断,重在"讲道理"。正因为如此,就很容易在文章中透出教训人的口气,让读者望而生畏。特别是写社论、评论员文章,最容易犯这种常见的"病"。《人·自然·经济·文明》(《浙江日报》2003年5月28日刊发)作者深知此理,因而从文中可以看得出是像与朋友谈心那样去写作,字字句句都考虑读者是否乐于接受,是否爱看。在行文上,尽量避开了"要"、"必须"、"一定要"、"非……不可"之类表示命令的语言,通过谈古论今,较为辩证地揭示了人与自然、经济发展与生态保护之间的相互依存关系,传递了科学发展观,为浙江创建生态省营造了积极的舆论氛围。如

---

① 王华庆:《经济新闻采访与写作》,中国广播电视出版社2003年版,第130页。

文中写道:"因为非典的突如其来,更因为我们时常在城市仰望灰蒙蒙的天,勾起湛蓝的回忆;俯视不再清澈的河水,寻觅嬉戏的鱼虾;身居钢筋混凝土的丛林,遥想郁郁葱葱的无尽绿意。时下,无数人热衷回归远郊的大自然,重新体会生态环境对人类的意义。""创建生态省,打造'绿色浙江'对于4600万浙江人民来说,无疑是尊重自然、走可持续发展道路、为自己和子孙后代根本利益而谋之举。""如今,不管是干旱、洪灾,还是酸雨、风沙,最深层的原因是人类破坏了生态系统。当我们面临越来越大的环境压力时,必须思考一个重大问题:经济与自然到底是不是一对不可调和的矛盾?有没有经济发展与生态保护共赢的道路?"这些论述,读来形象生动,亲切自然,富有强烈的感染力,给人以美的享受。因而稿件刊出后,在社会上引起了强烈反响,收到了良好的传播效果,得到了普遍好评,在2003年"全国环境好新闻"评选中荣获二等奖。

更新经济新闻评论写作语言就是要学会运用群众的语言,倾听他们的声音,拉近心与心的距离,学会站在受众的立场去体察和感知生活。大众传播心理学认为:如何使受传者对信息从感性接触的层次进入到理性的理解层次,从传播者的角度看,必须为受众提供一种愿意深入理解的文本。新闻文本与受众的心理距离越小越容易被受众理解。群众语言生动活泼、通俗明快、轻松有趣,易于"抓住"受众的眼睛;群众语言与人民群众具有与生俱来的亲和力,易于"装进"受众的大脑;群众语言能够引起受众强烈的情感共鸣,形成价值评论上的共识,易于"切入"受众的心灵。①

群众语言具有通俗易懂的特点,与人民群众具有与生俱来的亲和力,用群众自己的语言说出农村经济政策或动向对他们的意义,老百姓感到亲切、自然,易于接受。而且不论受众文化水平高低,都能轻而易举地理解。我们来看下面的例文:

点名手术费:"潜规则"是医学之耻

北京取消"手术点名费",本是一件值得欢呼的事。但是,不少患者却并不领情,还在想方设法给医生送"红包"。他们说,不送"心里没底"。

一边抱怨"看病贵",一边又希望"花钱买平安"。这种矛盾心理背后,实质上是医患关系的异化。患者把自己交给医生不放心,所以就花钱

---

① 毛丽俊:《选好用活生动朴实的群众语言》,《新闻战线》2004年第8期。

"买"放心，"宁让钱吃亏，不让人吃亏"。

其实，对于多数患者来说，这个"亏"吃得很不情愿。住院本来就要花一大笔钱，再送"红包"，自然是雪上加霜。送"红包"似乎已经成为一个"潜规则"，如果有人送，有人不送，不送的人就要承担很大的心理压力。想想自己性命就握在医生手里，万一医生不高兴，刀下出点闪失，岂不因小失大？于是，很多患者宁可勒紧裤腰带，也要把"红包"送出去。尤其是一些外地贫困患者家属，吃的是方便面，住的是地下旅馆，却要从牙缝里省出"红包"给医生。这与其说是"愿打愿挨"，不如说是万般无奈。

在医药卫生领域，还有很多类似的"潜规则"，如药品审批要"用钱推磨"、医生开药要给回扣等。这些"潜规则"像一堵无形的墙，让那些规矩做事者处处碰壁，助长了医药卫生领域的不正之风，百姓深受其害。

那么，究竟是谁在维护这些"潜规则"？当然是既得利益者。他们往往以"大家都如此，我也没办法"、"一个人改变不了游戏规则"为借口，不愿打破"潜规则"。拿"红包"现象来说，尽管老百姓抱怨颇多，但仍有不少医生为它辩护。有的认为，患者送"红包"，是对医生付出辛苦的"合理补偿"，如果不收，患者心里更不踏实；有的认为，外国医生也有拿小费的，患者出于感激送"红包"，是人之常情，没什么大不了；还有的认为，"红包"是和谐医患关系的"润滑剂"。在这样的观念下，"潜规则"自然难以打破。

然而，"潜规则"毕竟不是真正的规则，而是"反规则"，是"见不得阳光的规则"。这些规则不仅背离了市场经济的本质，也背离了医患关系的本质，是医学之耻、医者之耻。

医学是圣洁的。医患关系本是一种患难与共、生死相依的关系，如果掺杂了金钱因素，就会变成一种"买卖关系"。试想，如果医生收了"红包"就尽心，不收"红包"就随意，有"回扣"的药就多开，没有"回扣"的药就不开，那么，谁还敢把生命放心地交给医生？谁还会发自内心地尊重医生？

当前，全国治理医药购销领域商业贿赂专项行动已经拉开序幕。有的"潜规则"被列入商业贿赂范畴，有的"潜规则"属于职业道德问题。但是，无论什么样的"潜规则"，其本质都是以败坏医德医风为代价，以损害患者利益为代价，因此都要被坚决铲除。对于医药卫生界来说，当务之急是树立正确的荣辱观，通过道德和制度建设，增强拒腐能力。如果人人都以"潜规则"为耻，严格自律，"潜规则"就不会有生存的土壤，患者

就不会"心里没底"。(《人民日报》2006年4月20日)

这篇评论运用了一些如"用钱推磨"、"愿打愿挨"、"合理补偿"这样的群众语言,将医院"手术点名费"的"潜规则"摆了出来,进行说理、评论,指出"潜规则"的可耻在于"如果人人都以'潜规则'为耻,严格自律,'潜规则'就不会有生存的土壤,患者就不会'心里没底'。"这种群众语言的运用在某种程度上缩小了新闻文本与受众之间的距离,简化了受众译码的过程,为受传者减少了词汇搜索中的心理能耗,符合受众的心理特点,新闻信息就更易于"装进"受众的大脑。

三、拓展经济新闻评论写作视角

近几年,出现了不少令人耳目一新的经济新闻评论,它们以超时空、大跨度,给受众描绘了一幅幅绚丽多彩的经济生活图画,充满鲜明的时代气息和浓郁的改革开放气氛。虽然它们报道的是经济工作和经济生活,但其光芒已辐射到社会生活的各个领域。事实证明,一些就经济论经济的经济新闻评论已经抓不住读者了(其中最值得注意的倾向,就是忽视经济活动中大量的非经济因素)。一个信息瞬息万变的社会,迫切需要与之相适应的报道方式,人们不仅需要一般的经济新闻评论,更加需要从非经济的多种视角去思考和写作经济新闻评论。[1]

所谓非经济视角,是指在做经济新闻评论时,不仅仅局限于从经济角度来写作经济新闻评论,而是强调把经济现象、经济活动放到整个社会背景中进行透视,从社会的、文化的、历史的,甚至哲学的角度来把握和剖析经济活动和经济现象,揭示纯经济因素和非经济因素在经济发展中的相互作用和影响。

著名记者艾丰,是最早一批用经济视角观察政治的记者之一。他高人一筹的就是善于把经济视角、非经济视角向新闻视角过渡。他的笔下有哲学视角、文化视角、理论视角、经济视角等,都是为新闻视角服务的。他曾创造性地提出一个新概念——社会经济新闻,后来成为许多报纸经济部门办报的指导思想。这个理论的主要观点就是,把社会作为一个整体,把经济问题放在这个大背景下来剖析,把社会问题和经济问题联系起来剖析,用他的话说就是"透过经济看社会"、"透过社会看经济"。在经济和社会之间搭了一座桥。也就是说,写经济问题,不要只写到经济问题就打住了,还要继续挖掘其中的社会内涵,并把它凸显出来。另一方面,有些问题初看起来是社会问题,但实质上是

---

[1] 沈爱国:《济报道中的非经济视角》,《新闻实践》1998年第12期。

经济问题,只有很好地从经济角度来观察和入手,才能很好地理解这种双向透视,才是两者的结合。①

世界上的一切具体事物都是内容和形式的统一。毋庸置疑,经济报道同样摆脱不了这个范围。从非经济视角写作经济新闻评论,也正是经济新闻评论从内容到思维形式转换的新尝试。除了要注意从经济角度来写作外,特别要注意从经济学和社会学、文化学相互交叉渗透的角度来考虑,将笔触伸向经济和非经济领域的广阔天地。请看下面的例文:

富人没有超生特权

报载,广州一名孕妇来到街道办计生人员面前,拿出一个存折摔到桌上:"这里有20万元,随便你们怎么扣,我需要安心养胎。请你们别再上门骚扰了!"这名超生者可谓财大气粗,明知违法,却毫不脸红,实在令人感慨!

近年来,少数富人的超生行为逐渐由隐蔽到公开,富人超生的数量也呈上升趋势。对此,社会各界纷纷质疑:难道有钱就有"超生特权"?

计划生育是我国的基本国策。公民有生育的权利,也有依法实行计划生育的义务。这是法律规定的。无论富人穷人,都没有超生特权。但是,一些富人却认为,只要有钱,就可以超生,花钱就能违法。这个群体虽然绝对数并不大,但无形中给人们一种印象,财富数量可以与生育数量成正比。这不仅冲击了现有的生育秩序,亵渎了法律制度,而且破坏了社会公平。

我国是一个人口大国,在社会快速转型期,人口发展面临着前所未有的复杂局面,人口与资源环境之间的矛盾仍处于紧张状态,来之不易的低生育水平面临反弹风险。稳定现行的生育政策,是符合目前中国国情并为多数人所接受的。"十一五"时期,中国面临着第四次生育高峰,人口数量仍然是社会发展的首要问题。如果不严格控制人口数量,就会给社会、经济发展带来极大的负面影响。

当前,有一种观点认为:城市人口素质高,只生一个;农村人口素质低,却要多生,这样生下去,中华民族的素质越来越低。这就是所谓的中国现行生育政策是"逆淘汰"政策的说法。有人还据此辩解:富人家庭教育条件好,超生有利于提高人口素质。

---

① 孙正东:《艾丰经济述评的理性魅力》,《新闻与写作》1997年第4期。

这种观点显然是荒谬的，是现代版的"龙生龙、凤生凤"。其实，人人生而平等，天资并没有根本差别，素质的差别是后天形成的。与城市人口相比，农民的素质有的方面差一些，有的方面还要好一些。穷人的孩子有可能成为名人富人，富人名人的孩子不一定还是富人名人。这是一个基本常识。目前，农村人口素质较低的主要原因是缺乏教育。如果将城市现有的教育资源适当向农村倾斜，农村人口的整体素质定会大大提升。因此，"富人超生有利于人口素质提高"的说法是站不住脚的。

遏制富人超生，既是为了严格控制人口数量，也是为了维护法律尊严。目前，我国法律规定，不符合规定生育子女的公民，应当依法缴纳社会抚养费。但实际上，社会抚养费并未成为阻挡富人超生的门槛。有的地方还存在富人收入水平难认定、地方政府保护纳税大户等现象。这说明，我国的法律法规不够完善，还有很多"空白地带"，不足以约束富人的超生行为。因此，我们必须加快完善相关法律制度，让富人违法生育的空间越来越小，付出的成本越来越大。同时，还可以将富人超生和其企业信誉度、个人诚信度挂钩，记入企业或个人诚信体系，并对其采取诸如限制贷款、限制担任社会职务等措施。

当然，遏制富人超生，最终还要靠富人的自律。富人的成功离不开社会的给予，理应承担更多的社会责任，明是非，知荣辱，不能把财富当成违法的"通行证"！（《人民日报》2006年4月25日）

这篇评论就是针对"有钱就有'超生特权'"这个百姓普遍关心、议论的社会经济问题，从经济、法律、人口发展、社会建设、城乡差别等多个角度进行分析，提出"富人没有超生特权"的观点。这篇评论的作者就是从各个不同视角的相互交叉渗透中，把笔触及了经济和非经济领域，更加全面地评述了"有钱就有'超生特权'"的问题。

经济是一种社会现象，也是一种文化现象，所以经济新闻评论写作，除了要努力掌握经济学知识外，也应了解更多的非经济方面的知识，如社会学、历史学、哲学等。在写作经济新闻评论时应该用经济、社会、哲学、文化等综合的因素来剖析经济活动和经济现象，不断从非经济的视角开拓出经济新闻评论的广度和深度，只有这样我们才能写出优秀的经济新闻评论文章。

随着信息在现代经济发展中重要作用的日益凸显，受众对经济新闻评论的需求不断加大，从而使经济新闻评论在新闻领域处于越来越重要的地位。与此相伴，经济新闻评论写作也将得到进一步的发展，其内容指向将更加明确。经济新闻评论将具有更加强大的社会信息价值，比如，受众为了确定自己采取何种投资理财方式，那么他就将更大程度地关注经济新闻评论。同时，经济新闻评论的科技、经济等知识的含量也将大大增加，受众的覆盖面也会更加宽广。总之，经济新闻评论写作将体现出信息增多、生活特色增多、服务性增强的特点。

第十一章 金融证券类报道写作

邓小平同志指出："金融很重要，是现代经济的核心。金融搞好了，一着棋活，全盘皆活。"① 这段话精辟地说明了金融在现代经济中的重要地位，深刻揭示了金融在我国国民经济中的重要作用。事实上，金融在经济生活中的地位和作用，我们的体验已经越来越直接了。从大的方面讲，1997 年的亚洲金融危机，2008 年由美国次贷危机引发的全球金融危机，使我们认识到在全球经济一体化的今天，金融业对国计民生有着举足轻重的影响；从小的方面讲，在社会的投融资渠道呈现多样化的今天，金融对老百姓个人和家庭的影响也日益深刻，因此金融证券类报道也是经济新闻报道中不可忽视的领域。把握金融发展趋势，提高金融报道水平，既是经济发展的客观要求和更好地参与国际金融竞争与合作的需要，也是满足广大读者的迫切愿望、有利于媒体生存和发展的必然选择。

第一节 金融证券新闻概述

一、金融新闻和证券新闻的内涵

要了解证券新闻的含义，就必须先弄清楚什么是金融新闻，因为证券与银行、保险、信托投资是金融产业的四大支柱，证券新闻是金融新闻的一个下位概念。

货币银行学认为，金融有广义和狭义之分。广义的金融，兼指货币流通与货币资金的融通；狭义的金融，是指货币资金的融通，特别是作为资金的货币的融通。金融主体为了追逐较低的交易费用和良好的运行效率，在各种交易过程中，日渐形成了包括金融机构、金融市场、金融工具三大要素的金融体系。金融机构通常分为银行金融机构和非银行金融机构两大类。银行金融机构包括中央银行、商业银行、专业银行；非银行金融机构则包括保险公司、退休养老

---

① 《邓小平文选》第 3 卷，人民出版社 1993 年版，第 366 页。

基金组织、社会保障组织、信用合作社投资公司、财务公司、证券公司、信托公司、基金公司等。金融市场通常分为货币市场、资本市场、证券市场、外汇市场、黄金市场;金融工具则不仅包括商业票据、银行票据、债券、股票、基金这些基本工具,而且包括金融远期、金融期货、金融期权、金融互换等金融衍生工具。银行业、证券业、信托投资业和保险业是金融产业的四大支柱,共同构成了广大的金融体系以及活跃的金融市场。金融市场是与商品市场、劳务市场和技术市场并列的一种市场,是实现借贷资金的集中和分配的资金融通场所,由资金供给与资金需求的对比形成该市场的"价格",就是利率。金融市场分货币市场和资本市场,其活动以商业票据、短期公债、银行承兑汇票、可转让大额定期存单、回购协议、股票、公司债券及中长期公债等金融工具为载体。

金融新闻报道的对象是泛金融领域,包括银行、证券、保险、信托投资以及外资、侨资、中外合资金融机构领域的方针政策、法律法规、市场态势等信息。金融市场是指实现货币资金借贷、办理各种票据和有价证券买卖的市场,它包括同业拆借市场、国债市场、企业债券市场、股票市场、期货市场以及黄金市场等。因此,金融新闻报道的对象应包括上述机构和市场以及市场参与者等,即金融新闻是报道上述机构和市场的最新动态以及新法规、新政策、新变化、新人物、新思维等的一类经济新闻。

银行、保险、证券等方面的新闻,是金融新闻的几个重要分支。银行领域的报道对象,主要是中央银行和各类商业银行;保险领域的报道对象,主要是保险公司的运营以及监管部门的运作。而保险新闻报道对象还应延伸到保险公司的客户——投保人,了解他们的最新需求从而作为保险公司改善并提高服务质量的重要参考。

证券新闻报道的领域比较特殊,因为它除了报道市场监管部门、证券公司外,还有两个不能忽视的部分就是上市公司和大量的股民群。根据中国证监会的统计,截至2003年7月我国股民数量有3000多万户,其中90%以上为个人投资者。中国登记结算公司的统计数据显示,截至2008年1月18日,我国的股票账户总数为1.143408亿户,其中A股账户总数达1.11988亿户。① 为数量如此庞大的投资者提供可供参考的信息以及关注上市公司的兴衰成败是证券新闻报道中的重头戏,也是最吸引受众的部分,此外因为证券市场涉及公开透明的信息披露,所以有关证券新闻报道的对象还包括专为上市公司提供服务的各类中介机构,如会计师事务所、律师事务所、资产评估机构、资信

---

① 《中国证券报》2008年1月23日。

评估机构等。

《简明不列颠百科全书》对证券下的定义是："证券是表示所有权的书面凭证。它给持有人以要求并取得非他所有的财产的权利。"《辞海》则认为："证券是以证明或设定权利为目的所作成的凭证"。而《经济百科辞典》的解释是：有价证券"是指记有一定票面金额，代表一定资产所有权或债权，能够定期带来一定收入，且能转让所有权或债权的票据凭证"。由此可见，证券是指各类财产所有权或债权凭证的通称，是用来证明证券持有人有权依据券面所载内容，取得相应权益的凭证。股票、国债、市政债券、基金证券、票据、提单、保险单、存款单等都是证券。①

证券有广义和狭义之分，广义的证券一般指财务证券（如货运单、提单等）、货币证券（如支票、汇票、本票等）和资本证券（如股票、公司债券、基金凭证等）；狭义的证券仅指资本证券，我国的证券法规定的资本证券有股票、公司债券和国务院依法认定的其他证券，其他证券主要包括投资基金凭证、非公司企业债券、国家政府债券等。证券新闻所研究的对象主要是狭义的证券即资本证券。

证券作为一种书面证明，体现了一种经济关系，即资金供需双方通过证券买卖所形成的借贷关系，证券市场则可以表示为这类价格关系的总和。证券市场的参与者包括证券市场主体，如政府、金融机构、公司、企业等；证券市场中介，如证券承销商、证券经纪商、资产评估机构、会计师事务所等；自律性组织，主要指行业协会，在中国主要有中国证券业协会和中国国债协会等；证券监管机构，如中国证监会等。②

由此可知，证券新闻是指以各种有价资本证券以及证券市场上的最新市场动态，新的政策、法规、法令以及证券市场的参与者为报道对象的金融新闻的总称。它是金融报道领域中最重要的一个分支，既反映股票、债券、基金等资本市场事实变动的信息，又针对与证券市场相关的政策、宏观形势、行业发展等领域进行报道、分析、评论，正是通过证券新闻才使金融新闻为广大民众所关注。

二、证券新闻的特点

为了更直观地了解证券新闻的特点，先看下面这篇证券新闻。

---

① 吴晓求：《证券投资学》，中国人民大学出版社2004年版，第15页。
② 吴晓求：《证券投资学》，中国人民大学出版社2004年版，第55页。

蓝筹股经历"黑色五月"

曾几何时,一直高昂着牛头挺进的蓝筹股,因能长期驻守在"10%的阵营"里而让基金经理高枕无忧,但这种状况在"五一"节后短短的15个交易日里发生了质的变化。在大盘快速下跌的过程中,强势基金重仓股更加猛烈地全线下挫,"10%的熊市避风港"突然间变成了"地震重灾区"。5月,这个一向使股市投资者产生"红五月"憧憬的季节,呈现给投资者的却是蓝筹股的衰落和凋零。从长江电力提前消化战略投资者解冻利空的下跌,再到高价股的标志中集集团和中兴通讯的连续走弱,最后到近期石化、纺织、化工、医药、商业和高速公路等前期强势板块的轮番跳水,看起来基金重仓股的补跌真的是"一个也不能少"。

黑色五月

根据天相系统的统计数据,5月9日至5月27日期间,跌幅超过大盘的行业分别为石化、煤炭、有色金属、化工、交通运输、纺织服装、机械、石油,基本上都是绩优蓝筹股集聚的板块。如果说基金对其他板块还存在分歧而有进有出的话,煤炭和交通运输则是基金一直看好并重仓持有的板块。这两个板块的折戟沉沙,说明此次空头的力量之大。

另一组数据是基金重仓股的表现。基金季报披露的185只重仓股中,在5月9日至5月27日这一阶段跌幅超过大盘的有123只,占了66%的比重。这个数字令人震惊,因为在大盘见顶的4月14日至4月29日这一时段里,185只基金重仓股中跌幅超过大盘的只有52只。52∶123,这足以反映出基金重仓股近期下跌之凶猛。换句话说,基金重仓股这些先前托举股指的"中流砥柱"如今已经变成了砸盘的"铁锤"。

谁在做空

面对急跌的重仓股,基金齐声喊冤:"不是我们抛的!"持有这种观点的研究机构也不在少数。基金确实被冤枉了吗?笔者不想妄下判断,而想用几组对比数据来说明问题。还是用大盘见顶之后的4月14日至4月29日这一区间和5月9日至5月27日这一区间来做对比。

在前一个时段里,股票型基金平均净值下跌了1.91%,如果按70%的仓位计算,其跌幅达到2.73%,而同期大盘的跌幅为7.13%,这一阶段基金维护了净值超越大盘的不错成绩。但是在后一个时段情况就不同了,股票型基金平均净值下跌了6.45%,按70%的仓位折算,跌幅达到9.21%,而同期大盘跌幅为9.31%。这一数据充分说明,对基金净值影响巨大的核心重仓股补跌相当厉害,这些重仓股当中的权重股流通筹码大半被基金所持有，近期跌幅甚巨的长江电力、中兴通讯、烟台万华、西山煤电、中国石化等，基金都持有其流通股达40%以上。这些被基金视为净值保卫战所必须坚守的堡垒，它们的放量下跌如果不是基金放掉手中的筹码，还会是别人吗？

同时，笔者又考察了两组数据。一组是基金2005年一季度增仓的111只个股，在前一个区间里跌幅超过大盘的有24只，而在后一区间里跌幅超过大盘的有82只；第二组是今年一季度新进入基金重仓股阵营的36只"新贵"，在前一区间跌幅超过大盘的有12家，而后一阶段跌幅超过大盘的有26只。从中我们又可以看出，基金不但不"喜新厌旧"，反而连新宠儿都没有在手中捂热就急于出手了。

何时止跌

研究机构对于基金重仓股的补跌有两种看法：一种认为强势股补跌的"经验主义"在基金身上可能失效。基金由于规模庞大、在流通市值中的比重已经占到了14%，而且各基金之间的相互博弈又十分复杂，很可能延长重仓股的下跌时间和空间；另一种观点却认为，重仓股跳水已近尾声。从中国联通、宝钢股份等大盘蓝筹的松动开始，我们已经陆续经历了低价大盘股、高价股、石化股、纺织股、医药股、高速公路股、化工股、商业股的轮番跳水，在这一过程中基本上没有强势股可以幸免。所以，这种调整已经比较充分，强势股的轮跌差不多已经到位。

笔者倾向于后一种观点，并可用一些数据来加以佐证。我们可以把5月9日至5月27日的这三个交易周描述为急跌—平台—再跌的过程。三周里，大盘跌幅分别为4.44%、0.75%和4.30%，而股票型基金的平均净值按70%的仓位计算得出的周跌幅分别为6.18%、0.93%和2.25%。很明显，基金重仓股在下跌的第一周跌幅较大，远超过大盘，经过第二周的平台之后，第三周跌势已经明显减缓。刚刚过去的这个交易周，对于大盘来说是迭创新低，但对于基金重仓股来说已经开始有企稳迹象显露了。我们从盘面上也可以很明显地看到，宝钢股份、长江电力等权重股已开始在一片阴霾中露出微弱的阳光，蓝筹股的下跌应该告一段落了。

淘金机会

基金重仓股的"地震"并非理性的行为，而这种"泥沙俱下"式的下跌给投资者提供了难得的"淘金"机会。估值体系的紊乱不会持续很长时间。在短暂的冲击过后，紧盯着给予流通股股东补偿的眼睛又会重新回归到企业的真正价值上来，评估的标准也会重新得以确立。在过去的三周里，我们不知道"疾风暴雨"式的下跌把多少本来就有低估嫌疑又遭遇急跌重创的"金子"埋进了沙土里。不过,这难得的沙里淘金机会并没有被场外资金所忽略,保险资金出现在鲁泰A跌停板上,就多少说明了些问题。笔者最近也听说,一些私募基金已经悄悄地开始了建仓行动。就在基金义无反顾割肉"出逃"的时候,敏锐的场外资金已经毫不犹豫地入场,在"哀鸿遍野"的股市里开始了"淘宝"之旅。要知道,埋在沙里的金子又何止鲁泰A一个?而到底谁能笑到最后,谁是真正的赢家,就要看谁拥有对企业正确估值。(《上海证券报》2005年5月28日)

从以上这篇证券新闻报道中,可以总结出证券新闻有以下几个特点:

(一) 专业性

作为证券新闻报道的对象的证券市场是一个专业性极强的领域,涉及金融、证券及其衍生产品、会计、法律、资产评估、审计、咨询等多个专业,因而证券新闻具有较强的专业性,具体表现在以下几个方面:一是存在大量的技术术语,特别是在图形分析和数据分析中;二是有着大量行业专用语;三是大量行业用语和技术用语使新闻报道用语也具有金融证券行业的专业性。如上文中的"蓝筹股"、"基金"、"基金净值"、"大盘股"、"股票型基金平均净值下跌了6.45%,按70%的仓位折算,跌幅达到9.21%"等专业语言,如果信息接收者没有一定的证券知识背景,就很可能不知所云为何物。

证券新闻报道中,往往会关注到各种指数的走势、N日K线图、法人股、国家股等一系列概念,而且在一些证券报道中,要想了解更多上市公司幕后的东西,还会涉及上市公司的财务报表等。证券业发展迅速,有关它的新理论也不断涌现,证券业内的专家面对这些崭新、艰深的理论知识,也不能马上精通。如果要做证券报道,记者必须事先掌握大量的证券知识。与经济新闻报道的一般读者不同,证券报道的读者在看到完全不懂的术语时,不会抱怨而跳过不读,反而会找各方面的资料来了解这些术语,因为股民为自身利益着想,必须不断提高自己的业务水平,他们很乐意弥补自己业务知识的缺陷,而不会对术语表示反感。所以,专业性很强的证券报道表面上是在给股民出难题,实质上也督促了股民不断学习进步,渐渐成熟起来。正如有的学者指出的:"按一般规律,科技新闻的专业性是较强的,因为它常离不开一些科学的理论、行业的术语。然而,许多科学道理却是可以深入浅出的,或拟人,或比喻,将它加以'翻译',化深奥为通俗,化艰涩为有趣,让人喜闻乐见。而证券新闻则不然,有不少术语是不能'翻译'的,或是一经'翻译',就会变形走样,或是索然无味。"由此可见,证券新闻报道无法避免专业化,甚至还要强化它的专业性,以免写出的报道贻笑大方。

（二）实用性

证券新闻是证券信息的载体，为受众提供证券决策的有效信息，是证券新闻报道最基本的要求。证券新闻的实用性主要体现为证券市场的信息披露对证券行情的波动产生很大的影响并进而关系到千百万投资者的切身利益。能否早一点获知以及消化证券信息，往往成为投资者成败的关键，没有哪一类新闻的读者像证券新闻的读者整天追逐证券信息那样追逐其他的新闻信息。我国第一份证券专业类报刊《上海证券报》初创时，由于发行网络仅局限于上海，竟有人把《上海证券报》空运到其他大城市高价出售，大赚其钱，这不能不说是因为这份报刊有大量涉及众多投资者切身利益的实用性内容。[①]

在《蓝筹股经历"黑色五月"》中，报道的前三部分都在分析基金重仓股全线猛烈下降的原因，而真正的目的却是为最后一部分"淘金机会"做铺垫。报道最后指出：基金重仓股的地震并非理性的行为，而这种"泥沙俱下"式的下跌给投资者提供了难得的"淘金"机会。相信许多投资者在认可了报道中所做的分析之后，会作出理性的选择。

从目前我国证券新闻媒介本身的实践也可看出，实用是证券新闻的主要特征。《中国证券报》创刊伊始，就"在宣传报道上力求做到'全面、准确、快捷、实用'"，"努力办成一张集权威性、知识性、实用性为一体的报纸"，明确标出传播内容的"实用性"。无论是三大专业证券报，还是一些综合性报纸的证券专版，其主要内容不外乎三大部分：新闻、市场分析、行情资料。这三大部分都有一个共同的宗旨：为投资者作出正确投资抉择提供实用性的内容。具有丰富信息量的各类新闻帮助投资者了解与投资有关的方方面面的动态；市场分析帮助投资者判断行情；各类行情资料可供投资者了解证券市场情况。

证券新闻给受众提供的实用性信息主要有三种形式：一是证券市场新近的态势的报道，如例文中重仓股的全线下跌，此外还有上市公司的业绩起伏、年终报表、股市行情变动，以及监管部门出台的最新政策，等等，这些信息能够使投资者及时、全面、快速地了解到证券市场的最新消息，避免"信息不对称"现象，为投资者决策提供重要参考；二是透过现象抓本质的深度报道，如曾在全国引起轰动的《银广夏陷阱》和《基金黑幕》，就深刻地揭露了银广夏的骗局以及基金市场的不规范操作，这种由表及里的证券信息披露，使受众认清了事实背后所蕴涵的实质，使投资者和社会公众能够清醒地意识到发生了什么，以后又将发生什么，让他们作出理性的决策；三是有关证券方面不同凡

---

① 吴震华：《证券新闻特性初探》，《中州大学学报》2001年第1期。

响的独家报道。

在西方发达国家，实用性报道也称服务性报道，是一种具有直接可用价值的报道，在美国叫"菜篮子新闻"，日本则称为"实用新闻"。刘明华教授在分析国外一般新闻和服务性报道的区别时说："一般新闻通过反映社会的新动态、新动向，向读者提供某种信息，对人们认识社会、选择自己的行为方向，起着潜移默化的作用，而服务性报道则是具体的行为指南，读者可以根据它所提供的具体可用的信息、方法，决定是否做某种事情，或者如何做某种事情。"[①] 从这个意义上说，证券新闻就是一种实用性报道。

可以说，证券新闻以其专业性和实用性已经成为众多投资者投资的参考依据。如今的证券新闻已经摆脱了"假大空"、堆砌数据、罗列公式的报道模式，而转变为真正以受众为中心。

（三）时效性

在时效性上，证券新闻比其他一般新闻要求都要高，这也是关系它成败的首要因素。这是由证券市场的瞬息万变所决定的。证券市场是所有市场中效率最高的，又是同千百万投资者利益关系最为密切的市场。"时间就是金钱"这句话在别的地方可能只是个比喻，但在证券市场中却是铁一般的事实。有些重大信息，哪怕早一分钟获得，就可能发大财或者避免重大损失。证券市场可谓瞬息万变，晚一点获知变动信息，就可能给投资者造成重大损失，如证券监督部门批准首发的重大证券新闻，若不及时传播，就会给数量庞大的股民带来不应有的损失。

（四）敏感性

一般新闻对市场、投资者、生产者、消费者的行为不会产生立即的、直接的影响，但证券新闻对证券市场和投资者个人的影响则直接得多、敏感得多。例如，过去关于税收政策的报道、股市所谓"三大政策"的报道、新股发行额度的报道、转配股政策的报道、利率调整的报道、市场兼并收购的报道、上市公司重大变化的报道，都会立刻对股市、债市的走势或个股的走势产生重要影响；甚至国家对外关系的某些重要变化也会立即引起股市的较大波动。正因为如此，证券市场便有了"政策市"、"消息市"之说。由于证券在市场经济中的重要地位以及证券市场的复杂多变，因此证券新闻报道具有很强的敏感性，若采访报道的时机和内容稍有不慎，就容易对受众心理造成负面冲击，对投资者信心产生消极影响，可谓牵一发而动全身。

---

① 刘明华：《西方新闻采访与写作》，中国人民大学出版社1993年版，第145页。

对敏感问题的报道管理并不是中国的专利，许多国家包括许多发达国家都把一些敏感问题视为机密，因为有些问题涉及国家的政治、经济、金融、文化等方面的安全。但是，随着政治经济体制改革的不断推进以及国际互联网的发展，对敏感问题的宣传报道也要相应改进。这对许多媒体都提出了新的要求和挑战。关于如何加强和改进对金融敏感问题的报道，有学者认为，核心是建立平衡的报道框架，使报道尽可能中立，帮助人们从多角度看待问题，以免扭曲主要事实和误导读者。同时，对敏感问题的报道一定要核实，用事实说话，不能道听途说或随意推理，以免引发法律纠纷。另外，概念要准确，说外行话或一知半解，都容易得出误导性结论。①

经常关注证券市场与证券新闻的人会发现，我国证券市场监管工作会议的会议信息发布与会议开幕几乎总是同时进行，像广播电视等媒介有时还采取现场直播，这就避免了市场人士对会议有关内容的猜测而导致市场价格的不正常波动，也避免了少数人利用各种手段提前获取信息及与会者透露会议消息等弊端，从而最大限度地消除了信息对证券价格和投资者心理的影响。目前，我国证券市场尚处于试验阶段，证券价格受新闻报道的影响非常大，市场上一有某种传言，不管是真是假，都会被大肆炒作一番，从而引起证券价格的波动，可见证券市场对消息反应的敏感。正因为如此，证券新闻报道真可谓是"一字千金"。

三、证券新闻的作用

有学者认为经济新闻对公众的影响实际上会超出"反映真实的经济状况"这一层次。在传播的积累中，大众媒介已经成为每个人或其家庭经济生活经验以外的"大经济"的认识来源。② 由此可见，经济新闻报道作用巨大，作为经济新闻组成部分的证券新闻在证券市场中更是起着重要的作用。

第一，证券新闻是投资者证券投资行为的重要信息依据。

证券是供投资者买卖的特殊金融商品，证券作为记载投资权益的凭证，不同于普通商品，一旦进入市场，其价格不仅由它所代表的资本价值决定，而且受到许多相关信息的影响，如发行者的财务状况、经营状况和信用状况等。影响证券价格的因素如此复杂，以至于投资者无法自行收集和全面分析与证券投资有关的信息和资料。为了保护证券投资者的切身利益，维护证券市场健康稳

---

① 魏革军：《金融报道的着力点——兼谈金融报道的发展趋势》，《中国记者》2003年第11期。

② 陈力丹：《谈谈当前经济新闻的作用和特点》，《新闻知识》2000年第6期。

定的发展，防止证券市场成为投资陷阱，证券新闻成为向证券投资者提供与证券投资有关的重要信息的重要渠道。因此，证券市场从诞生之日起，就吸引了大众传媒的注意力，股市每日的价格变化为大众传媒提供了可持续的报道内容，这些报道内容是社会公众了解证券市场信息的重要来源；证券报道成为投资者获取证券信息的主要平台，甚至是不少相对弱小投资者获取信息、作出投资决策的唯一依据。

第二，证券新闻对金融市场和金融机构直接进行舆论监督，发挥金融监管部门的辅助监管作用和强化市场机制的约束作用。

证券市场的信息属性决定了信息在证券市场中所起到的决定性作用，然而由于市场参与主体能力及占有资源的不同，导致了证券市场上信息获取的不平衡性。为实现证券信息传递的公正性、平衡性，以促进各市场参与主体的平等，证券新闻传播成为必然选择。

资本市场发育成熟的国家，都将新闻媒体对上市公司的监察督促，当做维护证券市场秩序、促进证券市场规范发展的主要社会力量。美国证券市场除专业监管机制外，还有三大社会监管机制。新闻舆论监督机制排在民事诉讼赔偿机制和专业机构市场惩戒机制之前，是社会监管的主力。为维护我国证券市场的健康发展，通过证券新闻对上司公司进行舆论监督是毋庸置疑的。

大众媒体利用自身优势，进行深度分析报道，挖掘幕后信息，揭露违规行为，有力地为证券市场健康运行保驾护航。近年来，中国证监会查处的数百起案件中，绝大多数是由媒体的批评监督报道揭露出来的，例如，2000年《财经》杂志发表《基金黑幕》，推动了监管当局加大打击基金不规范行为的力度；2001年《财经》杂志发表《银广夏陷阱》，揭露银广夏的瞒天骗局。

从新华社记者谢登科撰写的《假典型巨额亏空的背后——郑百文跌落发出的警示》（《中国证券报》2000年10月1日）开始，到《黑帮操纵证券黑市，兰州数万"股民"被洗劫一空》（《中国经济时报》2001年2月5日）、《幸福实业乱账难收，质问猴王十大疑点》（《中国经营报》2001年2月7日）、《震惊全国"康赛股票大案"黑幕透视》（大洋网2001年3月24日）等，媒介连绵不断、掷地有声，又恰如其分地发表了自己的"声音"，开始发挥出舆论监督的巨大作用。这类批评性的报道主要集中在4个方面，即上市公司的违规行为、股市非法交易行为、基金内幕交易的曝光，以及券商的经营与发展。从这4个方面分析报道，可以对证券市场进行立体的、全方位的关注透视，从而客观地、完整地反映市场的状况。

第三，证券新闻作为政府的政策宣传工具，既解读政策又为新政策的出台营造良好的舆论氛围。

金融政策不是一个部门的政策，而是一个国家重要的宏观经济政策，涉及经济金融工作全局，涉及金融市场的变化和预期，涉及企业和居民的融资规划和投资理财，同时还关系到国家利益和金融安全，因此金融政策的出台必须通过新闻报道加以解读。请看下列例文：

基金带上"紧箍圈" 严禁刻意砸盘或尾市拉抬

基金投资管理人员不得为了基金业绩排名等实施拉抬尾市、打压股价；不得在不同基金财产之间进行利益输送；不得接受证券公司、投资公司、上市公司等其他任何机构和个人提供的礼品、旅游服务。有关部门近期下发业内的《基金管理公司投资管理人员管理指导意见》（征求意见稿），再度引发业内关注。

据悉，此次征求意见稿明确规定了基金投资管理人员的范围，包括基金公司投资决策委员会成员；公司分管投资、研究、交易业务的高级管理人员；公司投资、研究、交易部门的主要负责人；基金经理、基金经理助理；中国证监会规定的其他人员。基本上负责基金投资、研究、交易的主要人员均在其列。

另外，指导意见还列出了8条基本行为规范。其中既有引入国外成熟市场的规定，也有针对中国行业实际推出的规范。

比如，指导意见第六条，在基金份额持有人的利益与公司、股东及与股东有关联关系的机构和个人等的利益发生冲突时，投资管理人员应当坚持基金份额持有人利益优先的原则。上述"基金持有人利益优先"在成熟市场也是基金投资人员必须遵循的规定。

指导意见第七条明确规定，投资管理人员不得为了基金业绩排名等实施拉抬尾市、打压股价等损害证券市场秩序的行为，或者进行其他违反规定的操作。在过去几年中，每逢年尾时常出现打压或拉高某些股票，提高本基金排名的不合规操作，这显然为指导意见所禁止。

另外，对于投资人员在投资中可能遇到的利益冲突问题，指导意见第二十三条特别要求基金公司加强对投资管理人员直系亲属投资等可能导致个人利益冲突行为的管理，并且明确要求投资管理人员不得直接或间接为其他任何机构和个人进行证券投资活动，不得直接或间接接受证券公司、投资公司、上市公司等其他任何机构和个人提供的礼品、旅游服务等各种形式的利益。"对利益冲突"作出规定，这在基金业内还是首次。（《上海证券报》2006年8月30日）

该报道通过对《基金管理公司投资管理人员管理指导意见》主要精神的解读，明确规定了基金投资管理人员的范围，列出了基金投资管理人员的8条基本行为规范，特别对指导意见第六条、第七条、第二十三条做了详细解读，为投资者提供了大量的政策信息。

证券报道还可为新政策的出台营造良好的舆论氛围，但要防止为了某些局部利益，或强调所谓新闻性，把政策中某一方面甚至某一句话摘出来加以渲染甚至误导；还要避免一边倒的报道，注意把握不同观点的平衡。应主动与有关部门进行沟通，通过全面披露、及时反映、准确解读、客观评论等形式，为信息供给者和信息需求者提供良好的服务；通过后续报道释疑解惑，在政策制定者和发布者与市场之间建立适当的管道，在信息供给和需求之间建立互动的平衡关系。比如，对政策出台后反映出的问题，要及时采访，做好后续报道，及时消除误解，加深理解，做好服务。

第二节 我国证券新闻的发展历程

一、晚清及近代的证券与证券新闻

我国证券市场的发展可以追溯到19世纪末。1873年，清政府督办了轮船招商局，发行了中国最早的股票；1894年，甲午中日战争期间，为了筹措军费，清政府又由户部向富商巨贾发行了第一批政府债券，当时称为"息借商款"，发行总额为白银1100万两；甲午中日战争后，清政府为交付赔款，又发行了公债，当时称为"昭信股票"，发行总额为1亿两白银。这次发行国债弥漫着战败国的屈辱，是清政府的无奈之选。① 而更耐人寻味的是100多年前的19世纪90年代上海滩上一个拐角处的惠芳茶楼开始最早的股票交易方式，与100多年前纽约街头汤梯恩咖啡馆的股票原始交易方式如出一辙，只是由于中国当时是半封建半殖民地社会的现实，使得惠芳茶楼没有像汤梯恩咖啡馆发展成为纽约股票交易所那样的大气候。

我国最早的证券交易市场创建于上海外商组织的"上海股份公所"和"上海众业公所"。这两个交易所买卖的证券主要是外国企业股票、公司债券、南洋一带的橡胶股票、中国政府的金币公债以及外国设在上海的行政机构发行的债券，特别是其中的外国企业股票和橡胶股票占了很大的份额。

---

① 詹向阳：《光怪陆离的证券》，中国金融出版社2004年版，第9页。

1850年，英国商人奚安门（Henry Shearman）创办了上海开埠后首家报纸——《北华捷报》。它是一份英文周刊，每逢星期六出版，每期对开一大张，共四页，内容包括广告、行情、船期、新闻、评论等。广告中有上海主要的洋店铺、保险公司、房地产业、拍卖行、银行等的各种营业告白。

《香港中外新报》被认为是中国第一份"现代日报"，目前所能看到的最早的《香港中外新报》是现藏于英国剑桥大学图书馆的1872年5月4日出版的该报，从中即可看到其第一版是货价与行情，题为"香港目下棉纱花正头杂货行情沽出货物"，全版（除版头外）以横线分为五栏，上面四栏每栏栏高16字，内容是有关棉花、白布、洋参等货价。第五栏之栏高为19字，内容为"各公司股份行情"。①

二、中华人民共和国成立前的证券与证券新闻

辛亥革命前，中国人所创办的交易所还不多见，1912年以后，我国证券交易规模逐渐扩大。1918年我国第一家证券交易所在北京成立，1920年经孙中山先生倡议，我国创办了上海证券物品交易所，该交易所除了从事证券交易外，还从事金融、皮毛、粮油等物品的交易。到了20世纪30年代，我国的证券市场一度繁荣。

而自清政府开始发行国债后，中国历届政府为保持财政平衡都发行了大量国债。北洋政府、广东国民政府、武汉国民政府、粤汉政府以及后来的国民党政府先后发行了数十期期限、利息不同的国债。其时，上海的《申报》和《新闻报》在我国的证券市场繁荣时每天都关注最新的股市行情。

《新闻报》1893年在上海创刊，是老一代读者中留下深刻印象的著名经济类报纸，该报又称为"柜头报"，因为上海的众多店铺都订有这份报纸，放在柜头供自己也供顾客阅读。第一次世界大战后，民族经济有所复苏，《新闻报》进一步意识到经济新闻对办报的重要性，于1921年4月15日专门开辟经济新闻专版，聘请著名经济学家徐沧水主持。该专版辟有经济评论、市况提要、金融市场、证券市场、上海商情、经济事情、统计图表等专栏，不惜费用、不遗余力地把各处商货行情详细登诸报端，经济新闻和市场行情占整个报纸两版以上。证券新闻成了《新闻报》的重要组成部分。

三、中华人民共和国成立后的证券与证券新闻

中华人民共和国成立后关闭了旧的证券交易市场，成立了新的证券交易市

---

① 卓南生：《中国近代报业发展史》，中国社会科学出版社2002年版，第99页。

场，主要有天津证券交易所和北京证券交易所，在引导社会融资、稳定市场和恢复国民经济方面发挥了重要作用。我国中央人民政府曾于 1950 年发行了名为"人民胜利折实公债"的国债，实际发行额折合人民币 2.6 亿元，该债券于 1956 年 11 月 30 日全部还清本息。① 但当时实行的是前苏联式的集中计划经济体制，否定了一切信用形式和市场的作用，证券市场也就失去了存在的基础。1952 年，北京和天津的证券交易所相继关闭，从此，中国证券市场在长达二十多年的时间里基本消失了。

我国现代债券市场从 1981 年 7 月国家恢复发行债券算起，而股票市场则是以 1983 年 7 月深圳宝安企业（集团）股份有限公司成立并发行股票为起点，但当时没有集中的交易场所，市场规模非常小。1984 年北京天桥百货市场发行第一张股票，这是中华人民共和国成立以来，中国企业首次向社会发行股票，但该股票并非真正意义上纯粹的股票，而是一种股票和债券的混合物。同年 11 月，上海飞乐音像公司公开向社会发行股票，这可以说是我国第一份与国际接轨的真正的股票。

此时的证券新闻报道还处于婴儿蹒跚起步的阶段，无论是媒体从业者还是广大的受众都是在摸索着、不断尝试着发展。其时，我国还没有专门的证券类媒体，很多股市信息的传达也不畅通，那时非常常见的一个场景就是当一种新股票要发行的时候，许多人搬着小板凳开始在发放股票的银行外面排队等候，人山人海的场面是经历过的人心中永远也磨灭不掉的记忆。

四、新时期我国证券新闻的发展

我国的证券市场始建于 20 世纪 80 年代后期。1988 年 4 月，国务院批准在上海、沈阳、深圳、武汉、重庆等七城市首批开展国库券转让交易业务。接着，公司债券和金融债券也开始上市流通。我国证券新闻的真正发展，应该是 20 世纪 90 年代初正式开始的。随着中国特色社会主义市场经济体系的逐步建立和不断完善，以及加入 WTO 的呼声越来越高，证券市场获得了更大的发展，也影响到了更多人的生活。

证券新闻的发展与证券市场的发展步调是一致的。1987 年，上海出版的《新闻报》率先刊登证券行情，每月一次。1990 年 7 月创办"证券市场专版"，是国内第一个定期的证券新闻专版（专栏）。1990 年 12 月和 1991 年 7 月，上海证券交易所、深圳证券交易所相继成立，标志着我国证券市场的形成。证券交易所的开办更是促进了专业证券类报纸的发展。随着中国的证券市

---

① 詹向阳：《光怪陆离的证券》，中国金融出版社 2004 年版，第 10 页。

场逐步走上正轨，证券新闻媒体也迅速发展起来了，1991年6月10日，我国第一份专业证券类报纸《上海证券交易所专刊》问世，同年7月1日，更名为《上海证券报》，这是我国第一张以提供权威证券专业资讯为主的财经日报；1993年1月3日，由新华通讯社主办的《中国证券报》在北京创刊；1993年11月27日，人民日报社主管、主办的全国性财经证券类日报《证券时报》创刊。1994年到2001年的股市牛市成就了大批投资者，也成就了众多的证券专业类报刊，"三大报"就是在这段时间内发展壮大起来的。除此之外，综合类报纸、晚报、都市报等也都开辟了"证券新闻"专版，广播、电视、甚至刚刚兴起的网络媒体都有专门的栏目对证券市场的发展给予高度的关注，每天都关注证券市场行情。至此，证券新闻开始迅速发展并成为20世纪90年代以来，我国新闻媒体报道中发展势头最迅猛，最引人注目的专业类新闻报道。中央机关报《人民日报》早在1998年，就在财税金融专版上首次刊登了股市K线图。

以报刊为例，20世纪90年代涉足证券新闻报道的报刊大体上可以分为这样几种类型：一是中国证监会指定披露上市公司信息的报刊；二是各级党报、党刊开办的证券专栏、专版；三是各地晚报、都市报和休闲报刊开办的证券专栏、专版；四是借用正规报刊刊号，脱离其主体，买断或承包而独立开办的证券专版；五是完全刊发证券信息的内部出版物或非法出版物。① 上述类型中，后两类报刊虽经新闻出版管理部门多次清理整顿绝大多数已被取缔，但仍有一些以各种借口继续出版。这类报刊纯粹以眼前利益为主要目的，无所顾忌地刊登道听途说的信息，给广大股民造成误导。

随着证券信息越来越为大众所关注，证券新闻报道也越来越受到大众媒介的重视。除报纸外，期刊、电视、广播和网络等其他大众媒介也设置专栏节目、专题对证券新闻进行报道。例如，"银广厦陷阱"就是首先由《财经》杂志揭露的，而中央电视台的《今日证券》和中央人民广播电台第二套节目主办的证券广播网也已成为颇受受众关注的证券广播电视节目。新兴的网络媒体更是充分发挥自身的特性和优势，利用各种专题对证券新闻进行全方位、多角度的报道。

第三节　证券新闻报道的原则

随着投资者队伍的不断壮大及其对市场信息需求的日益增长，证券新闻报

---

① 张志勇：《报刊传播证券市场信息规范化的思考》，《新闻战线》1999年第12期。

道成为媒体报道的重要内容。与其他经济新闻报道相比，证券新闻报道具有高度的敏感性，与公众的利益密切相关，对金融的安全稳定有着举足轻重的作用，因此，证券新闻报道必须遵循以下几大原则。

一、完整性原则

证券新闻的完整性体现在两个层面：一是指大众媒介的证券新闻应该把影响证券市场的相关信息都报道出来；二是指在具体的新闻中应该全面报道，交待新闻事实的来龙去脉。

完整性原则就是要求证券新闻报道充分认识到证券市场是一个全方位的市场，报道唯有综合各方面的信息，才能使投资人做出正确的投资抉择，这体现在具体的证券新闻写作中与一般新闻的写作有不同的技巧要求。一般新闻都强调巧选角度，不面面俱到，要求抓住客观事物诸多方面中的某一方面进行突出的报道，其他方面略去不写，凸显最有价值的新闻要素。证券新闻则不同，它常常要注重事物的完整性，即要求对事物的各个侧面进行全方位的报道，不可有重大遗漏。这是因为，其他新闻常常是为了满足人们一般的求知欲、好奇心，而证券新闻，特别是一些重大证券信息的报道往往是众多投资者进行投资决策的重要参考依据，如果为了生动、有新意，只讲一点不及其余，则会因为可能遗漏某些信息而产生误导，使投资者蒙受损失。比如，一家企业原来业绩很差，经过一番努力后效益大增，如果是一般的经济新闻，完全可以就"效益大增"这个方面进行突出报道。但作为证券新闻，就不但要报道"效益大增"，而且还要如实交代这个企业的绝对利润是多少，在同行业中处于什么地位，"效益大增"是确实经营得好还是某种偶然性的原因，以及在市场竞争中还将面临哪些潜在的不利因素等。[①]

完整性原则还要求报道讲求平衡性。证券媒体可以传播一些证券市场包括个股走势的预测分析，但一定要注意报道的完整性，不能说涨时一切信息都是利多，说跌时一切信息都是利空。一个负责任的证券媒体应该通过对股市评论和分析推动市场发展与完善，体现观点的多样性、完整性；应该通过版面编排把造成市场波动的多种因素充分揭示出来，把多种观点表现出来，让投资者进行多方权衡，择其善者而从之。

证券新闻报道的完整性不仅表现在尽量做到客观、公正、全面上，同时还应该发挥舆论监督作用，对部分上市公司的虚假陈述、有意隐瞒重大事实的行为，证券媒体也应当予以大胆揭露。

---

① 王爱伟：《证券新闻报道的个性特征》，《山东行政学院学报》2004年第5期。

二、准确与权威性原则

作为搭建在融资者与投资者之间的桥梁，证券市场在社会主义市场经济体系中扮演着通过"看不见的手"优化资本配置的重要角色，为使投资者和融资者们能够满怀信心地进场交易，就必须将市场的规则和运行建立在公开、公平、公正的基础上，使之成为能够保护交易者合法利益的可信的市场。同时，为克服"逆向选择"亦即资源的不良配置，就应努力营造交易主体在充分获取相关信息的基础上进行理性选择的环境，从而使之成为一个真正有效的市场。

"可信"和"有效"是一个健康的资本市场的两大基石。无论是要提高市场的"可信度"，还是要增强市场的"有效性"，都离不开一个不可或缺的前提：信息透明。正是在这样一个坐标点上，以传播信息消除不确定性为天职的大众新闻媒体才能切入证券市场。这个切入点，也就是证券报道的逻辑起点。

一部证券市场的发展历史表明，市场各参与方不可能同质、同量、同时获取与交易有关的信息。荣获 2001 年诺贝尔经济学奖的 3 位经济学家的研究，从信息经济学的角度证明了这一点。

从国内外证券市场的实际看，信息不对称主要有以下几方面的原因：

其一，因市场各参与方在市场当中所处地位的不同而造成的信息不对称。例如，在上市公司的经营管理层和股东之间，在大机构投资者和中小散户之间，在内幕知情者和普通股民之间，是永远没有"信息平等"可言的。

其二，因获取市场外围相关信息的迟早或多少而形成的信息不对称。例如，在历史上的某几个特定时期，沪深股市与香港股市形成了此起彼伏的"翘翘板效应"，在来自香港的信息渠道不十分畅通的情况下，有条件的"先知先觉"者明显占据了交易优势。

其三，因市场各参与方知识和经验的差异所造成的信息不对称。这常常表现在当人们同时获得某一信息时，对信息的理解或理解程度往往不一样或不一致，他们的投资决策及投资回报因此而分出高下。

其四，因对虚假信息识别能力的高低而造成的信息不对称。制造虚假信息，实质上是通过人为地拉大信息不对称的差距，获得交易上的优势，谋取不正当利益。面对"信息迷雾"，有经验或有渠道去印证信息真伪的人与没有经验或没有渠道去印证的人自然不可能"平起平坐"。

但是，所有这一切，并没有使人们放弃消除或减少信息不对称的努力。因为信息透明对证券市场是如此重要，以至于如果放弃这种努力，就意味着对市场本身的否定。

证券新闻报道中穿插着大量的资料和数据,这些资料和数据,往往是投资者分析、判断,并做出最终选择的重要的参考依据。所以,证券新闻无论是文字还是数据,都必须达到精确。证券新闻本身不允许有半点错误,特别是在披露上市公司的财务数据和各项经营指标时,更要准确,不能有一点马虎和纰漏,以免给投资者造成损失,也损害媒体自己的声誉和权威性。

证券新闻报道的权威性具体体现为:证券新闻及时、准确、可靠;统计数据权威可信;言论及深度报道,观点睿智,具有影响力,评论有挑战性、预见性以及学术性。[1] 事实上,证券新闻在准确性与权威性方面的要求比其他任何新闻都严格得多,因为它将直接影响到证券市场各参与主体特别是上市公司、投资者的切身利益,如果说"一字千金"在其他新闻中有点夸张意味的话,在证券新闻中却是活生生的事实。

创刊于2000年9月的《新财经》杂志,是一本面向投资者和投资机构的杂志,专注于财经重大事件全面、深入的报道、分析,并为投资者、经营者提供可操作的财经知识。为保证报道的质量和专业色彩,其新闻采编机制比较特别。在内容生产上采取"1+1"模式,即每篇报道都是由"一个财经记者+一个专业研究员"共同完成。杂志社要求记者具有专业的教育背景,以便将来可以培养成学者型记者,并构造良好的权威性特色;同时借用外力,请证券分析师或投资银行研究人员对报道对象作深度、理性的分析点评。这样报道中不仅有记者的感性认识,还有专业人士的理性认识,两者叠加构成杂志的权威性控制体系。其关注资本市场的热点报道准确、可靠,统计数据权威可信;"特别策划"栏目围绕财经热点的专题报道颇具权威性和影响力;对上市公司基本面的揭示,注重理性分析与预测,触觉敏锐,分析合理,报道准确、客观、权威。针对"资本圈"的受众,《新财经》杂志的内容体现出鲜明的权威性特色,满足了投资者的需求,也为媒体的发展奠定了坚实的基础,是突出证券媒体权威性特征最好的新锐媒体之一。[2]

证券报道一以贯之的基本使命就是通过准确性与权威性的报道,最大限度地消除"信息不对称",即尽可能地让参与市场交易的人们同质、同量、同时获取与交易有关的信息。此外,还通过积极的舆论影响,推进证券市场信息披露制度本身的改进与完善,从而促进我国新兴证券市场的规范与发展。

---

[1] 王爱伟:《证券新闻报道的个性特征》,《山东行政学院学报》2004年第5期。
[2] 张志安、刘剑能:《媒介营销案例分析》,华夏出版社2004年版,第163页。

三、规范性原则

证券市场的信息披露制度，也称公示制度、公开披露制度，它是上市公司为保障投资者利益，接受社会公众监督而依照法律规定将其自身的财务变化、经营状况等详细信息和资料向证券管理部门和证券交易所报告，并向社会公开或公告，以便使投资者充分了解情况的制度。它既包括发行前的披露，也包括上市后的持续信息公开，主要由招股说明书定期报告和临时报告组成。它是证券法"三公"原则中"公开原则"的具体要求和反映，也是证券监管的重要方式。它既保障证券市场交易的安全，维护投资者的信心，也维持证券市场的稳定秩序。信息披露制度构成了证券新闻的制度环境，因此证券新闻报道必须遵循规范性原则。

信息披露制度源于英国和美国。如英国"南海泡沫事件"导致了1720年"诈欺防止案"（Bubble Act of 1720）的出台，1844年英国"合股公司法"（The Joint Stock Companies Act 1844）中关于招股说明书的规定，首次确立强制性披露原则（The Principle of Compulsory Disclosure）。信息披露制度一直是证券市场中最基本的制度安排之一，为建立和完善这一制度，证券业界对其有效性、合理性和公平性不断进行辩论、探索、求证。现在信息披露已成为证券市场监督制度的核心内容，每个国家为此都制定了比较详细的信息披露规则，但是由于各个国家的证券市场发展程度不同，信息披露规则也各不相同。

在美国，信息披露制度是美国联邦证券管理的"招牌"。美国证券监管机构十分重视信息披露制度的作用，并不断加以完善。2000年8月，美国证券交易委员会（Securities and Exchange Commission，SEC）通过了证券市场信息的公平披露规则（Regulation Fair Disclosure）："若上市公司将重大的未公开信息向证券市场专业人员披露，或者向证券持有者披露，并可合理预见该证券持有者将基于此信息进行交易时，上市公司必须公开披露此信息。"同时修订了内幕交易法的部分条文，明令禁止上市公司进行选择性披露（selective disclosure）行为，该规则的实质在于禁止上市公司从事选择性信息披露行为，并借此廓清了长期以来公平披露与选择性披露相交叉的一些模糊范畴。如今，完备的信息披露制度与严格的执法相结合，使美国证券市场上的信息得到了迅速、高效的传播，从而保证了资源的有效利用。

信息披露制度对证券发行、上市以及交易整个过程进行规范。世界各国证券立法将上市公司的各种信息披露作为法律法规的重要内容，多在公司法以及证券法中对证券发行信息披露进行规定，并由证券交易所制定相关的上市规则、规定等，对证券上市及交易的信息披露问题进行规范。

当前我国规范上市公司信息披露的制度体系包括基本法律、行政法规、部门规章和自律性规则等几个层次。就基本法律而言，1998年12月在第九届全国人大常委会第六次会议上通过的《证券法》，在总结行政法规、规章有关内容的基础上，对证券信息和新闻的发布、制作作了系统的规定，基本建立了证券发行和持续信息披露制度的基本框架。因我国证券发行实行核准制和审批制，所以1994年7月1日起施行的《公司法》中也有关于信息披露的法律规定，对各种公司包括上市公司的组织和行为制定了完整的法律规范，其中第十章《法律责任》就有追究公司向公众提供虚假情况行为的法律责任的规定。另外，1997年3月修订后的新《刑法》，明确界定了几种有关证券犯罪的罪行，其中包括与信息披露和新闻传播活动有关的编造并传播虚假证券信息罪、内幕交易罪、泄露内幕信息罪等。① 国务院于1993年4月发布的《股票发行与交易管理暂行条例》是主要的行政法规。该条例第六章对上市公司的信息披露进行了规定，要求上市公司应当向证监会、证券交易所提供中期报告、年度报告、重大事件报告，并对上述报告的具体内容、披露方式等作出了具体的规定。部门规章方面，中国证监会根据《公司法》、《证券法》及《股票发行与交易管理条例》的规定，以各种规则、准则、通知、办法的形式，对证券发行、上市、上市之后的持续信息披露进行规范。发布的制度规范主要有：《公开发行股票公司信息披露实施细则》、《禁止证券欺诈行为暂行办法》及《公开发行股票公司信息披露的内容与格式准则》，包括招股说明书、上市公告书、新股发行招股说明书、季度报告、中期报告、年度报告上市公司收购报告等内容与格式准则。另外，针对一些特殊行业的上市，如银行、保险公司、房地产公司，证监会采用信息编报规则的方式，对上述特殊行业的上市公司在编制披露文件时应遵循的内容与格式作出了更为具体的规定。证券交易所制定的上市规则，如《上海证券交易所股票上市规则》、《深圳证券交易所股票上市规则》、《股份转让公司信息披露实施细则》等都属自律性规则，这些规范尽管不属于法律范畴，但上市公司亦应遵守。②

我国《证券法》已明确规定："证券交易活动中，涉及公司的经营、财务或者对该公司证券的市场价格有重大影响的尚未公开的信息，为内幕信息。"关于禁止证券内幕交易的制度规范，从《刑法》、《证券法》到《股票发行与交易管理暂行条例》、《禁止证券欺诈行为暂行办法》、《证券公司管理暂行办法》、《上海市证券交易管理办法》、《深圳市股票发行与管理暂行办法》等法

---

① 黄瑚主编：《新闻法规与职业道德教程》，复旦大学出版社2003年版，第124页。
② 参见叶林主编：《证券法教程》，法律出版社2005年版，第76~79页。

令法规和规章，都充分显示出我国证券监管部门对泄露内幕信息及内幕交易行为的严厉规制态度，2007年8月15日下发的《关于规范上市公司信息披露及相关各方行为的通知》明确要求："对于正在筹划中的可能影响公司股价的重大事项，上市公司及其董事、监事、高级管理人员，交易对手方及其关联方和其董事、监事、高级管理人员（或主要负责人），聘请的专业机构和经办人员，参与制订、论证、审批等相关环节的有关机构和人员，以及提供咨询服务、由于业务往来知悉或可能知悉该事项的相关机构和人员等，在相关事项依法披露前负有保密义务。在上市公司股价敏感重大信息依法披露前，任何内幕信息知情人不得公开或者泄露该信息，不得利用该信息进行内幕交易。上市公司预计筹划中的重大事件难以保密或相关事件已经泄露的，应及时向证券交易所主动申请停牌，直至真实、准确、完整地披露信息。"值得一提的是，中国证监会通知中所提到的相关规定，都源自《证券法》、《上市公司信息披露管理办法》等法律，是对现行法律规定的重申和强调。

指定媒体发布制度是中国证券市场的一大特色，作为上市公司的信息平台指定媒体是重要的市场参与者，也为一种重要的中介。中国证券市场在创办之初，就以法规形式确立了指定媒体制度。1993年4月由国务院颁布的《股票发行与交易暂行条例》就作出了这样的规定："上市公司应该就要求公布的信息刊登在证监会指定的全国性刊物上。"1993年6月由中国证监会发布的《公开发行股票公司信息披露实施细则》第26条规定："上市公司应该在证监会指定的全国性报刊中自行选择至少一家披露信息，任何机构与个人不得干预。同时还可以根据需要在其他报刊上披露信息，但必须保证指定报刊不晚于非指定报刊披露；在不同报刊上披露统一信息的文字一致。"中国证监会指定的披露上市公司信息的媒体共有"七报一刊"：《经济日报》、《金融时报》、《中国日报》、《中国证券报》、《上海证券报》、《证券时报》、《中国改革报》和《证券市场周刊》。随着证券市场的发展，以三大证券报为主的指定媒体，构成了基金、证券公司等参与者的信息披露平台，并且继证监会后，成为银监会、保监会、中国证券业协会等机构的指定媒体，甚至连最高人民法院《关于冻结、拍卖上市公司国有股份和社会法人股若干问题的规定》都明确提及：拍卖股权，人民法院应当委托拍卖机构于拍卖日前10天，在《中国证券报》、《证券时报》或者《上海证券报》上进行公告。现在指定媒体也由"七报一刊"发展到"巨潮网"等证监会指定的网站。

除指定信息披露媒体以外，有关部门还对其他证券信息传播媒体制定了规范要求，《关于上海证券市场信息传播管理的若干规定》规定："电台、电视台、通讯社和综合性报刊、经济类报刊传播证券市场信息时应在主管部门确定的范围以内，不得随意扩大。""声讯服务电话、信息传呼台、可视图文系统、计算机信息系统在传播证券市场信息时，只得传播法定机构按照法定程序已经公开的信息。""经批准非公开发行的证券专业出版物，只得在本单位、本系统内部，不得在社会上公开陈列、张贴、销售。""各类社会性证券讲座或股市沙龙，只能由证券经营机构、证券咨询服务机构主办，举办单位应在举办前报其上级单位备案。"

对信息传播内容、信息传播行为也有相应的规范。《股票发行与交易管理暂行条例》中明确规定了上市公司应及时披露的13项重大事件，《公开发行股票公司信息披露细则（试行）》中又补充了10项重大事件。之所以对这些重大事件的披露作出一系列规定，是因为它们"可能对上市公司股票的市场价格产生较大影响，而投资人尚未得知"。关于信息传播行为则规定，涉及证券市场价格走势的上市公司重大信息和来自于决策层的有关政策信息，应该予以及时传播，但又必须获得证券监管部门的批准；同时，股评人员在进行股票行情分析时，只得传播已经公开的证券市场信息，不得传播虚假信息，不得对本人买卖股票进行评论。

目前我国证券市场在信息披露方面存在许多不规范现象，这有两种表现形式：一是不少正规媒体违反信息披露原则，抢发所谓的"内幕消息"，以追求轰动效应，提高知名度；二是许多应该在正式场合或指定媒体披露的信息却没有披露，反而屡屡通过非新闻渠道或没有指定信息披露权的小报刊提前泄露出来，导致市场谣言四起、传闻风行，一些所谓的消息灵通人士则借此在股市上大发横财，并造成股市的破坏性波动。

例如，证券管理部门制定的一些重大决策尚未出台，就有各种传闻流传于坊间，上市公司的一些重大举措或变化尚未正式公布，就已经有人得知，并因此获得暴利。一些不法投机者任意编造谎言，借此哄抬或打压市场价格，从中浑水摸鱼，大捞一把。而一些证券类报刊为了抢新闻，不经核实便刊登涉及证券市场重大敏感问题的报道，从而引起市场恐慌和混乱。如1993年证券市场上发生的"苏三山假收购案"，就是因为一家根本就不存在的公司印发声明称，将大量收购在深圳上市的苏三山股票，并将有关文字材料传真给海南《特区证券报》，该报只顾抢独家新闻，未经核实调查就贸然刊登，结果造成股市价格的大幅波动，使许多投资者蒙受损失。

针对这种情况，各方人士达成共识：要实现信息披露规范化。而证券媒介应该先起带头作用，这种带头作用体现在三个方面：在报道程序上，严格按照证券部门的规定和要求发布证券市场相关的信息，不乱抢发新闻；在报道内容上，严格遵循新闻的真实性原则，力求真实准确，不扩散未经核实的传闻；在报道手法上，遵循客观公正原则，不作主观臆测，不发片面评论。比如在涉及上市公司盈利等相关数据时，必须以公布的中报、年报为据。诸如"据预测"、"据统计"、"据相关人士说"等这些字眼都是不允许出现的，必须要让受众知道消息的来源。

四、引导与服务性原则

证券传媒与其他传媒一样，必须注重指导性和引导证券市场的健康发展。证券新闻的引导性原则主要体现为对政策法规的解读和正确引导投资者进行投资等有关证券专业知识和操作技巧的指导。

2001年年初，在"郑百文"造假，"中科创业"、"亿安科技"庄家操纵市场，以及基金违规操作事件发生后，投资者对中国股市的信心跌到了谷底。2月5日，春节刚过，沪深两市开盘即大跌；2月6日，上证指数即跌破2000点的重要心理关口。一时间，如何看待证券市场现存问题，如何依法监管，如何保护中小投资者利益，成为我国经济界、证券界和新闻界共同关注的焦点话题。在此情势下，证券市场小道消息满天飞，广大投资者莫衷一是。在这种背景下，新华社播发了《中国股市：风物长宜放眼量》，这是新华社就如何看待中国证券市场发展和问题的一篇重要时评，它具体分析了股市形势变化的背景，强调投资者要实事求是地对待股市发展中的各种问题，指出发育中的股市亟待稳定，暴涨或暴跌对股市都不正常。第二天，《中国证券报》、《上海证券报》、《证券时报》三大证券报纷纷在头版重要位置刊登了此稿。事后股市的发展脉络正与这篇文章的观点暗合。在此之后，证监会有关规范运作股市的文件频频出台，股市止住慌乱，指数渐升，人心回稳。这篇新闻时评的发表及产生的社会效应，成为当年证券界的一大重要新闻事件。

前面我们已经提到，我国上市公司的信息披露在指定报刊上刊登，所以广大投资者都是从这几家授权媒体上获得各种信息作为投资参考。正因为如此，相比于指导性，证券媒体更注重对广大读者的服务性，证券新闻的服务性原则主要表现在以下三个方面：一是证券新闻能正确分析、评述股票走势。二是证券新闻能够快速收集上市公司信息，从而为市场参与者的决策提供及时有效的参考。三是证券新闻能够快速准确地报道政策信息。从实践中看，对证券市场影响较大的信息主要有证券监管部门发布的新的证券法规政策、银行利率的调整、国债的发行、调整交易印花税以及高层领导人的表态、发言等。对于这些方面的信息，证券新闻的采编人员一定要密切关注。如2000年证监会出台了一项政策，即"新股发行将于2月22日试行上网定价发行和向二级市场投资者按持有的流通市值配售相结合的方法"。这一政策的实行，将在根本上改变新股发行只在一级市场进行的格局，使投资者能更好地参与新股申购、配售，并有效缓解二级市场的资金压力，有利于我国股市走上稳健发展的道路。对于这样重要的政策面消息，证券新闻的采编人员一定要有高度的新闻敏感性，在迅速地进行报道后，还应当就其对市场的重大影响约请有关专家、业内人士进行评述，并广泛收集各方面的信息加以汇总，具体解释这项政策的实施细则，以便投资者更好地把握。

要实现证券新闻报道的服务性，证券媒体应在完善信息披露制度的基础上确立以基本分析为主的证券报道方向，并加大证券投资风险理论知识的报道力度。所谓基本分析，是侧重于分析证券的内在价值、研究证券价格的长期或较长期走势的一种投资分析方法，也是成熟、高效的证券市场中最主要的投资分析方法。要实现这一历史性的转变，就要求证券新闻从业人员的视野不能仅局限于证券领域，而应从经济发展的全局来审视，把中央有关经济工作的重要指示，尤其是宏观调控的思想，作为证券新闻报道的指导思想。同时，证券传媒要加强对上市公司经营状况等背景材料的报道和深度剖析，这就要求证券新闻工作者在进行上市公司的报道时更多地运用自己的职业理性，对问题作深入的调查研究，而不能只听上市公司或某些信息传播者的一面之词，更不能受经济利益的驱动而偏离舆论导向的轨道。

第四节　证券新闻报道的分类与要求

一、证券新闻的分类

证券新闻按报道内容一般可分为两类：一是市场新闻，二是公司新闻。

（一）市场新闻

市场新闻侧重从宏观政策上对证券市场进行报道，来自国内外市场、上市公司、管理层以及国家政策、法规层的消息均属此列，这些又被称做是消息面；银行利率升降、证券市场相关规章制度的推出等，对于证券新闻的受众来说，这些信息是满足其基本需要的，是其从事投资理财所必需的。证券产品是一种信息决定产品，消息面的任何风吹草动都可能导致股市的巨大波动。

市场新闻按报道形式又可分为单纯的信息报道，以及透过现象探求本质的深度报道。这类报道能够做到由表及里，使受众认清事实背后所蕴含的深层问题，不仅告诉受众发生了什么，而且还告诉受众为什么以及今后将会怎么样。例如银行降息后，分析对银行股的影响以及上市银行前景的报道。

金融信息平台建设：上海国际金融中心的新亮点

29日，《国务院关于推进上海加快发展现代服务业和先进制造业建设国际金融中心和国际航运中心的意见》全文发布，"在上海建立我国金融资讯信息服务平台和全球金融信息服务市场"被写入文件。这将弥补中国金融信息服务领域的不足，在国际金融市场发出来自中国、来自上海的声音。

上海市政府有关人士指出，国务院文件所指的正是新华社金融信息平台及其产品新华08。去年（2008年）10月，新华社金融信息平台上海总部成立，并迅速投入金融信息的采集和发布，引起业界关注。

目前，上海集中了股票市场、银行间同业拆借市场和债券市场、外汇市场、票据市场、期货市场、金融期货市场、黄金市场，市场、金融机构和人才的集聚效应已初步显现，许多全国性金融机构的主要营运中心、交易中心、票据中心、离岸业务中心、授信评审中心、数据处理中心、研发中心等，都已经纷纷汇聚于上海。

2009年3月伦敦金融城政府公布对全球62个金融中心进行的调查结果显示，伦敦继续位列第一，上海排名35位（中国上榜的城市还有香港列第4，北京居51位）。在"硬指标"不断完善的同时，上海金融中心在"软环境"建设方面距离真正的国际金融中心还有相当差距，其中很重要的一点就是信息资讯"短腿"。

上海社科院世界经济研究所副所长徐明棋说："金融类企业的快速发展相当程度上是以信息为主导的，掌握了信息的话语权，就掌握了经济发展的主动权。上海建设国际金融中心必须首先成为金融资讯的中心，也就成为吸引国际资本和国际人才的'吸铁石'。"

新华社金融信息平台凭借其明确定位和资源优势，正在成为金融信息平台建设的主导力量。目前，新华社金融信息平台每日发稿近万条，资讯覆盖广、时效快、专业性强。这个平台提供全世界主要交易所的股票、外汇、债券、商品、基金等实时行情数据；中国宏观经济数据覆盖了由国家统计局发布的近10年来的统计数据，涉及800多个宏观经济指标，逾26万条数据；主要国家和地区宏观数据包括G7国及部分亚洲国家等18个国家或地区的500多个经济指标，约20万条数据；中国行业数据包括33个行业、千余种商品的15大类指标，约32万条数据。

值得一提的是，新华社金融信息平台开发的人民币债券系统，具有强大的分析功能，为固定收益市场分析人员和交易人员提供专业级债券相关分析及交易决策支持，推出以来受到各专业人士的好评。

中国人民银行发布的《2008年国际金融市场报告》指出，全球金融危机的爆发，凸显信息服务在金融体系中的重要性。国际金融中心多极化步伐加快，为一些新兴国家的金融信息服务机构的发展提供了广阔空间。这其中，新华社金融信息平台的发展，受到全球金融市场的关注。新华社金融信息平台的成长将有利于国际金融信息服务市场格局的改善，促使市场从高度垄断逐步转向多方竞争，更有效地为金融信息消费者服务。

复旦大学中国经济研究中心主任张军说："新华社金融信息平台建设将有效降低交易成本，促进金融交易，繁荣金融市场。"他表示，金融信息平台是国际金融中心建设的"基础设施之一"，能够为金融信息消费者提供结算、定价等信息参考，实现信息共享，进而促成交易。现有国际金融中心建立了金融信息平台，并掌握了话语权，相比之下，我国金融信息平台建设还处于起步阶段，远远不能满足消费者需求。所以，新华社在上海的这一探索极富远见。

金融交易有赖于在第一时间获得全面、准确、有价值的信息。作为一个国际性的金融中心，前提条件之一就是能让市场主体以最快的速度、最小的代价获取有效信息，进而作出正确判断。上海金融学院院长陆红军表示："新华社金融信息平台建设不仅补上了金融基础建设的重要一环，更将提升上海在全球金融格局中的影响力和话语权。"（《中国证券报》2009年4月30日）

这篇报道通过大量的背景材料的添加，分析了上海作为一个国际金融中心的现状和实力，新华社金融信息平台如何凭借其明确定位和资源优势，正在成为金融信息平台建设的主导力量。新华社金融信息平台的成长将有利于国际金融信息服务市场格局的改善，促使市场从高度垄断逐步转向多方竞争，更有效地为金融信息消费者服务。

市场新闻中还有大量的评论性报道，例如下面的文章：

"周年转折"如梦似幻

6124一周年，会是牛熊转折的契机吗？
您认为多久以后我们才能再见6124？
这是昨晚和讯网的调查问卷。
对于第一个问题，65.38%的网友明确表示"不会"。

对于第二个问题，30.77%的网友回答是"三至五年"，选"五年以上"的更是高达53.85%。

今天是6124点的周年纪念日，是一个很重要的时间窗口。A股自6124点高位，已暴跌70%，跌幅远远超过欧美等成熟市场，目前人气涣散，"周年转折"的说法只能让人更感寥落。6124点，依稀往梦似曾见，心内波澜现。

虽然跟跌不跟涨是A股的个性气，但前两日的表现仍然让众多投资者极度郁闷。全球股市全面井喷，多个指数创出史上最大涨幅，只有我们的A股黯然独跌。昨日更是再度失守2000点大关。

不过2000点左右抛压大减，说明投资者还是认可1800~2000点这一政策底位的，只是美国次贷危机已恶化成全球性金融危机，虽然我国金融体系和资本市场相对独立，受金融危机的影响相对较小，但既然是华尔街的"百年危局"，心理上必然还是相当恐惧。

恐惧时投资者对政策的依赖是相当强的，全球金融市场动荡，政策才是提振投资者信心的"救命稻草"。政策面作用不容小视，如果出台更多更强有力的措施，将会坚定投资者对政策底的信心。现在看来，政策面还是有很多牌可打的，比如平准基金。

企业盈利下滑，外围市场动荡，"周年转折"不现实，但在绝望中，我们需要努力寻找希望。(《楚天都市报》2008年10月16日)

2008年7月15日，《楚天都市报》开栏月余的"股市谈谈吧"，栏目改为"股海琴心"，秉承"股民心情，记录股市历程"的宗旨不变，栏目由记者素琴主持，这篇《"周年转折"如梦似幻》选择A股冲上6124点周年之际对股市做出分析，评论没有直白的政策宣传味，而是通过对国际国内形势的分析，希望政府出台更多强有力的措施，同时鼓励投资者"在绝望中，我们需要努力寻找希望"。

(二) 公司新闻

公司新闻侧重于微观报道单个上市公司的基本面运作情况和最新动态，包括上市公司业绩起伏、上市公司信息披露、股市行情波动等。

中金黄金小幅高开　10转10派2创记录

今日中金黄金公布的2008年年报中推出最牛分配方案，10转10派2元（含税），这也是继山东黄金和恒邦股份后的第三只高送转的黄金股。

A股市场寥寥几只黄金股，就有3只推出了高送转的方案，恒邦股份和山东黄金都推出了10转10的分配方案，中金黄金是第三只高送转黄金股，黄金板块之所以能成为高送转的集中营，市场人士认为，这主要还是源于黄金稳定的收益率增长，以及公司扩股的愿望。

受此消息影响，该股今日高开，报收58.90元。（和讯网2009年4月29日）

这是一则关于中金黄金最新动态的公司新闻。

联通107亿解禁股将流通　大股东抛售可能性低

5月19日，中国联通（600050）107.5亿限售股将获得上市流通权，成为5月份解禁数量最大的A股股票。这部分股票由中国联通大股东中国联合网络通信集团有限公司（下称"联通集团"）持有，因而业内人士认其抛售可能性很低。

尽管这部分股票占中国联通总股本的50.7%，不过由于主要是大股东持有，并不会有太大的抛售压力。然而，尽管如此，过去的第一季度，随着A股市值的回升，中国联通一度成为机构持有者集体减持的对象。

前十大流通股东大换血　总持股比例略有下降

截至3月31日末，中国联通前十大流通股股东位置尽管依然主要为基金占据，不过与2008年12月31日前十大股东的构成相比，已经发生了明显的变化。

与上年（2008年）末相比，2009年一季度末的流通股股东中，除了联通集团、上证50投资基金、光大保德信证券投资、人寿保险个人分红四家机构依然在列以外，原有的六家持有者都淡出了前十大流通股股东的行列，而代之以新的机构持有者。

而从数量上来看，上年末前十大流通股股东合计持有31.4亿股，分别占总股本和流通股本的14.81%和30.09%。而截至今年第一季度末，前十大流通股东合计持股为30.35亿股，分别占总股本和流通股本的14.31%和29.07%，与上年末相比三项指标都略有下降。

重组后首份年报露怯　中国联通业绩释放需要时间

而仅仅从上年流通股股东持股变动情况分析来看，一些机构投资者的减持态度早已不是一朝一夕的事情。从2008年年末流通股股东持股量及第四季度持股变动来看，在前十大流通股东中，同时有5家机构在二级市场减持中国联通股票，减持数量达到 1.8 亿股。导致上年末前十大流通股东持股量和持股比例双双下降。

而上年第四季度正是国内电信产业重组，中国联通出售其 CDMA 业务尘埃落定的关键时期。

尽管分析人士认为重组后的中国联通，其业务机构更有利于长远发展。不过从 2008 年年报来看，不论是收入还是利润，中国联通都位列国内三大运营商之末，无疑给市场寄望者一记当头棒。

而中国联通也于 4 月 30 日披露了今年首份财报，一季报显示，报告期公司主营业务收入为 390 亿元，净利润实现 11.7 亿元。券商分析人士认为一季度数据符合预期，而从中国联通 3 月份运营指标来看，已经连续三个月得到大幅改善，显示该公司已经逐渐走出行业重组的低潮期，各项业务在恢复稳健增长局面。

而另有分析人士认为，尽管长期来看，3G 仍带给市场许多期许，不过随着 A 股回暖，中国联通股价已经涨到一个较高的位置，机构投资者仍有套现动力，短期内仍有减持离场的可能。(《证券日报》2009 年 5 月 4 日)

这是一篇有关 2009 年 5 月解禁数量最大的 A 股股票中国联通 107.5 亿限售股将获得上市流通权，抛售可能性低的分析性报道。

二、证券新闻报道的要求

(一) 时效性必须让步于信息统一披露原则

证券报道要讲究时效，要求以最快的速度采集和传播人们需要的各类信息，但是法律规定证券新闻报道的所有重大信息必须在第一时间报告证券交易所和证券监管机关以后，在指定的时间统一发表，如擅自发表，信息源和传媒都要受到处罚。证券报道的这一特殊要求是我们在其他报道类型中极少遇到的（除了重大的政治新闻报道）。①

重大信息之所以要统一披露，是为了确保市场参与者能公平地获知一切可能同市场价格波动有关的重大信息，而不至于让某些人提前知道，造成内幕交易，从而保证市场的公正性。《中华人民共和国证券法》第一章总则第三条明文规定："证券的发行、交易活动，必须实行公平、公开、公正的原则。"根

---

① 梁惠元：《试析证券新闻的特征》，《新闻知识》1998 年第 6 期。

据"三公"原则，证监会制定了一套较为完善的证券市场信息披露制度，因此证券报道的发布要受到一定的限制，最明显的一点，体现在对时效性的把握上，不可违反信息披露原则而抢发所谓的"内幕消息"，以追求轰动效应，提高知名度。典型的例证是1995年关于"国债发行的办法和额度"的报道，当时新华社统发稿是2月23日，但有些报纸于2月20日、2月22日就提前刊登了这一消息，从而扰乱了证券市场的信息披露制度，引起了证券市场短期内不必要的混乱。[1] 所以，证券媒体要自觉遵守相关信息披露制度，特别是在对重大新闻的处理上，该压时压，该发时发，不能为了抢时效而妨害了公平性，使证券市场陷入不必要的波动中。这或许会使证券报道呈现趋同化的特征，但为大局计，还是必要的。

（二）不求独家，但求客观、公正与全面

正因为证券新闻的敏感性，导致证券新闻采访报道必须遵从的原则是独立性和公正性。如果没有独立性和公正性，新闻媒体的权威性就无从谈起，新闻媒体的存在也失去了意义。

新闻媒体作为证券监管部门与社会公众的沟通桥梁，起着上传下达的作用，而对于想从证券市场中获取第一手且真实有效信息的一般中小投资者而言，新闻媒体参与经济领域和企业监督的条件得天独厚。但新闻媒体之间也存在着竞争，往往都要争抢"独家新闻"、"独家消息"，有些媒体的记者求新心切，或自身水平所限，或为谋一己之私利，不深入采访调查，编写出某些不符合客观事实的证券报道，对投资者产生了严重的消极影响。为了规避这种现象，中国证监会早在1993年3月就实施了授权刊登上市公司信息披露的办法，先后授权8家证券类专业报刊为指定媒体，统一刊登涉及证券市场的重大信息。另外，中国证监会、上海股票交易所、深圳股票交易所以及多数上市公司都专设了新闻发言人，实行新闻信息发布统一归口管理。

对于一些专业类新闻媒体而言，它们所要采访报道的对象往往也是新闻媒体自身经营中的客户或者需要拓展的客户。因此，在正面报道时，容易夸大其辞，在负面报道中往往畏手畏脚。美国著名的"揭丑"记者斯蒂芬斯把报纸形容为一位女性或政客："当它年轻、诚实、充满理想时，它迷人可信，具有举足轻重的地位。有影响的人们看到这一点，看到它的用处，进而利用它。"[2] 这也要求证券新闻媒体及其从业者在采访报道时，必须实事求是，把自己从所

---

[1] 彭晗、徐晖：《对证券报道中导向问题的再认识——兼论〈证券法〉出台后证券报道思路》，《新闻记者》1999年第11期。

[2] 蓝鸿文：《专业采访报道学》，中国人民大学出版社2003年版，第213页。

要报道的事实中抽离出来，不妄加评论，不把自己的主观臆断当真理，真正做到客观公正，避免被别有用心的人利用。

要真正做到客观公正，新闻报道的独立性应成为证券媒体的追求之一。独立性包含两层含义：一是媒体的利益立场、观点倾向的独立，不偏不倚；二是观察问题、分析问题的独立思考，不人云亦云。在具体操作上，首先要实行新闻业务与广告业务严格分离的政策；发行人不得以利润等为由干涉主编的业务权利；主编应该独立于政治、利益集团之外。其次，在实际的业务操作中，应在尊重事实、基于事实的基础上，站在客观公正的立场上对证券新闻进行理性分析、预测和评论。理性分析主要表现在对事物的判断推理上，在证券新闻报道中，具体表现为运用事实和对事实的分析，经过推理和论证，找出种种现象之间的必然联系，并据此对市场中某种现象的性质或市场走势作出判断，得出结论。

证券媒体必须有自己的声音，引导受众对市场作出正确的判断。而要形成一个公正独立的观点，首先应该通过广泛深入的采访和调查，努力把握事物的本质。一些证券媒体仅限于采访上市公司内部人士的做法是不够全面的，容易形成对上市公司的偏听偏信，做出对事物的片面认识和理解。因此，为了避免报道内容和方向受上市公司的左右，应努力建立一个"调查支持网络"。这里应包括上市公司所在地政府有关部门、行业的主管单位负责人，各大专业院校及各相关机构的研究人员，还有行业内其他企业的经营管理人员等。通过扩大采访范围，广泛听取多方意见，从而形成公正独立的思考。其次，对采访对象的利益取向要有高度的警觉。在证券市场中，有太多的利益群体。他们在不同利益驱动下，会做出不同的表现，即便是同一个人，也会随着利益需求的变化而变换自己的角色。所以，在采访中要尽可能地摸清采访对象的背景、身份，如果没有特殊原因，应当在报道中明确新闻信息的来源以表明这一来源对报道内容的影响。

目前我国证券新闻报道中，与客观公正相去甚远的是准确性差。这里的准确性差是指整个消息既未违规披露，也非虚假传播，而是在一些细节上出现个别数据、文字的遗漏或错误。虽然这种差错在任何一家报刊上都可能出现，但没有哪一类报刊像证券类报刊那样频繁，只要翻翻各证券报刊上经常刊登的"更正启事"就可说明问题。

（三）顾全大局，不盲目炒作、哗众取宠

信息的真实性是信息披露最根本、最重要的要求，也是证券新闻报道的必然要求。在证券市场上，不实陈述或虚假陈述是信息披露的主要违规类型，直接危害证券市场的信心，因为即使只有一部分披露信息被证明是错误和失真

的，都将给市场所有信息披露的意义和可信度带来危害。

2001年6月，国家推出国有股减持政策后，股市下跌，2001年10月国有股减持被叫停。其后证券市场展开了国有股减持大讨论，各新闻媒体百家争鸣。在国有股减持讨论的热潮中，一些报纸长篇累牍地炒作只有"深沪股市推倒重来"，一切从头开始，才有可能建立一个"完美的股市"。为此，股市就是跌到1000点以下也在所不惜。有学者分析这一论调，认为其忽视了几个重要问题：(1) 中国股市国有股一股独大问题的形成有其历史原因，毕竟十几年前股市初创之时还是以计划经济为主；(2) 股市跌到1000点以下，推倒重来，意味着上万亿元市值灰飞烟灭，即使巨幅下跌能带来股市的新生，那也意味着这种损失的绝大部分要由广大的中小散户来承担，广大散户入市虽有逐利因素驱动，但广大股民也通过认购新股的形式拿出了巨额资金支持国企改革，为改革做出了贡献；(3) 当上万亿元市值蒸发，几千万股民被深度套牢，绝大多数证券公司、私募基金陷入破产境地的时候，也意味着中国的金融体系面临崩溃的危险，社会问题激化，有可能产生社会的动荡。因此，新闻媒体对"推倒重来论"的大量宣传炒作是非常不合适的。

2003年3月5日，某报在头条位置刊出一条轰动性新闻《传长虹在美遭巨额诈骗　受骗金额可能高达数亿元人民币》，报道发表次日，长虹股票较前日放巨量6.5倍下挫4.22%，大盘也在长虹股票放量下跌的牵引下大幅下挫18.8点。随即，长虹公司因该报道不是事实通过绵阳市有关部门进行交涉，并准备提起诉讼。最后，该报纸付出几百万元的代价进行和解，并于3月7日发文澄清："长虹致函本报并发表公告称长虹在美遭诈骗之说不实，该公司在美国市场累计出口额达7.8亿美元，实际收回贷款已达90%以上，其余余款也在合同规定期内。"失实报道给长虹公司和报社带来了很大伤害，这再次说明证券新闻报道要以客观真实为准绳，要做到报道的事实都有真凭实据，切不可捕风捉影、恶意炒作。

(四) 力求专业性与通俗性完美结合

通俗性也是面向大众的新闻报道的基本要求，信息披露的证券新闻通常都采用鲜明的形式，简洁明了的语言，易于为普通投资者理解的术语，向投资者平实地陈述信息。美国证券法规定发行人在招股说明书的前言和风险披露部分应使用浅显易懂的语言，多用主动语态，避免长句，采用日常用语，多用图和表格表示，不用法律和商业的专业性用语。我们来对比针对同一消息来源的两篇报道：

招商银行：首季净利降三成

昨日，招商银行（600036）发布2009年第一季度业绩报告称，截至报告期末，集团实现净利润42.08亿元，比去年同期下降33.41%。

一季度招行实现营业收入113.82亿元，其中，净利息收入92.01亿元，同比下降22.50%。招行称，净利息下降明显主要是因为净利差降幅较大。一季度手续费及佣金净收入16.67亿元，同比下降13.54%。招行指出这部分收入下降是由于受托业务收入减少。

一季报显示，截至报告期末，招行不良贷款余额为98.49亿元，比年初增加3.5亿元，不良贷款率1.03%，比年初下降0.11个百分点。报告期末，贷款减值准备余额为219.23亿元，其中，以组合方式计提的减值准备为152.82亿元，占比69.71%；以个别方式计提的减值准备为66.41亿元，占比30.29%。报告期末，不良贷款拨备覆盖率为222.59%，比年初下降3.14个百分点。

从一季报上看，招行加大了对中小企业贷款的力度。报告期内，该行境内机构中小企业贷款余额为2373.73亿元，比年初增加168.37亿元；中小企业贷款占境内机构企业贷款总余额的44.41%，比年初提高1.31个百分点；不良率为2.55%，比年初下降0.13个百分点。

招行称，步入2009年后，永隆银行有限公司及其附属公司（以下简称永隆集团）业务开始平稳发展。截至2009年3月31日，永隆集团总资产为港币1055亿元，净资产为港币106亿元，不良贷款率为0.63%，整体贷款质量保持良好。（《每日经济新闻》2009年4月30日）

招商银行：首季净利42亿同比降三成

招商银行今日发布的一季报显示，招行一季度实现净利润42.08亿元，同比减少33.41%。

数据显示，今年一季度招行贷款及垫款总额较年初增长14.3%，存款总额增长16.42%，实现营业收入113.82亿元。其中，净利息收入92.01亿元，同比下降22.5%。招行称，净利息收入下降主要是因为净利差降幅较大，一季度净利差为2.40%，净利息收益率为2.47%。

非利息收入方面，由于受托业务收入减少等因素影响，招行一季度手续费及佣金净收入16.67亿元，同比下降13.54%；而受益于外汇买卖，结售汇及交易性债券收益增加，该行一季度其他净收入5.14亿元，较去年同期增长 5.96 亿元。

一季度末，招行不良贷款余额为 98.49 亿元，比年初增加 3.5 亿元，不良贷款率 1.03%，比年初下降 0.11 个百分点。不良贷款拨备覆盖率为 222.59%，比年初下降 3.14 个百分点。

值得一提的是，今年一季度招行中小企业贷款稳步增长的同时，保持了较好的资产质量。截至一季度末，招行境内机构中小企业贷款余额为 2373.73 亿元，比年初增加 168.37 亿元；中小企业贷款占境内机构企业贷款总余额的 44.41%，比年初提高 1.31 个百分点；不良率为 2.55%，比年初下降 0.13 个百分点。(《证券时报》2009 年 4 月 30 日)

两篇报道都是对招商银行一季度报表作出的报道，两篇报道都充满了数据，相比之下，《证券时报》的报道对数据的解读显得通俗一些。

总之，证券新闻报道中用语应平白贴切，尽量少用一些形容词与修饰词，采编证券新闻不宜为追求所谓的文采而滥用溢美之词，证券新闻的制题可以讲究一些修辞，但不宜为猎奇引人而夸张，只有这样，证券新闻才能更加符合证券经济活动的实际，以求得好的新闻传播效果。

第十二章 房地产新闻报道写作

近年来，随着我国房地产市场的不断发展，不仅人们的住房条件有了显著改善，房地产新闻报道也成为经济新闻报道中的一个重要分支。

第一节 房地产新闻概述

一、房地产新闻的内涵

房地产在我国是一个既古老又年轻的产业。早在3000多年前的青铜器铭文中，就有了关于田地交换和买卖的记载。一百多年前，以上海为代表的近代房地产业开始萌生发展，厦门、广州、天津、大连等许多沿海城市也有活跃的房地产交易。但后来很长的一段时间里，由于受到传统体制和产品经济的影响，房地产业处于停滞发展的状态。

我国的住房制度改革始于1980年4月2日邓小平同志的一次谈话："要考虑城市建筑住宅、分配房屋的一系列政策。城镇居民个人可以购买房屋，也可以自己盖。不但新房子可以出售，老房子也可以出售。可以一次付款，也可以分期付款，十年、十五年付清。住宅出售后，房租恐怕要调整。要联系房价调整房租，使人考虑买房合算。"此后随着商品经济的迅速发展，城市土地有偿有限期使用和住房制度改革等重大举措所释放的巨大能量，催化和复苏了我国的房地产业。我国的住房制度改革大致经历了试点售房（1979—1985年）、提租补贴（1986—1990年）和以售带租（1991—1993年）等改革阶段，直至进入全面推进住房市场化改革的确立（1994—1997年）阶段。经过几十年的发展，我国房地产业从整体上已初步形成了包括土地使用权的出让、转让，房屋买卖、租赁、抵押、典当、交换、中介服务等较为完善的市场体系，为改善群众的居住条件、增强城市功能、促进经济发展做出了巨大贡献。1992—1993年，我国曾一度出现"房地产热"，1993年以后国家开始实施第4次宏观调控，从整顿金融秩序入手，实施适度从紧的财政、货币政策，以解决投资热、开发区热、房地产热等问题。1998年提出把住宅建设培育为新的经济增长点，

2003年8月，国务院18号文件将房地产业确立为"国民经济支柱产业"，意味着在经历了20多年发展之后，房地产业对国民经济的拉动作用得到承认，也意味着房地产业一旦出现风吹草动，将直接影响到国民经济的健康、稳定发展。房地产业已成为国民经济持续协调发展和实现构造和谐社会目标的重要产业。

2003年南京师范大学刘励在论文《试论中国房地产报道》中将房地产报道定义为"房地产业内有关居民住宅房地产市场动态及相关事实的报道"，仅针对住宅房地产市场进行了研究分析。事实上，时至今日，经济住房在继续发展的同时，商品房以迅速发展的姿态在房地产新闻报道中也占据了一席之地，房地产新闻报道的外延应包括整个房地产市场，因此，房地产新闻是关于房地产政策、房地产业务及房地产金融等领域及其相关领域新近发生事实的报道。

二、新时期我国房地产报道的发展及现状

中国房地产业自20世纪80年代开始迅速发展。90年代住房改革启动后，相当比例的城市居民以低价购买了旧住房产权，城市大规模发展并派生拆迁需求，人均收入的提高，建筑技术的升级，农民进城，消费信贷等金融支持，促使房地产的质量升级，需求主体从商业楼宇向住宅转移，从集团购买向个人购买转移，2002年以来则迅速从消费品向投资品转移，从国内投资者向国际投资者转移。

近几年来，随着我国的房地产业蓬勃发展，房地产报道随之活跃，形成了鲜明的特点。我国的房地产新闻报道经历了萌芽阶段、发展阶段和成熟阶段。

（一）萌芽阶段

改革开放之初，中国内地还没有真正意义上的房地产公司。1979年中国最大的建筑联合企业——中国建筑工程总公司迈出了不同寻常的一步，在香港成立了中国海外集团有限公司，通过工程承包、建筑施工，逐渐在香港建筑市场站稳脚跟，并尝试学习开发房地产。

上海房地产市场中真正意义的商品房起源于侨汇房。20世纪70年代末，顺应改革开放的需要，由中华企业公司首次推出一批侨汇商品房，也称"侨汇房"，即是指建筑标准高于普通住宅，建成后用外汇出售给上海市侨眷、侨胞、归侨的商品住宅。其政策特点主要包括：（1）土地行政划拨，无使用期限；（2）购房对象有限制；（3）房价实行政府指导价格；（4）用外汇支付；（5）允许转让、转租。尽管这些政策带有浓厚的计划经济色彩，但在当时已是很大的突破。据有关资料统计，从1979年至1988年，全市累计出售侨汇房28.3万平方米。侨汇房的推出，从其经济意义上来说，解决了当时大批归侨、

侨眷、侨胞住房的急需；从市场意义上说，标志着上海市房地产市场的复苏和以房地产市场为中心的房地产业政策的萌生。房屋的商品属性、土地的价值财产问题得到肯定，为土地的有偿使用和住房的商品化奠定了理论基础，为房地产市场的复苏清除了思想障碍。

1988年4月，七届全国人大第一次会议修改了《宪法》的有关条款，规定了"土地使用权可以依照法律的规定转让"，实行了土地所有权和使用权的分离，所有权是国家的，但使用权可以出让。这个条款的出台意味着中国土地使用权的商品化，并规定可以通过协议出让、招标出让和拍卖出让三种方式使土地使用权进入市场。《土地管理法》也随之作了相应的修改，为房地产业的发展提供了法律上的保证。1989年，由于受政治方面和治理整顿宏观经济的影响，房地产业受到很大冲击，落幅很大，1990年跌入谷底。1990年5月，国务院以第55号令和第56号令发布了《城镇国有土地使用权出让和转让暂行条例》和《外商投资开发经济成片土地暂行管理办法》，投资环境得到了改善，境外投资者增强了在中国的投资信心；同时国民经济调整政策取得明显成效，对房地产业起到了推动和带动作用，1991年下半年房地产业开始出现回升的趋势。

这个时期，许多房地产专业报刊纷纷创刊。由国家建设部主管的《中国房地产》杂志于1980年在北京创刊。1987年《北京房地产》杂志创刊。1988年5月，《房地产报》作为我国创刊最早、信息量最大、订户最多的房地产行业报在上海创刊。

（二）发展阶段

1992年是中国房地产业发展的一个历史转折点。邓小平同志视察南方讲话发表以后，房地产业在有利的政治、经济环境下得到了迅速发展，在全国范围内形成了房地产业的"迅速膨胀"期：房地产开发投资高速增长，土地批租量和开发量大幅度增长，各类开发区纷纷设立，房地产开发公司迅速发展，房地产市场十分活跃，交易价格涨幅较大，一度使得全国出现了房地产热，但海南、北海等地出现的房地产投机现象，产生的房地产虚热，对当地经济产生了严重的不良影响。从1995年到1998年，我国的房地产市场进入了一个暂时的低落期。

从20世纪90年代开始，我国房地产新闻报道的发展渐入佳境。1992年7月，由中华人民共和国建设部、中国房地产协会主管、主办的全国性地产行业大报《中国房地产报》在北京正式创刊，一直以地产公共意见领袖身份，影响着中国房地产业官方、行业、开发商三股力量，成为我国报道住房保障、人居建设、城乡统筹的最大新闻平台。2005年6月6日，《中国房地产报》由传统的行业报改为新闻周报后,开创了地产传媒向财经传媒转型的新时代,成为21世纪行业报改革创新的范例。1993年《房地产世界》创刊。从这个时期开始,《中华工商时报》、《中国经营报》等经济综合类报纸纷纷将目光瞄准了房地产市场。1994年9月,中国房地产协会第三次会员代表大会在北京召开,会议确定协会的主要新闻媒体为"一报三刊",即报纸《房地产开发报》,刊物《中国房地产信息》、《房地产文摘》、《房地产世界》,这可以看作房地产业界和新闻媒体的首次联合。这个时期,《经济日报》、《中华工商时报》、《中国经营报》等媒体都开始刊载房地产报道,并涌现出一批以房地产报道见长的记者,这个时期可看作房地产报道的发展阶段。

(三) 成熟阶段

1998年,我国住房体制改革的纲领性文件《关于进一步深化城镇住房制度改革,加快住房建设的通知》(国发〔1998〕23号)出台,决定自当年起停止住房实物分配,建立住房分配货币化、住房供给商品化和社会化的住房新体制。这项重大改革举措对我国房地产业的发展产生了巨大的推动作用,房地产似乎一夜之间成了与老百姓息息相关的事物。房地产新闻也大摇大摆地进入了媒体的视线。

首先,几乎所有的媒体都设立了房地产专栏、专版或频道。《中华工商时报》开辟了关于房地产报道的专版"我爱我家";《解放日报》创建了住宅消费专刊;《中国经营报》"产经版"也将房地产作为重要的报道对象。解放日报报业集团的《房地产时报》信息也很充分,包括要闻、各地新闻、二手房、实用新闻、商办楼、看房直通车、投资理财、政策法规、特稿、专题报道、物业管理、租赁置换、以案说法、楼市扫描、现代住宅、区域楼市等。

其次,房产网开办得如火如荼,如上海房地产、南京房地产、焦点房地产、深圳房地产信息网、深圳房地产、大连房地产新闻、厦门房地产、中国房地产信息网、中国房地产资源网、中国房地产估价师、中国房地产经纪人、中国房地产培训网、中国房地产策划网等,这些网站除大量发布房地产信息外,也成为刊登房地产新闻的阵地。2001年9月,为了增强房地产业与各媒体之间的交流与合作,在京、沪、津、深等城市主流媒体的积极倡导下,中国房地产业协会牵头组织了全国房地产主流媒体协作网,《解放日报》、《北京晚报》、《深圳商报》、《广州日报》等媒体都是该协作网的首批成员单位。这个时期房地产报道数量激增,报道方法各异,报纸上的专栏、专版层出不穷。①

---

① 刘励:《试论中国房地产报道》,南京师范大学2003年硕士论文。

国家统计局投资司有关分析显示，2000年，全国房地产开发业全面发展，全年全国完成房地产开发投资4901亿元，比1999年净增891亿元，增长19.5%，是"九五"期间增幅最高的一年。其中，西部地区完成投资647亿元，增长28.8%，高于东部的21.7%和中部的19.3%。① 2006年随着中国股市的不断上涨，我国房地产业迎来了发展的又一个春天，房地产新闻报道也成为各大媒体关注的热点、焦点领域。

2002年8月26日，建设部等单位联合颁布《关于加强房地产市场宏观调控促进房地产市场健康发展的若干意见》，提出"充分发挥政府职能，加强房地产市场宏观调控"；2003年8月12日，国务院18号文件称房地产市场发展不平衡，一些地区住房供求结构性矛盾较为突出，房地产价格和投资增长过快；市场服务体系尚不健全，住房消费还需拓展；房地产开发和交易行为不规范，监管和调控有待完善。2004年4月，中央作出结构性过热的判断，进行严格控制，健全土地出让制度和土地垂直管理体系；清理项目重点是钢铁、电解铝、水泥、党政机关办公楼和培训中心、城市快速轨道交通、高尔夫球场、会展中心、物流园区、大型购物中心、城市建设。2004年10月28日，人民银行把一年期贷款基准利率从5.31%上调到5.58%，存款利率从1.98%上调到2.25%，这是9年来首次加息，2005年又限制对二手房贷款。一系列的政策出台，加大了房地产新闻的报道力度，使得房地产新闻与商家和老百姓的利益密切相关。

今天房地产新闻已成为各大媒体的一个重要新闻种类，其种类不仅包括房展新闻、楼盘新闻，还包括房地产政策新闻、房地产金融新闻，从这一点上来看，房地产新闻涵盖的报道范围非常广，给媒体带来了一定的机会和挑战。

第二节 房地产新闻的特点

房地产新闻主要有以下特点：

（一）政策性

房地产业既是国民经济的基础性、先导性产业，又是风险性产业，是一把"锋利的双刃剑"。如果调控得当，房地产能为国民经济的持续、快速发展做出巨大贡献，反之则会阻碍国民经济的发展。如2005年"5·11"文件的出台，正是国家对房地产业的积极宏观调控。因此，房地产新闻报道具有较强的

---

① 贾海：《2000年中国房地产业增速达19.5%》，《中国信息报》2001年4月16日。

政策性，对房地产政策的发布与解读成为房地产新闻报道的一个重要分支。房地产新闻的政策性特点也要求新闻工作者在进行房地产报道时，在政治上要坚决同党中央保持一致，要有政策观念和理论水平，这样才能把握好正确的舆论导向。

另外，房地产也经常是个政治问题。我们国家的房地产市场是伴随改革的发展而发展的，房地产的发展几乎总是与国家的政治经济改革、国家经济发展的现状紧密联系在一起，房地产市场的发展也就不可避免地加入了许多政治的、意识形态的、社会文化的种种因素，可以说，我们国家房地产市场的发展不是一个单纯的经济问题，而是一个与国家政治、经济发展紧密相连的问题。所以，房地产新闻也就不可避免地具备了鲜明的政策性。

2007年无疑又是房地产的"政策年"。与前两年相比，宏观调控政策更猛烈，房价涨势也更疯狂。岁末之际，《北京晚报》联合新浪网房产频道推出"2007房地产十大新闻"网络评选活动，调查问卷列出的25个调查问题中与政策有关的就有《物权法》2007年10月1日正式生效、9月27日第二套房首付提高、9月14日央行宣布第8次提高房贷利率、9月12日国土局下发通知整顿闲置土地、11月1日北京市建委出台新规明确要求新房交付前先验房后付钱等几个与政策有关的问题。请看下面的例文：

土地新政推高房价？纯属吓唬政府与购房者

11月21日，财政部、国土资源部、中国人民银行联合发布《关于调整新增建设用地土地有偿使用费政策等问题的通知》（以下简称《通知》）。根据《通知》规定，从2007年1月1日起，新增建设用地土地有偿使用费标准将提高一倍。

有媒体引用房地产业内人士称，此举将推高房价，像北京这样的大城市房价上涨约在10%左右。也有专家采取折衷态度，认为地价的推动作用将在较长时间释放于房价上。此类观点既未体悟出这一新政的目标所指，也没有详尽分析不同政策的市场传递功能，纯属吓唬政府与购房者，或者说是把自己对于新政的惶恐借用消费者的利益表达出来。这样游戏已经重复多次，了无新意。

此次土地新政的主要内容之一是新增土地使用费征收标准提高一倍；二是新增建设用地土地有偿使用费的缴纳主体是市、县人民政府，而非用地单位，统一上缴至省级国库；三是继续保持中央与地方30:70分成体制不变，专项用于土地。

土地新政的目标很明确，就是厘清土地财政收支与使用体制，以经济手段抑制既得利益者的批地、占地热情，保护土地以及被征地农民的利益，这样依托于经济手段的源头性控制措施早该实行。

市、县政府成为土地使用费的缴纳主体无关紧要，毫无疑问，最终的成本承担者是用地的市场主体而不是地方政府。《通知》的要害在于土地财政的专款专用政策。很清楚，在新政中大失其利的是市、县地方政府，财政列入省级财政预算使得以往的预算外土地生财之路遭到封堵，不透明的招拍挂体制将告一段落。失去寻租的主要通道之后，可以预料，某些市、县政府的批地热情将一落千丈。并且，卡住这条资金链条，也就相当于给地方政府与开发商合谋谋取暴利的通行证打上了过期的烙印。失去利益驱动，地方政府首先会从这场房地产暴利游戏中退下阵来，寄生在地方行政权贵身上的开发商失去脐带血的供养，也就成了无源之水，只能等待干涸的命运。所谓土地新政，也就是在反腐的过程中建立土地公共财政的同义语。

接下来的问题是，土地新政会推高房价吗？从数据可知，以往土地征收费基数极低，即使用地单位承担了高出以前一倍的成本，也并不代表土地价格会像某些倾向性的市场人士所说的大涨猛涨，而是回归合理征收水平。

据测算，即使全面提高征地补偿安置费用、新增建设用地土地有偿使用费、城镇土地使用税和耕地占用税等相关税费标准，工业实际用地出让价格也只是恢复到基准地价水平，而房地产用地出让价格将基本持平。按上海、北京等地的商品房均价每平米6000元至8000元计，楼面地价最少占据三分之一，也就是在2000元左右，按照1.5倍容积率计算，按此次通知最高每平米140元的标准计，占总地价不到5%。如果地方政府将增量部分全部转嫁到开发商的头上，那么，地价上涨幅度约为2.3%。所谓房价将上涨10%纯属耸人听闻，无非是借民意之牌反戈一击。

所以，《通知》的指向非常明确，一是抑制权贵阶层的利益链条，二是有针对性地保护某些弱势阶层的利益（无可讳言，拥有较多存量土地的开发商也将同时受益），从土地与资金两方面支撑和谐社会。另一个衍生的效果是，寄生在地方政府身上的房地产商被剥离之后，健康的基于公平市场的适用各个消费阶层的房地产商才有成长的空间，与之相配套房地产开发商的行政性腐败清理工作显然也该同步进行。

真正关注农民利益的人，真正关注普通购房者利益的人，不应被高房价威胁所迷惑，而应该遗憾，政府建立土地公共财政的努力来得太迟，明

目张胆寻租时代拖得太久。(《每日经济新闻》2006年11月23日)

这篇报道就财政部、国土资源部、中国人民银行联合发布《关于调整新增建设用地土地有偿使用费政策等问题的通知》中提到的"新增建设用地土地有偿使用费标准将提高一倍"的内容作了深度解读，指出了土地新政的目的所在，分析了土地新政推高房价一说纯属无稽之谈。

（二）专业性

房地产新闻是涉及房地产业的专业性新闻，当然不可避免地会出现房地产相关经济术语和经济内容。根据市场受众定位的不同，其专业化的程度也不同。如果是针对业内人士的新闻报道，其报道内容一定用的是行话，专业化程度较高；如果是针对大众消费者，则要考虑如何实现语言的大众化和报道形式的多样化，以便吸引更多的受众。像较早涉足房地产业的《中国房地产报》主要就是面对业内人士，它的相关报道具有很强的专业性，不适合普通读者阅读。随着房地产业的繁荣，房地产报道的普及，越来越多的以普通大众为阅读对象的经济类报刊开始涉足房地产报道，使房地产与普通大众联系更加紧密，房地产报道的专业性也与表达的通俗性得到了较好的融合。

房地产新闻报道中常常会出现以下专业术语：

（1）一次性买断价：一次性买断价是指买方与卖方商定的一次性定价。一次性买断价属房产销售合同中的专用价格术语，确定之后，买方或卖方必须按此履行付款或交房的义务，不得随意变更。

（2）预售价：预售价也是商品房预（销）售合同中的专用术语；预售价不是正式价格，在商品房交付使用时，应按有批准权限部门核定的价格为准。

（3）起价：起价也叫起步价，是指某物业各楼层销售价格中的最低价格。多层住宅，不带花园的，一般以一楼或顶楼的销售价为起价；带花园的住宅，一般以二楼或五楼作为销售的起价。高层物业，以最低层的销售价为起步价。房产广告中常标"×××元/平方米起售"，是以较低的起价来引起消费者的注意。

（4）基价：基价也叫基础价，是指经过核算而确定的每平方米商品房基本价格。商品房的销售价一般以基价为基数增减楼层、朝向差价后而得出。

（5）均价：均价是指将各单位的销售价格相加之后的和数除以单位建筑面积的和数，即得出每平方米的均价。均价一般不是销售价，但也有例外，例如，某高层物业推出的"不计楼层、朝向，以2800元/平方米统一价销售"，即以均价作销售价，也不失为引人瞩目的营销策略。

（6）经济适用房：经济适用房是指经各级人民政府批准立项建设、享受国家优惠政策、向城镇中低收入家庭出售的住房。

（7）安居房：安居房指实施国家"安居（或康居）工程"而建设的住房（属于经济适用房的一类），是党和国家安排贷款和地方自筹资金建设的面向广大中低收入家庭，特别是对特困户提供的销售价格低于成本、由政府补贴的非盈利性住房。

（8）出房率：是指住宅净使用面积占销售面积的百分比。由于住宅销售面积的计算是以楼为单位的，所以相同的房型在不同的楼号内，虽然使用面积相同，但销售面积会有所不同。

（9）房产价格评估：指房产价格评估员根据计价原则、标准和市场供求情况，对特定的房产进行勘评。

（10）契税：契税是在土地、房屋不动产所有权发生转移，按当事人双方订立契约等对产权随人征收的一种税。通俗地说，是指房屋所有权发生变更时，就当事人所订契约按房价的一定比例向新业主（产权承受人）征收的一次性税收。它是对房地产产权变动征收的一种专门税种，主要对个人和私营单位购买、承受赠与或交换的房屋征收契税，税率为3%~5%。

（11）印花税：印花税的客税对象是房地产交易中的各种凭证，包括房屋因买卖、继承、赠与、交换、分割等发生产权转移时所书立的产权转移书据，税率为万分之五。

（12）个人住房抵押贷款：借款人购、建、修住房时以借款人或第三者能自主支配的房地产作为抵押物，向银行申请一定数额借款的一种贷款方式。借款人到期不能归还贷款本息的，贷款银行有权依法处分其抵押房地产以获得清偿。

（13）个人住房担保贷款：是指借款人或第三人以所购住房和其他具有所有权的财产作为抵押物或质物，或由第三人为其贷款提供保证，并承担连带责任的贷款。借款人到期不能偿还贷款本息的，贷款银行有权依法处理其抵押物或质物，或要求保证人承担连带偿还本息责任。

（14）房地产商在预售商品房时应具备《建设用地规划许可证》、《建设工程规划许可证》、《建设工程开工证》、《国有土地使用证》和《商品房预售许可证》，简称"五证"。其中前两个证由规划部门核发，《建设工程开工证》由建设部门核发，《国有土地使用证》和《商品房预售许可证》由国土资源部门和房屋管理局核发。

因此我们在进行房地产新闻报道时必须了解相关专业术语。

（三）服务性

服务性指新闻报道是为特定的人提供实用性的服务或者帮助。房地产新闻的服务性是双向的,它既对大众传达国家的房地产经济政策,传播合理、合法的生活和消费知识,以服务于消费者,也为政府决策部门制定和调整政策法规提供决策参与和普通百姓的意见,以服务于政府。

短缺与过剩并存　地产业结构调整刻不容缓

与老百姓只关心房价不同,两会期间,肩负重任的代表、委员们没有过多地谈论怎样把房价降下来,而是纷纷把矛头指向了不合理的住房供应结构——如何让老百姓用合理的价钱买到合适的房子。

这些代表委员们达成共识的是:如果说这一轮房地产调控是从收紧信贷和土地两个闸门开始,那么今年在信贷、土地政策维持不变的同时,结构调整应成为重点。

短缺与过剩并存

国家统计局数据显示,我国商品房年施工面积是年竣工面积的5倍多,商品房空置面积达1.14亿平方米。不久前,有关部门把房地产业列为产能过剩行业。

房子真的太多了吗?两会期间,来自五湖四海的声音道出了另一个事实。

"房地产商开发的商品房主要是面向城市中等偏上收入家庭,广大低收入者望尘莫及。"来自山东的郭松海委员说。

"银川的房价近几年涨得也非常快。经济适用房少,高档房多,已建成的商品房空置率高。希望多些每平米2000元以下的房子。"来自甘肃的周振中委员建议。

"武汉市经济适用房平均价格6年间涨了一倍,高于同期商品住宅平均价格上涨幅度。2001年至2004年,经济适用房竣工面积、销售面积均逐年下降。"来自湖北的蔡玲委员说。

"现在老百姓买不起房。经济适用房也要20万元左右,低收入者难以承受。"来自北京的田在玮委员道出了北京人的烦恼。

"很多地方政府拿土地做生意,炒高地价,导致房价不断上升,而经济适用房需要一系列审批手续,发展受到限制。去年郑州市建造商品房600万平方米,经济适用房仅50万平方米。"来自河南的汪远思委员算了一笔账。

短缺与过剩并存,是中国楼市的一大"怪象"。镇江市委书记史和平代表的一番话可算是注脚:"一方面是中低收入家庭的需求十分庞大,另一方面是开发商大多钟情高档房,地方政府对经济适用房建设兴趣也不大。"

对于结构问题,信贷和土地政策恐怕都无能为力。政府工作报告中的一段话引起了代表、委员们的强烈共鸣:"要着力调整住房供应结构,严格控制高档房地产开发,重点发展普通商品房和经济适用房。建立健全廉租房制度和住房租赁制度。"解决结构问题必须从结构上做文章,报告中的部署可谓对症下药。

政府应唱主角

开发商不愿开发普通住宅和经济适用房,一直被认为是楼市结构不合理的重要原因。

两会期间,身为房地产开发商的田在玮委员不客气地表示,在解决中低收入群体住房问题上,政府应该唱主角。田在玮说:"应压缩商品房的建设规模,调整商品房和经济适用房的比例,建立起廉租房制度。这是政府应该做的工作,义不容辞的责任。"田在玮是顺天通公司总经理,该公司是北京大型经济适用房项目天通苑的开发商。

地产大鳄许荣茂委员在接受记者采访时说,企业盖房的土地是花钱买的,挣了钱还要交税,居者有其屋的责任在政府身上。"香港政府每年都拿钱做安居房,占到全部住房供应量的一半,这可以大幅降低房价,甚至导致下降一半。"香港楼市也有结构调整,首先保证中低收入者能有房住,其他就是用税收政策等工具进行市场调节。

在全国房价第一高的上海,去年当地政府先后在外环推出总面积达1000万平方米的经济适用房,和总面积1000万平方米的动迁配套房,同时大力推行廉租房制度。

江西省建设厅副厅长马志武代表告诉记者,他们正在尝试调整住房结构。一是增加普通住宅。"江西高档别墅很少,主要是原来超过140平米的大户型太多,这两年八九十平米的户型多起来了,有利于一般收入家庭购买。"二是完善经济适用房制度。"经济适用房每年占商品房的10%以上,2005年江西省商品房投资增速下降20%多,但经济适用房增速还有待提高。"三是建立廉租房。"这和地方政府有关,它们要拿补贴。"四是扩大公积金覆盖面。"要让年轻人能够用公积金贷款买房。"此外,农民工的住房问题也是马志武思考的重点之一。

酝酿中的房地产税,一旦推出将对高档房市场产生较大影响。国家税务总局局长谢旭人今年初表示,将加强8个行业的税收立法工作,房地产业位列其中。知情人士透露,新房产税可能会涉及征收不动产闲置税,以及对高档豪宅征收较高税赋等。

事实上，从今年1月1日起，对建筑面积超过140平方米的大户型商品房预征土地增值税的政策已经实施。

开发商须"掉头"

"如果再不变，盖的房子就没人要了。"

长期投资房地产业的海南嘉丰商融投资有限公司董事长童石军委员告诉记者，面对政府出台的一系列结构调整政策，有的开发商已经开始"掉头"。

"现在大家都在控制高档项目，不愿意冒险开发太多别墅了。这个行业不可能再有过去那样的暴利了。"他分析说，"以后正常的利润率应该在10%~20%。开发商的主要方向是开发普通住宅，以量取胜，薄利多销。"他告诉记者，不少开发商已经将重点城市的少房户、无房户视为重要的消费群体。

谈到房地产市场未来的热点，童石军表示："不要再盯着大城市，小城镇的房地产会出现相对繁荣期，那里有最广阔的天地。"在他看来，省会城市房地产的快速发展期已经过去了，地级市则正处在高峰期，县级市将是今后的热点。"这类城市的房价完全有可能出现较快上涨，年涨幅超过10%是正常的。"（《中国证券报》2006年3月13日）

与老百姓只关心房价不同，2006年两会代表并没有过多地谈论怎样把房价降下来，而是进入了深层次的思考。两会代表认为的住房供应结构不合理，是老百姓住房问题得不到有效解决的根本原因。这则报道将两会代表"在信贷、土地政策维持不变的同时，结构调整应成为重点"的意见反映给政府，有利于国家对房地产结构政策的调整。

第三节 房地产新闻报道的原则与要求

作为时刻监测房地产业发展变动的房地产报道，担负着两个重大的职能：一是还原新闻的本位，真实、及时、全面、准确地反映市场的变动，做国民经济的"风向标"；二是为相关部门制定、调整经济政策，为人民群众置业提供资讯参考。因此，房地产新闻报道对房地产市场全面的报道，对房地产资讯科学的分析，对受众准确了解市场、国家制定房地产政策起到良好的作用，从而直接关系到整个国民经济的健康发展，因此必须遵循一些原则。

一、记者要有全局意识和责任意识

为了提高我国房地产新闻报道的整体水平,要求房地产新闻采编人员精通房地产等相关知识,最好成为专家型的资深记者。具体说来有以下素质要求:

(一) 全局意识

我国房地产市场利益主体包括房地产开发商、地方政府、商业银行、中介组织、新闻媒体和住房消费者等,从这个格局中我们可以清楚地看到,房地产开发商、商业银行、中介组织是通过房地产市场获取利润的,消费者则是得到房子,而地方政府是作为中间人提供好的市场环境,新闻媒体是保持社会公正的舆论监督者。① 因此与其他领域的报道相比较,房地产新闻报道因其自身独特的属性而成为经济新闻报道中十分重要的领域:因其与居民的生活密切相关而被人们所关注,更因为房产是关系国计民生的重要行业,牵涉政府、房地产企业和购房者方方面面的利益关系。换言之,今天的房地产对于当今中国人来说,不只是单一的消费行为,还存在一定数量的投资甚至投机行为。房地产领域出现的问题,原因不只存在于房地产本身,还存在于金融、股市、财税政策、城市化进程、财富分配等诸多方面。它既是经济问题,同时又是社会问题、政治问题。房地产行业矛盾的特殊性,决定了房地产报道不同于其他报道,需要树立大局意识和全局观念,把握好经济利益和社会责任的关系,努力推动房地产市场和经济社会多方面的协调发展。

市场经济下的房地产经济活动已不再狭隘地局限于房地产本身,它已成为包含各种经济因素的综合性的社会活动,因此房地产新闻报道已不能采用纯粹经济的视角,而是要综合运用人文的、法律的和社会学的等多种视角加以阐述,需要具有一种大经济观,如此才能更好体现房地产报道为整个社会发展服务的意义。

(二) 责任意识

房地产行业关系到国计民生,房地产市场的变动与人民群众的利益、国家宏观经济的发展息息相关,1997—1998 年的亚洲金融危机,起因就是泰国的房地产过度繁荣导致的金融坏账剧增,银行支付困难,从而银行和货币成为别人攻击的对象,攻击的结果是泰国经济倒退 8 年,这种教训我们必须吸取。因此,房地产新闻报道的记者要加强社会责任意识,具体体现在实际工作中,则应该做到:

---

① 钟岩、马永莉、陈良:《为什么房地产政策会失灵》,《北方经济》2006 年第 6 期。

1. 认真研读经济政策，了解政策出台的背景

客观、理性分析房地产产业经济问题，这直接关系到市场的健康发展，关系到人民群众的生活。信息最重要的作用在于为决策提供根据，只有正确的决策才能使信息接受者采取趋利避害的、理性的最佳选择，而决策的正确与否取决于信息获取的真实和完备程度。信息泛滥的现实需要从事房地产新闻报道的记者为受众及时提供有效的信息并加以正确的分析。所以，与随意猎奇起哄、误读政策的报道行为截然不同的是，房地产记者应该善于运用自己的独特眼光审视经济现象，不做企业的代言人，只有客观、理性地研究经济问题，不为现象迷惑，去伪存真，开掘经济新闻的深层意义，这样的报道才能有意义，才能出新。

2. 树立社会责任感，拒绝利益诱惑，认真履行媒体监督职能

与其他领域相比，在人们称媒体成为"房地产开发商门客"的时代，房地产新闻报道的记者所受到的诱惑显然要多得多。一些媒体之所以被称为"房地产开发商门客"，主要因为在利益的驱动下，记者环境监测者功能的自我弱化与民众代言人意识的衰退。因此，房地产新闻报道要想重新获得社会民众的认同，树立起"权威性、专业性、公正性"的角色，除了要完善相关法规之外，记者应该增强自律意识和责任意识，要认识到自己的报道对社会所带来的巨大影响，坚持媒体的使命。

房地产新闻报道是和一个个楼盘打交道，免不了有些行业动态。一个楼盘从立项规划设计开始，到项目开工，再到交付、销售，至少要持续2~3年的时间，但老百姓在关注这些消息的同时，更需要记者作一些调查类报道，如媒体对于这个市场走向的看法，对于眼下市场一些不正常现象的披露，这才是房地产报道的重点。一个有意思的现象是，在楼价飙升的这几年里，见诸报端的总是某某楼盘开盘当日销售多少、排长队抢购等。有关建筑的品质、楼盘的设计质量、工程施工质量，以及建筑节能、新技术使用等涉及内在品质的问题，被一片热闹的表面景象所淹没。记者做这类报道时往往身兼二职，采访时是记者，采访结束后变成了广告员，所以房地产新闻报道中新闻与广告的混淆，也在一定程度上消解了记者的社会责任。

近几年来，无论是专家学者还是消费者，都在探讨影响房价上涨的各种因素，诸如宏观政策、供求关系、炒作投资等，但却忽略了另一种因素，即通过媒体的传播，影响受众的心理预期，从而达到间接作用于房价的效果。

3. 深入采访，辩证思考，避免失真报道

新闻界有一句老话：七分采，三分写。对于房地产新闻报道而言，许多报道失之片面并不是记者没有能力，而是记者缺乏深入采访的勇气和意识，一些事件只要深入进去,现实中有众多的"鲜活"事实都可以为做好新闻报道增添亮色。比如,对来自开发商的说法,对于一些机构提供的资料,就可以放在更真实、更宏观的社会生活中加以全面、辩证地分析,避免缺乏分量甚至失真的报道。

二、坚持客观公正原则

根据新闻学原理,媒体报道新闻应该遵循客观、公正、全面的原则。人们对居住的需求导致了房地产新闻报道成为他们获取商品房信息的重要途径。因此,能否真实、全面、准确地反映市场动态,对引导广大群众理性消费、营造稳定的社会生活具有重要的作用。

2003年10月后,由于中央政府看到了房地产过热的苗头已开始威胁整个宏观经济安全,因此出台政策治理房地产市场,但出台的政策却是压缩供给,地方政府的具体政策就是压缩土地供给,压缩对房地产企业的贷款,而没有在增加供给这一最重要的方面给予重视,结果2004年由于缺乏土地的供给以及现行政策对《土地法》执行不力,导致住房生产增量满足不了住房需求增量;由于通货膨胀使实际利率为负,推动了2004年下半年和2005年上半年的房地产价格暴涨,这种暴涨直接动摇了群众对中央政府治理房地产过热的信心,房屋短缺预期被强化,再加上房地产商们通过舆论的鼓吹,中介组织的推波助澜,某些地方政府的不作为或隐性默许,致使商品房抢购潮再次出现,甚至不顾经济实力的超前消费也大量出现,已充分暴露出严重的危机苗头,如果不能抑制这种苗头的发展,后果不堪设想。① 然而在现实生活中,当一个政策出台后,一些地产大腕往往会站出来发表自己的观点,许多媒体并没有坚持客观公正的原则,而是利用媒体使这些观点得以迅速"放大"。如"新八条"实施后,许多地产商纷纷对当地媒体说:市场依然平稳,房价稳步上升。某些媒体也原话刊播。但问题是市场并非如此,实际情况是二手房开始大量抛售,一手房销售"按兵不动"。其实,要避免这种情况并不是难事,只要记者稍稍深入市场作一些调查,而不是仅仅只听地产商一面之词,其报道自然也就不会有此类片面之作了。

在目前的房地产报道中,存在着两种极端情况:一是个别媒体从2006年开始就不顾实际情况,始终鼓吹房价要涨,对房价上涨起到了"火上浇油"的作用,吹大了房地产市场的泡沫;二是个别媒体从2007年年末起,坚决"看空"房价,有不腰斩房价誓不罢休的气势,从而导致部分购房者改变购买

---

① 钟岩、马永莉、陈良:《为什么房地产政策会失灵》,《北方经济》2006年第6期。

预期，使本已低迷的房地产市场"雪上加霜"。① 作为新闻媒体，在报道过程中必须树立起客观公正的社会形象，但是上述两种情况，显然是因为媒体缺少了本应该具备的社会责任，误导了受众，使之无法正确判断市场走势，对房地产市场的健康发展起到了一定的负面作用。

国内房地产市场买家、卖家、媒体之间角色错位、缠夹不清，一个重要原因是没有建立有效的管理制度，信息发布渠道不公开、不透明。这方面，不妨借鉴加拿大房地产市场的经验。加拿大人买房主要通过专业经纪人处置相关事宜，在媒体上发布广告是加拿大房地产经纪人的一种重要营销手段。但是大部分房地产经纪人一般不会向大众发布虚假广告，因为加拿大全国性和地区性的房地产协会制定了严格的职业规则，其中包括房产广告内容必须真实等，违背这些规则的经纪人将会被追究经济和法律责任。加拿大房地产协会建立的"多重上市服务系统"对公众开放，关于房地产的信息非常透明、全面和完整，专业会员更是可以通过这个系统查询到房地产的各种背景信息，如某所房子以前的买入价、周边房源最近以来的成交价等。因此卖家与媒体很难沆瀣一气，扭曲和封锁信息。②

三、充分发挥引导和监督作用

成功的经济新闻报道必须体现出"公共价值"和"公众意识"，即能对经济活动、经济发展产生影响，起到强有力的推动作用。因此，我们在组织房地产新闻报道时，要有强烈的市场意识，必须以市场的眼光看待房地产经济现象，同时必须清楚本地区房地产发展的主旨、目标以及民生需求的主题，有针对性地展开报道，突出媒体的引导和服务功能，使房地产新闻报道推动我国房地产业健康发展。

面对日趋开放的房地产市场，政府的相关职能应尽快与国际惯例接轨，即强化宏观调控，弱化微观管理。从总体上讲，国家应遵循"合法、合理、效能、责任、监督"的原则，创造公平、公开、公正的竞争环境，规范房地产市场，维护市场秩序，保护当事人的合法权益，促进房地产业的健康发展。随着政府行为的日益宏观化，出台的一些宏观政策就需要新闻媒介的传达与监督。房地产报道的一个重要功能就是配合党和政府一定时期内房地产政策的贯彻与执行，对它们进行解释、宣传。从宏观层面上讲，国家经济政策的改变，每一次重大调整以及国民经济发展的快慢与好坏，都将对极度敏感的房地产业

---

① 柳毓：《房地产报道中的媒体责任》，《记者摇篮》2009年第2期。
② 胡军华、刘烨：《房地产新闻的迷失》，《新闻记者》2006年第12期。

产生重大的影响。因此房地产业的调整规范越来越受到政府的关注与重视，房地产新闻引导和监督作用也理所当然地成为重中之重。

2005年5月27日，《国家税务总局、财政部、建设部关于加强房地产税收管理的通知》（国税发［2005］89号）正式公布，要求自"2005年6月1日后，个人将购买不足2年的住房对外销售的，应全额征收营业税"。并明确规定了"个人购买住房以取得的房屋产权证或契税完税证明上注明的时间为其购买房屋的时间"。2005年6月9日，深圳市地税局发布330号文件，遵循国家税务总局指示，结合深圳本地情况，对二手房交易营业税征收制定了相关细则，并明确了免征营业税的范围。至此，旨在打击"投机性和投资性购房"的又一项地产新政开始在深圳实施。但由于微利、福利等安居房要在购买一定年限后才能"绿转红"进行交易，打击炒房的新政出台却没有把商品房和安居房进行区分，导致大量"老房"变"新房"，深圳二手安居房交易一度出现停滞。《南方都市报》刊发的《半辈子积蓄买套房成炒家？新政不应砍向百姓》①深度报道，从百姓的反应、深圳的二手安居房交易出现业主、中介机构、政府都不愿意看到的停滞状态等现状，对国家关于加强房地产税收管理的新政未对安居房和商品房加以区别对待提出质疑，这样的报道显然有助于国家政策的调整和完善。

房地产行业关系到国计民生，市场的变动也与人民群众息息相关，因此，能否正确报道、解释政府出台的行业政策直接关系到市场的健康发展，关系到人民群众的生活，也是房地产新闻报道发挥其引导和监督作用的具体体现。但是，在日常的新闻报道中，曲解、误读政策的现象却频频出现。2008年12月21日，中共中央办公厅出台了"关于促进房地产市场健康发展的若干意见"（"国六条"）后，某媒体发表题为《中央出台国六条，剑指北京上海》的报道，此标题一出，即把读者的视线引到北京、上海，把媒体所在城市的房地产置于整个政策之外，这种解读不能不说有所偏颇。更令人遗憾的是，一些媒体的报道中，诸如"（中央）打压房地产市场"、"（政策的）目的是降低房价"等用词一时大量充斥于房地产报道中。然而，中央出台"新八条"（包括其他房地产调控政策）的目的并非如此，根据文件，"去年（2004年）以来，住房价格上涨幅度超过两位数的市县，近期居住项目安排要以中低价位、中小套型普通商品房和经济适用房为主……稳定市场预期"。可以看出，中央出台新政策的目的不是"打压房价"，而是把"房价的涨幅降下来"；不是"打倒一片"，而是整顿"涨幅超过两位数的市县"。

---

① 《南方都市报》2005年7月1日。

在2008年12月20日发布的《国务院办公厅关于促进房地产市场健康发展的若干意见》中，专门对房地产报道提出了要求："坚持正确的舆论导向。要以加快保障性住房建设、鼓励住房合理消费、促进房地产市场健康发展为基调，大力宣传中央出台的各项政策措施及其成效，着力稳定市场信心。对各种散布虚假信息、扰乱市场秩序的行为要严肃查处。同时，要加强市场经济条件下风险意识的宣传和教育工作。"由此可见，当前的房地产报道必须强化媒体的社会责任，在客观、公正、准确的基础上，使报道有利于房地产市场健康发展、有利于保护广大消费者的根本利益、有利于维护社会的和谐稳定。

四、抓住核心和关键进行报道

抓住解决房地产问题的核心和关键进行报道，也是加强受众意识的体现。房地产业的核心就是要把主要精力放在解决广大中低收入者的住房问题上；房地产业的关键就是要大比重地建设小户型、低造价的住房。据统计调查，我国城市居民中，中低收入者占80%以上。坚持以解决中低收入者的住房问题为核心，是在住房问题上贯彻"三个代表"重要思想，实行以人为本方针和构建和谐社会的具体体现，中低收入者的住房问题得到较好的解决，是取得全局性胜利的基础。

首先，房地产新闻报道要发掘出房地产行业与读者的结合点，选取同群众日常生活相关的角度，提出和解决房地产市场中的热点难点，如房价居高不下、商品房定金、"霸王条款"、中介欺诈、小区物业管理等，并以此为新的报道角度和观点，这样的报道才会引起读者的共鸣和反响。

这几年关于房价的各种论战，就像鸡生蛋蛋生鸡的争论一样没有结果，但房价还是照样攀高。关于"地荒论"的论战，以及到底是地价拉升了房价，还是房价拉升了地价的争吵，不绝于耳。作为一个负责任的媒体，作为一个有良知、有着强烈责任感的新闻记者，要敢于抨击问题，不应有意无意地迎合、粉饰这些论争，不打毫无意义的"口水仗"和"笔墨官司"，不要在没完没了的概念上兜圈子。

2006年5月新华社"新华视点"栏目连续推出了记者陈芳的《谁在助推房价疯涨》等"房市N个为什么"的报道。与其他领域的报道不同的是，新华社关于房价成本清单的系列报道播发后，并未产生舆论一边倒的局面，赞成与反对之声越来越激烈，各类评论也日益显示出舆论争执的利益化。在莫衷一是的争论面前人们无所适从，为了更好地引导舆论，围绕老百姓、开发商和专家等关注并争议的问题，陈芳等接着发表了追踪报道《维护知情权还是侵犯商业秘密？——关于公布房价成本清单的再探讨》，围绕几个焦点话题进行深入探讨，如公开房价成本有无必要？公布成本清单是否会侵犯商业秘密？公布房价成本是否难以操作？公布房价成本能撼动高房价吗？既有权威部门、地方政府的意见，又有开发商、专家、老百姓声音，通过引用法律，进行合情合理的分析，使房价成本清单能否公开的结论不言自明，使人们对房价"清单"相关问题的认识渐渐明朗。如"房价成本的测算从技术层面解决并不难"、"房价成本需要多个部门联动，需要地方政府的有力支持"，等等。此后，各大媒体几乎每天都有关于房价成本清单公开的评论，通过这一系列的报道形成了强大的舆论声势。这组追踪报道发表后，舆论几乎不再有反对公开成本的评论，形成了公开房价成本是大势所趋的主流声音。很多网民评价："新华社用法律、用事实和数据说话，说服力强"，"维护了最广大人民的利益"。①

其次，要使房地产报道不断创新，还应提倡记者到"消息灵通、反应灵敏"的职能部门去抓"活鱼"，从职能部门中抓新闻，反映房地产行业的形势，使读者从中可以窥见大局。请看例文：

房产调控为"经营城市"敲响警钟

新华网杭州 7 月 13 日电（"新华视点"记者　方益波）　目前全国很多城市正在大干快上的城市建设项目，资金都是来自卖地生财的"土地财政"。越来越严厉的调控政策不仅给"发热"的楼市吹来了阵阵寒风，而且给这种依靠土地和房产支撑起来的"经营城市"思路敲响了警钟。不少城市已经拉开架子撑起"大场面"的"新城区"建设之类大型项目，如同每一个老百姓关心的房价一样，正在经受政策严峻的考验。

从"半壁江山"到"准备过紧日子"

在过去的相当长时间内，包括杭州在内的不少城市地方财政收入对房地产及其相关产业的依赖度非常高。据杭州市地税部门预测，随着国家调控力度的加大，这个房地产业一度热闹火爆的城市 2006 年的房地产行业地税税收预计减收将达 14.31 亿元，下降达 25.14%，"前景"堪忧。

西湖区是杭州近年来房地产开发较为集中的城区。在"调控"的声声警钟中，该区地方财政由早些年的好日子跌到如今的尴尬处境，"新旧两重天"尤其明显。作为西湖区的支柱产业，房地产占 2004 年全区地方财政收入的份额高达 54%，构成"半壁江山"。

在 2005 年的统计中，西湖区地方财政收入总体增幅和营业税等主体

---

① 陈芳：《解读国家政策　维护百姓利益》，《中国记者》2006 年第 8 期。

税种增幅，和往年相比产生了较大回落。该区负责人承认，最主要的原因就是受宏观调控影响，从2004年到2005年，房地产业地方财政收入增幅由55%降至9%，所占份额从54%降至46%；营业税增幅从30%降至2%以下，占地方财政收入份额从55%降至46%。

今年一季度的统计表明，西湖区房地产企业入库税收同比下降达45.1%。受此影响，西湖区的地方财政收入同比下降10.2%。

杭州全市的情况也不容乐观。一季度，近年房产开发量较大的滨江区、上城区房地产企业入库税收同比分别下降27.1%和16.2%。杭州市房地产企业入库税收为23.14亿元，下降13.2%，导致杭州市财政收入增幅出现较大回落。市财政负担压力增大，一季度全市财政支出增幅高于收入增幅9.5个百分点，市本级更高出19.6个百分点。

财政收入的减少令很多城区感到头疼，有的财政局长抱怨"区财政快成了吃饭财政了"，有的城区要求一年内暂停手提电脑、数码相机等电子用品的采购，部门预算总体保持零增长，"准备过紧日子"。

从"以小搏大"到"釜底抽薪"

最近一些年来，在很多地方流行一种"经营城市"的思路，其操作模式为，先由政府"做地"，推出一个概念，然后整理出一块土地拍卖，卖地所得再用于搞当地的建设。该区块经过建设后升值，带动地价上涨，政府又可以通过卖地获得更多的财政收入，由此形成"良性循环"。"不花政府一分钱，万丈高楼平地起"，这一直是不少城市领导津津乐道的"经营城市"之经验。

杭州近年的很多大型建设项目就是通过这种方式，实现了"以小搏大"。比如京杭大运河综合保护工程，计划总投资超过200亿元，但财政只投5亿元启动资金，其余都将通过市场手段来筹措。杭州的运河指挥部就是一个融资机构。具体做法就是围绕"运河申遗"加大对运河的保护和沿线文物遗迹的恢复，这些"做地"工作将使得运河边的土地大大升值，政府拍卖这些土地后，就能筹措资金再投入保护工程，由此形成保护和开发的"良性循环"。杭州市有关负责人告诉记者，通过这种"经营城市"的思路，将把运河打造成杭州的"塞纳河"。在过去，住在运河边是受罪，因为河水很臭，住家都不敢开窗，坐船有"闻到臭，到杭州"之说；在将来，"运河边的房子"就意味着财富和身份。

杭州目前由市投资控股公司为运河指挥部担保贷款5亿元，用于"做地"投入。该工程计划将运河边的"杭汽发"等企业厂房搬迁，出让地块，土地出让金全额返还运河指挥部，用于运河综合整治和保护开发。

这样的思路颇为巧妙，符合杭州近些年来在类似运作上达到"多赢"的思路轨迹。但是有关专家指出，归根结底，这些运作还是脱不出卖地生财的窠臼。土地毕竟是一种有限的资源，本届政府搞建设靠卖地，以后的历届政府，是否还能有足够的土地来撑起宏图伟业呢？

　　国务院发展研究中心的一份调查报告指出，在现行分税制下，增值税的75%上缴中央，25%留给地方，使得像浙江这样的经济发达地区，尽管财政收入大幅增长，但地方财政收入在总收入中的比重不高。相比之下，由城市扩张和土地占用带来的税收，包括建筑业和房地产业的营业税和所得税及耕地占用税等则全部由地方享有。"摊大饼"式的城市扩张因此成为地方政府扩充税源的最有效途径。

　　在浙江不少地方，土地出让金已经成为地方政府财政预算外收入的最主要来源。调查表明，2003年绍兴县的土地出让金收入为19.2亿元，占预算外收入的69.3%；金华市的土地出让金收入为20亿元，占预算外收入的58%；义乌市的土地出让收入金为15亿元，占预算外收入的60%。

　　要"城市化"，要搞建设，就需要钱，钱从哪里来？土地征用、房产建筑，这是地方政府可以掌控的巨大资源。这种制度上的原因正是卖地生财、"经营城市"的动力所在。

要从制度上提升"经营城市"的境界

　　有专家指出，这种依靠卖地生财的"经营城市"模式存在巨大的金融风险和政策风险。各地大规模的城市基础设施投资，主要资金都是来自以土地为抵押品的贷款，城市基础设施投资对金融的过度依赖加大了政府的财政风险。而且这些政府背景的贷款很容易受到宏观政策影响，发生大的波动。

　　从过去四五年的经验可以看出，在房地产市场被看好，地价稳步上涨的情况下，土地很容易受到企业的争抢而拉升价格。政府可以获得大笔的财政收入，城市建设所需的资金可以通过土地出让收入归还银行贷款。"卖地生财"的"经营城市"模式所隐含的问题在红火局面下是显示不出来的。但是在最近一二年的宏观调控下，这种模式的隐患已经出现。

　　有数据表明，浙江全省县以上政府财政债务已高达800亿元。在宏观调控缩紧土地和信贷阀门后，浙江不少城市的土地出让金收入急剧萎缩，有些地方已经出现经营性用地招拍挂低于底价，政府土地出让收入锐减的严峻局面。土地出让收入不足以归还贷款时，应由政府财政兜底，但这些地区的政府贷款已超过了地方财政收入。前些年已经摊开的城市"大饼"一下子缺少了后续供应的"面粉"，面临"煎糊"危机。不少在建的"新城区"等项目投资资金吃紧，已经成功运营了多年的所谓"经营城市"面临巨大的财政风险。

不少专家认为，从根本上解决土地财政的问题，使"经营城市"走出卖地生财的模式，一方面有赖于财政体制在事权与财权相一致原则上进一步深化改革，另一方面，必须从制度上打破政府垄断土地一级市场的格局，改变地方政府作为建设用地的"地主"和土地经营者的角色。变"投资性政府"为"服务性政府"，地方政府不作为城市投资的主导者，而是作为公共服务的提供者，形成多元化的城市公共投资机制，才能真正提升城市"经营"的境界。（新华网 2006 年 7 月 31 日）

新闻传媒每时每刻都面临着两种判断：一是事实判断，二是价值判断。事实判断的结果是将新闻事件写清楚、写准确、写全面、写系统；而价值判断的结果则是对各种相关的资讯实现深度的分析、整合，并在此基础上提供意见、解释、见解和见识。如果说前一点是所有新闻人都具备的基本功的话，那么后一点则是优秀新闻人的特质所在。特别是在传播市场所提供的资讯量已经出现"过剩"的情况下，优秀新闻人的价值就在于为受众整合、梳理看似杂乱无章的资讯，为人们提供有序而冷静的观察与分析。

五、统计数据来源权威分析合理

数据是构成新闻事实的组成部分，具有极其重要的作用。在当下的房地产报道中，数据新闻占了大头。房地产数据目前有以下几个来源：各级政府的统计局；各级政府的房地产主管部门，如建委、土地局、房产局、公积金中心等；与房地产业有一定联系的政府部门，如银监会、央行、商务部、外汇局等；行业协会，如中房协、中城联盟、工商联等；各类研究机构，其中以商业机构居多，如易居房地产研究院、中房指数研究院、摩根士丹利等。房地产新闻报道要做到统计数据来源具有权威性，分析比较合理。

由于来源众多、统计方法不一，因此有些统计数据之间也经常"打架"。数据的混乱，不仅使老百姓无所适从，媒体公信力遭到质疑，而且也让政府决策者大为头疼。2006 年，当房价在政府密集的宏观调控下和老百姓的抱怨声中越来越高，业界和学界都在争论房地产市场是否存在泡沫时，越来越多的人们吃惊地发现：由于缺乏科学和权威的统计数据，中国的房地产市场正陷入一团"统计迷雾"，争议最大的莫过于住房空置率。以中国社会科学院研究员主任易宪容为代表的一派认为，中国的商品房空置率已达到 26%，属于严重积压，必须采取强硬措施，否则将给国民经济带来严重后果；而以北京师范大学管理学院教授董藩为代表的一派则认为,中国的商品房空置率不足1%,价格上涨正是供求关系的反应。

与空置率一样争论激烈的还有北京的房价。据国家发改委、国家统计局2006年3月21日发布的70个大中城市房屋销售价格指数,2006年1月和2月,北京新建商品住房同质楼盘销售价格分别比2005年同期增长了8.4%和7.3%。一天后,北京市建委和北京市统计局等部门联合向社会发布,2006年1~2月,北京市商品住宅预售交易价同比上涨17.3%。关于2005年北京房价的涨幅也有两组数据,北京市有关部门公布的数据是19.2%,而国家统计局公布的数据是6.8%。同样的房价,不一样的数据,普通百姓该相信谁呢?国家统计局社会经济调查司巡视员汪小青说:应该相信国家统计局的数据。因为统计局是法定的统计数据发布单位,它的方案设计符合国际惯例和中国经济发展的轨迹。直接负责数据采集和统计工作的北京市城建研究中心信息处处长骆远骋则称:"与国家统计局的抽样调查不同,我们的方法是通过房地产交易管理网对每一套商品房的成交数据进行统计分析,结果是客观的。"①解决这一难题一方面需要呼吁政府相关各部门尽快协调统计的口径和方法,早日建立一个统一、标准、透明的房地产信息统计和披露制度;另一方面,还应警惕"人为因素"造成数据失真。

因此,媒体在报道不同来源和出处的数据时,要格外小心,加以甄别,首先要对目前林林总总的数据发布机构进行甄别,防止部分单位受利益驱动,发布与事实不符的观点和看法,误导受众,不能一拿到数据就用到稿件中;其次,尽量采用相对权威和客观的数据;最后,培养自己对数据的敏感性,将有关部门和机构的错误数据扼杀在摇篮里。

六、报道要力求有前瞻性

前瞻性是对既往初步做过或尚未做过的课题,作出预计性的研究,其结果有实际应用价值。经济新闻报道在推断经济发展趋势、预报经济活动的未来方面,具有事先反映的特点,它是经济工作的"马前卒",它立足于现实,着眼于未来,侧重于预测预报经济信息,在经济工作中能起到高瞻远瞩的作用,给未来的经济工作提供指导。房地产新闻报道不仅要立足现在,报道现行的房地产经济政策,房地产经济现象,还要着眼未来,给政府决策和老百姓投资提供前瞻性的思路和建议。请看下面的例文:

---

① 参见廖万育:《空置率26%还是不足1%?统计迷雾弥漫房地产》,《深圳商报》2006年5月10日。

国家统计局：房地产市场在调控中继续走热

国家统计局昨日公布的今年（2007年）5月份"国房景气指数"为103.32，比4月份上升0.67点，同比上升1.45点。这是"国房景气指数"自今年3月的101.22点，连续两个月同比环比双双上升。

国家统计局发布的"国房景气指数"是全国房地产开发景气指数的简称，由房地产开发投资、本年资金来源、土地开发面积、房屋施工面积、商品房空置面积和商品房平均销售价格6个分类指数构成。根据房地产开发统计快报数据，确定基期后，分别计算出6个分类指数，再加权计算出"国房景气指数"，是全国房地产开发综合发展水平的客观反映。

"国房景气指数"从2003年的高位一路下探至2005年底的低谷之后，在2006年逐步趋稳。今年一季度，"国房景气指数"逐月下跌，4月份开始止跌回升，从3月份的101.22上升到102.65，5月份继续回升，达到103.32。这说明了中国的房地产市场持续向好。

统计显示，今年前5个月中国房地产市场呈现出投资增速高位上扬、房地产开发结构有所改善、房价上涨较快和外资进入房地产市场力度加大等四大特点。

今年1—5月，全国房地产开发投资继续快速增长，完成投资7214亿元，同比增长27.5%，超过去年全年的增速21.8%，也超过同期固定资产投资增速的25.9%，房地产投资增速明显偏快。

从前5个月完成的房地产开发投资来看，商品住宅占近70%，增幅达到29.5%，完成投资5042亿元。其中，经济适用住房投资明显加快，完成208亿元，同比增长39.4%。经济适用住房投资继续保持较快增长，体现出房地产开发结构有所改善。

据国家发改委、国家统计局的最新数据显示，今年5月全国70个大中城市房屋销售价格同比上涨6.4%，创下18个月来的新高。新建商品房价格同比涨幅也创出了6个月来的新高，达到6.6%。其中深圳、北京等城市的新房价格涨幅超过10%。虽然全国房价总体涨幅平稳，但一些热点城市房价依然偏高并且上涨较快。

中国政府从去年开始对房地产市场进行宏观调控，并采取了一系列具体措施。客观来看，一些调控政策还需进一步细化和落实，有些调控效果还需要时间，导致中国的房地产市场投资热潮持续发展，房价居高不下。

商务部、国家外汇管理局日前发出《关于进一步加强、规范外商直接投资房地产业审批和监管的通知》，要求各地商务和外汇管理部门依法加强对外商投资房地产业的审批和监管。

中国银监会 18 日宣布，银监会决定对被企业挪用信贷资金的 8 家银行分支机构进行行政处罚，其中就有企业挪用短期贷款进入房地产市场。业内人士认为，此举将对擅自违规发放贷款的银行机构，以及违反规定挪用银行资金进入房地产的企业起到警示，有助于降温房地产投资热度。（新华社 2007 年 6 月 20 日）

房地产市场是个极特殊的市场，市场风云变幻莫测，暗流涌动。对房地产发展走势的预测报道也是一个重要分支。这篇预测报道通过对国家统计局发布的"国房景气指数"等数据的分析，以及对中国宏观经济政策等背景材料的分析，做出"房地产市场在调控中继续走热"的预测。

参 考 书 目

1. 罗以澄．新闻采访学新论［M］．武汉：武汉大学出版社，1999．
2. 张启承．经济报道新思路［M］．杭州：浙江人民出版社，1992．
3. 张颂甲．经济新闻浅说［M］．北京：经济日报出版社，1991．
4. 徐人仲．经济新闻学初探［M］．北京：新华出版社，1993．
5. 彭朝丞．怎样写好经济新闻［M］．北京：人民日报出版社，1993．
6. 崔书文．我的经济新闻观［M］．北京：经济日报出版社，1995．
7. 张颂甲等．经济新闻求索［M］．北京：中国财政经济出版社，1987．
8. 闫江．经济新闻本体论纲［M］．石家庄：河北人民出版社，1996．
9. 张新辰．漫谈经济报道［M］．北京：新华出版社，1990．
10. 方汉奇、陈业劭．中国当代经济新闻事业史（1949—1988）［M］．北京：新华出版社，1992．
11. 裴毅然．经济新闻学概论［M］．上海：上海财经大学出版社，2003．
12. 苑立新．现代经济新闻教程［M］．北京：中国广播电视出版社，2001．
13. 李洪波等．优秀经济新闻赏析［M］．武汉：湖北科学技术出版社，1999．
14. 仇学英．热点经济新闻采访技巧［M］．北京：新华出版社，1998．
15. 王华庆．经济新闻采访与写作［M］．北京：中国广播电视出版社，2003．
16. 阎卡林．每周经济观察精粹．（中国新闻媒介名专栏丛书）［M］．北京：中国人民大学出版社，1998．
17. 樊凡、时统宇．经济新闻范文评析［M］．北京：新华出版社，2001．
18. 董玉芹．漫谈经济报道［M］．北京：新华出版社，1997．
19. 艾丰．经济述评自析集［M］．北京：人民日报出版社，1995．
20. 杨玲．国际经济报道概论［M］．北京：中国致公出版社，1999．
21. 陆小华主编．重大报道对策［M］．北京：新华出版社，2000．
22. 经济新闻（附光盘）［M］．北京：机械工业出版社，2004．
23. 经济日报优秀作品选1983—1997［M］．北京：经济日报出版社，1998．
24. 梅尔文·门彻．新闻报道与写作［M］．北京：华夏出版社，2003．
25. 南振中．记者的发现力［M］．北京：新华出版社，1999．

26. 曼昆．经济学原理［M］．北京：北京大学出版社，1999．
27. 贺宛男等．财经专业报道概论［M］．上海：复旦大学出版社，2006．
28. 武春河．深度影响——《经济日报》经典报道案例［M］．北京：经济日报出版社，2005．
29. 见证中国——《经济日报》经济新闻采访中心作品集［M］．北京：经济日报出版社，2004．
30. 沈毅主编．中国经济新闻史［M］．北京：北京大学出版社，2008．
31. 肖鲁仁．经济新闻采写导论［M］．长沙：湖南师范大学出版社，2008．
32. 给财经记者讲课［M］．北京：中信出版社，2003．

后　记

　　"经济新闻"这个概念第一次闪入我的头脑中应该是1996年的夏天，那时我在中南财经大学作为一个基础课老师，已经教了9年的《基础写作》和《财经应用写作》，我所在的教研室轰轰烈烈地讨论要创办专业，设立新闻系，要依托我校经济、管理的办学优势，创办经济新闻专业。1997年6月我所在的基础部中文教研室升格为新闻系，1997年9月，40名学生成为我校第一届"经济新闻方向"的学生。几乎是没有太多的经验可借鉴，我们设立了新闻与经济相融合的全程培养方案，教学计划中新闻与经济课程兼顾，用学生自己的话说，4年学得超级充实又恐怖。当然，首届毕业的学生的美好去向让我们感到了无比的幸福，《经济日报》、《财经》杂志和全国若干个知名媒体，都接受了我们的学生。

　　我自己真正开始将"经济新闻"作为我的关注领域和研究方向，应该是1999年9月考入武汉大学新闻与传播学院师从罗以澄教授攻读硕士研究生。第一次参与的研究是与《经济日报》合编的《优秀经济新闻赏析》，撰写的第一篇论文是与导师合作的《我国金融证券类报道理念与运作的反思》（发表于《新闻大学》2000年冬季号）。经过罗老师的悉心指导，硕士毕业时以《经济新闻价值取向研究》为选题的毕业论文，以"优秀"成绩通过答辩。2004年9月，我再次考入武汉大学新闻与传播学院师从罗以澄教授攻读博士研究生，为了更好地将学习、研究与教学结合，罗老师要我继续以经济新闻报道与财经媒体发展为研究方向。

　　2005年、2008年我先后开始为本科生和研究生开设《经济新闻报道》和《经济新闻报道研究》课程，从教学大纲的拟定、教材讲稿章节的确定，罗老师都给了我许多很好的建议和悉心的指导，2008年5月，我以《媒介生态学视角下我国财经媒体发展研究》为选题的毕业论文同样以"优秀"的成绩通过博士论文答辩。

　　2008年6月始，我以《经济新闻报道》的授课讲稿为蓝本，撰写《经济新闻报道》的书稿，期间美国的次贷危机对我国经济的影响已开始显现，股市震荡低迷，股指一路下滑，房地产业也经历了"退房潮"、"假按揭"等，有关这些热点问题的报道都给我的写作带来了新的启发与写作思路的开拓。为加强全国财经新闻（经济新闻）教育的交流，推动我国经济、财经新闻的教学，教育部高等学校新闻学科教学指导委员会于2008年12月27日在上海财经大学举办了"全国首届财经新闻专业负责人联席会议"，20余所开设了经济新闻专业的院校出席，会议对财经新闻专业人才的培养模式和教学方法、教材编写以及师资培训等问题展开了研讨，会议一致确立《经济新闻报道》为专业核心课程。加之会议中与各位同仁的交流，这无疑加强了我迅速完成这本书稿的决心与信心。

书稿完成时正值六月，武汉已酷暑难耐，尽管感觉到书稿中有许多遗憾，如关于食品卫生报道、医疗体制改革报道均未能列专章探讨，不免有诚惶诚恐之感；但还是有一番喜悦，毕竟这也是自己多年的心血交出的一份答卷，恳请各位阅读此书的专家、朋友不吝赐教，给予批评与指正。

回首岁月才知每一次走过都是一种成长，心里溢满的是沉甸甸的感谢。首先感谢我的导师罗以澄先生的谆谆教诲和悉心指导，是他将我引进新闻学研究的大门，其次感谢武汉大学出版社高璐老师为本书的出版付出的努力与辛劳。

《经济半小时》节目制片人高先民曾说："经济的内涵已经改变了，过去经济是一个圈，圈内是经济，圈外是其他领域，截然分明。现在经济是看世界的视角和尺度，任何题材都可以作经济的解读，尤其是过去一些不被纳入经济报道领域的话题，在表象背后，都是经济问题，这就拓展了报道的空间。"这一观点也深深地道出了经济新闻报道视角与理念的变化，也暗示了经济新闻的发展还有着更广阔的空间，而这都有待于热爱经济新闻的写作者和研究者不断努力，描画出经济新闻报道的新景观。

吴玉兰

2009年6月8日